Klaus Waschik

Unerreichte Moderne

Politik, Gesellschaft und Kultur in Russland von Iwan IV. bis Wladimir Putin

AF551298

Klaus Waschik

Unerreichte Moderne

Politik, Gesellschaft und Kultur in Russland von Iwan IV. bis Wladimir Putin

projektverlag.

Bibliografische Information der Deutschen Nationalbibliothek

Die Deutsche Nationalbibliothek verzeichnet diese Publikation in der Deutschen Nationalbibliografie; detaillierte bibliografische Daten sind im Internet über http://dnb.d-nb.de abrufbar.

ISBN 978-3-89733-611-7

© projektverlag, Bochum/Freiburg 2024

www.projektverlag.de

Layout: Vera Gutersohn

Inhalt

Vorbemerkung

Wie wurde Russland zu dem, was es heute ist? Welche Faktoren haben die politische, wirtschaftliche und kulturelle Entwicklung beeinflusst? Wie gestaltete sich der Weg Russlands aus einer mittelalterlichen Agrargesellschaft in eine militärische Supermacht der Neuzeit? Und woran scheiterte der Übergang zu einem mit Westeuropa vergleichbaren Rechtsstaat? Wie stellt sich die Moderne heute in Russland dar und welche Rolle spielen die zahlreichen Wechsel zwischen Liberalisierung und Repression? Welche Bedeutung hat die politische Kultur in Russland für Identitätsbildung und Bewusstseinswandel, für das Verhältnis von Staat und Gesellschaft, den soziopolitischen wie -kulturellen Zustand des Landes?

Mit diesen Fragen beschäftigt sich dieses Buch, das sich in erster Linie an interessierte Laien richtet und einen Überblick über die historische Entwicklung Russlands in den letzten fünfhundert Jahren bietet, ohne auf wichtige Daten, Ereignisse und Tendenzen aus Politik, Wirtschaft und Kultur zu verzichten. In jedem Epochenkapitel folgt auf die Beschreibung zentraler politischer Entwicklungen eine Auswahl an wichtigen Daten und Fakten, bei deren Auswahl der thematische Fokus auf Reform- und Modernisierungsprozesse in ihrem Wechselverhältnis zu soziokulturellem Wandel gelegt wurde. Modernisierung in Russland folgte keiner linearen Logik: neben Modernisierungsschüben kennzeichnen auch Rückentwicklungen und Entdifferenzierung die spezifisch russische Modernisierungsvariante. An den historischen Überblick schließen sich eine Analyse einer spezifischen Zyklizität in der russischen Geschichte sowie Beobachtungen zu Bausteinen und Mechanismen der politischen Kultur Russlands an.

Die Datierungen folgen dem Gregorianischen Kalender und werden aber durch Angaben nach dem Julianischen Kalender ergänzt. Die Daten- und Faktenauswahl erhebt keinen Anspruch auf Vollständigkeit. Aus Gründen einer besseren Lesbarkeit wurde bei den Epochendarstellungen auf Fußnoten verzichtet, da die dargestellten Ereignisse als bekannt gelten.

Imperien kennen keine Nachbarn, die sie als Gleiche – und das heißt: als gleichberechtigt – anerkennen.[1]

Russland braucht keine übereilte politische Reform, sondern Waffenfabriken und Altäre.[2]

1 Herfried Münkler: Imperien: Die Logik der Weltherrschaft – vom Alten Rom bis zu den Vereinigten Staaten, Berlin 2005/2014.

2 Russkie strategii, Nr. 1 (2013), S. 8.

Kapitel 1

Getrübte Optik. Der zweifelhafte Blick des Westens auf Russland

Seit der gemeinsamen Bootsfahrt von Willy Brandt und Leonid Brezhnew auf dem Schwarzen Meer, dem Beginn der Ostpolitik, sind mehr als 50 Jahre vergangen. Vor 35 Jahren wurde Gorbatschow enthusiastisch auf dem Bonner Rathausplatz empfangen. Und nur 30 Jahre sind es her, dass im Zeichen bundesdeutscher Solidarität mit den Menschen Anfang der 1990er Jahre Tausende Trucks Lebensmittel-, Medikamenten- und Sachspenden aus Deutschland in Dörfer und Städte Russlands brachten, um die dringendsten Versorgungsnöte zu lindern. Das Russland der Perestrojka war arm, aber attraktiv, russische Künstler, Ausstellungen, selbst die russische Sprache konnten nicht über mangelnde Nachfrage klagen. Der neue Präsident Vladimir Putin erhielt noch vor 20 Jahren bei seiner auf Deutsch gehaltenen Rede im Bundestag stehende Ovationen. Vor gut 10 Jahren begann die Pipeline Nordstream I mit den Gaslieferungen. Die Ereignisse scheinen einer anderen Zeit anzugehören.

Der Angriff Russlands auf die Ukraine am 24. Februar 2022 hat die Grundlagen deutscher Ostpolitik, die politisch-militärische Nachkriegsordnung, die nach den leidvollen Erfahrungen des Zweiten Weltkriegs in Europa geschaffenen Strukturen dauerhafter Friedenssicherung unterminiert und die außerzeitlich geglaubte Wirkmächtigkeit regelbasierter Außenpolitik nachhaltig beschädigt. Jedoch gilt es im Auge zu behalten, dass, wie inhuman dieser Krieg ist, er immer *auch* Ausdruck dessen ist, was ihn möglich gemacht hat, die monströsen Bedingungen für Krieg und Aggression in der gegenwärtigen *politischen Kultur* Russlands.[3]

In Pianello del Lario am Comer See besitzt der russische Talkmaster Vladimir Solowjow eine seiner drei Villen in Italien. Es ist ein kleiner Palazzo aus dem 19. Jahrhundert, mit Ufergrundstück und großem Pool. Vladimir Solowjow scheint es in Italien zu gefallen. Er ist auch nach westlichen Maßstäben wohlhabend, dafür hat nicht nur persönliche Nähe zu Putin gesorgt. Vladimir Solowjow produziert und dirigiert seit 2005 eine in Russ-

3 Vgl. Hans-Henning Schröder, Macht und Angst. Die politische Entwicklung in Russland 2009–2023. in: Russland-Analysen Nr. 442, 15.11.2023, S. 2–6. Siehe auch: Katharina Bluhm, Russlands neuer Konservatismus und der Krieg. In: Russland-Analysen Nr. 442, 15.11.2023, S. 6–8 sowie weitere Beiträge der Ausgabe.

land populäre Talkshow, die „Begegnungen mit Vladimir Solowjow", zu der als „Experten" deklarierte Russen – und auch manchmal ausgewählte Ausländer – als Sparringspartner zur Prime Time auf NTV (seit 2012 auf dem zentralen Fernsehkanal Russia I) eingeladen werden, die besondere Freude an geifernder Agitation gegen den liberalen Westen, insbesondere Deutschland, die USA und die NATO verspüren. Dabei geht es meist um hysterisch behandelte Probleme der internationalen Politik, aber auch um Angriffe auf westliche Lebensstile und Einstellungen, die vermeintliche Auslöschung Russlands durch den Westen, die man am liebsten mit präventiver Intervention und Atomkrieg beantworten möchte, sowie um westliche Politiker und Politikerinnen, die mit anzüglichen Kommentaren, gern auch unter der Gürtellinie, überzogen werden. In diesen Sendungen ersetzt sarkastische Polemik jedwede Art seriös vorgetragener, geschweige objektiver Information. In der Regel artet die Sendung in Schrei-Attacken aus, bei denen derjenige gewinnt, der die übelsten Schimpftiraden am schnellsten seinem Gegenüber entgegenschleudert. Würde man nur eine einzige dieser Talkshows synchronisiert und in voller Länge zur Prime Time in der ARD den deutschen Fernsehzuschauern präsentieren, die Diskussionen um Waffenlieferungen an die Ukraine nähme in Deutschland eine andere Richtung und Auftritte Sarah Wagenknechts oder von AfD-Vertretern im deutschen Bundestag würden sich automatisch im moralisch wie politisch selbstentlarvenden Abseits verorten. Die medialen Schlammschlachten haben selbstverständlich System; sie sind Lehrstücke und substantielle Bestandteile der massenmedialen Putinschen Propagandamaschine, der Stanzraum für antiwestliche Denk- und Meinungsschablonen. Hier werden die aus dem Kreml in Auftrag gegebenen oder in vorauseilendem Gehorsam auf Halde produzierten antiwestlichen Feindbilder in diskursive Formen gegossen. Im Gegensatz zu den historischen Vorläufern beeindruckt bei dieser Feindbildproduktion, dass zu *keiner* Zeit im *gesamten* Verlauf der sowjetischen Geschichte, einschließlich des Überfalls Hitlers auf die UdSSR, der Westen insgesamt derart sarkastisch, verlogen und böswillig perhorresziert wurde.[4] Das Ziel dieser

4 Vgl. Klaus Waschik, Metamorphosen des Bösen. Semiotische Grundlagen deutsch-russischer Feindbilder in der Plakatpropaganda der 1930er bis 1950er Jahre, in: Karl Eimermacher, Astrid Volpert (Hgg.), Verführungen der Gewalt. Russen und Deutsche im Ersten und Zweiten Weltkrieg. West-Östliche Spiegelungen. Neue Folge. Bd. I., München 2005. S. 298–339. Selbst nach dem Überfall Nazideutschlands auf die UdSSR hatte die sowjetische Propaganda Mühe, geeignete antideutsche Konzepte für die Agitatoren bereitzustellen. Zu stark

Agitation ist klar: Sie soll eine Polit-Show bieten, durch Verspottung die Überlegenheit Russlands signalisieren, aber auch die russische Bevölkerung aggressiv aufheizen und auf einen, aus Solowjows Sicht unvermeidlichen Krieg mit dem Westen vorbereiten.[5] Was indes noch mehr verblüfft, ist die offensichtliche Dreistigkeit der verbreiteten Lügen, an die der Moderator der Sendung wie auch seine Show-Gäste selbst nur sehr eingeschränkt glauben. Das Ganze ist ein gut orchestriertes Spektakel, das allein die Aufgabe verfolgt, medial Hass auf Europa, die USA und die NATO zu schüren. Ist die Arbeit getan, kann sich Solowjow nach der Sendung ohne weitere Skrupel in seinen Privatjet setzen und an den Comer See fliegen, wo er die gerade noch mit Gehässigkeiten übergossene italienische Zivilisation in vollen Zügen genießt.[6] Solowjow steht stellvertretend für den Zustand der politischen Kultur Russlands, deren Kitt nicht nur die in Russland seit Jahrhunderten existierende Korruption, sondern in erster Linie ein alles durchtränkender Zynismus ist. Das zynische Bewusstsein stellt sich dabei nicht, wie im Falle Solowjows allein als Phänomen der Medieneliten oder massenmedialen Diskurse dar, sondern Zynismus ist auch ein elementarer Modus der Weltwahrnehmung der russischen Bevölkerung.[7] Zynismus erklärt partiell die Empathielosigkeit der Russen gegenüber den Leiden der ukrainischen Bevölkerung, aber auch gegenüber den eigenen militärischen Verlusten, Zynismus bestimmt zu einem bedeutenden Teil Methodik und Stilistik des russischen Politikverständ-

---

war bis dahin die positive Orientierung an Deutschland und deutschen Kulturleistungen, als dass man, im Gegensatz zur Nazipropaganda, auf ein fundamentales antideutsches Feindbild (Erzfeind-Theorie) hätte zurückgreifen können. Vgl. hierzu: Russkie pisateli o prussačestve. Sbornik vyskazyvanij. [Russische Schriftsteller über das Preußentum. Ein Sammelband], Moskau, OGIZ 1943.

5 Zur Relevanz des Fernsehens: https://www.levada.ru/2024/04/18/rol-televideniya-i-interneta-kak-glavnyh-istochnikov-novostej-i-top-naibolee-populyarnyh-rossijskih-zhurnalistov/.

6 Die Villen Vladimir Solowjows wurden nach dem Überfall Russlands auf die Ukraine durch den italienischen Staat sanktioniert und sind daher dem Eigentümer nicht mehr zugänglich; den Pool in Pianello del Lario haben italienische Aktivisten zum Zeichen ihres Protestes mit roter Farbe am 6. April 2022 in ein eindrucksvolles blutrotes Becken verwandelt.

7 Der Philosoph Peter Sloterdijk hat dies treffend mit den Worten charakterisiert, dass „der Zyniker repressiv auf der Seite der herrschenden Kultur [steht].“ Vgl. Peter Sloterdijk, Kritik der zynischen Vernunft. Bd. I. Frankfurt/M. 1983. S. 2.; siehe auch: Lev Gudkov, Über die Wirksamkeit der Propaganda in Russland. Russland-Analysen, Nr. 308 (22.01.2016). S. 7–14.

nisses und die hohen Akzeptanzwerte zur Politik Putins, die im Westen so viel Unverständnis auslösen und zu Unrecht *nur* auf eine massive Ideologisierung zurückgeführt werden.

Der Krieg gegen die Ukraine lässt die politischen und ideologischen Umbrüche der letzten 20 Jahre in einem neuen Licht erscheinen, obwohl sich an dem Weg Russlands in eine Gewaltherrschaft substantiell nichts veränderte. Neu für die deutsche und europäische Öffentlichkeit ist die Konfrontation mit einer bis dato anders gelagerten Einschätzung Russlands.[8] Für die Deutschen erschien es schlichtweg als absurd, dass in Osteuropa noch einmal ein Krieg ausbrechen könnte, in dem tagtäglich ukrainische wie russische Soldaten und vor allem unbeteiligte Zivilisten Opfer einer irrlichternden militärischen Gewalt seitens Russlands werden.[9] Bundeskanzler Scholz hat diese Katastrophe zurecht als *Zeitenwende* bezeichnet, womit nicht nur der Krieg selbst, sondern auch der fundamentale Umbruch in unserer politischen Optik, unseren Wertvorstellungen, Prioritäten und Handlungszielen gemeint war. Die Zeitenwende umfasste nicht zuletzt auch ein nunmehr in schwarzen Tönen gezeichnetes Bild von Russland, das nach Perestrojka, demokratischen Hoffnungen, einer zunehmend florierenden Wirtschafts- und Handelspolitik sowie intensiver kultureller und wissenschaftlicher Kooperation die Konturen von Normalität angenommen hatte.[10] Was also ist geschehen? Warum haben wir die innen- und außenpolitischen, kulturellen wie sozialen Entwicklungen Russlands nicht gesehen, nicht sehen *können* oder *wollen*? An dieser Stelle ist eine wichtige Unterscheidung zu treffen. Wenngleich kein Osteuropaspezialist, Historiker, Politologe oder Militärexperte in Deutschland ein Datum für den Kriegsausbruch hätten benennen können, ist unstrittig, dass spätestens seit 2004 eine dramatische politische Entwicklung Russlands in einen großrussischen Chauvinismus nach außen und einen repressiven,

---

8 Vgl. Gerd Koenen, Im Widerschein des Krieges, München 2023, S. 99 ff.

9 Vgl. Thomas Petersen, Das Russlandbild der Deutschen und die Grenzen der Propagandawirkung. in: Russland-Analysen, Nr. 308 (22.01.2016). S. 2–7.; Katharina Bluhm, Russland und der Westen, Berlin 2023.

10 Abgesehen von Hunderten, z. T. langjährigen kommunalen Partnerschaften bestanden vor dem Angriff auf die Ukraine über 1.000 deutsch-russische Kooperationsprojekte zwischen Universitäten und Forschungseinrichtungen, die nach dem 24.02.2022 eingestellt wurden. Das im Verlauf von 30 Jahren mühsam aufgebaute Wissenschaftsnetzwerk wurde damit zum Schaden beider Länder zerstört.

archaischen Nationalismus im Inneren *sichtbar* war.[11] Nur hat sich augenscheinlich (fast) niemand aus den Planungs- und Entscheidungsabteilungen deutscher Außenpolitik und Wirtschaft hierfür wirklich interessiert. Und vielleicht, so ließe sich weiter vermuten, waren all die hellsichtigen Analysen von Experten für den politischen Adressaten auch eher unbequem, animierten sie doch zu der Einsicht, liebgewordene Schemata, wie brüchig diese realiter auch immer waren, über Bord zu werfen. So blieb als Abwehr die Ignoranz, das Nicht-Wissen. Zur Diskrepanz wissenschaftlich begründeter Analyse und politischer Handlungsmaxime gehört, dass Sichtweisen gerade in Bezug auf internationale Politik (wie im Übrigen auch in der Wirtschaft) hochgradig interessengeleitet sind, wozu nicht nur etablierte politische ‚Kurse' (z. B. die ‚Ostpolitik'), sondern auch historische Erblasten, moralische Leitorientierungen (z. B. die Schuld für den Vernichtungskrieg gegen die UdSSR), Tabuzonen und generell die Unlust zählen, sich alternativen Lesarten der Politik des politischen Gegenübers argumentativ zu öffnen. Überzeugungen verhinderten Einsichten.

Andererseits existierte bis 2022 keine deutsche Russlandstrategie, weder im politischen, noch im wirtschaftlichen Bereich. Trotz unübersehbarer Irritationen und Konfliktsituationen (z. B. dem Euro-Majdan, der Okkupation der Krim und den durch Russland forcierten Separationstendenzen in der Ostukraine) handelte die deutsche Außenpolitik ohne strategische Leitorientierung. Das Bemühen um lokale wie temporäre

11 Vgl. hierzu die Auseinandersetzungen zwischen „Russland-Verstehern" und wissenschaftlich fundierter Analyse, exemplarisch: Gabriele Krone-Schmalz, Russland verstehen. Der Kampf um die Ukraine und die Arroganz des Westens, München 2015; dies., Eiszeit. Wie Russland dämonisiert wird und warum das so gefährlich ist, München 2017; Hubert Seipel, Putin. Innenansichten der Macht, 2015. Ein ungleich realistischerer Blick auf die Machtstrukturen Russlands findet sich bei Margareta Mommsen, Das Putin-Syndikat. Russland im Griff der Geheimdienstler, München 2017; Catherine Belton, Putin's People, London 2020; Lev Gudkov, Wahres Denken. Analysen, Diagnosen, Interventionen, Edition Osteuropa 2, Berlin 2017; Leonid Luks, Die Rückkehr des Imperiums? Der neue russische Paternalismus und seine Widersacher. Essay. Münster 2015. Es führt an dieser Stelle zu weit, die Vielzahl exzellenter Beiträge zu den politischen und soziokulturellen ‚Plattenverschiebungen' in Russland zu zitieren, die allein durch die Forschungsstelle Osteuropa an der Universität Bremen, das Zentrum für Osteuropa- und internationale Studien, die Deutsche Gesellschaft für Osteuropakunde und andere deutsche Think-Tanks seit 25 Jahren veröffentlicht wurden. In den Russland-Analysen sind über 500 Ausgaben mit Tausenden einschlägiger Studien – kostenfrei erhältlich – erschienen.

Konflikteindämmung (Minsk I und II) kann nicht darüber hinwegtäuschen, dass die deutsche Außenpolitik insgesamt der russischen Aggressionspolitik weitgehend hilflos gegenüberstand und daher im Februar 2022 der neuen Koalitionsregierung unter Olaf Scholz ein böses Erwachen drohte. Die nun angekündigte „Zeitenwende" kam um Jahre zu spät und hätte spätestens nach 2014 zu einer strategisch angelegten Neuausrichtung der Russlandpolitik führen müssen. In seiner Studie zur Russlandpolitik in der Ära Merkel weist Andreas Heinemann-Grüder nach, dass sich die deutsche Politik und Wirtschaft als zunehmend unzugänglich gegenüber einschlägiger Expertise erwies und man gern nach dem Prinzip handelte, dass dem Überbringer der schlechten Nachricht der Kopf abgeschlagen wird. Heinemann-Grüder stellt fest, dass „für die Ära Merkel eine charakteristische, obwaltende Loyalitäts- und Angstkultur zu erwähnen [ist]. (...) Statt einer offenen Debattenkultur dominierte delegative Politik. (...) Ein generelles Phänomen der Merkel-Ära trifft auch auf die Russlandpolitik zu: Wer der CDU-Vorsitzenden und Kanzlerin innerhalb der Partei und der Regierung widersprach, verlor über kurz oder lang seinen Posten; übrig blieb eine intellektuell und personell ausgehöhlte CDU. (...) Expertise von think tanks wurde gar nicht nachgefragt, während die Russland-Expertise im Auswärtigen Amt und im Bundeskanzleramt sehr überschaubar war."[12] Den Grund für dieses ignorante Verhalten seitens derjenigen, die die deutsche Wirtschaft und Außenpolitik hätten korrigieren können, sieht Heinemann-Grüder darin angelegt, dass „die beteiligten Politiker ihr Selbstbild und die Wirtschaftsakteure ihre ökonomischen Vorteile nicht preisgeben wollten. Obschon es frühzeitig Warnungen vor der autoritären Regression in Russland gab, kooperierte die deutsche Politik mit einem zutiefst korrupten und autoritären Regime und ermöglichte ihm den Zugriff auf kritische Infrastrukturen in Deutschland."[13] Andererseits ist zu fragen, ob der heute an die Adresse der Gasindustrie gerichtete Vorwurf nach zu großer Nähe zu Russland nicht dadurch zu relativieren ist, dass eine potentielle, aus einer wirtschaftspolitischen Kurswende resultierende Diversifizierung des Gaseinkaufs zu erwartbar höheren Beschaffungskosten geführte hätte und gegenüber der Verbraucherseite wahrscheinlich nur schwer plausibilisierbar gewesen wäre.

Die Imprägnierung der politischen und wirtschaftlichen Entscheider ist kein neues oder spezifisch deutsches Phänomen und mit Sicherheit nicht

12 Andreas Heinemann-Grüder: Russlandpolitik in der Ära Merkel. SIRIUS 2022; 6(4): S. 359–372. https://doi.org/10.1515/sirius-2022-4002 hier: S. 364.

13 Andreas Heinemann-Grüder, ebd. S. 359.

exklusiv für die Politik Angela Merkels. Zur Ehrenrettung der deutschen Russlandpolitik sei gesagt, dass politikwissenschaftliche Analyse und außenpolitisches Handeln sowie die ihnen zugrunde liegenden Konzepte nicht *zwingend* einander zu folgen haben, die jeweilige Handlungsratio, Verantwortung und auch Tragweiten bleiben unterschiedlich. Dennoch, unsere Politik und Öffentlichkeiten hätten es wissen *müssen*, auf welche Abgründe Russland und damit auch Deutschland zusteuert. An kritischen Stimmen aus der einschlägigen Forschung, aber auch in bundesdeutschen Medien, in denen sich neben affirmativen stets auch kritische Stimmen Gehör verschaffen konnten, hat es wahrlich nicht gemangelt.[14]

---

14 Exemplarisch hierzu siehe: Jurij Afanas'ev, Opasnaja Rossija [Gefährliches Russland]. Moskau 2001; Lev Gudkov, Wahres Denken. Analysen, Diagnosen, Interventionen. Berlin 2017; ders., Negativnaja identičnost' [Negative Identität]. Moskau 2004; Gerd Koenen, Im Widerschein des Krieges. Nachdenken über Russland. München 2023. Zur Genese und aktuellen Entwicklungen des russischen Nationalismus siehe exemplarisch: Alexander Yanov, The Russian New Right: Right-Wing Ideologies in the Contemporary USSR. Institute of International Studies, University of California. Berkeley 1979; ders. Russkaja ideja i 2000 god [Die russische Idee und das Jahr 2000]. N.Y. 1988; Bettina Sieber, „Russische Idee" und Identität. "Philosophisches Erbe" und Selbstthematisierung der Russen in der öffentlichen Diskussion 1985–1995, Bochum 1997; Marlene Laruelle (ed.), Eurasianism and the European Far Right. Reshaping the Europe-Russia Relationship, Lanham 2016; Anton Shekhovtsov, Russia and the Western Far Right, Abington 2018; Natalia Hankel, Rechtsextremer Osten? Zur Lage in Russland, der Ukraine und Polen. Marburg 2011; Andreas Umland, Wahlverwandschaften der russischen extremen Rechten. Der Neo-Eurasismus, das Putin-System und die Verbindungen nach Westeuropa. 2017. (https://www.pw-portal.de/themen/wahlverwandtschaften-der-extremen-rechten); ders., Faschistische Tendenzen im russischen politischen Establishment: der Aufstieg der Internationalen Eurasischen Bewegung. In: Russland-Analysen Nr. 183 (22.05.2009), S. 7–11.; ders., Alexander Dugin, die Faschismusfrage und der russische politische Diskurs. In: Russland-Analysen Nr. 105 (23.06.2006). S. 2–5; Roland Götz, Der Isborsker Klub. Russlands antiwestliche Ideologen. In: Russland-Analysen Nr. 292 (13.03.2015). S. 13–20. Die Liste einschlägiger, seit den 1990er Jahren veröffentlichen Analysen lässt sich beliebig fortsetzen; siehe auch: Katharina Bluhm, Verordneter Konservatismus. Repression und Stagnation in Russland, in: Religion und Gesellschaft in Ost und West, 10 (2021), S. 3–8. Zu verweisen ist auch auf Bluhms umfassende Studie zur soziopolitischen wie ideologischen Entwicklung Russlands seit 1991. Katharina Bluhm, Russland und der Westen. Ideologie, Ökonomie und Politik seit dem Ende der Sowjetunion, Berlin 2023. Zu den religionsphilosophischen Implikationen siehe: Michael Hagemeister, Der „Nördliche Katechon" – „Neobyzantinismus" und

Kehren wir zur Ausgangsfrage zurück. Wie konnte die deutsche Politik und Gesellschaft derart einschneidende, bedrohliche Entwicklungen in dem größten östlichen Nachbarland nicht adäquat wahrnehmen? Neben das Nicht-Wissen tritt ein Phänomen, das auf die 1990er Jahre zurückgeht und etwas mit Verwechslung zu tun hat. Seit der gewaltigen Raumexplosion Russlands zur Zeit Iwans IV. (des Schrecklichen) und dem Anknüpfen an die byzantinische Reichstradition durch die Heirat der letzten Kaisernichte Byzanz' Zoë (Sofia) Palaiologa mit dem Moskauer Großfürst Iwan III. sah sich Russland als *Reich*, seit Peter dem Großen auch namentlich als *Imperium*. Der *imperiale* Gedanke, damit auch die imperiale Hybris, existiert somit seit relativ genau 500 Jahren. Mit der Auflösung der UdSSR schien der Westen, auch Deutschland, davon überzeugt, das sowjetische Imperium habe sich ins Nichts aufgelöst, ein dramatischer Trugschluss. Man glaubte in Westeuropa nur allzu gern, Russland sei nach 1991 ein ‚normaler Staat' geworden, mit weitgehend ‚normalen' Politikern und einem Rechts- wie Eigentumssystem, das gegenüber dem des Westens gewisse Ähnlichkeiten aufwies. Zumindest in der westlichen Perzeption war die Angst vor sowjetischer Bedrohung vorüber; um es bildlich auszudrücken: der russische Bär hatte sich – scheinbar folgenlos – wenn auch nicht in ein Schoßhündchen, so doch zumindest in einen gelehrigen Haushund verwandelt, dem man nun von Seiten des Westens (USA, Westeuropa, IWF, Weltbank u. a.) die neuen ‚Hausregeln' (Wirtschaftsform, Rechts- und Finanzsystem, demokratische Institutionen und Abläufe) erfolgreich beibringen konnte. Welch ein Irrtum, der bereits bei der Reaktion auf die verunglückte Bemerkung Barack Obamas „Russland als Regionalmacht" offensichtlich wurde. Das sowjetische Imperium existierte selbstverständlich in der politischen *Vorstellungswelt* der ‚neuen' (aus KPdSU und Komsomol hervorgegangenen) russischen Polit-Eliten und erst recht unter Militärs weiter, wobei die offensichtliche Porosität der zur Imagination nicht mehr passenden militärischen und wirtschaftlichen Realität eben jenen Phantomschmerz auslöste, von dem Vladimir Putin sprach, als er die Auflösung der Sowjetunion als „größte geopolitische Katastrophe des 20. Jahrhunderts" bezeichnete. Der Westen nahm dies nicht wirklich wahr und hoffte, Russland könne diesen Phantomschmerz ignorieren, bestenfalls sogar verarbeiten, d. h. man setzte auf eine Fortentwicklung

„politischer Heychasmus" im postsowjetischen Russland, in: Erfurter Vorträge zur Kulturgeschichte des Orthodoxen Christentums, 15 (2016). S. 5–35 sowie die Arbeiten von Hans-Henning Schröder zur politischen Kultur und Herrschaft, Ideologie und politischen Konzepten der russischen Neuen Rechten.

Russlands als Staat und nicht als *Imperium*. H. Münkler hat die treffende Unterscheidung von Imperium und Staat getroffen: „Imperien sind mehr als große Staaten; sie bewegen sich in einer ihnen eigenen Welt. Staaten sind in eine Ordnung eingebunden, die sie gemeinsam mit anderen Staaten geschaffen haben und über die sie daher nicht allein verfügen. Imperien verstehen sich als Schöpfer und Garanten einer Ordnung, die letztlich von ihnen abhängt und die sie gegen den Einbruch des Chaos, der für sie eine stete Bedrohung darstellt, verteidigen müssen."[15]

Betrachtet man in diesem Licht die spätestens seit dem Machtantritt Vladimir Putins erneut einsetzende *Imperialisierung* politischen Denkens wie Handelns, begonnen im Zeichen der Reanimierung staatlicher Macht*instrumente* für ein Durchregieren-Können (Putin: „Vertikale der Macht"), der Zurückdrängung der in den 1990er Jahren zögerlich entstandenen Ansätze gesellschaftlicher Diversität und Demokratie und fortgeführt mit der Durchdringung Russlands durch nationalistische und chauvinistische Ideologieformen und -praktiken bis hin zu einer offenen Militarisierung des Staates und der russischen Gesellschaft, ist die Frage aufgeworfen, wie der Westen in den letzten 40 Jahre tatsächlich ‚übersehen' konnte, dass ein sich seit nunmehr fast 500 Jahren als Imperium, seit 200 Jahren als europäische Großmacht und etwa 100 Jahren als Weltmacht verstehender Global Player seine staatlich-strukturelle wie kulturelle Identität, sein imperiales Selbstbild, nicht einfach ablegen und sich zu einem ‚normalen' osteuropäischen Staat zurückentwickeln würde. Denn genau dieser Illusion ist der Westen, auch die deutsche Politik mit ihrem Beharren auf einer Regelbasiertheit internationaler Ordnung aufgesessen. Die chinesische Geschichte mit ihren zahlreichen Reichskrisen und -auflösungen, Wiedergründungen und imperialen Expansionen ist ein gutes Beispiel für Kontinuität des Reichsgedankens; das russische Imperium konnte zwei- bzw. dreimal zerfallen (‚Zeit der Wirren', Oktoberrevolution, Zerfall der UdSSR), ohne dass das imperiale Imaginarium mit seinen Tiefenschichten der Herrschafts- und Machtkonzepte nachhaltige Erschütterungen zeitigte.

Man kann zurecht einwenden, dass die vorsichtige, in Teilen chaotische, durch Fort- und Rückschritte gekennzeichnete Politik Michail Gorbatschows und Boris Jelzins das Land auf einen zu Westeuropa *kompatiblen* demokratischen Weg gebracht habe, eine Sichtweise, deren Zweifelhaftigkeit zur Kenntnis zu nehmen dem Westen seit den russischen Kriegen in Georgien (2008), Syrien (2015) und der Ukraine (seit 2014, v. a. seit

---

15 Herfried Münkler, ebd. S. 13.

2022) große Mühen bereitet. Der Westen ging dabei augenscheinlich von einer friedlichen Transition wie in den ostmitteleuropäischen Ländern (Staaten) nach 1990 aus und übertrug diese Erfahrung mehr oder weniger auf Russland. Aber war dies gerechtfertigt? War die politische Entwicklung Russlands seit 1991 wirklich ein Weg zur Demokratie? War es überhaupt ein Weg in *eine* Richtung, d. h. eine grundsätzlich lineare Entwicklung weg von totalitären Herrschaftsformen?

In Russland stand in den späten 1980er und 1990er Jahren angesichts einer skandalträchtigen Publizistik und Öffnung der Archive, durch die zuvor politisch tabuisierte Themen, sogenannte „weiße Flecken" in der Geschichte, zum Schlagwort einer „unvorhersagbaren Vergangenheit" verdichtet worden waren, eine Revision historischen Wissens und seiner Bewertung auf der Tagesordnung. Wenngleich die seinerzeit durch eine kritische Geschichts- und Sozialwissenschaft gelieferten Erkenntnisse am Breitenbewusstsein der Gesellschaft weitgehend abperlten, breitete sich eine allgemeine Verunsicherung darüber aus, wie die eigene Geschichte tatsächlich gewesen war. Sicherheitshalber glaubte man weiter an das, was durch früheren Schulunterricht, den sowjetischen Agitprop und die persönliche Lebenserfahrung vermittelt worden war, aber die Arbitrarität des eigenen historischen Wissens ließ sich nicht mehr vollständig aus der Welt schaffen. Die Vergangenheit war somit unscharf geworden. Nicht weniger bedrohlich war die Gegenwart. Würde man einen durchschnittlichen Russen (eine Russin) fragen, wie er oder sie die Zeit Gorbatschows und Jelzins erlebt – besser: erlitten – hat, so bekäme man von einer erdrückenden Mehrheit die Antwort: als Chaos und Anarchie, als Verlust sozialer wie kultureller Identität, als Legitimationskrise eines für unzerstörbar gehaltenen Staates, als eine durch eine schreiend ungerechte Privatisierungswelle ausgelöste Verteilungs- und Partizipationskrise und eine Reihe weiterer Krisenwahrnehmungen. Die Maxime des bei weitem überwiegenden Anteils der Bevölkerung bestand im puren Existenzkampf. Wen interessierte hier Demokratie? Die Einführung demokratisch verfasster Institutionen und Praktiken, die Gründung von Bürgerinitiativen und Einführung von Gouverneurswahlen ‚von unten' berührten realiter nur eine kleine, vor allem städtische, nach Demokratie und privatem Unternehmertum strebende Elite. Wichtig waren für die Masse der Bevölkerung indes der Erhalt des Arbeitsplatzes, ein regelmäßig gezahltes Einkommen, soziale Gerechtigkeit, der Erhalt von Ersparnissen, ein funktionierendes (kostenloses oder bezahlbares) Gesundheits- und Bildungssystem, internationaler Respekt. Alle diese Werte und Sicherheiten waren in den Jahren Gorbatschows und Jelzins radikalen Verwerfungen und Niedergängen ausgesetzt. Die im

Westen vielbeschworenen Reformen Russlands wurden daher von der Bevölkerungsmehrheit als *Zerfall* der staatlichen Ordnung wahrgenommen, die im Zeichen einer „Demokratisierung" erfolgte, die auch im politischen Bereich diesen Namen zu keiner Zeit verdiente. Wen kann – außer im Westen – daher verwundern, dass heutzutage mit dem Begriff ‚Demokratisierung' (westlichen Typs) vor allem Anarchie verbunden wird, so dass ihre Einschränkung durch Putin nach 2004, gerade in der vom Wohlstand einer kleinen Elite unberührten, breiten Bevölkerung als Akt der *Befreiung* von einem höchst unpopulären, durch Raubtierkapitalismus und fortgesetzte staatliche Willkür desavouierten *westlichen* Konzept, als Zeichen des Wiedererstarkens staatlicher Ordnung und Stabilität, als Reconquista des Imperiums wahrgenommen wird?[16]

Natürlich gilt dies nicht für die gesamte Bevölkerung Russlands und sicherlich nicht für die Mehrzahl der jüngeren Menschen, die die UdSSR nicht mehr persönlich erlebt haben. Aber eine erdrückende Mehrheit von ca. 85 Prozent der Bevölkerung unterstützt, bei aller notwendigen Skepsis in Bezug auf ein adaptives Antwortverhalten von Respondenten in Diktaturen, Vladimir Putin, seine chauvinistische Politik und imperiale Selbstüberhöhung sowie den Ukrainekrieg.[17] Auch für den Westen ist bedauerlich, dass Russland das letztlich unbekannte System Westeuropas, eine weder fehler- noch konfliktfreie, in gewissem Maße jedoch lernfähige, liberale Demokratie nie selbst kennenlernen und verstehen konnte. Denn das, was für eine solche in Russland temporär ausgegeben wurde, war eher ein hässliches Surrogat, das an den vorfindlichen Fundamenten

16 Eine aktuelle repräsentative Umfrage des Levada-Instituts zeigt, dass sich fast 80 Prozent der Bevölkerung in ihrem Alltag durch die aktuell fehlenden Zahlungsmöglichkeiten per VISA- oder Master-Card im In- bzw. Ausland nicht beeinträchtigt fühlt. Ein noch höherer Prozentsatz empfindet auch *keine* persönlichen Einschränkungen durch die Sanktionen des Westens. https://www.levada.ru/2024/06/18/massovye-predstavleniya-o-sanktsiyah-zapada/ (03.07.2024).

17 Vgl. hierzu die repräsentativen Umfragen des Levada-Zentrums Moskau. Analitičeskij centr Jurija Levady, Obščestvennoe mnenie-2021. Ežegodnik. Moskva 2021. S. 149 ff. 46 % der Befragten bewerteten den Verlust der Zugehörigkeit zu einer Großmacht negativ, 49 % konstatierten den Zerfall eines einheitlichen Wirtschaftsraums. Den Regierungszeitraum B Jelzins bewerteten 22 % der Befragten extrem negativ und 24 % negativ; 62 % äußerten, dass dieser Zeitraum insgesamt gesehen vor allem negative Folgen für das Land hatte, 59 % beklagten persönliche Verluste. Nur 16 % der Befragten konstatierten für die 1990er Jahre persönliche Zugewinne, 19 % bewerteten die Periode insgesamt positiv.

der politischen Kultur Russlands nahezu nichts, wenn nicht zum Negativen, verändert hat. Der Westen sollte begreifen, dass sich die russische Wahrnehmung vermeintlich ‚westlicher' Reformen an dem orientieren *musste*, was realiter er- und durchlebt wurde, und nicht an dem, was nach westlicher Transitionstheorie denk- und wünschbar gewesen wäre. Eine Demokratisierung Russlands, seiner Macht- und Herrschaftsstrukturen fand nicht statt; das meiste blieb Camouflage, bestenfalls Imitation demokratischer Abläufe. Die Sehnsüchte mancher russischer Intellektueller der 1970/80er Jahre, dem Westen strukturell und politisch ähnlich zu werden, sollten sich nicht erfüllen. Im Gegensatz zu Ostmitteleuropa (Polen, Ungarn, Tschechien, Slowakei, Baltikum) war Russland in Bezug auf eine liberale Demokratie erfahrungs- und voraussetzungslos, ihre pseudodemokratische Substitution daher so erwartbar wie unvermeidlich, denn keine der für ein Anknüpfen an Westeuropa notwendigen Bedingungen waren auch nur im Ansatz in Russland gegeben. Zutiefst zynisch und nicht ohne einen gewissen Stolz über die gelungene Täuschung des Westens räumt den Camouflage-Charakter der Demokratisierung auch der langjährige Präsidentenberater Putins Vladislaw Surkov ein: „Die aus dem Westen übernommenen, auf mehreren Ebenen angesiedelten politischen Institutionen werden in unserem Land durchaus als Ritual angesehen, eher eingeführt, um es «wie alle anderen» zu machen, damit die Unterschiede in unserer politischen Kultur den Nachbarn nicht so sehr auffallen, sie nicht irritieren oder erschrecken. Sie sind wie Wochenendkleider, in denen man zu Fremden geht, aber zu Hause ist man zu Hause, jeder weiß, was er trägt. Im Grunde genommen vertraut die Gesellschaft nur der ersten Person im Staate. Ob es der Stolz einer Nation ist, die noch nie von jemandem besiegt wurde, ob es der Wunsch ist, die Wege der Wahrheit zu ebnen oder etwas anderes, ist schwer zu sagen, aber es ist eine Tatsache, und es ist keine neue Tatsache. Neu ist, dass der Staat diese Tatsache nicht ignoriert, sondern ihr Rechnung trägt und in seinen Bemühungen von ihr ausgeht. Es wäre zu einfach, das Thema auf den ‚Glauben an einen guten Zaren' zu reduzieren. Das wahre Volk ist keineswegs naiv und hält Gutmütigkeit kaum für eine Königswürde. (...) Das moderne Modell des russischen Staates beginnt mit Vertrauen und beruht auf Vertrauen. Das ist der grundlegende Unterschied zum westlichen Modell, das Misstrauen und Kritik kultiviert. Und das ist seine Stärke."[18]

18 Vladislav Surkov, Dolgoe gosudarstvo Putina. O tom, čto zdes' voobšče proischodit [Der lang andauernde Staat Putins. Was passiert hier eigentlich]. Nesa-

Der Glaube des Westens an den vermeintlich demokratischen Weg war daher im strengen Sinne eine Selbsttäuschung: die politischen, sozialen und strukturellen Realitäten Russlands waren zu *keinem* Zeitpunkt (nach 1985 bzw. 1991) friedlich, auf Gewalt- und Konfliktminimierung im Inneren wie Äußeren, soziale Akzeptanz und Gerechtigkeit oder gar ein neues Konzept des Individuums und seiner Rechte angelegt, das von Staatsseite die Bürger als ernstzunehmende Erwachsene und nicht namenlose Propagandamasse ansah. Analog gilt dies für die ‚von oben' inszenierten Bemühungen um demokratische Politikstrukturen, eine differenzierte Öffentlichkeit und gesellschaftliche Emanzipation. Anstelle von Demokratie setzte Russland als Ersatzideologie auf eine besonders militante Spielart des russischen Nationalismus. Bereits seit den 1880er Jahren angelegt und durch die Oktoberrevolution unterdrückt, bahnten sich nationale Motive seit Mitte der 1930er Jahre und insbesondere im Krieg gegen Nazideutschland wieder ihren Weg in die politischen Diskurse. Nach 1945 wurde einem großrussischen Nationalismus die politische Absolution erteilt und wenngleich dieser bis Mitte der 1960er Jahre in eine Latenzphase trat, reetablierten sich nationale, als Alternative zum sinnentleerten Sowjetmarxismus formulierte Motive wieder in der russischen Prosa und Lyrik und organisatorisch in der Gründung von Denkmalsschutzvereinigungen, deren Aufgabe im Erhalt von Kirchen, Klöstern, Bauernkultur, alten Dialekten etc. lag. Während der Perestrojka trat der russische Konservatismus in seiner nationalistisch-chauvinistischen Lesart dann an die mediale Oberfläche und ging zeitweise eine Allianz mit neostalinistischen Gegnern der Politik Gorbatschows ein. Zu Beginn der 1990er Jahre sprossen zahlreiche Kleinstparteien aus dem Boden und bildeten einen politischen Resonanzraum, der sich protofaschistisch und imperialistisch verdichtete.[19] Dieses

visimaja gazeta, 11.02.2019. https://www.ng.ru/ideas/2019-02-11/5_7503_surkov.html.

19 Am Lotman-Institut für russische Kultur der Ruhr-Universität Bochum wurde von 1993 bis 1996 ein Forschungsprojekt (DFG) mit dem Thema „Nationales Bewusstsein und Identitätsbildung. Zur Genese und Transformation national orientierter und wertkonservativer Konzepte in der russischen Gegenwartskultur der 1960er bis 1990er Jahre" durchgeführt, zu dessen Antragsstellern und Koordinatoren der Autor dieser Publikation gehörte. Im Rahmen des Projekts wurden insbesondere die ideologischen Konzepte in Literatur, bildender Kunst, Film und Kulturpolitik im Hinblick auf ein Revival national definierter Identität untersucht. Bereits damals waren die Aggressivität dieser identitären Bewegung und ihr Anspruch auf eine Politikbeteiligung offensichtlich. vgl. Bettina Sieber, ebd. S. 58 ff.

zwar organisatorisch zersplitterte, ideologisch aber weitgehend konsolidierte Spektrum der politischen Rechten musste sich zunächst auf eine Fundamentalopposition zur Politik Jelzins beschränken, brachte sich aber bereits für die Zeit in Stellung, die mit Vladimir Putin anbrechen sollte. Nun bot man sich als Ideenlieferant für das neue Polit-Design an und vermochte so das Konzept einer nationalen ‚Wiedergeburt' Schritt für Schritt politikfähig zu machen. Vladimir Putin brauchte daher die Grundideen seiner imperialen Machtphantasien nicht eigens in Auftrag zu geben, sie standen bereits längst zur Verfügung, womit sich Putin auf ihre administrative Funktionalisierung und Kanalisierung beschränken konnte. Der Rückfall Russlands in anachronistische, dem 19. Jahrhundert oder sogar früheren Epochen entsprungenen Denk- und Handlungsweisen, die offensichtliche Abwesenheit einer (im westlichen Sinne) *liberalen* Modernität im Verständnis von Staat und Individuum, Recht und Moral, Herrschaft und Gewalt, Partizipation und Kommunikation werfen somit zwei elementar wichtige Fragenkomplexe auf, denen in dem vorliegenden geschichtlichen Rückblick auf 500 Jahre russische Geschichte nachgegangen wird.

Wie, in welchen Formen, aus welchen Gründen und Interessen und mit welchen Resultaten vollzog sich im Detail die politische, ökonomische und kulturelle Modernisierung Russlands seit der Zeit des ersten Zaren Iwans IV.? Können diese Modernisierungsphasen näheren Aufschluss über eine immanente Entwicklungslogik geben, die – zumindest hypothetisch – Anhaltspunkte dafür liefern, warum das Land Modernität im westlichen Sinne nie erreichen konnte?

Stellt der Wechsel von Reform und Antireform, ein Pendeln zwischen Lockerung, bis hin zur Zerstörung bestehender staatlicher oder sozialer Strukturen, und einer meist gewaltbegleiteten Restauration, ein *wiederkehrendes* Grundphänomen der russischen Geschichte dar? Und könnte die Beantwortung der Frage nach einer bisher nur unzureichend erforschten *Zyklizität* der russischen Geschichte auch Hinweise auf einen zukünftigen Entwicklungsweg Russlands geben, bei aller faktischen und durch Variablen der internationalen wie innerrussischen Politik provozierten Unschärfe?[20] Bei alldem bleibt unstrittig, dass sich Russland seit nahezu 500 Jahren, spätestens aber seit dem Reformzaren Peter I. zivilisatorisch,

---

20 Vgl. Nikolaj S. Rozov, Cikličnost' rossijskoj političeskoj istorii kak bolezn': vozmožno li vyzdorovlenie? [Die Zyklizität der russländischen Geschichte als Krankheit: ist eine Gesundung möglich?]. POLIS. Političeskie issledovanija. (2006) Nr. 3. S. 8–28. https://doi.org/10.17976/jpps/2006.03.02.

kulturell, ökonomisch und technologisch an westeuropäischen Vorbildern (England, Frankreich, Deutschland, Italien) orientiert hat. Zwar existierten stets auch unterschiedlich stark ausgeprägte ‚östliche' (China) und ‚südliche' (Indien) Blickrichtungen, aber die *basale* kulturelle Prägung ließ Russland nach Westen schauen, selbst zu konfliktreichen Zeiten des Kalten Kriegs.[21] Putin versucht, diese Blickrichtung nach Osten (China) oder Süden (Indien, Golfregion, Afrika) zu verlagern und sich von Europa abzuwenden. Ob diese russische Zeitenwende auch eine geopolitische und -kulturelle Wende sein kann, die eine zivilisatorische Revolution und einen Paradigmenwandel im Jahrhundertformat bedeuten würde, wird die Zukunft zeigen. Sollte die Selbstisolation gegenüber Westeuropa und den USA jedoch gelingen, und ein erster Point of no Return ist durch den Ukrainekrieg bereits überschritten, wird dies für Staat, Gesellschaft, Wirtschaft und insbesondere die russische *kulturelle Identität* unabsehbare Folgen haben. Russland und der Westen werden dann für lange Zeit getrennte Welten sein.

21 Vgl. Nordica Nettleton, Driving Towards Communist Consumerism: AvtoVAZ. Cahier du Monde russe 47/1-2 (2006). S. 131–151. https://doi.org/10.4000/monderusse.9594.

Kapitel 2

Der erste Zar Iwan IV. Autokratie und Zentralismus (1533–1584)

Beginnen wir mit einem Rückblick im Rückblick. Wie stellt sich die politische Großwetterlage am nordöstlichsten Rand Europas dar, bevor der zentrale Protagonist des 16. Jahrhunderts und erste Reformer Iwan IV. (der Schreckliche)[22] ins Licht der Geschichte tritt?

Die Entstehung Russlands und seine geographische Expansion

Mitte des 15. Jahrhunderts existierte noch kein Russland im heutigen Sinn, sondern eine Reihe von oft über Jahrzehnte verfeindeten, in jedem Fall miteinander konkurrierenden Teilfürstentümern (z. B. in Smolensk, Rostow, Twer, Pskow, Moskau) im Nordosten des europäischen Kontinents. Kontrolliert und mit Strafexpeditionen überzogen wurden diese Fürstentümer durch die Tataren-Mongolen-Herrschaft der Goldenen Horde, die 1436 ihr Chanat in Kazan' errichtet hatte, aber auch aus Saraj an der unteren Wolga und vom Dnepr die nördlichen Regionen überfiel. Alle Fürstentümer sind gegenüber den Tataren-Mongolen abgabepflichtig, als Gegenleistung erhalten sie eine gewisse Autonomie in ihrer Administration und religiösen wie politischen Ausrichtung. Eine politische Sonderrolle spielte die der Hanse zugehörige und durch einen Patrizierrat bzw. Erzbischof regierte Stadt Groß-Nowgorod. Nowgorod unterschied sich erheblich durch eine konsensuale, stark an westeuropäische Hansestädte erinnernde Selbstverwaltung (veče) von den feudalen Strukturen in den Fürstentümern, aber auch durch seinen Reichtum und seine Verbindungen nach Westeuropa. Der unbestrittene Global Player des Ostens ist jedoch das Fürstentum Litauen (Gründung der Hauptstadt Vilnius 1323), das 1386 eine Union mit dem Königreich Polen eingegangen war, in Zeiten seiner maximalen Ausdehnung von der Ostsee bis zum Schwarzen Meer reichte und mit über 850.000 qkm große Teile des

22 Im Folgenden wird bei Eigennamen und Bezeichnungen auf die wissenschaftliche Transliteration zurückgegriffen. Zur Aussprache: č = tsch, š = sch, ž = sch (stimmhaft), c = z, z = s (stimmhaft). Für im Deutschen etablierte Namen wird die Duden-Umschrift verwendet. Bei Fachbegriffen wird in Klammern die russische Originalbezeichnung angeführt.

heutigen Polens, Litauens, Weißrusslands und der Ukraine umfasste. Polen-Litauen ist für die russischen Fürstentümer aber nicht nur Konkurrent, sondern auch ein von Zeit zu Zeit wechselnder Bündnispartner. So stellten sich Pskow (1428), Nowgorod (1432) und andere Fürstentümer zeitweilig unter den Schutz dieses enormen politischen Machtgebildes, auch das Fürstentum Moskau ging 1456 enge vertragliche Bindungen mit Polen-Litauen ein. Aber die Zeit der Tataren-Mongolen-Herrschaft, die Russland fast 250 Jahre überlagert hatte, geht langsam ihrem Ende entgegen: 1451, 1455 und 1461 datieren relativ erfolglose Versuche der Goldenen Horde, das Großfürstentum Moskau zu Tributzahlungen zu zwingen. 1480 ging die Tataren-Mongolen-Herrschaft in Russland de facto mit der ausgebliebenen Konfrontation an der Ugra («Стояние на Угре») zu Ende. Nach dem Tod Wassilis II. (der Dunkle) 1462 folgte sein Sohn Ioann III. (Iwan III.) als Moskauer Großfürst nach, der die Geschichte Russlands, seine Machtstellung, Politik, Architektur und Staatsideologie nachhaltig prägen und die Weichen für den Aufbau eines zentralistischen Staats durch seinen Enkel Iwan IV. (der Schreckliche) stellte. Aufgrund der Erblindung seines Vaters hatte Iwan III. frühzeitig Erfahrungen in Regierungsgeschäften und politischen Strategien gewinnen können, die er nunmehr für die von ihm beschleunigte Vereinigungspolitik der Fürstentümer einsetzte, die im 19. Jahrhundert aus imperialer Perspektive und im Duktus der Romantik euphemistisch als „Sammlung der russischen Erde“ bezeichnet wurde. Die Eingliederung der Fürstentümer war nicht durchgehend gewaltsam, oft geschah dies durch Ankauf (wie z.B. bei Gebieten Rostows und Jaroslawls), Erbschaft (nach dem Tod seines Bruders die Stadt Dmitrow), aber auch durch Eroberung und Unterjochung. Das Moskauer Großfürstentum war Anfang der 1460er Jahre fester Absicht, nicht nur primus inter pares unter anderen Fürstentümern zu werden, sondern die politisch dominante, letztlich absorbierende Rolle gegenüber den Konkurrenzherrschaften zu spielen und damit eine weitere Weiche zu stellen, die das 16. und beginnende 17. Jahrhundert beeinflussen wird: der Dauerkonflikt mit dem großen Gegner im Westen, Polen-Litauen. Diese hegemonialen Bestrebungen Moskaus, bislang noch auf regionalem Niveau, erforderten eine Machtdemonstration insbesondere gegenüber dem wirtschaftlich prosperierenden und hierdurch unabhängigen Nowgorod, das sich in seiner Geschichte von der Mongolenherrschaft hatte freikaufen können. Angesichts des Aufstrebens Moskaus hatte Nowgorod, ungeachtet seiner zu Moskau bestehenden Vertragsbindung, 1471 einen Schutzvertrag mit dem polnischen König und litauischen Großfürsten Kasimir IV. abgeschlossen, den Moskau als eklatante Illoyalität und letztendlich als Bedrohung seiner Interessen betrachtete. Noch im selben Jahr wurde Nowgorod am Fluss Šelon' besiegt und musste eine erhebliche Strafzahlung leisten. Ein Teil der in Nowgorod ansässigen Bojaren wurde der Stadt verwiesen, der Stadthauptmann Dmitrij Boreckij hingerichtet. Nur wenige Jahre später (1475) überfiel erneut ein Moskauer Heer Nowgorod, nachdem sich Aufstände in der Stadt gegen die Moskauer Vorherrschaft gebildet hatten. 1478 ist die Unabhängigkeit Nowgorods endgültig zu Ende. Iwan III. konfiszierte nach einem erneuten Heerzug das Eigentum der Nowgoroder Bojaren und unterstellte die Stadt seiner Herrschaft. Wichtig an diesem Sieg ist vor allem der politische Aspekt: der Moskauer Feudalismus vernichtete eine prädemokratische, prosperierende Stadtrepublik westlichen Typs und beraubte sich so eines potentiell *alternativen* Entwicklungsmodells in der Geschichte. Moskau lernte, dass, vereinfacht gesagt, ‚Demokratie' schwach und feudale Selbstherrschaft stark ist, eine Lernleistung, die Folgen haben wird für den politisch-ideologischen Horizont, der sich in den folgenden Jahrzehnten in Russland herausbildete. 1495 wurden die Kaufleute der Hanse endgültig aus Nowgorod vertrieben, ihre Lager und Kontore konfisziert und geschlossen.

Einen gänzlich anderen Erfolg erzielte Iwan III. im privat-öffentlichen Bereich: in zweiter Ehe heiratete er die durch den in Rom ansässigen orthodoxen Erzbischof von Nicaea und seit 1439 auch katholischen (!) Kardinal Bessarion vermittelte Nichte des letzten Kaisers Byzanz' Konstantin XI. Zoë (Sophia) Palaiologa. Zwar gehörte Sophia nicht der griechisch-orthodoxen, sondern der unierten Kirche an, durch den zeitweise sogar als Kandidat für die Papstwahl gehandelten Bessarion konnte das Moskauer Großfürstentum jedoch an die byzantinische Reichstradition anknüpfen, inklusive der späteren Übernahme des byzantinischen Hofrituals und Reichsadlers. Moskau sah sich fortan im Sinne einer östlichen translatio imperii in Kontinuität zu Byzanz, als Reich, als Schutzmacht der Orthodoxie und einzigen Ort auf der Welt, an dem die ‚wahre' religiöse Lehre vertreten wurde. Dieses Bewusstsein sollte die ideelle (religiöse) Identität Russlands bis hin zur ideologischen Hybris des Sowjetmarxismus wesentlich bestimmen. Kurz gesagt, Russland vertrat die ‚Wahrheit' in der Geschichte, eine Überzeugung, die sogar Vladimir Putin heute noch unterschreiben würde.

Den Begriff „Zar" verwendet Iwan III. nur sporadisch in der Bedeutung „Herrscher". Die in drei Briefen des Mönches Philotheus (Filofej) an den Sohn Iwans III. Wassili und den Mönch Michail Misjur'-Munechin gerichteten Worte von „Moskau als Drittem Rom", mit denen spätere Machttheoretiker und Theologen die *führende* weltanschauliche (religiöse) Rolle

Moskaus zu legitimieren versuchten, spielten für Iwan III. noch keine Rolle; auch die Verwendung des byzantinischen Doppeladlers geht erst auf seinen Sohn Wassili III. zurück. Zudem bezog sich die zentrale Bedeutung der Bestimmung „Moskau als Drittes Rom" („Das erste und das zweite Rom [Byzanz] sind gefallen, das dritte Rom steht und ein viertes wird es nicht geben") nicht auf eine politische Legitimation, sondern spiegelte vor allem die eschatologische Erwartung eines nahenden Endes der Welt (1492) wider. Für zahlreiche politische und ideologische Konzepte des 19. Jahrhunderts bis Vladimir Putin wird die Lehre von Moskau als Drittem Rom jedoch einen unverzichtbaren Baustein bilden. Zunächst setzte sich die Herrschaft Iwans III. jedoch recht weltlich fort. Ab 1493 lässt er sich mit „Gosudar' vseja Rusi" [Herrscher der ganzen Rus'] anreden.

Die Ehe mit Sophia Palaiologa, einer für die damalige Zeit emanzipierten und an den Lebensstil der italienischen Renaissance gewöhnten Frau relativ fortgeschrittenen Alters, löste im Moskauer Großfürstentum einen Bauboom (v. a. im Kirchenbau) aus, denn bei ihrer Ankunft in Moskau 1472 hatte sich die Braut von dem hoffnungslosen Zustand der alten Kremlkirchen überzeugen müssen, der in den Folgejahren durch italienische (!) Architekten behoben sein wird: einige der zentralen Kirchen im Kreml wie auch die Kremlmauern selbst stammen von italienischen Architekten (Aristotele Fioravanti, Pietro Antonio Solari, Marco Ruffo, Aloisio Lamberti da Montagnana u. a.). Die an die italienische Renaissance-Architektur angelehnte Maria-Entschlafenen-Kathedrale [Успенский собор] von Aristotele Fioravanti wurde zum innerrussischen Exportschlager und zahlreich im Land kopiert (z. B. durch die Sophien-Kathedrale in Wologda).

1489 konnte Iwan III. sein Großfürstentum territorial erheblich durch die Übernahme der zuvor an Nowgorod gebundenen Gebiete in Vjatka ausweiten, um 1500 kommt das Gebiet Rjazan' hinzu, 1503 weitere Gegenden im Südwesten Russlands, Smolensk und Witebsk. 1494 gelingt dem politisch außerordentlich erfolgreichen Großfürsten noch ein diplomatischer Coup: er verheiratete seine Tochter Elena mit dem litauischen Großfürsten Alexander, der daraufhin den Herrschaftsanspruch Iwans III. „über ganz Russland" anerkennt. 1505 stirbt Iwan III., sein Sohn Wassili III. folgt ihm auf dem Thron, der in der Folge das Territorium des Großfürstentums weiter nach Nordosten und Osten ausdehnt und nach Süden arrondiert. 1525 ist aus dem relativ kleinen Moskauer Fürstentum ein beeindruckender Staat geworden, der sich vom Südwesten (heute etwa der Stadt Charkiv) über Rjazan' im Südosten Moskaus bis weit nach Norden erstreckt, über ganz Karelien bis an die Barentssee, im Osten und Nordosten bis an den Ural. Russland entsteht als „östlichstes aller nördlichen Länder", wie es der erste westliche Reisende Freiherr Siegmund zu Herberstein (1516/17 und 1525/26 in Moskau) genannt hat. Als Wassili III. 1533 stirbt, ist die zentrale Figur des russischen 16. Jahrhunderts gerade drei Jahre alt: Ioann (Iwan) IV.

Russland Anfang des 16. Jahrhunderts

Das 16. Jahrhundert wurde in der russischen Geschichte wie kaum ein anderes durch die Figur des ersten russischen Zaren Ioann (Iwan) IV. Vasil'evič dominiert, der auch durch seinen Beinamen „Groznyj" (der Dräuende, Zürnende) dieser Epoche seinen Stempel aufdrückte. „Russland" – diese Bezeichnung taucht während der Regierungszeit Iwans IV. erstmals auf – durchlief in diesem Jahrhundert massive Veränderungen in politischer, wirtschaftlicher, sozialer und territorialer Hinsicht. Zwar hatten Iwan III. und Wassili III. die Gebiete des Großfürstentums bereits erheblich erweitert, so dass am Ende der Regierungszeit Iwans Vorgängers die Ausdehnung des russischen Territoriums fast 3 Mio. Quadratkilometer betrug. Fünfzig Jahre später waren dies bereits 5,4 Mio. Quadratkilometer. Diese gewaltigen Territorien (russischer Norden, Ural, Wolgagebiet, Westsibirien) waren allerdings nur sehr dünn besiedelt (1,5 Menschen pro qkm, im Vergleich Westeuropa: 10–30 Menschen). Der Entwicklungsstand dieser Gebiete war zudem höchst unterschiedlich, was wiederum zu erheblichen Disproportionalitäten in Landwirtschaft, Handel und Lebensformen zwischen den einzelnen Regionen Russlands führte. Russland wies ca. 200 Städte auf, von denen sich die größte (Moskau: 100.000 Bewohner) durchaus mit den Großstädten ihrer Zeit (z. B. London, Venedig, Amsterdam) messen konnte.

Die territoriale Expansion Russlands und die machtpolitische Durchsetzung eines einheitlichen Zentralstaats sowie die außenpolitische Konfrontation mit Polen-Litauen einerseits, den tatarischen Chanaten in Kazan' und auf der Krim andererseits stellten die Ausgangsbedingungen dar, mit denen sich der junge Monarch (1547 Zarentitel angenommen) konfrontiert sah. Vor allem stellte sich die Herausforderung, die territoriale Erweiterung Russlands und Amalgamierung des Landes (im Sinne einer neuen geopolitischen Raum- und Herrschaftskonzeption) zu verarbeiten. Dies vollzog sich wesentlich im Zeichen eines absolutistischen Herrschaftsideals und -anspruches, in Ausrichtung auf eine vollkommene Unterwerfung aller Schichten und Stände unter die unbegrenzte zaristische Macht. Das nach der Zeit der Mongolenherrschaft in die europäische Geschichtsentwicklung zurückgekehrte Russland nahm damit einen grundsätzlich *anderen* Weg als z. B. die Entwicklung von Staat und Gesellschaft im Heiligen Römischen Reich Deutscher Nation, dessen Strukturen zunehmend auf einer konsensualen Herrschaft und einer Verrechtlichung der Beziehungen zwischen den Reichsständen gründeten. Wenngleich Russland ebenfalls ständische Strukturen besaß, so waren diese – bedingt durch die Isolation Russlands seit dem 13. Jahrhundert – nicht im westeuropäischen Sinne ausgeprägt. Auch besaßen philosophisch-ästhetische Strömungen wie die westeuropäische Renaissance in Russland keine analogen Formen. In der Expansion des Raums (aus herrschaftsgeschichtlicher wie wirtschaftlicher Perspektive) und ihrer mentalen Verarbeitung zeigten sich indes zwischen Westeuropa und Russland Parallelen (Entdeckung Nord- und Südamerikas, Eroberung Sibiriens), die sich auch auf eine kulturell wie politisch relevante Semantik des Raums auswirkten. Russland und sein Herrscherhaus verstanden mehr und mehr die eigene Größe, aus der sich scheinbar unumgängliche Herrschaftsmethoden, aber auch langlebige Machtphantasien ableiten ließen.

Erste Versuche zentralistischer Herrschaft

Die Rahmenbedingungen, die im Verlauf des 16. Jahrhunderts die politischen Strategien Iwans IV. bestimmten, erforderten tiefgreifende Reformen des Staats- und Militärwesens, die sich auch auf die ständische Gesellschaft Russlands massiv auswirken sollten. Die institutionell nicht gefestigte und eher auf Konvention als auf rechtlicher Bindung beruhende Macht der Bojaren musste – aus der Sicht des Alleinherrschers – maßgeblich zugunsten einer ausschließlich durch den Herrscher kontrollierten Macht zurückgedrängt werden, sollte eine ubiquitäre Machtdurchsetzbarkeit in den Regionen die Regel werden. Tendenziell waren die Bojaren eher Konkurrenten des Großfürsten, denn loyale Mitstreiter, die dem aufkommenden Zarentum mit Skepsis und Feindseligkeit gegenüberstanden. Eine wirkliche Partizipation der Bojaren an der Macht kam für Iwan IV., auch aufgrund persönlicher Erlebnisse in seiner Kindheit, nicht in Frage, so dass die von ihm etablierte ‚Vertikale der Macht' (Putin) aus Sicht des Zaren die unabdingbare Voraussetzung für einen funktionierenden zentralistischen Staat darstellte. Allerdings konnte ein Durchregieren von oben nach unten in der gesamten russischen Geschichte nie sichergestellt werden. Wenn in der ersten Hälfte der Regierungszeit Iwans IV. daher zunächst von einer Periode der Reformen gesprochen werden kann, die auf einen Zuwachs an wirtschaftlicher und administrativer Effizienz ausgerichtet war, stand die zweite Hälfte (nach 1560) eher im Zeichen einer Gegenreform, in der wiederum zahlreiche Reformansätze der vorangegangenen Epoche zunichte gemacht wurden. Überlagert wurde die gesamte Regierungszeit Iwans IV. durch einen höchst instabilen politischen Kurs, vor allem bedingt durch pathologisches Misstrauen und Brutalität, so dass von einer Zeit kontinuierlicher und konsistenter Reformen hin zu einem zentralistischen Staatsgebilde nicht gesprochen werden kann. Nach 1570 kam es wieder zu Rücknahmen der Veränderungen, womit sich ein Pendelschema (Reform – Gegenreform) etablierte, das noch in zahlreichen anderen Epochen der russischen Geschichte zu beobachten sein wird. Dem Schema Reform – Gegenreform wohnte dabei eine spezifische Dynamik inne, die daraus resultierte, dass Reformen nicht auf bereits vorfindlichen Entwicklungen in Gesellschaft und Staat aufbauten, diese verstärkten oder verrechtlichten, sondern dass sie aus innen- oder außenpolitischer Staatsräson von oben verordnet und mit den zur Verfügung stehenden Machtmitteln durchgesetzt wurden. Dies geschah oft ohne Berücksichtigung ihrer generellen Machbarkeit oder strukturellen Resilienz, in der Regel auch durch ein maximalistisches Überschreiten der Reformziele, was zur Folge hatte, dass sich Reformergebnisse oft nicht in Staat und Gesellschaft verankern ließen und eine verdeckte bis offene Gegenreaktion der betroffenen Kreise provozierte.

Im Gegensatz zu einer stärkeren Beteiligung der Stände an den Herrschafts- und Verwaltungsprozessen in Westeuropa, vor allem im Deutschen Reich (Wormser Matrikel, Reichstage, Reichsabschiede etc.), einer definierten Religionsfreiheit (Augsburger Religionsfrieden 1555 „cuius regio, eius religio“) und den sich dadurch herausbildenden Emanzipationsprozessen der fürstlichen und städtischen Herrschaftsbereiche, stellte sich das Dilemma zwischen ständischer Machtbeteiligung (Bojarenduma) und Zentralherrschaft (Zar) in Russland grundlegend anders dar: prinzipiell strebte Iwan IV. eine *Entmachtung* der Bojaren und Städte an und forderte ihre Unterstellung unter die alleinige Macht des Zaren. Diesen Bestrebungen widersetzten sich die russischen Stände, so dass die *Ständeversammlung* [Земский собор] (1549) als vorläufiges *Versöhnungskonzil* [Собор примирения] und das *Zarische Gesetzbuch* [Царский судебник] (1550) als Festschreibung eines Kompromisses angesehen werden können. Iwan IV. brauchte Zeit für seine Landreform, die in der Abschaffung der Institution der Statthalter [наместники] und des *Kormlenie*-Systems (Erhebung von Natural- bzw. Geldabgaben zur Bezahlung von Amtspersonen) gipfelte. Ziel der Reform war, sowohl auf dem Land als auch in den Städten relativ einheitliche staatliche Zentralstrukturen zu schaffen, die vor allem eine kontinuierliche Abgabe der Steuern gewährleisten konnten (z. B. zur Finanzierung des Livländischen Kriegs). Diesen neuen Regionalstrukturen, die nicht nur aus den Adelskreisen, sondern auch aus den Städten „Dienende“ des Zaren machten [служилые люди, служилые города] entsprachen auf der Zentralebene die sogenannten *Prikazy* (Vorläufer der Petrinischen Kollegien und späteren Ministerien des Russischen Reiches), die ab 1550 eingerichtet wurden. Begleitet wurde dieser Prozess durch die Schaffung von Staatsbetrieben wie der *Rüstkammer* [Оружейная палата], dem *Kanonenhof* [Пушечный двор], dem *Tuchhof* [Суконный двор] und dem *Druckhof* [Печатный двор] etc.).

Stießen diese Reformen (Zentralisationsprozesse) auch nicht auf Gegenliebe der Bojaren und städtischen Bewohner, konnte doch bis zum Beginn der 1560er Jahre eine gewisse Stabilisierung der Situation erreicht werden. Ein wie mit der Ständeversammlung erzielter Kompromiss wurde auch mit der Kirche gefunden (*Hundertkapitelkonzil* [Стоглавый собор] 1551), auf dem nicht nur liturgische und rituelle Fragen geklärt, sondern auch bereits die Kontrolle des Staates über das kirchliche Eigentum (Ländereien, Besitzungen, Klöster etc.) festgeschrieben wurden.

Mit Beginn der 1560er Jahre nahm Iwan IV. jedoch einen drastischen Kurswechsel in seiner Reformpolitik vor, wobei zu den hierfür verantwortlichen Gründen zwei Interpretationen existieren: einerseits wird der Grund in der Auflösung des *Ausgewählten Rats* [Избранная рада] (Beratungsgremium des Zaren und Kreis von Vertrauten) gesehen, der eher gegen den Livländischen Krieg eingestellt war (Flucht Andrej Kurbskijs im April 1564), andererseits kann vermutet werden, dass Iwan IV. diesen Kurswechsel auch deshalb eingeleitet hat, weil die begonnenen Reformen zu langsam die gesteckten Ziele, insbesondere die Etablierung einer unbegrenzten autokratischen Macht, erreichten. Angesichts seines explosiven, herrschsüchtigen und unberechenbaren Charakters erscheint es plausibel, dass er gleichsam zu staatsterroristischen Mitteln griff, um den Widerstand der Stände zu brechen.

Teilung des Landes, Opričnina und Repression

Anfang 1565 wird das System der *Opričnina* (von russ. Опричь – „abgeteilt“, „außerhalb“) eingeführt, ein sich vor allem auf Nordrussland erstreckendes Gebiet zaristischer Gewaltherrschaft, das von einer dem Zaren direkt unterstellten Gruppe (Opričniki) kontrolliert wurde. Bis zur offiziellen Beendigung der Opričnina (1572) erfolgte auf grausame Weise eine blutige Umverteilung der Bojarengüter [вотчина], die vor allem an die Schicht des neu entstehenden Dienstadels und an ehemalige

Dienstleute verteilt wurden. Begleitet wurde dieser Prozess durch extreme Grausamkeiten (z.B. Pogrom in Nowgorod 1569/70), die ihrerseits zur Landflucht der Bauern führten, die wegen der neuen Abgabe- und Steuerbelastungen, aber auch der alltäglichen Expropriationen in das *Wilde Feld* [дикое поле] zu flüchten versuchten. Durch eine stetig fortschreitende Verschärfung der Leibeigenschaft versuchte man, dieser Lage Herr zu werden. Die vorübergehende Abschaffung des Sankt-Georgstags (26. November) [Юрьев день осенний], der die Möglichkeit zum Wechsel des Gutsherrn im Herbst bot, und eine Verlängerung des Rückführungsrechts für entlaufene Bauern gehörten in diesen Zusammenhang.
Die faktische Teilung des Landes (Zemščina [Bojarenland] vs. Opričnina) erwies sich im Hinblick auf den Aufbau eines einheitlichen zentralistischen Systems, auf das die Reformen der früheren Jahre ausgerichtet waren, als extrem kontraproduktiv. Sie schwächte Handel und Industrie, führte zu umfangreichen Wüstungen bis zur Entvölkerung ganzer Landstriche, schadete somit auch der Landwirtschaft, die den zentralen Wirtschaftszweig Russlands im 16. Jahrhundert ausmachte. Der Überfall des Krimtataren-Chans Devlet Girej (1571) auf Moskau traf auf ein wirtschaftlich wie sozial stark erschüttertes Land, so dass die Abschaffung der Opričnina (1572), deren Bezeichnung sogar nicht mehr erwähnt werden durfte, eine Einsicht in die unmittelbaren politischen und wirtschaftlichen Konsequenzen widerspiegelte. Persönlich enttäuscht hatte Iwan IV. auch die auf Seiten der Opričniki geringe Bereitschaft zur Verteidigung Moskaus, zu der sich nicht mehr als 1.000 Kämpfer bereitfinden konnten.
Das System der Opričnina hatte eine neue Praxis einer unmittelbaren (nicht durch die Stände vermittelten) Beziehung zwischen ‚Zar' und ‚Volk' etabliert. Unter Umgehung der vormaligen Machtpyramide, die eine Reichsmittelbarkeit der Städte und Regionen kannte, installierte Iwan IV. nunmehr eine direkte Verbindung zwischen sich und den Bauernschichten, die er geschickt gegen die Bojaren zu instrumentalisieren verstand. Dieses Ausspielen des sogenannten „Willens des Volkes" (als einer machtpolitisch virtuell konstruierten Größe) gegen die Interessen der Zwischenschichten (Landstände, Bojaren, Fürsten etc.) entwickelte sich zu einem langfristig gültigen Grundmerkmal zentralistischer Herrschaft in Russland, auf das bis in das 20. Jahrhundert zurückgegriffen werden sollte. Das System der Opričnina vermochte jedoch nicht, die vormals bestehenden Strukturen bojarischer Herrschaft vollständig zu vernichten. Bereits unter dem Vorgänger Iwans IV. (Wassili III.) waren die Partizipationsmöglichkeiten der Bojaren (z.B. über die Ständeversammlung [Земский собор]) erheblich eingeschränkt worden, so dass ihre we-

sentlichen Bestrebungen in einer gewissen Beteiligung an der regionalen Umsetzung der Herrschaft bestanden und sich schon nicht mehr auf oligarchische Partizipation konzentrierten, die die Zentralmacht des Zaren grundsätzlich hätte in Frage stellen können. Versteht man die Herrschaft der Opričnina indes als Radikalisierung der Reformpolitik und nicht als Gegenreform, eine in neuester Zeit wieder anzutreffende Einschätzung, erwies sie sich letztendlich als Störfaktor für den Aufbau eines einheitlichen Zentralstaats. In der Zeit nach den *Wirren* [Смута] (ab 1613) wird sich zeigen, dass Zar Michail Fedorovič (Romanov) zur Konsolidierung seiner Herrschaft und zur Überwindung der Folgen der Smuta (und Opričnina) erneut auf die Mitwirkung der Bojaren angewiesen ist.

Durch die begonnene, früh jedoch wieder eingestellte Zentralisierung politischer und ökonomischer Strukturen konnte in Russland ein erster Schritt in Richtung systemischer Modernisierung unternommen werden. Dieser Strukturwandel wurde in der zweiten Phase der langen Regierungszeit Iwans IV. indes durch den Aufbau einer neuen loyalen Schicht konterkariert, der in der Folge nur zu einem partiellen Austausch der Eliten, aber keinen weiteren Modernisierungen führte. Die durch Unterdrückung der Bauern hervorgerufene Wüstungsbewegung zerstörte darüber hinaus gewachsene agrarische Strukturen.

Politik und Wirtschaft

1533 Nach dem Tod Wassilis III. wird dessen Witwe Elena Glinskaja zur Regentin für ihren erst dreijährigen Sohn Iwan IV. bestellt.

1538 Interregnum der Bojarenherrschaft (bis 1547): Mit dem Tod Elena Glinskajas verschärft sich die Fehde zwischen den Bojarengeschlechtern der Bel'skijs und Šujskijs um die Vorherrschaft.

1542 (2.1.): Nach vorübergehender Vorherrschaft der Bel'skijs (seit 1539) verbannt Iwan Šujskij Iwan Bel'skij nach Beloozero; die Šujskijs erlangen nahezu unbeschränkte Macht.

1543 (29.12.): Iwan IV. lässt den Anführer der Bojarenoligarchie Andrej Šujskij im Hundezwinger zerfleischen.

1547 (16.1.): Krönung Iwan IV. durch den Metropoliten Makarij zum Zaren und Großfürsten der ganzen Rus'; Iwan IV. umgibt sich mit reformerischen Beratern: neben den Geistlichen Makarij und Sil'vestr Fürst Andrej Kurbskij und Aleksej Adašev (Избранная рада).

(21.6.): Brandkatastrophe in Moskau. Die nahezu vollständig aus Holz errichtete Stadt brennt großflächig ab.

1549 (27.2.): Die Ständeversammlung [Земский собор] beschließt Maßnahmen zur Zentralisierung der Verwaltung: Beschränkung der Macht der Statthalter [наместники], Einrichtung der Prikazy (Vorläufer der Ministerien), Privilegierung des Dienstadels.

(Oktober): Iwan IV. belehnt 1.000 Adelige mit Dienstgütern [поместье] im Umkreis von Moskau: Etablierung eines neuen hauptstädtischen Dienstadelsstandes.

1550 (Juni): Neukodifizierung des geltenden Rechts im Zarischen Gesetzbuch [Царский судебник].

1551 Die Bojarenduma verliert ihre Stellung als wichtigstes Beratungsgremium an den aus Vertrauten Iwans IV. bestehenden *Ausgewählten Rat* [Избранная рада].

1552 (2.10.): Eroberung des Chanats von Kazan'.

1553 (August): Englische Seefahrer entdecken über das Weiße Meer den nördlichen Zugang zum Russischen Reich. Erste Ansiedlung englischer Händler in Cholmogory.

1555 Verwaltungs- und Steuerreform: Abschaffung des *Kormlenie*-Systems zugunsten gewählter Beamter, die persönlich für Amtsführung und Steueraufkommen haften.

Gewährung weitgehender Handelsprivilegien an die in London gegründete „Muscovy Company", die in der Folgezeit den russischen Außenhandel dominiert.

1556 (August): Eroberung des Chanats von Astrachan'.

1558 (Januar): Beginn des Livländischen Krieges (bis 1582/83) mit der russischen Belagerung Narvas und Dorpats.

Iwan IV. überträgt Anikej Stroganov weite Gebiete an der Kama und ihren Nebenflüssen auf 20 Jahre zur freien Nutzung.

1559 (Mai): Mit der Eroberung Narvas gewinnt Russland vorübergehend (bis 1581) einen unmittelbaren Zugang zur Ostsee.

1560 (Juli): Auflösung des *Ausgewählten Rats*, deren Mitglieder in Ungnade gefallen waren.

1563 Russland gewinnt im Krieg gegen Polen-Litauen Smolensk, Vitebsk und Polock.

1564 (29.4.): Flucht des Oberkommandierenden der russischen Truppen in Livland Fürst Andrej Kurbskij vor der Willkürherrschaft Iwans IV. in litauische Dienste.

(3.12.): Iwan IV. zieht sich aus Groll über verräterische Umtriebe der Bojaren in die Aleksandrovskaja sloboda bei Vladimir zurück und dankt ab.

1565 (5.1.): Iwan IV. empfängt in der Aleksandrovskaja sloboda eine Abordnung aus Moskau, die ihn zur Rückkehr auf den Thron zu bewegen sucht; Iwan IV. bedingt sich die Abtrennung eines Teiles des Herrschaftsgebiets zur freien Verfügung aus (Errichtung der Opričnina); Umwandlung der ehemaligen Bojaren-Domänen [вотчины] des Opričnina-Gebietes in Landgüter der Opričniki.

1569 (23.12.): Metropolit Filipp (1636 heiliggesprochen) wird auf Betreiben Iwans IV. erdrosselt, nachdem dieser die Willkürherrschaft angeprangert und die Segnung Iwans IV. verweigert hatte.

1570 (2.1.–13.2.): Strafaktion gegen Nowgorod wegen des Verdachts der Kollaboration mit Polen-Litauen. Durch die Opričnina werden bis zu 10.000 Menschen in nur sechs Wochen auf grausamste Weise ermordet. Die Stadt Pskow verschonte Iwan IV. weitgehend, da der Voevode Jurij Tokmakov und der später selig gesprochene Nikolaj Salos dem Blutvergießen mutig entgegengetreten waren.

1571 (24.5.): Chan der Krymtataren Devlet I. Girej brandschatzt in Moskau. Militärisches Versagen der Opričniki.

1572 Auflösung der Opričnina.

1575 (Herbst–August 1576): Iwan IV. setzt den tatarischen Vasallenfürsten von Kasimov, Simeon Bekbulatovič, zum „Zaren von ganz Russland“ ein.

1580 Iwan IV. zerstört das Deutsche Viertel [Немецкая слобода, Ausländer-Viertel].

1581 Iwan IV. erschlägt seinen ältesten Sohn Iwan.

Das Recht der Bauern auf Wechsel des Gutsherrn am Sankt-Georgstag wird zunächst für ein Jahr außer Kraft gesetzt; später Verlängerung der Verbotsjahre [заповедные лета] bis 1587.

1582 (18.8.): Waffenstillstand von Jam-Zapol'skij mit Polen-Litauen: Russland verzichtet auf Livland und Polock.

(23.10.): Der in Diensten der Stroganovs stehende Kosakenanführer Ermak Timofeevič schlägt mit seiner Kriegsschar den Chan Kučum am Irtyš; Beginn der Eroberung Westsibiriens.

(26.10.): Einnahme der Hauptstadt Isker (Kašlyk) des sibirischen Chanats (heute Nähe Tobolsk) durch den Ermak Timofeevič.

1583 (10.8.): Waffenstillstand an der Pljussa mit Schweden: Russland verzichtet auf Narva, Ingermanland und Estland.

1584 Gründung von Archangel'sk in der Mündungsbucht der Nördlichen Dvina als Stützpunkt für den Außenhandel mit Westeuropa.

(18.3.): Tod Iwan IV.

Literatur, Kunst und Kultur

1540 Abfassung des *Großen Monatslesebuch* [Великие четьи и Минеи] durch den Nowgoroder Erzbischof Makarij mit Heiligenlegenden, geistlich-erbaulichen Texten und Anweisungen.

1547 *Hausordnung* [Домострой]. Anweisung zu Sitten und Gebräuchen, Hausführung, Geschlechterrollen und -pflichten.

1549 In Wien erscheint der Reisebericht Rerum *Moskoviticarum commentarii* (Reise zu den Moskovitern) des Freiherren Siegmund zu Herberstein mit Reise- und Landeskundebeschreibungen Russlands.

1551 *Hundertkapitelkonzil* [Стоглавый собор]. Regulierung kirchlich-administrativer und ritueller Fragen. Unterordnung der orthodoxen Kirche unter den Zaren.

1555 (–1560) Bau der *Maria-Schutz-Kirche* [Покров что на рву] vor den Toren des Kremls zum Gedenken an die Einnahme Kazans (bekannt als Basilius-Kathedrale).

1563 Endredaktion des *Stufenbuchs der zarischen Geschlechter* [Степенная книга]: Zusammenfassung der historischen Überlieferung Russlands aus moskovitischer Perspektive, Legitimation der Zarenwürde Iwans IV. über dynastische Verbindungen mit dem römischen Kaiser Augustus.

1564 Iwan Fedorov und Petr Mstislavec drucken das erste russische Buch Apostol' (Apostelgeschichte und Briefe).

1570 Der *Licevoj letopisnyj svod* (Große Bilderchronik mit 16.000 Miniaturen) wird veröffentlicht.

(10.5.): Streitgespräch zwischen Iwan IV. und dem Consenior der Böhmischen Brüder Jan Rokyta in Moskau über religiöse Fragen; Verurteilung des Protestantismus.

1580 Erste gedruckte russische Bibel (*Ostroger Bibel*).

Gründung der Ostroger Akademie durch Fürst Konstantin Ostrožskij als einer der ersten orthodoxen und weltlichen Lehranstalten nach westeuropäischem Vorbild. Unterrichtet wurden neben Theologie Grammatik, Dialektik, Rhetorik, Arithmetik, Geometrie, Astronomie und Musik sowie verschiedene Fremdsprachen.

Kapitel 3

Russland zwischen Wirren und Konsolidierung (1584–1634)

Die widersprüchliche Regierungszeit Iwans IV. besaß in Russland, ungeachtet klarer Reformergebnisse in der Anfangsphase, zahlreiche negative Folgen: hierzu gehörten die deutlich verschlechterte Lage der leibeigenen Bauern (als Folge Wüstungs- und Fluchttendenzen), die Instabilität der sozialen und politischen Entscheidungsmechanismen, die Angst vor Verfolgung und Terror unter den Bojaren und eine ruinierte Wirtschaft. Auf Iwan IV. ging aber auch die Gründung von über 150 kleinen Städten und die territoriale Erweiterung Russlands zurück.

Nach dem Tod des Zaren übernahm zunächst sein Sohn Fedor die Regierung, die Funktion eines inoffiziellen Beraters des Zaren wurde von Boris Godunov wahrgenommen, der sich immer stärker zur wichtigsten politischen Figur in Russland entwickelte. Godunov stand als Höfling im Dienst Iwans IV., außerdem verheiratete er seine Schwester Irina mit dem Zarewitsch Fedor und übernahm hierdurch die Rolle eines Vormunds über seinen Schwager. Godunov bemühte sich vor allem, den Handel und die Außenpolitik zu stabilisieren. Er reformierte das Gerichtswesen, gestattete den Bau protestantischer Kirchen und strebte auf dem Verhandlungsweg einen Zugang zur Ostsee an. Als Fedor nach 14 Jahren im Zarenamt starb, war Godunov gezwungen, sich durch eine Ständeversammlung [Земский собор] am 17. Februar 1598 erneut legitimieren zu lassen, da ein weiterer Thronkandidat aus direkter Nachfolgelinie Iwans IV. (Dynastie der Rjurikiden) nicht mehr existierte. Der Sohn aus der letzten Ehe Iwans IV. Dmitrij war unter unklaren Umständen im Mai 1591 in Uglič ums Leben gekommen.

Falsche Zaren und anarchische Zustände

Die soziale Lage verschlechterte sich indes zunehmend. Mongolenüberfälle und eine Missernte 1601 kosteten Tausende von Menschen das Leben. Zur Reduzierung ernährungspflichtiger Personen auf den Bojarengütern wurden Bauern vertrieben, die sich an der Peripherie des Reiches oft Räuberbanden anschlossen. Anarchie breitete sich aus. Zum Schutz gegen Überfälle wurden die Stadtmauern Moskaus insbesondere um die sogenannte *Weiße Stadt* und das Zentrum *Kitaj-Gorod* durch den Baumeister Fedor Kon' ausgebaut.

In dieser spannungsgeladenen Situation wurde die Schuld an den sozialen und politischen Zuständen vor allem Boris Godunov zugeschrieben, der mehr und mehr als „falscher Zar" und damit Usurpator des Zarenthrons in Russland galt. In diesem Zusammenhang ist wichtig, dass sich die Bewertung eines Zaren in Russland nicht nach den Kategorien „gut" oder „schlecht" richtete, sondern nach den Kategorien „rechtmäßig" oder „illegitim". Ein „schlechter" (grausamer) Zar galt, wenn er legitimiert war, als „Prüfung Gottes", ein illegitimer, selbst wenn seine Herrschaft positiv (human) war, als Frevel. Die Frage der Legitimität war daher entscheidend. Um die Jahrhundertwende tauchten erstmals Gerüchte über einen *Pseudo-Demetrius* auf [Лжедмитрий]. Man vermutete, der in Uglič getötete (bzw. verunglückte) letzte Sohn Iwans IV. Dmitrij sei noch am Leben. Als ein solcher *Selbsternannter Zar* [самозванец] machte in Polen der ehemalige Mönch Grigorij Otrep'ev von sich reden. Mit Unterstützung des polnischen Adels und der katholischen Kirche gelang es dem Pseudo-Demetrius, einen Feldzug (1604) gegen die zerstrittenen russischen Truppen zu führen, der im Sommer 1605 zum Erfolg führte, da sich auch zahlreiche russische Bauern den Truppen des Pseudo-Demetrius anschlossen, die von seiner Authentizität und damit Legitimität als vermeintlicher Zarensohn überzeugt waren. In dieser Situation starb Godunov im Alter von 52 Jahren am 13. April 1605. Nach nur einem Jahr wurde der Pseudo-Demetrius wieder durch ein von dem Bojaren Vasilij Šujskij angeführtes Komplott gestürzt, der sich anschließend selbst an die Spitze einer oligarchischen Herrschaft setzte (Wassili IV. Šujskij). In weiten Teilen Russlands herrschten in diesen Jahren anarchische, fast revolutionäre Zustände. Städte wie Nižnij Nowgorod und Astrachan' sagten sich vom Zaren los. Im Herbst 1607 tauchte ein weiterer Lžedmitrij auf, der Moskau allerdings nicht erobern konnte und sein Heerlager in der Nähe der Hauptstadt (im Dorf Tušino) aufschlug. Als *Dieb von Tušino* [Тушинский вор] ist er in die Geschichte eingegangen. Die temporäre Allianz Russlands mit Schweden, das sich mit Polen im Krieg befand, führte zu keiner endgültigen Bereinigung der Lage. Polen nutzte diese Allianz, um selbst den Zarenthron (Vladislav, Sohn Sigismunds III.) zu übernehmen, nicht zuletzt auch in der Hoffnung auf Polen als Ordnungsmacht gegen die unkalkulierbare Warlord-Strategie des *Diebs von Tušino*.

In dieser Zeit der zweijährigen polnischen Herrschaft in Moskau (1610–1612) ist eine deutliche Aufwertung der Rolle der russischen Städte (Kazan', Nižnij Nowgorod, Perm' u. a.) sowie der orthodoxen Kirche zu beobachten, von denen der Kampf um die Rückeroberung der Herrschaft in Russland geplant und organisiert wurde. Russland griff dabei gerade auf diejenigen ständischen (und dezentralen) Machtstrukturen zurück, die bereits in der Zeit vor Iwan IV. ausgeprägt waren, entwickelte diese sogar in gewisser Weise zu einer prärepublikanischen Herrschaftsform weiter. Wenn zunächst eine erste Landwehr [Ополчение] auch keinen Erfolg hatte, war es der zweiten Landwehr unter der Führung des Fleischhändlers Kuz'ma Minin und des Fürsten Dmitrij Požarskij vorbehalten, am 22. Oktober 1612 Moskau von den Polen zurückzuerobern und damit wieder eine russische Herrschaft im Kreml zu etablieren. Paradoxerweise hatte die Überwindung der Smuta und Fremdherrschaft gezeigt, dass Russland im Ernstfall auf ständische Strukturen angewiesen war, eben jene Kräfte, die die zentralistische Herrschaft Iwans zuvor aktiv bekämpft hatte. Eine politische Lehre wurde indes hieraus nicht gezogen.

Die während der *Zeit der Wirren* und vor allem im Krieg gegen Polen gemachten Erfahrungen einer nicht-monarchischen und durch die Landstände, quasi ‚von unten' getragenen Machtpolitik waren nicht tragfähig genug, als dass sich durch sie ein zum zaristischen Zentralismus alternatives Herrschaftsmodell hätte verankern oder als Zukunftsperspektive etablieren lassen. Bojaren und städtische Stände hatten den Zentralismus und mit diesem die Alleinherrschaft des Zaren bereits als einzig denkbare Herrschaftsform internalisiert, so dass sie, wie bereits Mitte des 16. Jahrhunderts, nur an einer Macht*beteiligung* und nicht an einer oligarchischen Ständeherrschaft interessiert waren. Die Erinnerung an das in Mitteleuropa verbreitete, konsensuale Modell, das bis zu seiner Abschaffung durch Iwan III. in der Stadt Groß-Nowgorod [Великий Новгород] geherrscht hatte, lag nunmehr bereits 150 Jahre zurück und konnte nicht mehr als Vorbild für eine strukturelle Erneuerung dienen. Russland schlug daher mit der Restauration der Autokratie 1613 endgültig den Weg zu zentralistisch-bürokratischer Herrschaft ein und vergab sich die Chance auf eine strukturelle Annäherung an Westeuropa. Zentralismus blieb ausnahmslos für alle monarchischen, sowjetischen und auch gegenwärtigen Herrscher Russland die einzig vorstellbare Herrschaftsoption, was 150 Jahre nach der *Zeit der Wirren* Katharina die Große auf die knappe Formel brachte, dass „alle anderen Varianten [von Herrschaft] für Russland ruinös" seien. Das Konsensualitätsprinzip als Grundlage demokratischer Herrschaftsentwicklung blieb somit bis heute ein Fremdkörper, obgleich genuin konsensuale Entscheidungsmechanismen in Russland, vor allem in der dörflichen Selbstverwaltung, eine lange Tradition hatten. Für alle russischen Herrscher seit dem 17. Jahrhundert galt aber auch die Erkenntnis, dass selbst starker Zentralismus nicht ausreicht, um die durch den selbstverordneten Zwang zum vertikalen Durchregieren evozierten

Schwächen zu kompensieren, die ihrerseits die zentralistische Herrschaftsform scheinbar erst erforderlich gemacht hatten. Der Zentralismus tendierte daher permanent zur Selbstverstärkung der Machtausübung, bis ein Punkt der Unterdrückung (oder des politischen, wirtschaftlichen bzw. militärischen Misserfolgs) erreicht war, der die Unterdrückung selbst ad absurdum führte und eine Liberalisierung einleitete.

Für das beginnende 17. Jahrhundert ist festzuhalten, dass die durch die Zeit der Wirren und den antipolnischen Befreiungskampf erworbenen institutionellen Erfahrungen einer Willensbildung ‚von unten' auf keinen fruchtbaren Boden fielen und für das 17. Jahrhundert weitgehend folgenlos blieben, denn zu schwach waren insbesondere diejenigen politischen Akteure, die diese Erfahrungen hätten in politische Forderungen ummünzen können. Der russischen Reconquista ging es vor allem um die Re-Installation einer zaristischen Herrschaft, die 1613 mit der Wahl des ersten Zaren aus dem Haus Romanov (Michail Fedorovič) beendet wurde, der seinerseits ein Sohn des Patriarchen Filaret war, einem Cousin des letzten Rjurikiden-Zars Fedor. Beide Herrschaftshäuser waren auf diese Weise miteinander verwandt.

Der volkswirtschaftliche Schaden der *Smuta* wirkte sich bis ins 18. Jahrhundert hinein aus, wenngleich die Politik des ersten Romanov-Zaren Michail Fedorovič im Wesentlichen auf eine Restauration der alten (zentralistischen) Ordnung ausgerichtet war. In erster Linie ging es ihm um eine Neuordnung der zerrütteten politischen und wirtschaftlichen Verhältnisse. Die innenpolitische Stabilisierung, wie z. B. die Eintreibung von Steuerrückständen, die Erstellung neuer Grundbücher und die Klärung von Eigentumsverhältnissen, wurde auch durch eine außenpolitische Entspannung vor allem im Verhältnis zu Schweden begleitet. Die konservative Restauration der Regierungspolitik Michail Fedorovičs, die durch seinen Vater, den Patriarchen Filaret, als Mitregent begleitet wurde, betraf auch die Sanierung der Staatsfinanzen, was wiederum zu nachhaltigen Belastungen der Bauern und Städte führte. Dabei wurde die Thesaurierungspolitik der Kirche bereits als volkswirtschaftliches Problem identifiziert, ohne dass jedoch eine umfassende Säkularisierung zu diesem Zeitpunkt durchsetzbar gewesen wäre. Insgesamt gehörte diese Periode der russischen Geschichte in die Reihe der Gegenreformen, die allerdings nicht gegen ein vorheriges Reformvorhaben, sondern auf eine Wiederherstellung eines funktionstüchtigen Zentralismus und die Überwindung der Anarchie gerichtet war.

Politik und Wirtschaft

1584 (18.3.): Tod Iwans IV. Machtkampf um seine Nachfolge.

(31.5.): Fedor Iwanovič wird zum Zaren gekrönt. Faktische Regentschaft durch Boris Godunov.

1585 (5./6.8.): Ermak (› Eroberung Sibiriens) ertrinkt während der Sibirien-Expedition im Fluss Wagaj (Irtyš).

1587 Verbannung der Familie Šujskij aus Moskau wegen einer Intrige gegen Boris Godunov.

1591 (15.5.): Der Zarensohn Dmitrij kommt in Uglič unter mysteriösen Umständen ums Leben.

1597 Rückkehrpflichtigkeit aller nach 1592 entlaufenen Bauern beschlossen.

1598 Tod Fedor Ivanovičs.

1598 (1.9.): Krönung Boris Godunovs zum Zaren nach Vermittlung des Patriarchen Iov.

1601 Missernten und Hungersnöte. Zweifel an Rechtmäßigkeit des Zaren.

1603 (Herbst) Erstes Auftreten des ersten Pseudo-Demetrius [Лжедмитрий, „Falscher Demetrius"] (d. i. Jurij / Grigorij Otrep'ev) in Polen.

1605 (13.4.): Tod Boris Godunovs. Sein Sohn Fedor unterliegt in den folgenden Machtintrigen. Die Moskauer Truppen laufen zum Pseudo-Demetrius über.

1605 (21.7.): Krönung des Pseudo-Demetrius zum Zaren.

1606 (8.5.): Heirat des Pseudo-Demetrius mit Marina Mniszek, antiwestliche Proteste unter den Bojaren.

(17.5.): Sturz des falschen Demetrius und Proklamation V. Šujskijs zum neuen Zaren.

1608 Auftauchen des zweiten Pseudo-Demetrius („Dieb von Tušino") vor Moskau, Stationierung in Tušino.

1610 (12.3.): Sieg des Fürsten M. Skopin-Šujskij über den zweiten Pseudo-Demetrius.

(23.4.): Überraschender Tod von M. Skopin-Šujskij. Sieg der polnischen Truppen bei Klušino über das Moskauer Heer.

(17.7.): Verbannung V. Šujskijs in das Čudov-Kloster, in dem er kurze Zeit danach stirbt.

(27.8.): Der Bojarenrat wählt den Sohn des polnischen Königs Wladislaw zum Zaren. Dem Bojarenrat werden dabei ständische Rechte garantiert. Der *Zemskij sobor* soll die gleichen Befugnisse wie der polnische Sejm erhalten (Gesetzgebung).

(20.9.): Besetzung des Kremls durch polnische Truppen.

1611 Erster missglückter Volksaufstand [Первое ополчение].

(September) Zweiter Volksaufstand unter der Führung von Kuz'ma Minin und Fürst Dmitrij Požarskij. Anschluss der Kosakentruppen unter Dmitrij Trubeckoj.

1612 (22.10.): Eroberung des Kremls. Sieg über die polnischen Truppen.

1613 (21.2.): Einberufung einer neuen *Ständeversammlung* [Земский собор]. Wahl des ersten Zaren aus der Bojarenfamilie der Romanovs (Michail Fedorovič).

1613 (–1617) Krieg gegen Schweden (Rückgewinnung von Smolensk, Verlust des Zugangs zur Ostsee).

1620 Gründung der ersten *Medizinisch-pharmazeutischen Einrichtung* des Kremls [Аптекарский приказ].

1624 Gründung der *Gold- und Silberschmiede* des Kremls [Приказ золотых дел].

1625 (–1633) Armeereform.

1628 Einrichtung weiterer *Prikazy* [Vorläuferbehörde der späteren *Kollegien* bzw. Ministerien] (z. B. für *Auswärtige Beziehungen* [Иноземный приказ], *Staatskasse* [Большая казна], *Bauwesen* [Каменный приказ]).

Ab **1630** Fortsetzung der Kolonisation Sibiriens durch Kosakentruppen. Im Verlauf der folgenden 30 Jahre Aufstände der Tataren, Burjaten.

1634 Erste Glasfabrik in Moskau. Entstehung einer frühen Glasproduktion.

Literatur, Kunst und Kultur

Nach **1580** Auf- und Ausbau der Klosteranlage auf den Solovki (Inselgruppe im Weißen Meer).

Nach **1580** Erste Reisen von Russen nach Deutschland, Italien, Dänemark zum Studium europäischer Sprachen.

1586 (–1591) Aufbau der Stadtmauern um die *Weiße Stadt* in Moskau. Fedor Kon'.

1589 Einrichtung eines eigenständigen Patriarchats der Russisch-Orthodoxen Kirche in Moskau.

1594 Erste umfassende Russlandkarte von Gerhard Mercator (*Russia cum confinis*).

1616 Einrichtung einer Druckerei im Kiewer Höhlenkloster.

1619 M. Smotric'kyj erstellt eine erste Grammatik des Westrussischen (Ukrainischen).

Kapitel 4

Der stille Zar und die Glaubenskrise. Reformen am Ende des Mittelalters (1645–1689)

Nach dem Tod Michail Fedorovičs (1645) trat sein Sohn Aleksej („Stillster Zar“ [Тишайший царь]) die Regierung an. In die Zeit seiner Herrschaft fielen zahlreiche Veränderungen in der russischen Politik sowie im geistigen, politischen und religiösen Leben. Signifikant ist auch die erneute Ausweitung des russischen Territoriums durch die Eroberung Sibiriens und die Aufnahme der Ukraine. Aleksej Michajlovič erkannte bereits deutlich die Rückständigkeit Russlands in Wirtschaft, Handel und Alltagsleben, was in der Ausarbeitung einer Reihe von Reformmaßnahmen mündete, die allerdings erst unter seinem Nachfolger Peter I. eine radikale Umsetzung erfahren sollten.

Zunächst setzte Aleksej Michajlovič den unter seinem Vater begonnenen Konsolidierungsprozess fort: dieser richtete sich auf eine Neufassung und Bereinigung der russischen Gesetzeslage, die 1648/49 zu einer erheblich erweiterten Neuauflage des *Zarischen Gesetzbuches* [Царский судебник] (1550) führte. Der ohne Vertretung der Bauern 1648 einberufene *Zemskij sobor* legitimierte dieses neue Gesetzeswerk, das bis zur Rechtsreform unter Michail Speranskij im frühen 19. Jahrhundert Bestand hatte. Mit diesem, den Interessen des Adels wie der Stadtbevölkerung entgegenkommenden Werk wurde nicht nur die Schollengebundenheit der Bauern und damit eine weitere Festigung der Leibeigenschaft festgeschrieben, sondern auch die Sonderrechte der Kirche z. T. empfindlich eingeschränkt. Auch wurden die Handelsprivilegien von Ausländern im Interesse der russischen Kaufmannschaft aufgehoben, wenngleich nicht für lange Zeit. In die Jahre 1620–1650 fällt auch die militärisch durch kleine Kosakeneinheiten fortgeführte Kolonisation Sibiriens, das abgabenpflichtig in das russische Reich integriert wurde (Städtegründungen: Krasnojarsk 1628, Simbirsk 1636, Irkutsk 1652, Jakutsk 1632, Ochotsk 1647). Dem Friedensschluss mit Polen (1618) folgte zwischen 1632–1634 ein erneuter Krieg gegen den westlichen Nachbarn mit dem Ziel, Grenzkorrekturen zu erreichen. Das Vorhaben blieb aber nach einer Niederlage der russischen Truppen ohne Erfolg. Die polnischen Versuche, die Zaporožer Kosaken an der relativ instabilen Südgrenze zum Osmanischen Reich einer strengeren Kontrolle zu unterwerfen, führten in den Folgejahren zu einer breiten antipolnischen Aufstandsbewegung, in deren Folge und nach Intervention Russlands (1653) sich große Teile der heutigen Ukraine unter Bogdan Chmel'nickij dem russischen Zaren unterstellten (Januar 1654). Nach einem zweiten Krieg gegen Polen in den 1650er–1660er Jahren wurde die Ukraine zwischen Polen und Russland aufgeteilt.

Kirchenreform Nikons und das Schisma in der russischen Orthodoxie

In die Zeit erneuter außenpolitischer Konfrontationen mit Polen fällt auch ein weiterer Reformschritt, der sich auf die Theorie und Praxis der orthodoxen Religion konzentrierte, die *Kirchenreform* des Patriarchen Nikon. Bei einem Besuch des Patriarchen von Jerusalem in Moskau traten die durch die historische Abkapselung der russischen orthodoxen Kirche entstandenen, vor allem rituellen Abweichungen und Besonderheiten der russischen Kirche zutage. Russland hatte zahlreiche Veränderungen im Gegensatz zu anderen orthodoxen Kirchen in der liturgischen Praxis nicht vollzogen und wies daher eine Reihe von alten Riten auf, die nunmehr vor dem Hintergrund einer Annäherung an das Ausland als Sinnwidrigkeiten interpretiert wurden. Zur Bereinigung dieser Abweichungen wurden nicht nur griechische Originaltexte aufgekauft und besondere Schulen für den Griechisch-Unterricht eingerichtet, sondern auch erfahrene Theologen aus Kiew geholt, um eine Reform der liturgischen Texte voranzutreiben. Die strittigen Fragen betrafen sowohl die Struktur und den Ablauf des Gottesdienstes („Mehrstimmigkeit“ [многогласие, Teile des Gottesdienstes verlaufen parallel] versus „Einstimmigkeit“ [единогласие, linearer Ablauf eines zeitlich verkürzten Gottesdienstes]), als auch zentrale rituelle Praktiken der Sakramente, das Schlagen des Kreuzes mit zwei oder drei Fingern, der Prozessionen mit oder gegen die Sonne sowie die Verwendung von griechischen Texten in der Liturgie. Die Kirchensynode 1654 verabschiedete die Reformvorhaben des Patriarchen Nikon, der somit aufgrund seines zunächst intakten besonderen Vertrauensverhältnisses zu Zar Aleksej Michajlovič die bereits seit 1648 praktizierten Veränderungen flächendeckend etablieren konnte. Erst 1658 kam es zum Bruch zwischen Patriarchen und Zar, als ersterer in seinen Machtansprüchen (mit der Titulierung: „Großer Herrscher“) dem Zaren ernsthaft gefährlich zu werden drohte. Hatten noch unter Michail Fedorovič Sohn und Vater, Zar und Patriarch, zeitweise gemeinsam regiert, so fand Mitte des 17. Jahrhunderts die endgültige Unterordnung der Kirche unter die zarische Macht ihren sichtbaren Ausdruck; sie wurde mit der antiklerikalen Politik Peters I. weiter fortgesetzt. Wie schon im 16. Jahrhundert unter Iwan IV. sollte in den Folgejahrhunderten die Russisch-Orthodoxe Kirche nie wieder institutionelle oder politische Eigenständigkeit erlangen, eine Stellung, wie sie seit dem frühen Mittelalter die katholische Kirche gegenüber europäischen Herrschern innehatte. Die vielbeschworene Symphonia von orthodoxer Religion und Herrschaft bildete einen Mythos, hinter dem sich eine oftmals konflikthafte Dominanz weltlicher über spirituelle Herrschaft verbarg.

Die Kirchenreform Nikons (*Schisma* [Раскол] 1656) führte seit Ende der 1650er Jahre zu zahlreichen Widerständen und Protesten (Protopope Avvakum, Mönche des Soloveckij-Klosters u. a.). Nach 1666 wurde das Festhalten an den alten Riten offiziell als Ketzerei verdammt und mit Exkommunion bestraft; die Altgläubigen [старообрядчество, староверы] wurden fortan verfolgt. Die Kirchenreform hatte – wie kaum eine andere von oben angeordnete (religions)politische Veränderung – eine einschneidende Wirkung, betraf sie doch unmittelbar das religiöse Leben unzähliger Menschen, die die Beweggründe und Konsequenzen der neuen Praxis nicht einzuschätzen vermochten. Vor dem Hintergrund der Sakralität des orthodoxen Rituals, dessen genaueste formale Befolgung allein seine Wirkmächtigkeit gewährleistete, provozierten die reformatorischen Veränderungen zunächst Verunsicherung und Skepsis. Erschwerend kam hinzu, dass viele geistliche Würdenträger, z. B. die Priester in den Landgemeinden, oftmals selbst noch Analphabeten waren, die Weitergabe der Veränderungen sich in der Praxis daher oft als fehleranfällig erwies. Auch waren die Gläubigen in den Gottesdiensten nicht vor Irrtümern in der neuen liturgischen Praxis sicher, was als sündhafter Fehltritt oder Unterlassung wahrgenommen wurde. Außerdem schienen die liturgischen Reformen per se dem konservativen Geist der Orthodoxie (als *wahre Lehre*) zu widersprechen, denn wie konnte etwas reformbedürftig sein, was über Jahrhunderte als „wahr“ und „richtig“ gegolten hatte? Das Bedürfnis nach ritueller Angleichung der offiziellen Amtskirche an griechische Vorbilder spielte selbstverständlich für die einfachen Bauern und Landgemeinden keine Rolle und war durch sie auch nicht nachvollziehbar. Im Unterschied zur protestantischen Bewegung Martin Luthers (und anderen Protestantismen in Mitteleuropa) verstand sich die Reform Nikons nicht als Aufbegehren gegen eine als lasterhaft empfundene Amtskirche, in der Korruption und Nepotismus, persönliche Sündhaftigkeit und sexuelle Verfehlungen den Gegenpol zum protestantisch-asketischen Neuanfang bildeten, sondern lediglich als Modernisierung offensichtlich veralteter Bräuche und Regeln, durch die die Essenz orthodoxen Glaubens zunächst nicht betroffen zu sein schien. In Wirklichkeit war in der Perspektive vieler Priester und Gläubigen jedoch die Frage aufgeworfen, was nun tatsächlich noch als „wahrer“ Glaube Bestand haben konnte. Die Kirchenreform

Nikons führte somit langfristig nicht zu einer dem westlichen Protestantismus vergleichbaren Alternativität der Glaubenspraxis, wie z. B. das Verhältnis zwischen Katholizismus und Protestantismus nach dem Augsburger Religionsfrieden 1555, sondern vielmehr zu einer religiös motivierten Identitätskrise, in der der grundsätzliche Zweifel über lange Zeit erhalten blieb, welche Praxis letztendlich die richtige und damit allein gnadenstiftende war, zumal in Gestalt der wenigen verbliebenen und von offizieller Seite marginalisierten Altgläubigen eine ‚häretische' Gruppe vorhanden war, die diese Zweifel allein durch ihre pure Existenz nährte.

Weltliche Reformabsichten

Unter Aleksej Michajlovič breiteten sich aber auch stärker weltlich orientierte Reformvorstellungen aus, mit denen konzediert wurde, dass Russland technologisch wie kulturell gegenüber Westeuropa einen erheblichen Nachholbedarf aufwies. Bereits Anfang der 1660er Jahre bestanden Pläne zum Aufbau einer Flotte, 1669 wurde das erste russische Großraumschiff in Astrachan' gebaut, ab 1652 konnten sich wieder Ausländer außerhalb der eigentlichen Stadtgrenzen (im *Deutschen Viertel* [Немецкая слобода]) ansiedeln, von denen wichtige Impulse zur Erneuerung Russlands ausgingen. Regelmäßige Postdienste zwischen Moskau und dem Westen des Reiches wurden aufgebaut und in das Leben am Zarenhof zogen nach und nach westlich geprägte Lebensformen ein (erstes Theater, „Belustigungspalast" [Потешный дворец] 1673). Mitgetragen wurden diese Tendenzen von einer kleinen Schicht des Hochadels (z. B. die Adelsfamilien Šeremet'ev, Golicyn, Dolgorukov, Matveev), die grundsätzlich für eine Öffnung nach Westeuropa aufgeschlossen war. Das langsame Eindringen westlicher Geistesströmungen erfuhr seinen Widerhall auch in ersten, im Ausland erschienenen zarenkritischen Texten und Memoranden (z. B. Grigorij M. Kotošichin: *Über Russland während der Herrschaft des Zaren Aleksej Michajlovič*, 1667), in denen die Defizite autokratischer Herrschaft offen artikuliert wurden.

Die Modernisierungspläne des Zaren besaßen keinen systematischen oder zivilisatorisch einschneidenden Charakter, sie zeigten jedoch, in welche Richtung sich Russland zukünftig entwickeln würde. Über den grundsätzlichen Reformbedarf bestanden indes in den letzten Jahrzehnten des 17. Jahrhunderts immer weniger Zweifel. Die massive Verschlechterung der bäuerlichen Lebensumstände führte zu Bauernaufständen, z. B. dem Aufstand des Stepan Razin, in denen sich der soziale Protest der Bauern kristallisierte. Innerhalb nur weniger Wochen breitete sich die Bewegung Razins wie ein Lauffeuer im Wolgagebiet aus und konnte erst im Herbst 1670 durch Regierungstruppen zerschlagen werden.

Politik und Wirtschaft

1645 (–1676) Regierungszeit des Zaren Aleksej Michajlovič.

1646 Eingabe russischer Kaufleute zur Begrenzung ausländischer Handelstreibender.

1648 Reise von S. Dežnev nach Ostsibirien (Bering-Straße).

1648–1649 Die Ständeversammlung [Земский собор] verabschiedet das *Reichsgesetzbuch* [Соборное уложение], (bis 1832 in Kraft).

1648/1650 Hungeraufstände in Moskau, Pskow und Nowgorod. Proteste gegen Getreidepreise.

1651 Aufnahme der Ukraine in den Moskauer Staat. Solidarisierung mit Bogdan Chmel'nickij gegen Polen.

1654 (18.5.): Rat von *Perejaslavl'* [Переяславская рада]. Vertrag zum Anschluss der Ukraine.

1654 (–1656) Krieg um die Ukraine gegen Polen. Eroberung von Smolensk, Mogilev, Polock, Witebsk, Minsk, Vil'no und Grodno. Gründung von Char'kov.

1658 (–1667) Zweiter Krieg gegen Polen.

1650er Jahre Starke Geldinflation durch die Ausgabe von Kupfermünzen (1663 Rückkehr zur Silberprägung).

1654 Pestepidemie in Moskau.

1657 Tod von Bogdan Chmel'nickij. Kämpfe um eine ukrainische Autonomie.

1659 Niederlage der russischen Truppen bei Konotop und Belaja Cerkov' gegen eine Koalition aus Polen, Kosaken und Tataren. Verhandlungen über den zukünftigen Status der Ukraine.

1660 Eröffnung der ersten russischen Gesandtschaft in Den Haag.

1663 Einrichtung einer Eisenhütte zwischen Aleksandrov und Tarusa.

1667 (20.1.): Waffenstillstand von Andrusovo. Teilung der Ukraine zwischen Russland und Polen (Grenze Dnepr).

1670/71 Bauernaufstand des Stepan Razin (Niederschlagung im Oktober 1670).

1673 Kriegszüge von Saporožer Kosaken gegen die türkischen Festungen Ismail und Očakov.

1674 Aufnahme der Handelsbeziehungen mit China.

1676 (–1682) Regierungszeit des Fedor Alekseevič.

1676 Beginn der Auseinandersetzungen zwischen den Familien der Miloslavkijs und Naryškins.

1677 Auflösung des Klosteramtes, Übernahme der Aufsichts- und Rechtsprechungsfunktion durch das *Große Hofamt* des Zaren.

1678 Erlass über eine einheitliche Abgabepflicht (тягло) der Höfe.

1682 Strelizen-Aufstand.

1682 (–1689) Regentschaft der Prinzessin Sof'ja.

Literatur, Kunst und Kultur

1649 Einrichtung der staatlichen Klosterverwaltung [Монастырский приказ].

1650 Eröffnung der ersten Schule im Čudov-Kloster im Kreml.

1651 Einrichtung des *Belustigungspalast* [Потешный дворец] für Theateraufführungen im Kreml.

1652 Wahl Nikons zum Patriarchen (Amtsausübung bis 1658).

1653 Verkündung des Kreuzzeichens mit drei Fingern. Verbannung des Protopopen Avvakum.

1653 Ausbau des Kirillo-Beloozerskij-Klosters (Nähe Wologda). Größte Klosteranlage Europas.

1654 Überarbeitung der liturgischen Texte. Abschaffung des Kreuzzeichens mit zwei Fingern.

1655 Legitimation der Kirchenreform durch die Kirchensynode. Neues Messbuch (служебник).

1654 Erste russische Delegationsreise nach China.

1657 *Schwarzes Konzil* der Altgläubigen (Solovki). Aufrufe zur Treue gegenüber dem alten Glauben.

1659 Jurij Križanič verbreitet in Moskau panslavistisches Gedankengut. Verbannung nach Tobol'sk.

1660 Erstes Lehrbuch der Mathematik [„Цифровая счетная мудрость“].

1662 Erste Versuche einer Säkularisierung der Orthodoxen Kirche.

1665 Aufnahme des regelmäßigen Postverkehrs in Russland.

1667 (13.5.): Verbannungsbeschluss der orthodoxen Kirche. Altgläubige werden aus der Orthodoxen Kirche ausgeschlossen. Endgültigkeit des Schismas.

1667 Erste genaue Beschreibung Sibiriens durch den Voevoden P. I. Godunov.

1678/79 Volkszählung. Einführung eines neuen Abgabesystems (Hofsteuern).

1681 Vereinheitlichung aller Steuerabgaben.

1682 Erstes Krankenhaus für Arme und Bedürftige.

1687 Eröffnung der Slawisch-Griechisch-Lateinischen Akademie in Moskau.

Kapitel 5

Ein Fenster nach Europa? Zivilisations- und Technologieimport unter Peter I. (1682–1725)

Zar Peter I. leitete eine tiefgreifende Erneuerung Russlands und damit den systematischen Übergang des Landes vom Mittelalter zur Neuzeit ein. Die souveräne Herrschaft erlangte er nach der Entmachtung seiner Halbschwester Sof'ja. Nach seiner ersten Auslandsreise, der „Großen Gesandtschaft", an der er halb inkognito teilnahm, setzt er gegen alle Widerstände ein umfassendes Reformprogramm mit der Zielsetzung einer technologischen und strukturellen Europäisierung und Säkularisierung Russlands durch. Die Reformen gründeten allerdings nicht auf einem strategischen Plan, sondern folgten durchgehend pragmatischen Bedürfnissen. Die Einzelreformen sowie ihre Abfolge waren in erster Linie durch außenpolitische und militärische Motive (Aufbau von Armee und Flotte) und der sich hieraus ergebenden Reformnotwendigkeit staatlicher wie gesellschaftlicher Bereiche bestimmt. Dazu gehörte die Unterstellung der Kirche unter die weltliche Ordnung, neben der Schaffung einer neuen Armee und Flotte die Reorganisation der Verwaltung im zivilen wie militärischen Bereich. Unter merkantilistischem Aspekt förderte der Zar Wirtschaft und Handel, auch durch Einbeziehung ausländischer Unternehmer und Kaufleute, und betrieb die Erschließung der Bodenschätze Sibiriens. Außenpolitisch verschaffte sich Russland den Respekt einer europäischen Großmacht. Im Zuge des siegreichen Nordischen Krieges und der Besetzung des Baltikums wurde die bisherige Dominanz von Schweden und Polen in Mittel- und Nordosteuropa gebrochen. Offen blieb vorerst die Auseinandersetzung mit dem Osmanischen Reich.

Europäisierung oder Technologietransfer für den totalen Staat

Peter I. schuf in Russland die Grundlagen für eine neue, europäisch ausgerichtete Zivilisation, äußerlich sichtbar an der Einführung einer neuen Kleiderordnung und neuer Umgangsformen bei Hof. Zugleich erfolgten die formale Übernahme westlicher Institutionen (z. B. Senat, Akademie der Wissenschaften u. a.), ein Umschalten von Tradition auf Innovation und Leistung im Staatsdienst, die Ablösung der Platzordnung [местничество] durch die *Rangtabelle* [Табель о рангах], eine Beamtenhierarchie, die für das Militär, die zivile Verwaltung und auch für den Hof galt, eine radikale Abkehr von der religiös orientierten Buch-, Schrift- und Denktradition sowie eine Hinwendung zu europäischer Technik und Wissenschaft unter dem Gesichtspunkt praktischer Nützlichkeit. Einzelreformen betrafen die Einführung einer Zivilschrift, die Anwerbung westlicher Lehr- und Fachkräfte sowie eine rege Übersetzertätigkeit. Bedeutsamer Ausdruck der Erneuerung war die Gründung von Sankt Petersburg. Die Stadt diente als eisfreier Hafen zur Ostsee und war zugleich eine europäisch anmutende Residenz- und Handelsstadt. Mit der neuen russischen Hauptstadt entstand ein Gegenstück zum alten Moskau. Alle Maßnahmen zeigten den autokratischen Machtanspruch des Zaren und wurden bis ins Detail unter seiner Kontrolle durchgeführt. Der aufgeklärte Monarch, wie ihn Voltaire und später auch die Sowjetforschung sah, gilt heute bei Historikern aber auch als Begründer eines totalitären Staates mit entsprechender Bürokratie und einem ausgeprägten Personenkult. Der zwiespältige Eindruck der zweifellos gewaltigen Leistung Peters des Großen verstärkt sich noch, wenn man bedenkt, dass sein Reformwerk auf einer Festschreibung der Leibeigenschaft in Russland beruhte. Die Europäisierungspolitik des Zaren bezog sich vornehmlich auf die Führungselite des Landes, den grundbesitzenden Adel, und beförderte damit eine soziale und kulturelle Trennung der adligen Oberschicht von der übrigen Bevölkerung, eine Entwicklung, die sich in der weiteren Entwicklung Russlands soziopolitisch verhängnisvoll auswirken sollte. Kritisch einzuschätzen ist auch die Peter I. zugeschriebene „Europäisierung" Russlands, deren Inhalte wie Ziele *nicht* in einer Übernahme bzw. Adaption europäischer Denk- und Herrschaftstradition zu sehen sind, sondern die sich weitgehend auf Technologie-Import und eine formale Anpassung an europäische Verwaltungsstrukturen beschränkte. Peter dem Großen ging es bei seinem Reformwerk letztendlich nicht um eine Integration Russlands in (west)europäische Kulturtraditionen, sondern vielmehr um die Nutzung effizienter, auf Rationalität begründeter Macht- und Gesellschafts*praktiken*, durch deren gewaltsame Implementierung sich Peter eine gesteigerte imperiale Funktionstüchtigkeit versprach. Dass das hierzu notwendigerweise von Peter aufgeschlagene „Fenster nach Europa" in den folgenden Jahrhunderten auch zum Einfallstor für westliche weltanschauliche Ideen wie Überzeugungen geraten sollte, lag weder im Kalkül des Zaren noch in dem seiner Nachfolgerinnen im 18. Jahrhundert. Dennoch, für den zunehmend aufgeklärten Adel Russlands wurde Europa mit seinen Lebens- und Freiheitskonzepten langfristig zur wichtigsten Orientierungsgröße, der man mit Begeisterung nacheifern bzw. die man für Russland als nachteilig verwerfen konnte. Das Reformwerk Peter I. stellte damit auch den Auslöser für die zentrale ideologische Polarisierung Russlands im 19. Jahrhundert dar, die sich in dem Streit um die ‚richtige' Zukunftsentwicklung des Landes manifestierte, der Auseinandersetzung zwischen den sogenannten *Westlern* und *Slawophilen*. Die durch Peter I. ausgelöste Europäisierung der Adelsgesellschaft und Staatsstrukturen führte de facto zu zwei unversöhnlichen zivilisatorischen Zuständen, einer im Mittelalter verbliebenen Bauernschaft und einer nach Wohlstand, Bildung und Freiheit strebenden Adelsschicht, was eine bis weit ins 19. Jahrhundert hinein sichtbare Fragmentierung der russischen Gesellschaft zur Folge haben sollte.

Politik und Wirtschaft

1682 Tod des Zaren Fedor Alekseevič. Um die Nachfolge beginnt ein Machtkampf, der erst nach mehreren Jahren zugunsten Peters I. entschieden wird.

(14.4.): Der Protopope Avvakum, Anführer der Altgläubigen, wird als Ketzer verbrannt.

1689 (2./12.9.): Peters Halbschwester Sof'ja wird endgültig ihrer Macht enthoben und muss sich in das Moskauer Jungfrauenkloster zurückziehen.

1693 Peter I. gründet eine Werft in Archangel'sk.

1696 Für den Bau einer eigenen Flotte gründet Peter eine Werft in Voronež; in Tobol'sk wird ein Rüstungsbetrieb gebaut; Einnahme der türkisch-tatarischen Festung Azov.

1697 (März): Peter I. unternimmt seine erste Europareise („*Große Gesandtschaft*" [„Великое послание"]) über Königsberg, Berlin und Hannover nach Holland.

1698 (Januar): Aufenthalt Peters in London.

(August/September): Strelitzenaufstand (Schützenregiment). Peter I. eilt vom Besuch des Kaisers Leopold I. in Wien zurück nach Moskau.

1699 Aufstellung einer neuen Armee.

1700 Schaffung eines Regierungsrates, der die alte Bojarenduma ablöst.

(Juli): Frieden zwischen Russland und dem Osmanischen Reich in Konstantinopel.

(Sommer): Beginn des Großen Nordischen Krieges mit Schweden.

1701 (30.11./11.12.): Peter I. erobert Nöteborg und gibt der Festung den Namen Schlüsselburg; weitere Eroberungen: Nienschantz (1703) und Narva (1704).

1703 Gründung von Sankt Petersburg.

1705 Peter ordnet die obligatorische Rekrutenaushebung an. Einführung des Staatsmonopols auf Salz und Tabak.

1709 (27.6./8.7.): Niederlage des schwedischen Königs Karl XII. bei Poltava.

1710 (Juli): Besetzung Rigas, Kareliens und Livlands.

(9./20.11.): Das Osmanische Reich erklärt auf Drängen Karls XII. Russland den Krieg. 1711 Friedensschluss und Verlust Azovs.

1711 An die Stelle der aufgelösten Bojarenduma tritt ein Senat; Verheiratung des Zarevič Aleksej mit der Prinzessin Sophie Charlotte von Wolfenbüttel.

1712 Sankt Petersburg wird offiziell zur Hauptstadt erklärt.

(März): Trauung Peters mit einer livländischen Magd, der späteren Katharina I.

1714 Neues Adelsstatut: Erb- und Dienstgüter erhalten den gleichen Status. Um heiraten zu dürfen, müssen die Adligen lesen und schreiben lernen.

1717 Zweite Europareise des Zaren mit dem Hauptziel Paris: Gespräche mit dem Regenten, Besuch des noch minderjährigen Ludwig XV.

1718 Reform der Zentralverwaltung: Ablösung der alten Prikazy [Vorläufer der Ministerien] durch Kollegien; Gerichtsreform.

(Februar): Zarevič Aleksej muss auf den Thron verzichten, wird wegen angeblichen Verrats vor Gericht gestellt und stirbt am 15./26. Juni im Gefängnis an den Folgen der Folter.

(30.8./10.9.): Frieden von Nystad zwischen Russland und Schweden: Russland gewinnt das Baltikum und Teile von Südfinnland.

(11./22.10.): Der Senat verleiht Peter den Titel eines Imperators.

1722 Peter verleiht dem jeweils regierenden Zaren das Recht, den Thronfolger selbst zu bestimmen.

(13./24.1.): Verkündung der Rangtabelle: Festlegung der Hierarchie von 14 Beamtenrängen im Zivil-, Militär- und Hofdienst.

1725 (28.1./8.2.): Tod Peters I.

Literatur, Kunst und Kultur

1687 Eröffnung der Slawisch-Griechisch-Lateinischen Akademie in Moskau.

1698 (19./29.8.): Verbot des Barttragens, Einführung einer Bartsteuer.

1699 (15./25.12.): Kalenderreform: Zeitrechnung nach dem Julianischen Kalender.

1700 Einführung einer neuen Kleiderordnung;

Nach dem Tod des Patriarchen Adrian setzt Peter I. die Besetzung des Patriarchenstuhls aus.

1703 In Moskau erscheint die erste russische Zeitung *Vedomosti* [Nachrichten].

1704 Einführung eines den europäischen Maßstäben entsprechenden Zahlungssystems. Die Grundlage bildet der im Gewicht dem deutschen Taler angepasste Silberrubel im Wert von 100 Kopeken.

1709 (16.4.): Toleranz-Edikt über die freie Religionsausübung aller christlichen Glaubensrichtungen.

1710 Einführung einer russischen Zivilschrift; nur die Kirche darf in ihren Publikationen die kirchenslawische Schrifttradition fortsetzen.

1711 Anlage des Nevskij Prospekt, der Prachtstraße Petersburgs.

1718 Einführung der Assembleen (geselliger Tanzabende), an denen die Damen des Hofes teilnehmen.

1719 Einführung einer neuen Kirchenordnung [Духовный регламент] unter Leitung des ukrainischstämmigen Bischofs F. Prokopovič.

1721 Einrichtung eines Kirchenkollegiums (des späteren Heiligen Synod).

1725 (27.12.): Feierliche Eröffnung der noch von Peter I. projektierten Akademie der Wissenschaften in Petersburg.

Kapitel 6

Frauenherrschaft. Die Zeit der Zarinnen und Favoriten (1725–1761)

Peter I. hatte keinen Nachfolger benannt. Mit Hilfe ihres Günstlings Alexander Menšikov, eines Vertrauten Peters, gelangte seine Frau Katharina I. auf den Thron. Russland wurde nun über ein halbes Jahrhundert vornehmlich von Frauen regiert, deren Politik von Günstlingen, unterschiedlichen Gruppierungen der Adelselite und vom Einfluss der Garderegimenter auf die Thronfolge abhing.

Unter Peter I. war der Erb- wie Dienstadel zwangsweise in den Staatsdienst einbezogen worden. Nach seinem Tod strebte dieser nun nach Entlastung und Unabhängigkeit, man wollte den neuen europäischen Luxus genießen. Zur Geldbeschaffung wurde die Feudalrente auf der Grundlage der Leibeigenschaft beibehalten. Steuererhöhungen und die stetige Verschärfung der Leibeigenschaft bewirkten eine weitere Verelendung der Bauern und ihre Massenflucht in die Randgebiete des Reiches. Die Politik der Nachfolgerinnen Peters I. zielte vor allem auf eine Lockerung der Dienstpflicht des Adels und eine Ausweitung seiner Rechte gegenüber den Leibeigenen. Die Gründung eines Kadettenkorps sollte die standesgemäße Offiziersausbildung für Adlige garantieren. Die Beibehaltung der Nobilitierungspraxis und der Rangtabelle Peters I. führte zu Differenzen zwischen altem Erbadel und neuem Dienstadel. In einem neu gebildeten Obersten Geheimen Rat konkurrierten die Hofparteien. Als Erbadlige im Geheimen Rat die Zarin Anna zwingen wollen, konstitutionelle Zugeständnisse zu machen, zerriss sie demonstrativ die ihr für den Machtantritt auferlegten „Konditionen", löste den Rat auf und erklärte den Fortbestand der uneingeschränkten Autokratie. Ihre deutsch-baltischen Berater führten die laufenden Staatsgeschäfte (Graf Heinrich J. F. Ostermann), befehligten das Militär (Graf Burchard C. von Münnich) und übten zeitweilig eine Willkürherrschaft aus (Reichsgraf Ernst J. von Biron [Bühren]). Garderegimenter, die sich vor allem aus dem Landadel rekrutierten, brachten in einer unblutigen Palastrevolution Elisabeth, die Tochter Peters I., an die Macht. Die bis 1740 andauernde Favoritenherrschaft wurde im Wesentlichen beendet.

Außenpolitische Versuche, im Krieg gegen das Osmanische Reich (1735–1739) zum Schwarzen oder Azovschen Meer vorzustoßen, schlugen fehl. Aber Kasachstan wurde unter Kontrolle gebracht, die Kamčatka erschlossen und im Westen der polnische Thron 1734 mit dem russischen Wunschkandidaten August III. besetzt. Der Hof entwickelte eine luxuriöse Extravaganz, die selbst in Westeuropa für Erstaunen sorgte. Unter Elisabeth nahm das Hofleben Züge des französischen Rokokos an. Die Barock-Bauten des italienischen Architekten Bartolomeo Francesco Rastrelli bereicherten die Architektur Petersburgs und verliehen der Stadt ein westeuropäisches Aussehen. Literatur, Kunst und Theater wurden gefördert. Die Akademie der Wissenschaften erreichte eine europäische Spitzenstellung, die Moskauer Universität wurde gegründet. Elisabeth verfügte weitere Lockerungen im Militärdienst des Adels, bis unter Peter III. die weitgehende Aufhebung der Dienstpflicht erfolgte. Das Bündnis zwischen Krone und Adel auf der Grundlage der Leibeigenschaft bildete die Voraussetzung für eine mehr oder weniger gesicherte Staatsverwaltung auch auf regionaler Ebene. Außenpolitisch näherte man sich zunächst Frankreich, später aber Österreich als einem Bundesgenossen gegen das Osmanische Reich und gegen Preußen an. Im Siebenjährigen Krieg eroberten russische Truppen Berlin, wurden aber nach dem plötzlichen Tod Elisabeths von ihrem preußenfreundlichen Nachfolger, Zar Peter III., wieder abgezogen. Das Bündnis der „Drei Schwarzen Adler“ (Österreich, Preußen und Russland) festigte sich.

Politik und Wirtschaft

1725 Im Thronfolgestreit setzen sich die Anhänger Peters I. durch: Katharina I. wird Zarin von Russland.

1726 (Februar): Bildung eines *Obersten Geheimen Rates*, der von der Zarin und ihren Favoriten, den Fürsten A. Menšikov und P. Tolstoj, geleitet wird.

(26.7./6.8.): Beitritt Russlands zum *Wiener Vertrag* zwischen Kaiser Karl XVI. und Spanien mit Bitte um Unterstützung im Falle eines Krieges mit dem Osmanischen Reich.

1727 (Mai): Tod der Zarin Katharina I.; die Nachfolge wird dem erst zwölfjährigen Peter II. zugesprochen.

Bering entdeckt die Meerenge zwischen Asien und Amerika.

(September) Menšikov fällt in Ungnade und wird verbannt. Der Hof übersiedelt temporär wieder nach Moskau.

1728 Der *Oberste Geheime Rat* verstärkt seine Machtposition; auch die Kollegien (Ministerien) werden ihm unterstellt.

Akademie-Mitglied Müller begründet die *Sankt Peterburgskie vedomosti*, eine Zeitung nach englischem Vorbild.

1729 Stärkung der Rechtssicherheit im Geld- und Kreditverkehr durch ein neues Wechselgesetz.

1730 Tod Peters II.; der Rat übergibt den Thron an Anna Ioannovna, Witwe des Herzogs von Kurland und Nichte Peters I., die sich verpflichtet, die Macht des Rates zu respektieren.

(Februar): Anna nutzt den Machtkampf innerhalb des Adels und geht zur absoluten Selbstherrschaft über; sie löst den *Obersten Geheimen Rat* auf und gibt dem Senat seine Vollmachten zurück.

(März): Manifest der Zarin Anna Ioannovna, dass die Geistlichkeit zur Reinhaltung der Orthodoxie gegen reformatorische Strömungen verpflichtet.

(Juli): Schaffung eines Kadettenkorps.

(18./29.10.): Bildung eines Ministerkabinetts, das die Funktion des *Obersten Geheimen Rates* übernimmt.

1731 (16.6.): Ausländern wird das Recht auf freien Handel in ganz Russland gewährt.

1732 (17.2.): Gründung des 1731 von General Graf Münnich projektierten Landkadettenkorps in Sankt Petersburg.

(29.6.): Der Hof und die Staatsverwaltung kehren nach Petersburg zurück.

1733 Russland unterstützt die Kandidatur Augusts III. auf den polnischen Thron gegen den von Frankreich favorisierten Stanislaw Leszczynski.

1736 Lockerung der Dienstpflicht des Adels.

(Oktober): Russland und Österreich führen Krieg gegen das Osmanische Reich.

1737 Schaffung einer städtischen Feuerwehr in Moskau.

1738 Erneuerung der russisch-französischen diplomatischen Beziehungen; russischer Botschafter in Paris wird Fürst Kantemir.

1739 (18.9.): Im Frieden von Belgrad erhalten die Russen von den Osmanen Azov und einige unter Peter I. verlorene Gebiete zurück.

1740 (17./28.10): Tod der Zarin Anna Ioannovna; unter der Regentschaft des Grafen von Bühren (russ.: Biron) kommt der erst wenige Monate alte Iwan VI. Antonovič (Sohn von Anna Leopol'dovna, Herzogin von Braunschweig) auf den Thron.

(8.11.): Annas Günstling Graf von Bühren wird gestürzt und verbannt.

1740 (–1750) Aufbau von Tuchfabriken in Voronež.

Bau einer Poststraße Moskau-Astrachan' mit Abzweig nach Kiew.

1741 (25.11./6.12.): Elisabeth, Tochter Peters I., stürzt die Regierung und übernimmt die Macht; Krieg mit Schweden (–1742), der zu diplomatischen Verstimmungen in Frankreich führt.

1742 (November): In ihrem Regierungsmanifest bestimmt Elisabeth ihren Neffen, den Herzog von Holstein-Gottrop, als Nachfolger (Peter III.).

(Dezember): Wiederherstellung der Rechte des Senats; das Ministerkabinett wird aufgelöst und 1743 durch eine Ministerkonferenz ersetzt.

1746 (22.5./2.6.): Russisch-österreichischer Beistandsvertrag.

1749 Erstmals Ölvorkommen in Russland entdeckt.

1753 Eröffnung zweier staatlicher Banken (für Kaufleute und Adlige).

1756 (Juli): Erneuerung der diplomatischen Beziehungen zu Frankreich.

(31.12./11.1.1757): Russland tritt dem Versailler Vertrag bei: Allianz mit Frankreich und Österreich. Beginn des Siebenjährigen Kriegs.

1757 (19./30.8.): Die russische Armee unter General Apraksin schlägt Preußen bei Groß-Jägersdorf; anstatt Pommern zu besetzen, zieht sich Apraksin nach Tilsit zurück.

1759 (30.7./10.8.): Russen und Österreicher schlagen die preußische Armee bei Kunersdorf.

(28.9./9.10.): Die Russen besetzen für einige Wochen Berlin und zerstören die Zeughäuser.

1761/62 (25.12./5.1.): Tod der Zarin Elisabeth.

Literatur, Kunst und Kultur

1735 V.K. Trediakovskij verfasst eine *Neue und kurzgefasste Anleitung zu einer russischen Verskunst*, in der die Abkehr vom syllabischen Vers und die Beachtung des freien russischen Akzents gefordert wird.

Einführung der italienischen Oper in Russland und Schaffung einer Ballettschule durch den Franzosen Jean-Baptiste Landé (–1765).

Blütezeit des Barocks in der Architektur. Entstehung der Palastarchitektur in Sankt-Petersburg unter dem Architekten Bartolomeo Francesco Rastrelli.

1739 M.V. Lomonosov verfasst seine Ode auf die Eroberung von Chotin.

1744 Gründung der Kaiserlichen Porzellanmanufaktur.

1747 Alexander Sumarokov, Absolvent des Kadettenkorps, verfasst die Tragödie Chorev zu einem Thema aus der russischen Geschichte.

1755 Auf Initiative von Michail V. Lomonosov und dank der Schirmherrschaft von Graf Iwan Šuvalov wird in Moskau eine Universität gegründet (mit zunächst der juristischen, philosophischen und medizinischen Fakultät).

1756 Eröffnung des ersten ständigen Theaters in Russland; die Leitung hat A. Sumarokov; die Schauspieltruppe wird geleitet von F. G. Volkov aus Jaroslawl.

1757 Graf Iwan Šuvalov gründet die *Sankt Petersburger Akademie der Künste*; die Leitung übernimmt zunächst der französische Maler L.-F. Lagrenet.

1757/58 M.V. Lomonosov legt mit seinem Werk *Russische Grammatik und eine Vorbemerkung über den Nutzen der Kirchenbücher in der russischen Sprache* erste wissenschaftliche Grundlagen der modernen russischen Literatursprache.

Kapitel 7

Die Deutsche auf dem Zarenthron. Absolutismus versus Aufklärung (1762–1796)

Unter Peter I. waren der Staatsdienst oberstes Gebot und der tugendhafte Patriot das Persönlichkeitsideal. Unter Katharina II. wurde der Staat zum Gegenstand der Kritik. Das Bedürfnis nach Vergnügen und Luxus verdrängte nicht nur den mittelalterlichen Asketismus, sondern auch das durch Streben nach Rationalität geprägte petrinische Dienst- und Bildungsideal. Die während der Reformen Peters erreichten Strukturveränderungen, militärische und administrative Potentiale, verfielen oder wurden bewusst zurückgenommen. Dem Adel gelang, seine soziale Position endgültig zu konsolidieren und nutzte dabei geschickt die durch den Verdacht des Gattenmordes begründeten Legitimationsdefizite der Zarin, die gezwungen war, sich der Rückendeckung des Adels zu versichern und diesen in ihre Politik einzubeziehen. Die Innenpolitik der Zarin zielte auf die Bewahrung der Autokratie, bediente aber zugleich die sozialen Interessen der Oberschicht. In der Gesetzgebung (z. B. durch die sog. *Gnadenurkunde* [Жалованная грамота]) befreite sie den Adel endgültig vom obligatorischen Staatsdienst und gewährte ihm nahezu absolute Verfügungsgewalt über seine Leibeigenen. Familien von Leibeigenen konnten, obgleich formell verboten, auch getrennt und ohne Land verkauft werden, wobei Leibeigene nach dem Sachenrecht behandelt wurden. Die latenten Spannungen zwischen Thron, Adel und Bauernschaft verstärkten sich.

Europäischer Luxus und Stagnation

1773 brach an der Wolga ein Aufstand der Jaik-Kosaken unter der Führung Emel'jan Pugačevs aus, der sich rasch bis nach Ekaterinburg im Ural und ans Kaspische Meer ausweitete. Bereits 1708 hatten die Don-Kosaken ihre Autonomie weitgehend eingebüßt, nur die Jaik-Kosaken genossen noch gewisse Freiheitsrechte. Der Pugačev-Aufstand richtete sich sowohl gegen die Ausbeutung und Willkür der Gutsbesitzer, gegen die Beschneidung ihrer verbliebenen Freiheiten (z. B. gegen die Zwangsrekrutierung in die kaiserliche Armee), als auch gegen die Zarin selbst, der man die Usurpation des Throns zuschrieb. Die Zarin musste erhebliche militärische Anstrengungen unternehmen, bis ihr unter den Generälen Panin, Suvorov und Michelson im August 1774 der Sieg über Pugačev gelang. Am 10. Januar 1775 wurde er in Moskau unter Beifall der anwesenden Adeligen hingerichtet; der Schock über diesen Aufstand, der wie ein Flächenbrand Südrussland überzogen und eine Ausdehnung von 1,24 Mio. Quadratkilometern erreichte hatte, löste einen neuen Schub repressiver Reformen aus: die Zarin reformierte die Staatsverwaltung, richtete neben dem *Senat* einen *Staatsrat* ein, vergrößerte zur besseren Kontrolle der Regionen die Anzahl der Gouvernements von 20 auf 51, erhöhte die Besoldung ihrer Beamten und verschärfte massiv die Leibeigenschaft. 1767 legte sie einen Entwurf (instructiones) für ein neues Gesetzbuch einer Kommission Adeliger vor, die nach langen Debatten 1773 ergebnislos aufgelöst wurde. Einerseits stießen die „Anweisungen" Katharinas, in denen sie schwammig größere Freiheitsrechte der Bauern andeutete, ohne allerdings eine tatsächliche Abschaffung der Leibeigenschaft ernsthaft ins Auge zu fassen, auf kompromisslosen Widerstand des Hochadels (Graf Panin: «Das sind Grundsätze, die bestimmt sind, Mauern einzureißen»), andererseits war sie selbst die erste, die die Hälfte ihrer Aufzeichnungen zerstörte, um sich anschließend scheinheilig bei dem Aufklärer D'Alembert zu beklagen, die Instruktion „sei dem, was sie ursprünglich gewollt hatte, nicht mehr ähnlich".[23] Ihr Sohn, der zukünftige Zar Paul I., beurteilte den Flirt seiner Mutter mit der Aufklärung und freiheitlichen Reformen Russlands: „Die Instruktion der Zarin ist eine reizende Spielerei. Damit streut sie den Ausländern Sand in die Augen, betrügt die Großen unter ihnen, und alle sind ganz benommen davon, aber eine Ausführung der darin enthaltenen schönen Lehren ist ganz unmöglich."[24]

Eine Förderung der Städte hatte wenig Erfolg, da kein westliches Stadtrecht existierte. Eine relative Unabhängigkeit der Städte bzw. Reichsunmittelbarkeit bestand in Russland nach der Vernichtung städtischer Selbstverwaltung in Nowgorod in der zweiten Hälfte des 15. Jahrhunderts nicht, der Staat – repräsentiert durch Stadthauptmann und Obersten Polizeimeister – blieb oberste Machtinstanz, und die Bauern durften weiterhin ungehindert in der Stadt Handel treiben. Aufgrund der fehlenden Autonomie der Städte kam es in Russland zu keiner Binnendifferenzierung zwischen städtischem und dörflichem Wirtschaftsraum, wobei sich die Städte in der Regel aus ihrem direkten Umland versorgten, die Bau-

23 Sammlung der Russischen Historischen Gesellschaft, Bd. 10, S. 167. Zit. nach Gitermann, Geschichte Russlands, Bd. II. S. 215.

24 Ja. I. de Sanglen, Memoiren, hg. von Theodor Schiemann, Stuttgart 1894, S. 58. Zit. nach Gitermann, ebd. S. 214.

ernschaft weiterhin auf dörfliche Subsistenzwirtschaft setzte. So konnte weder aus den Dorfgemeinden noch aus den russischen Städten eine Produktions- und Innovationsdynamik entstehen, die bereits für Westeuropa im Mittelalter charakteristisch gewesen war. Eine vorübergehende Wachstumsphase in Industrie und Großgewerbe, z. B. in der Produktion von Roheisen, Textilien, Nahrungs- und Verbrauchsgütern, endete rasch, weil die Entwicklung der Mechanisierung mit Europa nicht Schritt hielt. Um die internationale Verschuldung Russlands zu reduzieren, verlegte man sich auf den Export von Getreide und Rohstoffen. Die Lage der leibeigenen Bauern verschlechterte sich in der Zeit Katharinas II. erheblich, da sie über eine Million Kronbauern an ihre Günstlinge verschenkte. Als Eigentum der Krone besaßen die Bauern noch letzte Freiheiten, die sie verloren, sobald sie Eigentum eines adeligen Grundbesitzers geworden waren.

Erster Dissenz in Literatur und Publizistik

Katharinas Bildungsreform, zweifellos das Kernstück ihrer aufklärerischen Politik, wurde nur punktuell realisiert. Wichtige Neugründungen waren das *Smol'nyj-Institut* als Ausbildungsanstalt für adelige Mädchen, die Hochschulen für Bergbau und Medizin und die Russische Akademie. Mit ihrer Zeitschrift *Buntes Allerlei* [Всякая всячина] initiierte sie eine russische Journalistik und geriet in einen publizistischen Streit mit Kritikern ihres Regimes, vor allem mit dem Journalisten, Autor, Verleger und Freimaurer Nikolaj Novikov. Unter dem Eindruck der Französischen Revolution schloss die Zarin 1792 Novikovs Druckereien und verurteilte ihn zu 15 Jahren Festungshaft. Ein ähnliches Schicksal erlitt der Literat Alexander Nikolaj Radiščev, Autor der gesellschaftskritischen *Reise von Petersburg nach Moskau*. Die Literatur erlebte dennoch einen bemerkenswerten Aufschwung und entwickelte sich vom Klassizismus zum Rokoko, gegen Ende der Regierung Katharinas zu Sentimentalismus und Vorromantik. Mit Nikolaj Karamzin (Werke: *Die Arme Lisa, Briefe eines russischen Reisenden*) entstand in Russland der Typus des freien Schriftstellers. Erfolgreich entwickelte sich auch das Theater, zunächst durch klassizistische Tragödien (Alexander Sumarokov), dann vor allem durch die Aufführung von Komödien (Denis Fonvizin) und komischen Opern (A. Ablesimov). In der Malerei stand im 18. Jahrhundert das Portrait im Vordergrund. Nach einer ersten Übernahme westeuropäischer Malformen konnte sich mit den Werken Fedor Rokotovs eine eigenständige russische Portraitkunst etablieren, die das aus der Ikonenmalerei hervorgegangene Genre der *Parsuna* ablöste.

Russland als europäische Macht

Außenpolitisch kam es zu einer erheblichen territorialen Erweiterung des Imperiums: Katharina II. gelang in Kriegen mit dem Osmanischen Reich der Durchbruch zum Schwarzen Meer. Die Krim wurde nahezu gewaltlos in das Russische Reich eingegliedert, Häfen wie Sevastopol' und Odessa gegründet. Im Bündnis mit Österreich und Preußen festigte Russland seine Vormachtstellung in Ostmitteleuropa durch die drei Teilungen Polens. Katharina verstand es nicht ohne Geschick, Russland im westeuropäischen Ausland das Image eines soliden, aufgeklärten Staates zu verleihen, ein Bild, dem in Wirklichkeit eine vollkommen andere Realität gegenüberstand, die durch das massenhafte Elend der Bauernschaft, große soziale Spannungen und eine erhebliche technologische wie politische Rückständigkeit geprägt war. Nicht zu ignorieren waren auch die Verschuldung des Staates und des Adels, der gezwungen war, erhebliche finanzielle Mittel in eine luxuriöse Lebensführung zu investieren, wenn man in der Hauptstadt seine gesellschaftliche Stellung weiterhin behaupten wollte. Hinzu kam ein zunehmend defizitärer Staatshaushalt, der sich auch durch höhere Einnahmen aus Leibeigenschaft und Export nicht mehr sanieren ließ.

Sieht man das 18. Jahrhundert von den Reformen Peters I. bis zum Ende der Regierungszeit Katharinas II. in seinem Zusammenhang, manifestiert sich ein Wechsel von extremen sozialen, wirtschaftlichen und zivilisatorischen Umbrüchen (bis 1725) und einer langen Phase der Verwässerung der Petrinischen Reformen. Peter I. konnte durch den Bruch mit dem alten Russland zwar für einen kleinen Teil der Gesellschaft einen Modernisierungsschub erzeugen, durch den das Russische Reich zu einer europäischen Macht wurde, er nahm dafür aber eine Spaltung der Gesellschaft und eine langanhaltende Integrationskrise in Kauf. Außerdem erfolgten die Reformen nicht durch Liberalisierung, sondern repressive Maßnahmen. Im Vergleich dazu nahmen sich die Jahrzehnte nach Peter eher als ‚liberale' Phasen aus, wenngleich dies wiederum nicht für die Bauernschaft gilt. Dies gibt Anlass zu der Hypothese, dass ein Fortschritt im technologischen, ökonomischen, militärischen und machtpolitischen Bereich in Russland vorrangig durch einen repressiv agierenden Staat erzielt wird. Ein vergleichbares Schema wird sich im 20. Jahrhundert durch die Industrialisierung und Technisierung Russlands unter Iosif Stalin wiederholen. Sichtbar wird auch ein zweiter Effekt: nach Durchsetzung der Reformen und einer schnellen Zunahme an Leistungspotentialen wäre die Existenz einer gleichermaßen entwickelten Zivilgesellschaft vonnöten, die den Reformschub in eine langfristige Entwicklungsdynamik überführen oder zumindest die erzielten Reformergebnisse stabilisieren könnte. Für das 18. Jahrhundert gilt dies nicht; die Zarinnen nach Peter I. ruhten sich mehr oder weniger auf den Errungenschaften aus und ließen das Land in einen neuen Stillstand treiben.

Politik und Wirtschaft

1761 (25.12./5.1.1762): Peter III., Sohn von Anna Petrovna und Karl Friedrich Herzog von Holstein-Gottrop besteigt den Thron.

1762 (Januar): Peter III. löst die *Geheime Kanzlei* auf und schafft die Folter ab.

(13./24.4.): Peter III. schließt Frieden mit Preußen.

(Februar): Ausgabe von 5 Mio. Rubel Assignaten (Papiergeld).

(18.2./1.3.): Manifest zur Freistellung des Adels von der Dienstpflicht; Monopol der Adligen auf Besitz von Leibeigenen.

(28.6./9.7.): Palastrevolution: Einige Garderegimenter erklären die Frau Peters III. Katharina II. zur neuen Zarin; Peter III. wird unter ungeklärten Umständen ermordet.

1763 Bildung einer Finanzkommission, verantwortlich für die Golddeckung des Papiergeldes.

1764 Auflösung des *Hetman-Amtes*; die Verwaltung der Ukraine geht an das *Kleinrussische Kollegium* über; die Leibeigenschaft wird auf die Ukraine ausgedehnt; Enteignung der Kirchengüter; Schließung vieler Klöster.

(4./15.7.): Iwan Antonovič (Iwan VI., Sohn Anna Leopol'dovnas und rechtmäßiger Thronerbe) wird nach 20-jähriger Haft bei einem geplanten Fluchtversuch aus der Festung Schlüsselburg ermordet.

(Oktober): Katharina II. lässt sich als Beispiel für die Untertanen gegen Pocken impfen.

(Dezember): Die Zarin erteilt Iwan Beckoj den Auftrag, ein Projekt für pädagogische Einrichtungen zu entwerfen.

1766 Manifest über die Einberufung einer Kommission zur Erstellung eines neuen Rechtskodex.

1767 Die Bauern verlieren das Recht, gegen ihre Gutsbesitzer zu klagen.

(26.6./7.7.): Eingeschränkte Veröffentlichung der *instructiones* [наказ] in mehreren Sprachen, in dem die Zarin, gestützt auf Ideen von Baron de Montesquieu und Cesare Beccaria, der Kommission für die Erarbeitung des neuen Rechtskodex ihre politischen Ansichten dargelegt, dabei die Frage der Leibeigenschaft und Herrschaftsreform aber geschickt umgeht.

1768 (Mai): Einrichtung eines Staatsrates zur Reorganisation der Armee und Militärverwaltung angesichts des bevorstehenden Krieges mit den Türken.

(7./8.12.): Ende der Sitzungen der Gesetzeskommission; ein neuer Kodex wird nicht erarbeitet.

(25.9./6.10.): Beginn des Russisch-Türkischen Krieges.

1769 (–1796) Ausgabe von Papiergeld (264 Mio. Rubel).

1770 (Oktober): Prinz Heinrich von Preußen verhandelt in Petersburg als Vermittler über einen Frieden zwischen Russland und dem Osmanischen Reich.

1771 Russische Truppen besetzen die Krim; Pest-Epidemie in Moskau.

(24.12./4.1.1772): Geheimabkommen zwischen Friedrich II. und Katharina II. über eine Teilung Polens, dem sich der österreichische Kaiser Joseph II. im Februar 1772 anschließt.

1772 (25.7./5.8.): Erste Teilung Polens.

1773 (September): Beginn des Pugačev-Aufstandes.

1774 (4./15.12.): Gefangennahme Emel'jan Pugačevs mit anschließendem Prozess in Moskau.

(Juli) Ende des Russisch-Türkischen Krieges.

1775 Einführung einer neuen Reichsverwaltung. Neuaufteilung des Landes in 51 Gouvernements (vormals 20 Gouvernements).

(10./21.1.): Hinrichtung Emel'jan Pugačevs.

1783 Russland wird *„VIII. unabhängige Maurerprovinz“* und damit in die europäische Freimaurerbewegung integriert.

Über Georgien wird ein russisches Protektorat verhängt.

(28.3./8.4.): Manifest über die Annexion der Krim; Graf Potemkin erhält den Titel Fürst von Taurien. Schaffung pädagogischer Lehranstalten nach österreichischem Vorbild in Sankt Petersburg.

1785 *Gnadenurkunde für den Adel* (Жалованная грамота дворянству): Statusbestimmung des Adels, Befreiung von der Dienstpflicht.

1786 (August): Neue Kriegserklärung des Osmanischen Reiches.

Schaffung einer Staatlichen Assignatenbank.

Veröffentlichung eines *Statuts für Volksschulen* [Устав народным училищам].

1787 (2.1.–11.7.): Von Fürst Potemkin organisierte Reise Katharina II. auf die Krim mit über 3.000 Teilnehmern. Teuerste Reise des gesamten 18. Jahrhunderts.

1791 (29.12./9.1.1792): Frieden mit den Türken in Jassy.

1793 (12./23.1.): Zweite Teilung Polens (durch Russland und Preußen).

(28.1./8.2.): Nach der Hinrichtung Ludwigs XVI. kündigt Katharina alle Verträge mit Frankreich.

1794 (März): Beginn des polnischen Aufstandes gegen die russische Okkupation; Ende des Jahres bricht der polnische Widerstand zusammen.

1795 (13./24.10.): Dritte Teilung Polens (durch Russland, Österreich, Preußen).

1796 Gründung der Stadt und des Hafens Odessa.

(6./17.11.): Tod der Zarin Katharina II.

Literatur, Kunst und Kultur

1763 Beginn des Briefwechsels der Zarin Katharina II. mit dem Philosophen Voltaire.

1765 Diderot verkauft seine Bibliothek an Katharina II., darf sie aber weiterhin benutzen und erhält eine jährliche Pension von 1.000 Livre.

1767 Der Historiker August Ludwig Schlözer veröffentlicht eine Studie über die Regierungszeit Katharinas II. unter dem Titel *Das neue veränderte Russland*.

1768 Katharina II. erwirbt die Kollektion von Graf Brühl (ca. 600 flämische, holländische und französische Gemälde, Grundstock der Kunstsammlung der Eremitage).

1769 Die Zarin ediert die Zeitschrift *Buntes Allerlei* [Всякая всячина]. Polemisch dagegen richtet Nikolaj Novikov seine Zeitschrift *Die Drohne* [Трутень], ab 1772 auch die Zeitschrift *Der Maler* [Живописец].

1773 Schaffung eines Bergbauinstituts.

(–1775) Nikolaj Novikov veröffentlicht in seiner eigenen Druckerei altrussische Dokumente (Древняя Российская Вивлиофилика).

(29.9./10.10.): Diderot kommt nach Petersburg, wo er bis 1774 bleibt und an Plänen zur Erziehung des Großfürsten Paul und an Reformprojekten arbeitet.

1782 (4.9): Uraufführung der Komödie Denis I. Fonvizins *Der Landjunker* [Недоросль].

Enthüllung des Denkmals für Peter I. *Der eherne Reiter* [Медный всадник] des französischen Bildhauers Étienne-Maurice Falconet.

1783 Zulassung privater Druckereien.

(13./24.1.): Gründung der *Russischen Akademie* [Российская Академия] *für Sprache, Literatur und Geschichte* in Sankt Petersburg; erste Präsidentin wird die Fürstin Ekaterina R. Daškova.

1786 Die Zarin schreibt eine Reihe von Komödien gegen die Freimaurerei, die sich in Russland auszubreiten beginnt.

1790 Der Schriftsteller Alexander N. Radiščev veröffentlicht seine *Reise von Petersburg nach Moskau*, ein kritisches Pamphlet gegen das politische System und die Leibeigenschaft in Russland; der Autor wird zum Tode verurteilt, dann aber begnadigt und nach Sibirien verbannt.

1791 Nikolaj M. Karamzin ediert das *Moskauer Journal* [Московский журнал], in dem er seine *Briefe eines russischen Reisenden*, Essays und die Novelle *Die arme Lisa* [Бедная Лиза] (1792) veröffentlicht.

1796 Katharina ordnet die Auflösung aller Freimaurerlogen an.

Kapitel 8

Die Suche nach Orientierung. Reformträume und konservative Wende (1796–1825)

Katharina II. hinterließ ein territorial erweitertes Reich mit einer entsprechend größeren Anzahl von Leibeigenen, aber auch eine hohe Auslandsverschuldung und eine schlecht funktionierende Verwaltung. Den sich nach 1789 in Westeuropa verändernden politischen und wirtschaftlichen Verhältnissen, die auch Russland beeinflussten, war Katharinas Sohn und Nachfolger Paul I. nicht gewachsen. Als Herzog deutscher Herkunft wies der neue Zar eine ausgesprochene Affinität zu Preußen auf, was sich in seiner Begeisterung für militärischen Drill und soldatische Werte äußerte. Seine politisch-strategischen Schwächen zeigten sich in überstürzten Neuerungen in Militär und Verwaltung sowie in einer willkürlichen Auswechslung von Personen der Führungselite. Die meisten der während der nur kurzen Regierungszeit Pauls I. verabschiedeten Gesetze (über 2.200 Akte) betrafen die weitere Zentralisierung Russlands.

Als erbitterter Gegner seiner Mutter bekämpfte er den sogenannten ‚Potemkinschen Geist' ihrer Politik, insbesondere den adligen Standesdünkel, indem er die Rechte des Adels bis hin zur Reglementierung des Alltagslebens einschränkte. Die prunkvolle und kostenintensive Hofkultur verfiel, an die Stelle höfischer Feste traten militärische Wachparaden nach preußischem Vorbild. Um europäische, revolutionäre Einflüsse so weit wie möglich zu unterdrücken, wurde die französische Mode verboten und der öffentliche Gebrauch bestimmter Ausdrücke wie Gesellschaft, Bürger, Repräsentant untersagt. Russische Studierende im Ausland wurden zurückbeordert, um das Eindringen revolutionären Gedankenguts zu verhindern. Aus Angst vor der Willkürherrschaft des Zaren zog sich der Adel ins Privatleben zurück.

Auch außenpolitisch mangelte es der Regierung Pauls I. an Kontinuität. Zunächst unterstützte Paul I. die europäische Koalition gegen das nachrevolutionäre Frankreich, gewährte französischen Emigranten Asyl und machte sich sogar zum Großmeister des Malteserordens, um die europäische Aristokratie zu vereinen. Aber weder die anti-französische Bündnispolitik noch die Operationen der russischen Armee unter General Alexander Suvorov in Italien brachten Russland die erhofften Vorteile. Enttäuscht zog sich der Zar zurück und schlug sich wenig später sogar auf die Seite Napoleons. Bevor dieses neue Bündnis jedoch Bedeutung erlangte, wurde der Zar 1801 von einer Gruppe Adeliger unter Führung des Generalgouverneur Sankt Petersburgs Pjotr Palen ermordet.

Alexanders Flirt mit Reformgedanken

Sein Nachfolger Alexander I. hob die Verbote seines Vaters wieder auf und weckte Hoffnungen auf eine politische Liberalisierung. Erzogen von dem Schweizer Republikaner F.-C. de La Harpe zu schwärmerischer Begeisterung für liberale Ideen ohne Bezug zur Realität einerseits, andererseits immer in der Angst, so zu enden wie sein Vater, zeigte auch er sich wenig geeignet für die Bewältigung der anstehenden Probleme, die Mängel in der Verwaltung, eine fehlende Kodifizierung des Rechts, die inflationäre Zirkulation von Papiergeld, die zunehmend prekäre Situation der Leibeigenschaft und außenpolitisch eine unklare Bündnispolitik. Während in Preußen durch die Stein-Hardenbergschen Reformen (1807–1815) die Grundlagen für einen aufgeklärten National- und Industriestaat sowie eine moderne bürgerliche Gesellschaft gelegt und die Schuldknechtschaft der bäuerlichen Bevölkerung abgeschafft wurden, entwickelte Alexander I. zwar erste idealistisch geprägte Ideen einer Liberalisierung der sozialen Verhältnisse, die allerdings in keiner Weise den tatsächlichen Machtverhältnissen in Russland Rechnung trugen und auch nicht auf ihre Durchführbarkeit hin reflektiert wurden. Seine Pläne erörterte der Zar zunächst im exklusiven Freundeskreis eines *Geheimen Komitees* [Негласный комитет]. Mit der Ausarbeitung beauftragte er 1808 den Staatssekretär im Innenministerium Michail Speranskij. Dieser entwarf daraufhin nicht nur das Konzept einer auf Gewaltenteilung beruhenden Monarchie, sondern auch ein an den Code Civil angelehntes Zivilgesetzbuch. Auf Druck der Adelsopposition wurde er jedoch im Frühjahr 1812 entlassen. Seine Reformpläne konnten daher nur partiell realisiert werden; die petrinischen Kollegien ersetzte Alexander durch Ministerien und richtete einen *Reichsrat* [Государственный совет] mit legislativen Funktionen ein. Weiterreichende Entwürfe wurden an der Peripherie des Reiches erprobt. So erhielten das neue Großfürstentum Finnland wie auch das Königreich Polen (1815) eine Verfassung. Eine Aufhebung der Leibeigenschaft ohne Landzuteilung für die Bauern wurde in den baltischen Provinzen verfügt, Russland blieb indes davon unberührt.

Ein wesentlicher Reformbereich war das Bildungswesen. Zwar wurden die 1803 erarbeiteten Richtlinien für die allgemeine Volksbildung nicht umgesetzt, es kam aber zu einer Reorganisation der Universitäten Moskau, Wilna und Dorpat und zu Neugründungen von Universitäten in Kazan', Charkov, Petersburg und Warschau. In Petersburg wurde ein Lyzeum als Bildungsanstalt für die höhere Beamtenlaufbahn eingerichtet. Der lukrative Handel mit England bedingte Russlands Teilnahme an der antifranzösischen Koalition, deren Streitkräfte aber von Napoleon bei Austerlitz 1805 vernichtend geschlagen wurden. Alexander I. beugte sich vorübergehend der Kontinentalsperre Napoleons gegen England. Daraus folgten signifikante Einbrüche im Handel, große Preissteigerungen, ein Verfall des Rubelkurses sowie Steuerausfälle und höhere Zölle auf Luxuswaren. So verschärfte sich die Stimmung gegen Napoleon, der darüber hinaus im Juni 1812 mit einem multinationalen Heer von ca. 450.000 Mann in Russland einfiel. Die russischen Truppen zogen sich über Wilna, Vitebsk und Smolensk zurück. Nach der verlustreichen Schlacht von Borodino besetzte die französische Armee Moskau, begann aber schon wenige Wochen später mit dem Rückzug. Nach der Völkerschlacht von Leipzig und dem siegreichen Ende des Krieges galt der russische Zar als Befreier Europas.

Beginn der dunklen Jahrzehnte

Mit dem Sieg über Napoleon verkehrte sich ab 1820 die Reformfreudigkeit Alexanders I. in ihr Gegenteil. Von seiner gottgegebenen Führungsrolle überzeugt, regte er maßgeblich die Gründung der *Heiligen Allianz* an. Das Bündnis zwischen Russland, Österreich und Preußen wurde in den Folgejahrzehnten zum Bollwerk der Monarchie und der Ständeordnung gegen Bürgertum und nationale Erhebungen. Auf ihrem Kongress in Troppau (1820) verurteilte die Heilige Allianz die revolutionären Erhebungen in Neapel, Portugal und Sardinien, wenig später in Verona (1822) auch den Befreiungskampf der Griechen gegen das Osmanische Reich.

Zugleich begann eine repressive Innenpolitik, zu deren Vollstrecker General Graf Aleksej A. Arakčeev, seit 1810 Kriegsminister, nach 1815 Günstling des Zaren und mächtigster Mann im Staat wurde. Er leitete nahezu alle Staatsangelegenheiten und war auch verantwortlich für die Einrichtung von Militärsiedlungen mit Zuchthauscharakter. Nach englischem Vorbild gründete der Zar eine russische Bibelgesellschaft und ernannte 1816 Fürst A. N. Golicyn zum Minister für Volksaufklärung und geistliche Angelegenheiten. 1819 wurden die Jesuiten aus Russland ausgewiesen, 1822 Freimaurer und geheime Gesellschaften verboten, die Universitäten von Kazan' und Petersburg gemaßregelt und die Wissenschaften der Autorität der Kirche unterstellt. Protest gegen diese umfassenden Formen der Unterdrückung regte sich insbesondere in den Garderegimentern. Der Gardeoffizier, Sieger über Napoleon, in der Regel reich, unabhängig und standesbewusst, verkörperte den Typus des adligen Frondeurs.

Nach dem Napoleonischen Krieg erwartete man – auch aufgrund selbst erworbener Erfahrungen im europäischen Ausland – radikale Reformen in Russland und wurde nun durch die konservative Wende Alexanders I. enttäuscht. Ab 1816 entstanden zunächst reformerische Geheimbünde (*Rettungsbund, Wohlfahrtsbund*), die um 1820 revolutionären Charakter annahmen. In Petersburg gründete sich der *Nordbund* unter der Führung von Konstantin Ryleev und Nikolaj Murav'ev, im ukrainischen Tul'čin der *Südbund*, angeführt von Paul Pestel'. Während man im Norden für eine konstitutionelle Monarchie eintrat, plädierte Pestel' für die grundsätzliche Abschaffung des Zarentums und eine zentralistisch gelenkte, demokratische Republik. Begünstigt durch die nach dem überraschenden Tod Alexanders I. auftretenden Unklarheit in der Thronnachfolge (Konstantin versus Nikolaj) wagten die Verschwörer am 14. Dezember 1825 den Aufstand und marschierten mit ca. 3.000 Mann ohne Aktionsplan auf den Petersburger Senatsplatz. Der neue Zar Nikolaus I. ließ die Aufständischen zusammenschießen. Nach dem Prozess gegen die *Dekabristen* (nach dem russischen Wort für ‚Dezember') wurden fünf Anführer gehängt und über dreißig Teilnehmer zu lebenslanger Zwangsarbeit verurteilt.

Romantik und nationales Bewusstsein

Das erste Drittel des 19. Jahrhunderts gilt als das Goldene Zeitalter der russischen Kultur und Literatur. Sozialer Träger dieser Entwicklung war der hauptstädtische Adel, der sein geselliges Privatleben in einer Reihe von Salons nach französischem Vorbild organisierte. Der Salon bildete einen Kulturraum, der ein transversales Zusammenwirken der Künste erlaubte und in dem die Grenzen zwischen Kunst und Alltag aufgehoben wurden. Diese Geselligkeitskultur ist eng verbunden mit der Entwicklung des Theaters (Oper, Drama, Ballett). Es war vor allem eine Kultur adliger Dilettanten (любители), die dem professionellen Künstler die gesellschaftliche Anerkennung versagte, eine Kultur, die aus der Spannung zwischen exklusiver Privatheit und einer erst in Ansätzen markt-orientierten Öffentlichkeit ihre Impulse erhielt. Ihre Zentralfigur war der Dichter Alexander S. Puschkin, dessen wechselhafte Biographie exemplarisch für das Verhältnis von Kunst und Macht in jener Epoche steht. In der Puschkin-Periode der russischen Literatur entwickelte sich die russische Romantik, verknüpft mit neo-klassizistischen Strömungen, vor allem in der Lyrik (Elegie, Ballade, Fabel, Verserzählung: Vasilij Žukovskij, Iwan Krylov, Konstantin Batjuškov) und im dramatischen Genre der Gesellschaftskomödie (Iwan Krylov, Alexander Griboedov). Die romantischen Grundströmungen dieser Zeit begünstigten die Herausbildung eines neuen Dichter-Ideals, dessen ethisch-moralischer Referenzraum ein verklärter Volksbegriffes war. Wie auch in Westeuropa verband sich mit dem Interesse am Volksleben, an Sprache, Sitten und Gebräuchen, die erstmals Thema ästhetischer Verarbeitung wurden, auch eine intensive Dokumentationstätigkeit; gesammelt wurden Märchen, Fabeln, Sprichwörter und Alltagsbeschreibungen. Die Hinwendung zu Volksmotiven und -themen erfasste neben der Literatur auch Malerei und Musik. Erste Ansätze eines nationalen Bewusstseins hatten sich in Russland erstmals während des Kriegs gegen Napoleon herauskristallisieren können. Romantischen Kunstkonzepten folgte auch die russische Malerei, in die eine Genre- und Reisemalerei (Orest Kiprenskij, Aleksej Venecianov, Vasilij Tropinin) neben das romantische Portrait trat. Wie auch in England, Deutschland und Frankreich breitete sich unter russischen Malern eine rege Reisetätigkeit nach Italien aus (Karl Brjullov). Das Schönheitsideal des mediterranen Ambientes wurde später in die russische Landschaftsmalerei übernommen.

Politik und Wirtschaft

1796 (6./17.11.): Thronbesteigung Pauls I., Sohn Katharinas II.; Freilassung der Intellektuellen Novikov, Radiščev und anderer, die Katharina II. inhaftiert hatte.

(8./19.11.): Das Fernbleiben vom Dienst wird in den Garderegimentern untersagt.

(23.11./4.12.): Einführung einer neuen Militärordnung nach preußischem Muster.

(22.12./2.1.1797): Artikel 15 der Gnadenurkunde (Befreiung der Adligen von Körperstrafen) wird aufgehoben.

1797 (5./16.2.): Schließung aller privaten Druckereien; Einrichtung weltlicher und kirchlicher Zensurbehörden.

(23.4./4.5.): Dem Adel werden kollektive Beschwerden an den Zaren, den Senat oder einen Gouverneur verboten.

1798 (April/Mai): Fürst N.V. Repnin schlägt auf dem Berliner Kongress einen Verteidigungspakt (Russland, Österreich, Preußen und England) vor.

(September): Nach der Eroberung Maltas durch Napoleon übernimmt Paul I. die Schutzherrschaft über den Malteserorden und legt sich wenig später den Titel eines Großmeisters des Ordens zu.

1799 Auflösung der Adelsversammlungen in der Provinz.

(16./27.4.): Russische Truppen unter General Suvorov marschieren auf Mailand und nehmen im Mai Turin ein.

(Juni): Paul I. erklärt Spanien den Krieg; Spannung zwischen den verbündeten Truppen.

(7./18.10.): Unzufrieden mit den Verbündeten bricht Paul I. die Beziehungen zu England und Österreich ab.

(November): Nach dem Putsch vom 18. Brumaire erwägt Paul I. eine Annäherung an Napoleon.

1800 Einfuhrverbot für ausländische Bücher und Manuskripte, Auslandsstudierende werden nach Russland zurückbeordert.

(20.2.): Adlige erhalten das Recht, Leibeigene gegen eine Entschädigung freizulassen.

Ausarbeitung von Richtlinien für die Volksbildung.

(9./21.12.): Napoleon schlägt Paul I. eine Annäherung beider Länder vor.

1801 (11.–12./23.–24.3.): Zar Paul I. wird von einer adligen Verschwörergruppe (N. Panin, L. Bennigsen u. a.) unter Leitung des Petersburger Generalgouverneurs Pjotr Palen ermordet. Den Thron besteigt sein Sohn, Alexander I.; mit seinem Regierungsantritt wird die Überführung von Staatsgütern mit Leibeigenen in adligen Privatbesitz unterbunden.

(März/April): Erste liberale Maßnahmen: Amnestie politisch Inhaftierter, Öffnung der Grenzen, Aufhebung des Verbots von Bücherimporten.

(28.5./9.6.): Verbot der Annoncierung von Verkäufen Leibeigener ohne Land.

(5./17.6.): Freundschaftsvertrag mit England; gleichzeitig sucht Alexander eine Annäherung an Frankreich.

1802 (21.4./3.5.): Neueröffnung der Universität Dorpat/Tartu (Estland).

(8./20.9.): Manifest über die Schaffung von acht Ministerien statt der bisherigen petrinischen Kollegien.

(2./14.4.): Wiederherstellung der in der Gnadenurkunde (1785) verbrieften Adelsrechte.

1803 Eroberung von Mingrelien, Erweiterung russischer Besitzungen im Kaukasus.

(24.1./5.2.): Reorganisation der Schulbildung.

(April): Eröffnung der Universität Wilna.

(20.2./4.3.): Verordnung über *Freie Ackerbauern*: Gutsbesitzer können Bauern mit Landanteilen freilassen. Hiervon machen vor allem in Nordrussland Bauern Gebrauch, die bereits zuvor durch eigene Handels- oder Handwerkstätigkeit die notwendigen Finanzmittel erworben hatten.

1804 (Juli): Liberale Zensurbestimmungen; Verbesserung der Lage der leibeigenen Bauern in Livland.

(5./17.11.): Neue Universitätsordnung verspricht mehr Autonomie; Gründung einer pädagogischen Hochschule in Petersburg; Vorbereitungen zur Eröffnung von Universitäten in Kazan' (1814) und Char'kov (1819).

(9./21.12.): Judengesetze: Gewährung der Glaubensfreiheit, aber Zuweisung einer Siedlungszone in den Westgebieten des Reiches.

1805 Bruch mit Frankreich; Koalition mit Österreich.

Aufstellung einer ersten Dampfmaschine in einer staatlichen Papierfabrik bei Sankt Petersburg (Aleksandrovsk).

(20.11./2.12.): Österreichisch-russische Truppen werden von Napoleon bei Austerlitz geschlagen.

1806 Russland tritt der antifranzösischen Koalition bei; Einnahme von Baku und Derbent im Kaukasus.

1807 Michail M. Speranskij wird Berater des Zaren in Verwaltungs- und Rechtsfragen.

(13.–14./25.–26.6.): Treffen Alexanders I. und Napoleons in Tilsit. Nach dem Frieden von Tilsit nimmt Russland an der Kontinentalsperre gegen England teil; Aufhebung der Leibeigenschaft im Großherzogtum Warschau.

(25.6./7.7.): Friedensvertrag von Tilsit: russisch-französisches Bündnis; im Herbst Bruch mit England.

1808 Aleksej A. Arakčeev wird zum Kriegsminister (–1810) ernannt; M. Speranskij wird die Leitung einer Gesetzeskommission anvertraut;

Aufnahme diplomatischer Beziehungen zu Amerika; Verbot des Handels mit Leibeigenen auf Märkten und Messen.

1809 Verfassung für das neue russische Großherzogtum Finnland; M. Speranskij legt einen Plan zur allmählichen Umwandlung des Staates in eine konstitutionelle Monarchie vor; Dekret über den obligatorischen Hochschulabschluss bei Eintritt in die höhere Zivilverwaltung.

1810 Eroberung Abchasiens im Kaukasus.

(Februar): Verschlechterung der russisch-französischen Beziehungen; hohe Handelsverluste durch die Kontinentalsperre.

Gründung der ersten Militärsiedlung.

(April): Bruch des russisch-französischen Bündnisses.

1812 (17./29.3.): Michail Speranskij wird entlassen, des Verrats beschuldigt und nach Nižnij Nowgorod verbannt.

(12./24.6.): Napoleon überquert den Njemen und fällt in Russland ein.

(26.8./7.9.): Schlacht von Borodino. Wenig später besetzen die Franzosen für wenige Wochen Moskau.

1813 (4.–6./16.–18.10.): Niederlage Napoleons in der Völkerschlacht bei Leipzig.

(12./24.10.): Persien erkennt die Zugehörigkeit Georgiens zu Russland an.

1814 Der Papierrubel fällt im Kurs auf 25 Kopeken in Silber.

(19./31.3.): Einzug des russischen Zaren in Paris.

(September): Eröffnung des Wiener Kongresses unter Beteiligung Alexanders I.

1815 Aufstieg A. Arakčeevs als rechte Hand des Zaren. Übernahme der Regierungsgeschäfte.

(28.5./9.6.): Beendigung des Wiener Kongresses.

(14./26.9.): Gründung der *Heiligen Allianz* (Russland, Preußen, Österreich).

(15./27.11.): Verfassungsurkunde für das Königreich Polen.

1816 Befreiung der leibeigenen Bauern in Estland (ohne Land); Gründung adliger Geheimbünde (*Rettungsbund*, ab 1818 *Wohlfahrtsbund*); Der Oberprokuror des Heiligen Synod A. N. Golicyn verwaltet das Ministerium für Volksbildung, ab 1817 auch Ministerium für geistliche Angelegenheiten; K.V. Nessel'rode wird Außenminister (–1856); Gründung einer Universität in Warschau; weitere Militärsiedlungen (–1821), die von A. Arakčeev verwaltet werden.

1818 (15./27.3.): Alexander I. nimmt an der Eröffnung des polnischen Sejms in Warschau teil und spricht vage von der Absicht, das konstitutionelle System auf Russland auszuweiten.

Befreiung der leibeigenen Bauern in Kurland.

Staatliches Monopol auf den Handel mit Wodka.

Bau gepflasterter Straßen; Gründung eines Lyzeums in Odessa.

1819 Bauernbefreiung in Livland.

M. Speranskij wird zum Generalgouverneur von Sibirien ernannt.

„Säuberung" der Universität in Kazan' durch den Kurator Michail Magnickij.

1820 Wende Alexanders I. zu einer repressiven Innenpolitik; Ausweisung der Jesuiten aus Russland.

(Juni): Komitee zur Ausarbeitung neuer Zensurgesetze.

(17./29.10.): Soldatenrevolte im Semenov-Regiment in Sankt Petersburg.

(Oktober–Dezember): Alexander I. nimmt am Kongress der Heiligen Allianz in Troppau teil.

1821 Umbildung der Geheimbünde in den *Nordbund* und *Südbund* mit revolutionärer Zielsetzung.

(Januar–Mai): Kongress der Heiligen Allianz in Laibach (Ljubljana).

(März): Beginn des griechischen Aufstandes gegen die Türkenherrschaft; nach anfänglichem Zögern stellt Russland Konstantinopel ein Ultimatum für den Rückzug aus den Donau-Fürstentümern und fordert die Beendigung der Massaker an den Griechen.

1822 Protektionistische Zolltarife zugunsten der heimischen Textilindustrie.

(Januar): Der Bruder Alexanders I., Konstantin, verzichtet auf den Zarenthron.

(1./13.1.): Verbot aller Geheimgesellschaften und Freimaurerlogen.

(September–Dezember): Kongress der Heiligen Allianz in Verona.

1825 Eröffnung eines ersten staatlichen Stahlwerkes in Aleksandrovka, wo 1826 die erste Taktstraße den Betrieb aufnimmt.

(19.11./1.12.): Tod des Zaren Alexander I. in Taganrog.

(14.12.): Aufstand der Dekabristen.

Literatur, Kunst und Kultur

1797 (7./18.3.): Dekret über die Freiheit religiöser Kulte.

1798 (1./12.3.): Den Altgläubigen wird per Dekret gestattet, Kirchen zu bauen.

(April): Importverbot für französische Bücher.

1800 (April): Importverbot für alle ausländischen Bücher, von Alexander I. nach seinem Regierungsantritt wieder aufgehoben.

1801 Baubeginn der Kazaner Kathedrale in Sankt Petersburg (Architekt: A. N. Voronichin);

1802 N. Karamzin beginnt die Herausgabe der Zeitschrift *Europäischer Bote* [Вестник Европы]; Dichtung: V. A. Žukovskij *Der Dorffriedhof* [Сельское кладбище] (Elegie, Nachdichtung aus Thomas Gray).

1803 Prosa: A. S. Šiškov: *Über den alten und den neuen Stil der russischen Sprache* (Essay).

1805 Architektur: Bau der Börse in Sankt Petersburg (Architekt: Jean Thoma de Thomon).

1806 Bau des Smol'nyj-Instituts (Architekt: G. Quarenghi).

1808 S. N. Glinka gründet die Zeitschrift *Der Russische Bote* [Русский вестник]; Poesie: V. A. Žukovskij *Ljudmila* (Ballade);

1809 Dichtung: Erster Band *Fabeln* von I. A. Krylov; Theater: Gründung einer Schauspielschule in Moskau.

1811 Prosa: N. M. Karamzin: Denkschrift *Über das alte und neue Russland.* Der Verfasser warnt den Zaren vor Reformen und betont die Unantastbarkeit der Autokratie und Leibeigenschaft.

Eröffnung des Lyzeums, einer Lehranstalt für die höhere Beamtenlaufbahn in Sankt Petersburg.

1812 N.I. Greč gründet die Zeitschrift *Sohn des Vaterlandes* [Сын отечества]; Poesie: V.A. Žukovskij *Der Sänger im Lager der russischen Krieger* (patriotisches Poem).

(Dezember): Gründung der Russischen Bibelgesellschaft (Vorsitz ab 1813: A. Golicyn).

1815 In Sankt Petersburg formiert sich die Literatengruppe *Arzamas* (–1818).

1816 Prosa: N. Karamzin beginnt mit der Veröffentlichung seiner *Geschichte des russischen Staates*.

1817 Dichtung: Konstantin N. Batjuškov *Der sterbende Tasso* [Умирающий Тасс].

1818 Beginn der Tätigkeit des Architekten Carlo Rossi in Sankt Petersburg.

Feierliche Enthüllung des Minin-Požarskij-Denkmals in Moskau.

Gründung der Monatszeitschrift *Vaterländische Annalen* [Отечественные записки].

1818–1819 Übersetzung der Bibel aus dem Kirchenslawischen ins Russische.

1820 Dichtung: A.S. Puschkin *Ruslan und Ljudmila* (Verserzählung).

Gründung einer Gesellschaft zur Unterstützung notleidender Künstler.
ab **1821** Dichtung: A.S. Puschkin *Südliche Poeme*.

1823 Dichtung: Puschkin beginnt seinen Versroman *Eugen Onegin* (publ. 1833); Gründung der *Gesellschaft der Weisheitsfreunde* [Общество любомудрия] und ihres Almanachs *Mnemozina*.

1823 (–1825) K. Ryleev und A. Bestužev geben den literarischen Almanach *Der Polarstern* heraus.

1824 Alexander S. Griboedovs Gesellschaftskomödie *Verstand schafft Leiden* [Горе от ума] abgeschlossen. Neubau des *Bol'šoj Teatr* (Eröffnung am 6.1.1825) und des *Malyj Teatr* in Moskau (Architekt O.I. Bove [Giuseppe Bova]).

1825 Gründung der Zeitschrift *Moskauer Telegraf* [Московский телеграф] (Red. N.A. Polevoj) und der Zeitung *Die nördliche Biene* [Северная пчела] (Red. F.V. Bulgarin); Alexander S. Puschkin: *Boris Godunov* (historisches Drama).

Kapitel 9

Widersprüche.
Russland in der Isolation und die Blüte der Kultur (1825–1855)

In einer als Zeit allgemeiner Stagnation geltenden Epoche vollzog sich unter einer weiterhin autokratischen Herrschaft eine Reihe sozialer und kultureller Veränderungen, die das System der Ständegesellschaft erodieren ließen. Im kleinen Kreis diskutierte selbst der Zar notwendige Reformen, scheute sich aber, die wechselseitige Abhängigkeit von Krone und Adel anzutasten. Nikolaus I. misstraute der Aristokratie, zu groß war nach dem Dekabristen-Aufstand die Angst vor einer neuerlichen Revolte. Ein Bürgertum im europäischen Sinn, das für eine Wiederbelebung liberaler Reformen hätte eintreten können, gab es in Russland noch nicht. Despotismus und Bürokratie schützten das Zarentum und die Leibeigenschaft.

Repression in der Innenpolitik

Unmittelbar nach dem Dezemberaufstand wurden alle neuen Impulse einer umfassenden Kontrolle und Überwachung unterworfen. Die Funktion der Geheimpolizei und Zensur übernahm die am 23. Juli 1826 gegründete *Dritte Abteilung* der kaiserlichen Kanzlei unter dem deutsch-baltischen General von Benckendorff, 1827 ergänzt durch das als Exekutive fungierende Gendarmenkorps. Um die Effizienz der Verwaltung des Reiches zu verbessern, wurde das geltende Recht überschaubar kodifiziert (*Sammlung der Gesetze* [Свод законов] 1830–33). Dem Finanzminister Graf Georg Ludwig Cancrin gelang im Rahmen der bestehenden Ordnung eine Sanierung der Finanzen, aber die Volkswirtschaft insgesamt stagnierte weiterhin. Zwar erforderte die zunehmende maschinelle Produktion freie Lohnarbeit, aber eine hierzu notwendige, umfassende Bauernbefreiung stieß auf Ablehnung, insbesondere des mittleren und niedrigen Adels. Die Konservierung der Sozialstruktur behinderte daher die beginnende Industrialisierung sowie eine Ausweitung des Handels. Industrielle Unternehmen, die Leibeigene oder sogenannte Possessionsarbeiter (Leiharbeiter) einsetzten, besaßen nur eine geringe Effizienz im Gegensatz zu Unternehmen mit freier Lohnarbeit, deren Anteil in der ersten Hälfte des 19. Jahrhunderts indes kontinuierlich anstieg. Die wirtschaftliche Entwicklung zeigte mit aller Macht, dass sich die Leibeigenschaft auch ökonomisch überlebt hatte und nicht mehr den Bedingungen einer entstehenden kapitalistischen Ökonomie entsprach.

Soziale Stagnation

Die Bauernschicht differenzierte sich im 18. wie 19. Jahrhundert nach den Formen der Arbeitsleistung: Bauern, die ihre Abgaben an den Besitzer durch Geldzahlungen (Leibzins [оброк]) begleichen konnten, hauptsächlich oft Handel und Gewerbe trieben, sogar zu Kaufleuten und Industriellen aufstiegen und vor allem in Nordrussland verbreitet waren, lebten besser als jene Bauern in Südrussland, die ausschließlich Fronarbeit [барщина] leisteten. Eine anschauliche Beschreibung dieser Differenzierung auf dem Lande findet sich in dem Roman *Aufzeichnungen eines Jägers* von Iwan S. Turgenev. Die Pflichten der Bauern gegenüber Gutsherren und Staat wurden durch die Institution der Dorfgemeinde (община, мир) geregelt, die für eine wechselnde Landzuweisung an die Bauern und die Steuer- wie Pachtzahlungen kollektiv verantwortlich war. Die Städte erlangten weiterhin keine Autonomie, blieben in die Staatsverwaltung integriert und grenzten sich auch nicht hinreichend vom ländlichen Handel ab, so dass sich ihre wirtschaftliche und kulturelle Bedeutung nur allmählich entwickeln konnte. Für die Entfaltung einer Warenwirtschaft fehlte die nötige Kaufkraft eines Binnenmarktes. Ein erfolgreicher Getreidehandel scheiterte an der noch weithin verbreiteten Subsistenzwirtschaft des Dorfes und an einer unzulänglichen Infrastruktur. Die russische Bauernschaft, die mit über 90 Prozent den weitaus größten Anteil an der Bevölkerung Russlands stellte, lebte daher weiterhin unter mittelalterlichen Bedingungen, in sozialer wie technologisch-ökonomischer Hinsicht. Die Erosion der Leibeigenschaft führte allerdings zu einer vorsichtigen geografischen wie wirtschaftlichen Differenzierung. Die Lage in den zahlreichen russischen Kleinstädten nahm sich im Vergleich zum Dorf nicht wesentlich besser aus. Aufgrund dieser Unterentwicklung sowie ein mit despotischen Mitteln durchgesetzter Zentralismus verhinderte außerdem eine Dynamik von unten.

Expansion und Widerstand, Niederlage im Krimkrieg

In seiner Außenpolitik fühlte sich Nikolaus I. als Schirmherr der bestehenden Ordnung in Europa (Legitimitätsidee). Er verurteilte die französische Julirevolution und schlug den polnischen Aufstand nieder (1830/31). Polen wurde weitgehend in das russische Reich integriert.

Im Namen der Heiligen Allianz marschierten russische Truppen 1849 in Rumänien und Ungarn ein, um die dortige Revolution niederzuschlagen. Im Süden des Reiches setzte Russland seine Interessen – es ging hier auch um die Rechte im Baumwollhandel – im Kaukasus durch, sowohl im Friedensvertrag mit Persien (1828) als auch in dem Vertrag mit dem Osmanischen Reich (Vertrag von Adrianopel 1829). In den Jahren 1828–1834 standen die Donaufürstentümer Moldau und Walachei unter russischer Militärverwaltung. Die russische Expansionspolitik stieß jedoch auf Widerstand der Westmächte. Außerdem erhoben sich unter Šamil' die kaukasischen Bergvölker in Dagestan und Tschetschenien zum Heiligen Krieg. Von 1834–1845 operierte Šamil' in der Region sehr erfolgreich gegen die russische Besetzung, geriet aber 1859 in russische Gefangenschaft. Unter dem Druck der Westmächte musste Russland die Donaufürstentümer räumen. Der Konflikt eskalierte. In dem 1853 beginnenden Krimkrieg unterstützten England und Frankreich das Osmanische Reich. Nach dem Fall der Festung Sevastopol' (August/September 1855) kam es zum Waffenstillstand. Der Friedensvertrag von Paris (18./30. März 1856) besiegelte die Niederlage Russlands, dessen erneute wirtschaftliche, strukturelle und technologische Rückständigkeit durch den Krimkrieg allseits sichtbar geworden war.

Ästhetische Höchstleistungen und kulturelle Emanzipation

Nach 1825 begann eine systematische Uniformierung der Kultur. Durch eine strenge Präventivzensur und die Reglementierung des Bildungswesens griff der Staat direkt in die Kultur ein. Der Zugang zur höheren Bildung für Nichtadlige wurde erschwert. Bildungsminister Sergej Uvarov verkündete mit den Schlagwörtern *Selbstherrschaft* [Самодержавие], *Orthodoxie* [Православие] und *Volkstümlichkeit* [Народность] die offizielle Ideologie, die einen allgemeinen Gehorsam gegenüber der autokratischen Obrigkeit verlangte. Als Reaktion zog sich der Adel mehr und mehr auf seine Landgüter zurück und mied die Nähe zum Thron. An den Universitäten wurden bestimmte Lehrfächer zugunsten der Theologie gestrichen. Der 1847 emigrierte Alexander Herzen nannte die letzte Phase der Regierungszeit von Nikolaus I. (1848–1855) ein „finsteres Jahrsiebent".

Um 1830 formierte sich ungeachtet staatlichen Drucks eine literarische Öffentlichkeit. Begünstigt wurde diese Entwicklung, die in eine der kreativsten Phasen der russischen Literatur- und Kulturgeschichte mündete, auch durch den erneuten Rückzug ins Private. Man versuchte, einerseits der staatlichen Macht räumlich wie institutionell auszuweichen, indem man sich auf die eigenen Landgüter zurückzog, andererseits erzeugte der staatliche Druck auf die Intellektuellen einen Gegendruck, der sich insbesondere in den literarischen Werken selbst, der Literatur- und Gesellschaftskritik äußerte. Dieses Phänomen, dass trotz (oder gerade wegen) staatlicher Oppression künstlerische Höchstleistungen entstehen konnten, sollte sich in der Kulturgeschichte Russlands noch mehrfach wiederholen.

In den Hauptstädten entstanden eine vielstimmige Presse und eine professionelle Literaturkritik, Autorenrechte wurden fixiert. Eine neue Schicht kritisch denkender Intellektueller, die sogenannte *Intelligenzija*, stellte das politische System zunehmend in Frage. Nach 1840 ging das *Goldene Zeitalter* der Poesie langsam seinem Ende zu. Der Literaturbegriff erweiterte sich über das Poetisch-Künstlerische hinaus in Richtung realistischer Werkkonzepte und Ästhetiken. In den Genres der Erzählprosa (Nikolaj Gogol', Michail Lermontov, *Natürliche Schule*) und der philosophisch-ästhetischen Essayistik (Vissarion Belinskij u. a.) begann der Aufschwung der russischen Prosa. Um 1830 bildeten sich philosophische Studierzirkel, die sich mit der deutschen idealistischen Philosophie (Friedrich W. Schelling, Johann G. Fichte, Georg W. F. Hegel) und mit den Schriften der französischen utopischen Sozialisten (Charles Fourier) beschäftigten sowie die diskutierten Theorien und Ideen für eine gesellschaftliche Veränderung Russlands nutzen wollten.

Die staatlichen Behörden versuchten, dieses frühe Dissidententum nach Kräften zu unterbinden. So wurde beispielsweise der Schriftsteller Fedor M. Dostoevskij wegen seiner Teilnahme an dem fourieristischen Zirkel von Michail V. Petraševskij 1849 zum Tode verurteilt. Das Urteil wurde anschließend in Zwangsarbeit umgewandelt. Mit unnachgiebigem Druck verfolgten Uvarov und sein Geheimdienstchef von Benckendorff auch den bedeutendsten Dichter Russlands Alexander Puschkin. Als Puschkin an den Folgen eines Duells 1837 starb, verhinderte staatliche Repression jegliche Erwähnung in der Presse. Nur der Redakteur des „Russischen Invaliden" Andrej Kraevskij hatte den Mut, eine kurze Nachricht mit Lobesworten über Puschkin zu veröffentlichen, worauf er durch den Petersburger Oberzensor M. Dundukov-Korsakov heftig mit den Worten gemaßregelt wurde: „Wozu diese Publikation über Puschkin? Wozu dieser Trauerrand und die Todesanzeige für einen Mann ohne Amt, ohne Rang im Staatsdienst? Aber auch abgesehen davon, was für Ausdrücke? ‚Sonne der Poesie!' Aber erlauben Sie, wofür denn solche Ehre? (...) War denn Puschkin ein Heerführer, ein Feldherr, ein Minister oder ein Staatsmann? (...) Verse reimen, das heißt doch (...) noch keine große Laufbahn durchlaufen.

Der Minister [Uvarov] hat mich beauftragt, Ihnen einen strengen Verweis zu erteilen und Sie daran zu erinnern, (...) sich solcher Publikationen zu enthalten."[25]

Mit den 1840er Jahren nahm der Kampf gegen alle Formen der „Freidenkerei" absurde Ausmaße an. Der liberale Historiker Timofej N. Granovskij, Professor für Mediävistik an der Moskauer Universität, schrieb 1850 an seinen Freund Alexander Herzen: „Unsere Lage wird von Tag zu Tag unerträglicher. Jede Bewegung im Westen wird bei uns durch Repressalien beantwortet. Die Denunziationen nehmen schrecklich überhand. Man beabsichtigte eine Zeitlang, die Universitäten zu schließen; jetzt begnügt man sich mit folgenden Maßnahmen, die zum Teil schon durchgeführt sind: man hat das Eintrittsgeld erhöht, die Zahl der Studenten gesetzlich beschränkt, so dass keine Universität von jetzt ab mehr als 300 Studenten aufnehmen darf. Die Moskauer Universität hat 1.400 Studenten, folglich müssen 1.200 Studenten ausgeschlossen werden, damit 100 neue aufgenommen werden können. (...) Der Despotismus erklärt frei, dass er unvereinbar ist mit der Aufklärung. Die Kadettenkorps haben neue Programme erhalten; die Priester müssen den Kadetten beibringen, dass die Größe Christi hauptsächlich in seinem Gehorsam gegen die Obrigkeit lag. Er wird als Muster der Unterwürfigkeit und der Disziplin hingestellt. (...) Es ist, als müsste man den Verstand verlieren. Viele anständige Leute sind der Verzweiflung nah und sehen allem, was passiert, mit stumpfem Gleichmut entgegen. Wann wird diese Welt zusammenstürzen?"[26]

Literatur als Ersatz für politischen Diskurs

Die russische Gesellschaft kannte während der Regierungszeit Nikolaus I. keine Öffentlichkeit, in der Kritik am Zarismus, an den sozialen Zuständen im Land oder auch an negativen Alltagsphänomenen hätte artikuliert werden können. Zwar konnte auch in der sogenannten ‚schönen' russischen Literatur das politische System nicht direkt hinterfragt werden, aber in den literarischen Genres existierten größere Freiräume für eine kritisch-realistische Darstellung sozialer Probleme, der neuesten aus Europa übernommenen Ideen und vor allem konnte sich hier die *ethische* Problematik Gehör verschaffen, wie man sich gegenüber der offensichtlichen Ungerechtigkeit der herrschenden Verhältnisse positionieren

25 Zit. nach Valentin Gitermann, Geschichte Russlands, Frankfurt/M. 1965, Bd. II. S. 27–28.

26 Valentin Gitermann, ebd. S. 33.

sollte. Die russische Literatur wuchs somit ab 1830 in die Rolle hinein, *stellvertretend* für die in den politischen Diskursen tabuisierten Themen einen medialen Ersatzraum zu bieten, in dem profundes Nachdenken über Russland überhaupt möglich wurde. Gerade diese neue Funktion machte sie genuin politisch und dadurch auch im In- und Ausland höchst interessant. Neue Werke wurden mit Ungeduld erwartet, literarische Äußerungen des Autors oder von Protagonisten als politische Statements gewertet. Zusätzlich zu dieser Stellvertreterrolle wurde der Literatur eine pädagogische Funktion zugeschrieben, d.h. die Literatur sollte letztlich den Menschen zu kritischem Denken befähigen, ihm ethisch-moralische Werte vermitteln, letztendlich ihn als politisches Wesen mit ästhetischen Mitteln emanzipieren. Da die politischen Redemöglichkeiten weiterhin in Russland unter schärfster Kontrolle des Staates standen, festigten sich diese neuen Funktionen und blieben, da sich die Lage auch im 20. Jahrhundert unter einer sowjetmarxistischen Ideologie nicht substantiell änderte, bis zur Perestrojka M. Gorbatschows erhalten. Erst nach 1987 konnten sich von der Belletristik unabhängige mediale Diskursformen entwickeln, so dass die russische Literatur der Gegenwart vorläufig ihre Lehrmeister-Rolle verlor.

Ab den 1840er Jahren führte die Rezeption der westeuropäischen Philosophie in Russland schnell über den akademischen Rahmen hinaus. Wie auch in Westeuropa stellte sich nämlich für die russische Intelligenzija die Frage, wie, mit welchen Mitteln und vor allem in welche Richtung der zukünftige Weg Russlands und seiner Gesellschaft führen sollte. Hier kristallisierten sich recht schnell zwei Grundtendenzen heraus.

Nach Westen oder Osten? Intellektuelles Schisma und die Suche nach Identität

Den Anstoß für eine bis weit in das 20. Jahrhundert führende, geschichtsphilosophische, in der Folge auch weltanschauliche Auseinandersetzung über die historische *Bestimmung Russlands* und seine zukünftige Entwicklung gab Petr Ja. Čaadaev mit der Veröffentlichung seines *Ersten Philosophischen Briefes* (1836). Čaadaev ging dabei von der bereits durch den Philosophen Gottfried Wilhelm Leibniz in Bezug auf Russland geäußerte These aus, Russland sei eine „tabula rasa", ein unbeschriebenes Blatt, das es – ganz im Duktus der europäischen Aufklärung – zivilisatorisch zu entwickeln gelte. War diese Einschätzung bei Leibniz noch durchaus wohlwollend gemeint, wurde sie bei Čaadaev in ihr Gegenteil verkehrt. Russland stelle sich als kulturelles Vakuum dar, dem in der Weltgeschichte keine weitere Bedeutung zukomme. Gefordert wurde daher ein Nachvollzug des westeuropäischen (kulturellen wie politischen) Entwicklungsweges, einschließlich einer Übernahme des Katholizismus, was bereits für sich genommen im orthodoxen Kontext, der sich jahrhundertelang in einer Frontstellung gegen den Katholizismus gesehen hatte, als ungeheure Provokation wahrgenommen werden musste. In der sich seit Ende der 1830er Jahre herausbildenden Diskussion profilierten sich *Westler*, die eine Angleichung Russlands an westliche soziokulturelle Vorbilder forderten und *Slawophile*, die ihrerseits eine Besinnung auf nationalrussische Werte proklamierten und einer Idealisierung der Dorfgemeinde sowie des kollektiven religiösen Volksgeistes anhingen. Lehnten die als *Westler* bezeichneten Intellektuellen die russische Gegenwart als ‚geschichtslos' ab, so sahen die *Slawophilen* gerade im bäuerlichen Russland und seinen religiös-kulturellen Werten die Basis für einen eigenständigen Sonderweg in der Geschichte, der auch eine klare Ablehnung westeuropäischer Standards umfasste.

Beide ideologische Richtungen, die sich über drei Generationen von Intellektuellen zum Ende des 19. Jahrhunderts entwickeln und radikalisieren sollten, waren einerseits stark durch die Geschichtsphilosophie Georg W. F. Hegels und Naturphilosophie Friedrich Schellings geprägt, andererseits bewegten sie sich im ideell-thematischen Spektrum der Romantik, die in den Jahrzehnten zuvor das Volk als neuen intellektuellen Fokus für sich entdeckt hatte. Das in der Regel idealtypisch imaginierte und schwärmerisch verklärte „Leben des Volkes", v. a. der „einfachen Bauern", die Suche nach der sogenannten „Volksseele" und damit auch nach der tieferen historischen Bestimmung des eigenen Volkes, dominierten wie in Westeuropa auch in Russland die Belletristik und Ethnographie (M. Ju. Lermontov, N. Gogol', F. I. Tjutčev, der Ethnograph Alexander N. Afanas'ev u. a.), die sich der Landschafts- und Genredarstellung zuwendende Malerei (Aleksej G. Venecianov, Orest A. Kiprenskij, Pavel A. Fedotov, Iwan I. Šiškin u. a.), die auf Volkslied-Motive zurückgreifende klassische Musik (Michail I. Glinka, Alexander S. Dargomyžskij, Milij A. Balakirev, Nikolaj A. Rimskij-Korsakov, Modest P. Musorgskij u. a.) und natürlich auch die philosophische Essayistik, denen die beiden Strömungen von Westlern und Slawophilen zuzurechnen sind. Zentrale Figuren auf Seiten der Westler waren neben P. Čaadaev die aus dem Stankevič-Kreis hervorgegangenen Literaturkritiker Vissarion G. Belinskij und Nikolaj P. Ogarev, der Schriftsteller und Herausgeber der einflussreichen Zeitschrift *Die Glocke* Alexander I. Herzen (Gercen), Iwan S. Turgenev, Timofej N. Granovskij.

Westler wie *Slawophile* waren keine homogenen Denkschulen. In der frühen Phase, wie z. B. bei dem Philosophen Iwan V. Kireevski, vermischten sich oftmals Einschätzungen und Bewertungen des Westens bzw. Russlands. Als eigentlicher Begründer der slawophilen Richtung gilt der Philosoph und Theologe Aleksej S. Chomjakov mit seinem Werk *Über Altes und Neues* (1839). Wie auch seine Nachfolger, die Brüder Aksakov, sah Chomjakov die Monarchie in Russland als einzig denkbare Regierungsform an, worin sich die Slawophilen maßgeblich von den Westlern unterschieden, die republikanischen oder später protosozialistischen Regierungsformen anhingen. Auf Chomjakov ging u.a. das Konzept der *Sobornost'* (Konziliaritäts- und Communio-Prinzip, Einheit von Kirche und Gläubigen) zurück, worin er eine Besonderheit der orthodoxen Zivilisation sah. Überhaupt sollte die Stilisierung der Einzigartigkeit und Unverwechselbarkeit der slawischen, später russischen Kultur zum Leitmotiv konservativ-nationalistischer Denkformen und politischer Ideologien werden, die bis heute zu beobachten sind. In dieser Optik sieht sich Russland als das (positiv bewertete) *Einzigartige* und *Wahre* in Fundamentalopposition zum (negativ bewerteten) Westen mit seinem Materialismus, Glaubensverlust und seiner Wertedegeneration, wobei diese Polarität als dynamische, d.h. als ständig konfliktgenerierend, angesehen wurde, in der sich Russland permanent neu behaupten musste. Ideenlieferanten dieser zivilisatorischen ‚Einzigartigkeit' waren die Gebrüder Iwan und Konstantin S. Aksakov. 1855 publizierte Konstantin Aksakov seine politischen Überzeugungen in dem an den Reformzaren Alexander II. gerichteten Memorandum *Über Russlands inneren Zustand*, in dem das mittelalterlich anmutende Idealbild einer in Landgemeinden organisierten, leibeigenschaftsfreien, bäuerlichen Gesellschaft entworfen wird, dem sogenannten *Mir* (mit den semantischen Assoziationen ‚Frieden' und ‚Welt'). Nach Aksakov gestaltete der dörfliche Mir seine sozialen und ökonomischen Belange autonom und sollte frei von staatlicher Einmischung (z.B. durch die Zarenherrschaft) bleiben. Dem Zaren wiederum oblag der Schutz des Staates und der Gesellschaft nach Außen, so u.a. in der Militär- und Außenpolitik. Die Fokussierung auf die russische Dorfgemeinde stand im Zusammenhang mit Veröffentlichungen des deutschen Agrarexperten Freiherr August Franz von Haxthausen, der auf Einladung des Zaren Nikolaus I. 1843/44 Russland bereist und seine Analysen in zwei Werken, den *Studien über die innern Zustände, das Volksleben und insbesondere die ländlichen Einrichtungen Rußlands* (1847–1852) und *Die ländliche Verfassung Rußlands* (1866), vorlegt hatte. Insbesondere im ersten Werk beschrieb Haxthausen detailliert den Aufbau und die Funktionsweise des russischen *Mir* (Dorfgemeinde) als ländliche Basiseinheit kollektiver Überlebensfähigkeit, für die in Westeuropa kein Analogon existierte. Kein

Bauer wird im Mir angesichts der Kollektivlasten wirklich reich, aber auch niemand muss verhungern, behauptete Haxthausen, wobei er außer Acht ließ, dass der Mir gegen die regelmäßig über Russland hereinbrechenden Hungersnöte oder Überschwemmungen keinen effektiven Schutz bot. Der *Mir* als sozialer Mechanismus, dessen Funktionsweise Haxthausen mit positiven wie nachteiligen Folgeerscheinungen in Verbindung brachte, wurde wenig später durch Konstantin Aksakov (1855) zum Objekt weltanschaulicher Stilisierung und moralischer Überhöhung. Aus eben diesem Mir leitete sich, neben der orthodoxen Religion, die *Unikalität* Russlands, die Besonderheit des *russischen Weges* in der Weltgeschichte ab. Die Basis für eine Selbstzuschreibung zivilisatorischer Exklusivität war damit nicht nur im ideellen (religiösen), sondern auch sozialpolitischen Bereich gelegt.

Die konzeptuelle Entwicklung beider Strömungen im 19. Jahrhundert verlief in drei Etappen, wobei sich beide Gruppen auseinanderentwickelten, die Westler in Richtung sozialistischer Ziele, die Slawophilen in Richtung panslawistischer bzw. nationalistisch-chauvinistischer Weltanschauungen.

Nach der Enttäuschung über die europäische Entwicklung nach 1848 verstärkte sich die messianistische Vorstellung (F. M. Dostoevskij) von der künftigen Rolle Russlands als *Retter Europas* vor allem auf Seiten der *Slawophilen*. In der zweiten Hälfte des 19. Jahrhunderts, unter anderem in dem Werk von Nikolaj Ja. Danilevskij *Russland und Europa* (1869/71) wurde auf Basis einer kulturhistorischen Typologie das nationalistische Konzept kultureller *Überlegenheit* Russlands entwickelt, in dem bereits das später im Sowjetmarxismus von Nikita Chruschtschow aufgegriffene Motiv des „verfaulenden Westens“ Verwendung fand. Die dritte Phase des Slawophilentums stand im Zeichen von Panslawismus und panrussischem Chauvinismus. Nach einer Latenzphase von ca. 100 Jahren sollten Kernideen des russischen Nationalismus Ende der 1990er Jahre wieder politikfähig werden.

Die zwischen *Westlern* und *Slawophilen* im späten 19. Jahrhundert geführten Debatten konstituierten eine parallele Öffentlichkeit, in die die Obrigkeitsstrukturen nicht mehr einbezogen waren. Im kritischen Denken der Literaten und Philosophen geriet der Staat zunehmend zu einem verkrusteten, unreformierbaren Gegner, mit dessen Vertretern ein gemeinsames Gespräch über die Zukunft Russlands nicht mehr gesucht werden konnte. Die staatliche Negierung jedweden Reformdenkens und das Fehlen geeigneter institutioneller Strukturen provozierte die Abkapselung vieler liberaler Intellektueller, die sich angesichts der Handlungsunfähigkeit der Bauern mehr und mehr zu deren Vorkämpfern im ethisch-politischen Sinne entwickelten.

Die sich somit seit der Mitte des 19. Jahrhunderts ausbreitende Sprachlosigkeit im Verhältnis zur zaristischen Macht stellte eine Reaktion auf die Unterdrückungstendenzen der offiziellen Politik dar und führte zu einer folgenschweren Ablösung des intellektuellen vom politischen Leben.

Betrachtet man die beiden Zeitabschnitte vom Beginn des 19. Jahrhunderts bis 1825 und die Folgeperiode bis 1856 in ihrem Zusammenhang, wird die erwähnte zyklische Spezifik der russischen Geschichte erneut sichtbar. Das Ende der Regierung Katharinas II. und die kurze Phase unter Paul I. standen zunächst im Zeichen einer Restauration der autokratischen Macht, verbunden mit einer Zunahme an Repression und Isolation. Angesichts der Auswirkungen der Französischen Revolution, aufkommender Freiheitsideale und einer intensiven Reformtätigkeit in Preußen schwenkte auch Russland unter Alexander I. für wenige Jahre auf einen vorsichtigen, im idealistischen Konzept verbleibenden Reformkurs ein, der zu einer partiellen Novellierung der Gesetzgebung, einer Lockerung der Leibeigenschaft und einer Öffnung gegenüber Westeuropa führte. Gleichzeitig formierte sich eine stark konservative, im niederen Landadel angesiedelte Opposition gegen eine Aufweichung der Autokratie; der Landadel fürchtete finanzielle Einbußen aus einer gelockerten Leibeigenschaft, aus der er zum Großteil seinen Lebensstil finanzierte. Obgleich nach kurzer Zeit siegreich beendet, weckte der Napoleonische Krieg alte Traumata in Form eines Penetrationssyndroms, das durch die Tataren-Mongolen-Herrschaft und die blitzartigen Strafaktionen bis tief in russisches Territorium hinein über Jahrhunderte Russland geprägt hatte. Der Krieg gegen Napoleon stellte einen Katalysator für nun auch im russischen Reich aufkommende Emanzipationsbewegungen dar, was durch die durch den Krieg zementierte Zarenherrschaft als zunehmende Bedrohung wahrgenommen wurde. Der Dekabristen-Aufstand und auch die Reformbünde stellten die Berechtigung der zaristischen Herrschaft in Frage, Russland stand am Rand einer Legitimitätskrise. Die Reaktion ließ nicht lange auf sich warten: bereits Alexander I. und sein Bruder Nikolaus I. begegneten den Folgen der Liberalisierung mit Repression, Abschottung, Kontrolle und Stagnation, die sich 1853 – im Krimkrieg evident – als militärisch fatal erweisen sollte. Die soziokulturellen ‚Defizite' der Liberalisierung wurden durch autoritäre Unterdrückung indes nur scheinbar beseitigt, zu Lasten einer langfristig ideologischen Spaltung der Gesellschaft, unkontrollierbaren politischen Gärungsprozessen und erneut entstehender Leistungsdefizite, die die technologische und militärische Potenz Russlands beeinträchtigten.

Dieses Schema sollte sich zwischen 1862 und 1885, nochmals nach 1905 und erneut nach 1986 (Perestrojka) bis zur autoritären Herrschaft Putins wiederholen.

Politik und Wirtschaft

1826 Fünf Todesurteile im Prozess gegen die Dekabristen; über 100 Angeklagte werden nach Sibirien verbannt.

(31.1./12.2.): Die II. Abteilung der Kaiserlichen Kanzlei wird unter Michail Speranskij mit der Kodifizierung der russischen Gesetzgebung beauftragt.

(3./15.7.): Schaffung der *III. Abteilung* (Politische Polizei und Zensur) unter Graf Alexander von Benckendorff.

(25.9./7.10.): Russisch-türkische Vereinbarung in Akkerman: Freie Durchfahrt für Handelsschiffe durch den Bosporus, Autonomie für Serbien, Moldawien und die Walachei.

1827 Gründung des *Gendarmenkorps* [Корпус жандармов] als Exekutive der *III. Abteilung* der Kaiserlichen Kanzlei; Aufhebung des Staatsmonopols für den Handel mit Wodka; Rückkehr zum Pachtsystem [откуп]; Schaffung einer ersten Aktionärsgesellschaft für Versicherungen.

(August): Zugang zur Universität nur für freie Bürger.

(26.8./7.9.): Einführung der Wehrpflicht für Juden.

(1./13.10.): Krieg mit Persien: russische Truppen erobern Jerewan; der Frieden von 1828 bringt Russland territoriale Vorteile.

1828 (14./26.4.): Russland erklärt der Türkei den Krieg und erobert 1829 Erzerum.

1829 (2./14.9.): Im Friedensvertrag sichert sich Russland das Donau-Delta.

(22.1./3.2.): Im Londoner Protokoll übernehmen England, Frankreich und Russland die Garantie für die Unabhängigkeit Griechenlands, das somit dem alleinigen russischen Einfluss entzogen wird.

1830/31 Ausbruch der Cholera; Cholera-Aufstände in Sankt Petersburg und in der Provinz.

1830 Unter M. M. Speranskij wird die Gesetzgebung kodifiziert; Publikation (–1832) einer vollständigen Gesetzessammlung (45 Bd.), beginnend mit dem Statut [Устав] von 1649.

(17./29.11.): Aufstand in Warschau.

1831 (24.1./6.2.): Die russische Armee unter General I. I. Dibič marschiert in Polen ein; nach der Niederschlagung des Aufstandes stellt der russische Statthalter I. F. Paskevič durch Repressionen (1832) die Ordnung wieder her.

Personen unter 18 Jahren wird ein Studium im Ausland verboten.

(Dezember): nur Adlige mit mehr als 100 Leibeigenen oder 3.000 Desjatinen Ackerland haben das Wahlrecht für die Organe der Regionalverwaltung.

1832 (10./22.2.): Einführung eines Status des Ehrenbürgers.

1833 (3./15.10.): Berliner Geheimabkommen zwischen Preußen, Österreich und Russland.

1834 Šamil', der dritte Imam von Dagestan, beginnt im Kaukasus einen Guerillakrieg gegen Russland, der erst mit der Gefangennahme Šamil's 1859 beendet wird.

1835 Einführung der Gasbeleuchtung in den Hauptstädten.

Neuer Status der Juden: Überprüfung der Siedlungszone in den Westgebieten des Reiches.

(März): Schaffung eines *Geheimkomitees* zur Bauernfrage ohne praktische Folgen.

1837 Bau der ersten Eisenbahn zwischen Sankt Petersburg und der Zarenresidenz Carskoe selo (26 km).

1839 Angehörige der Unierten Kirche werden gezwungen, zur Orthodoxie überzutreten.

(1./13.7.): Finanzreform des Grafen G. L. Cancrin auf der Grundlage des Silberrubels; das Geldsystem bleibt bis zum Krimkrieg stabil.

1840 (18./30.6.): Gesetz zur Freilassung leibeigener Arbeiter; während in der Textilindustrie die Lohnarbeit zunimmt, überwiegt in der Metallurgie die leibeigene Arbeit.

(August): die Förderung des Kartoffelanbaus stößt auf den Widerstand der Bauern (Kartoffel-Aufstände).

1842 Baubeginn der Eisenbahnlinie Moskau–Sankt Petersburg (1851 fertiggestellt); Aufschwung der Textilindustrie in Russland durch die Einfuhr englischer Webstühle.

1843 Erste Telegrafenlinie Sankt Petersburg–Carskoe selo.

(8./20.4.): Verordnung über die mit der Erschließung Sibiriens einsetzende Organisation der Um- und Neubesiedlung.

1844 (Juni): Zar Nikolaus I. in London.

Gutsbesitzer dürfen ihre Bauern ohne Land freilassen.

1845 Veröffentlichung des russischen *Strafgesetzbuches* [Уголовный кодекс].

1846 Große Teile von Kasachstan werden besetzt.

England hebt seine Korngesetze auf; ein rasches Anwachsen der russischen Kornausfuhr ist die Folge.

1847 (22.7./3.8.): Konkordat zwischen Russland und dem Vatikan über den Status der katholischen Kirche in Russland.

1848 Russische Truppen unter I. F. Paskevič unterstützen Österreich bei der Niederschlagung des ungarischen Aufstandes.

1849 Der neue Bildungsminister P. A. Širinskij-Šichmatov führt eine strengere Aufsicht über die Universitäten ein: Beschränkung der Studentenzahl, Verbot bestimmter Fächer wie z. B. Philosophie, Statistik und Verfassungsrecht.

1853 (9./21.5.): Abbruch der russisch-türkischen Beziehungen; Anfang Juni erscheint eine englisch-französische Flotte am Ausgang der Dardanellen.

1854 Bündnis Englands und Frankreichs mit dem Osmanischen Reich.

(15.–16./27.–28.3.): England und Frankreich erklären Russland den Krieg; im Krimkrieg bleibt Russland isoliert; mit Beginn des Krieges fällt der Rubelkurs und erreicht seine Konvertierbarkeit erst wieder 1897 (durch Golddeckung).

(14./26.9.): Beginn der Blockade von Sevastopol' durch alliierte Truppen.

1855 (18.2./2.3.): Tod des Zaren Nikolaus I.; Nachfolge durch seinen Sohn Alexander II.

1826 Vasilij A. Žukovskij wird Erzieher des Thronfolgers Alexander.

1827 Gründung der Zeitschrift *Moskauer Bote* [Московский вестник] (Red. M. P. Pogodin).

1828 (22.4.): Erste gesetzliche Regelung von Autorenrechten in Russland; Gründung eines Technologischen Instituts in Sankt Petersburg; Dichtung: A. S. Puschkin *Poltava* (Poem).

1829 Prosa: M. N. Zagoskin: *Jurij Miloslavskij oder die Russen im Jahre 1612* [Юрий Милославский или русские в 1612 году] (historischer Roman); N. A. Polevoj: *Geschichte des russischen Volkes*; Architektur: Baubeginn der Gebäude des Senats und des Synods in Sankt Petersburg (Architekt: C. Rossi).

1830 Gründung der Literaturzeitung *Literaturnaja gazeta* [Литературная газета] (A. A. Del'vig); Prosa: A. S. Puschkin *Die Erzählungen Belkins*.

1831 Herausgabe der Zeitschrift *Teleskop* (Red.: N. I. Nadeždin); Literarisch-philosophischer Zirkel um N. V. Stankevič; Drama: A. S. Griboedov *Verstand schafft Leiden* [Горе от ума] (Komödie); Dichtung: Puschkin beendet den Versroman *Eugen Onegin*.

1832 Gründung der Kunsthochschule in Moskau; Bau des *Aleksandrinskij Teatr* in Sankt Petersburg (Architekt: C. Rossi).

1833 Sergej S. Uvarov wird Bildungsminister und verkündet mit den Schlagworten *Autokratie* [Самодержавие], *Orthodoxie* [Православие] und *Volkstümlichkeit* [Народность] die offizielle Staatsideologie; Dichtung: A. S. Puschkin: *Der eherne Reiter* [Медный всадник] (Poem); Malerei: K. P. Brjullov: *Der letzte Tag von Pompeji*; Einführung der Zarenhymne *Gott, schütze den Zaren!* (Verfasser: A. L'vov).

1834 Verhaftung der Zirkelmitglieder um Alexander I. Herzen in Moskau; Herzen wird nach Vjatka verbannt; Schließung des Moskauer Telegraf; Neugründungen: Zeitschrift des Ministeriums für Volksbildung, Monatszeitschrift *Lesebibliotek* [Библиотека для чтения] (Red. O. I. Senkovskij); Prosa: A. S. Puschkin: *Pique dame* (Novelle) und *Die Geschichte Pugačevs*; Architektur: *Alexandersäule* in Sankt Petersburg (Architekt A. Montferrand).

1835 (27.6./7.7.): Neue Universitätsordnung: Einschränkung der Autonomie der Universitäten, deren Leitung ab jetzt in der Hand staatlicher

Kuratoren liegt; Prosa: N.V. Gogol': *Mirgorod* und *Arabesken* (Novellenzyklen); Musik: A. N. Verstovskij: *Askolds Grab* (Oper).

1836 Prosa: Veröffentlichung des (ersten) *Philosophischen Briefes* von Petr Ja. Čaadaev in der Zeitschrift Teleskop; die Zeitschrift wird verboten; Prosa: A. S. Puschkin: *Die Hauptmannstochter* [Капитанская дочка] (Roman); Gründung der Zeitschrift *Der Zeitgenosse* [Современник] (Red. A.S. Puschkin); Musik: Michail N. Glinka *Ein Leben für den Zaren* (bzw. *Iwan Susanin*) (Oper).

1837 Poesie: Michail Ju. Lermontov: *Der Tod des Dichters* (Gedicht); Architektur: Baubeginn der *Erlöserkirche* in Moskau (Architekt: K.A. Ton), fertiggestellt 1883.

1839 Prosa: A.S. Chomjakov *Über Altes und Neues* [О старом и новом] (slawophiler Essay); Gründung der Zeitschrift *Vaterländische Annalen* [Отечественные записки] (Red. A.A. Kraevskij).

1840 Prosa: Michail Ju. Lermontov: *Ein Held unserer Zeit* [Герой нашего времени] (Roman); S. Aksakov: *Familienchronik* [Семейная хроника] (autobiographischer Roman).

1841 Tod M. Ju. Lermontovs im Duell; Herausgabe der Zeitschrift *Der Moskauer* [Москвитянин] (Red. M.P. Pogodin); Architektur: Der russisch-byzantinische Stil des Architekten Ton wird Vorschrift für den Bau von Kirchen und öffentlichen Gebäuden.

1842 Prosa: Nikolaj V. Gogol': *Die toten Seelen* [Мертвые души] (Roman, 1. Teil), *Der Mantel* [Шинель] (Novelle) und *Die Heirat* (Komödie); Musik: M.I. Glinka: *Ruslan und Ljudmila* (Oper);

1844 Prosa: V.F. Odoevskij: *Russische Nächte* [Русские ночи] (Novellensammlung).

1845 Prosa: A. Chomjakov: *Meinungen der Ausländer über Russland* (Essay).

Bildung eines revolutionären Zirkels um M.V. Petraševskij.

(Januar): In Kiew Gründung einer geheimen Kirill-und-Method-Gesellschaft, deren Mitglieder 1847 verhaftet werden.

1846 Prosa: Fedor M. Dostoevskij: *Arme Leute* [Бедные люди] und *Der Doppelgänger* [Двойник] (Novellen); A.I. Herzen: *Wer ist schuld?* [Кто виноват?] (Roman).

1847 (Januar): Alexander Herzen emigriert nach Westeuropa; Prosa: N.V. Gogol': *Ausgewählte Stellen aus dem Briefwechsel mit Freunden*

[Выбранные места из переписки с друзьями]; Iwan A. Gončarov: *Eine gewöhnliche Geschichte* [Обыкновенная история] (Roman); Ballett: Ankunft des französischen Ballettmeisters Petipas in Sankt Petersburg.

1848 (14./26.3.): Manifest des Zaren: Russland als Bastion gegen die revolutionäre Bewegung in Europa.

(2./14.4.): Schaffung eines geheimen Zensurkomitees; Überwachung der Presse.

1849 (23.4./5.5.): Verhaftung der Mitglieder des Petraševskij-Zirkels, darunter F. M. Dostoevskij; die Todesurteile werden in Verbannung umgewandelt.

1850 Drama: Iwan S. Turgenev: *Ein Monat auf dem Lande* (Komödie); A. N. Ostrovskij: *Das machen wir unter uns aus* [Свои люди – сочтемся] (Komödie); A. I. Herzen: *Über die Entwicklung revolutionärer Ideen in Russland* (ideengeschichtlicher Essay).

1852 Der slawophile *Moskauer Sammelband* [Московский сборник] wird von der Zensur verboten; Prosa: I. S. Turgenev: *Aufzeichnungen eines Jägers* [Записки охотника] (Erzählungen); Lev N. Tolstoj: *Kindheit* [Детство] (autobiographischer Roman).

Malerei und bildende Kunst: Eröffnung des Museums der Eremitage in Sankt Petersburg.

1853 A. I. Herzen gründet nach Emigration in London eine freie russische Presse.

1854 Poesie: F. I. Tjutčev: *Gedichte* [Стихотворения] (erster Gedichtband des Autors).

Kapitel 10

Befreiung von oben. Erfolge und Fehlleistungen Alexanders II. (1855–1881)

Die nach dem verlorenen Krimkrieg eingeleiteten Reformen begannen mit der Aufhebung der Leibeigenschaft am 21. Februar 1861. Bereits 1839 hatte der Leiter der *Dritten Abteilung* Graf von Benckendorff Zar Nikolaus I. gewarnt: „Die Leibeigenschaft ist ein Pulverfass, auf dem die Regierung sitzt, und sie ist deshalb um so gefährlicher, weil das Heer aus eben diesen Bauern besteht. (...) Es ist besser schrittweise, vorsichtig die Befreiung zu beginnen, als solange zu warten, bis sie von unten her, vom Volke begonnen wird." Mit den Reformen wurde die alte Verklammerung von Zarismus, Adel und Bürokratie zwar gelockert, das autokratische Herrschaftsprinzip blieb jedoch weiterhin bestehen. Die Bauern erlangten juristische Freiheit, mussten sich aber loskaufen, wurden hoch besteuert und blieben im Wesentlichen an die Dorfgemeinde gebunden. Hinzu kam, dass die Bauern nach Ende der Leibeigenschaft die Agrarflächen, die sie zuvor für den Grundbesitzer bearbeitet hatten, nunmehr anpachten oder erwerben mussten. Der russische Bauer, über Jahrhunderte zu nicht-selbstständiger Arbeit erzogen, sollte nun in privatwirtschaftlichen Kategorien denken und auch die finanzielle Verantwortung für die eigene Tätigkeit übernehmen, was viele Bauern überforderte. Eine Bauernbefreiung mit Landzuteilung, wie jahrzehntelang gefordert, fand nur ansatzweise statt und die Reform blieb an diesem Punkt halbherzig. Die Bauern hatten einen Anspruch auf eine nach Regionen Russlands unterschiedlich große Landzuteilung, für die sie allerdings einen staatlich vorgegebenen Preis zahlen mussten, der ca. eineinhalb Mal über dem damals üblichen Marktpreis lag. Zusätzlich konnten die Bauern Land anpachten. Nach der Bauernbefreiung verfügten die Bauern jedoch über ca. 20 Prozent weniger Land als vor dem Gesetz; verwaltet wurde dieses Land weiterhin durch die Landgemeinde (община) als finanzieller Solidargemeinschaft.

Bauernbefreiung als sozialpolitische Mogelpackung

Nach Bekanntgabe des höchst komplizierten, umfangreichen Gesetzes herrschte unter den Bauern große Unsicherheit, viele waren von den Ergebnissen enttäuscht. Die für die Verbesserung der gesamtwirtschaftlichen Situation Russlands zentrale Landfrage wurde durch die Bauernbefreiung nicht nur nicht gelöst, sie häufte in den Folgejahren durch die Verelendung der ärmeren Bauern weiteren sozialen Sprengstoff an.

Die Aufhebung der Leibeigenschaft zog eine Reihe weiterer Reformen nach sich, die der Entflechtung von Wirtschafts- und Steuerverwaltung, Polizei und Justiz dienten. Zu den wichtigsten Reformvorhaben zählten die Einrichtung von Organen der lokalen Selbstverwaltung (Земства), eine Lockerung der Buch- und Pressezensur, die Reorganisation der Stadtverwaltung und eine Justizreform (Verbot der Prügelstrafe und weitgehende Abschaffung der Standesgerichtsbarkeit, öffentliche Verfahren, Einrichtung von Schöffengerichten). Der grundbesitzende Adel blieb zunächst stärkste gesellschaftliche Kraft, erwies sich aber als unfähig, die Gesellschaft langfristig zu erneuern.

Durch die bei der Befreiung der Bauern abgeschlossenen Pacht- und Zinsverträge mit den Landbesitzern gerieten die Bauern in der zweiten Hälfte des 19. Jahrhunderts in massive, jetzt finanzielle Abhängigkeit vom Adel oder Staat als Zwischenfinanzierungsinstanz. Bauern ohne entsprechende Landzuteilung befanden sich trotz staatlicher Unterstützung aufgrund steigender Pachtzinsen und Steuerschulden sowie niedriger Löhne für Landarbeiter finanziell in einer katastrophalen Lage. Ihre Schulden versuchten sie entweder durch Tätigkeiten in Handwerk, Handel und Gewerbe zurückzuzahlen oder sie wanderten auf der Suche nach Lohnarbeit in die Städte ab. Die dörfliche Landgemeinde versuchte meist erfolglos, diese Abwanderung zu verhindern, um die finanziellen Verpflichtungen aus der Solidarhaftung der Dorfgemeinde gegenüber den Grundbesitzern weiter tragen zu können. Durch die Abwanderung der Bauern in die Städte entstand dort ein billiges Arbeitskräftereservoir, aus dem sich die entstehende russische Industrie zu minimalen Löhnen bedienen konnte. In den Städten erwarteten die Bauern erbärmliche Lebensverhältnisse (tägliche Arbeitszeit von 12 Stunden bis 1913). Die massenhafte Zuwanderung vom Lande brachte den Städten aber auch soziale Probleme wie Kriminalität, Alkoholismus, Prostitution, soziale Verelendung, vor allem in den Armenvierteln der Hauptstädte, die der Schriftsteller Maxim Gor'kij treffend in seinem Drama *Nachtasyl* beschrieben hat.

Die Lage der Bauern auf dem Land verschlechterte sich nach ihrer Befreiung daher weiter, so dass viele Bauern die Befreiung selbst als ungerecht betrachteten. Die russische *Landfrage* tauchte auf der politischen Agenda immer wieder auf. Sie sollte letztendlich den Ausgang der russischen Revolution (1917) nicht unwesentlich beeinflussen.

„Treibhaus des Kapitalismus"

Die in ihrer Tradition befangene Kaufmannschaft entwickelte sich nicht zu einer Bourgeoisie im westlichen Sinne. Ausländisches Kapital aus Deutschland, Belgien, Frankreich und England finanzierte maßgeblich die ab 1875 einsetzende Industrialisierung in Russland. Nach Worten von Werner von Siemens war Russland aufgrund extrem niedriger Löhne ein „Land, in dem viel Geld zu verdienen ist". Russland wurde zu einem „Treibhaus des Kapitalismus" (Valentin Gitermann). Der überstürzte und in hohem Maße voraussetzungslose Übergang zu einer kapitalistischen Volkswirtschaft führte einerseits zu einem wirtschaftlichen Aufschwung, veränderte aber weder die Mentalität der Bauernschaft noch das soziale Gefälle, das weiterhin durch eine staatliche Begünstigung des Adels und die Verelendung großer Teile der Bevölkerung gekennzeichnet war. Die Erhöhung der Verbrauchssteuern und fehlgeleitete Subventionen schwächten die Kaufkraft des Binnenmarktes.

Der industrielle Aufschwung in den 1880er Jahren verdankte sich indes kaum der Adelsklasse, die ihre Darlehen und die Erlöse aus Landverkauf oder -verpachtung eher für einen luxuriösen Lebensstil verwendeten, sondern einem neuen Unternehmertyp aus bäuerlichem Milieu oder aus der neuen Mittelschicht (Ingenieure, Techniker, Manager in Aktiengesellschaften und Banken). Besonders erfolgreich waren die Branchen Eisenbahnbau, Kohle- und Erzförderung, Eisen- und Baumwollproduktion. Von 1861–1900 verdoppelte sich die Zahl der Industriearbeiter, die jedoch bislang insgesamt nur 1 Prozent der Bevölkerung ausmachte. Nach dem Attentat auf Alexander II. (1881) verschärfte sich der innenpolitische Kurs, und die durch die Reform gewährten Freiheiten wurden durch Ausnahmeregelungen wieder eingeschränkt.

Revolutionäre Bewegungen und politische Repression

Die Enttäuschung über die Halbherzigkeit der Reform führte zu weiterer Radikalisierung und in Folge zu einer revolutionären Bewegung, vor allem in der Universitätsjugend sowie unter den sogenannten *Raznočincy* (Intellektuelle nicht-adliger Herkunft), die Iwan S. Turgenev in seinem Roman *Väter und Söhne* (1862) als „Nihilisten" beschrieb. Unter Führung von Nikolaj G. Černyševskij, der 1862 verhaftet und verbannt wurde, entstand Anfang der 1860er Jahre die revolutionäre Gruppierung *Land und Freiheit* [Земля и воля]. Černyševskij ging es nicht nur um soziale Gerechtigkeit und Volksaufklärung, sondern darüber hinaus um die Schaffung einer neuen, agrar-sozialistischen Gesellschaft. Seine Ideen propagierte er in der Zeitschrift *Der Zeitgenosse* [Современник] und in seinem Roman *Was tun*? Zudem wurden in geheimen Druckereien Flugblätter produziert und verteilt. Unterstützung kam anfangs aus der Emigration, z.B. aus London, unter anderem von Alexander I. Herzen. Nach dem missglückten Attentat des Studenten D. Karakozov auf den Zaren endete 1866 die Reformbereitschaft der Regierung. Die Pressezensur sowie die Kontrolle aller öffentlichen Einrichtungen von den Universitäten bis zu den regionalen Selbstverwaltungen wurden erneut verschärft. Die Gesellschaft polarisierte sich: Die sich etablierende neue Mittelschicht dachte politisch zunehmend konservativer, während die linken Revolutionäre darüber debattierten, ob sich die gesteckten Ziele durch Agitation und Propaganda (P. Lavrov, N. Michajlovskij) oder aber durch revolutionären Terror (S. Nečaev, P. Tkačev) erreichen ließen. Zur Agitation neigten die *Volkstümler* [Народники], die sich ebenfalls unter der Losung *Land und Freiheit* organisierten und 1874 ihren ersten „Gang ins Volk" unternahmen, um die Bauern aufzuklären und für eine Veränderung der gesellschaftlichen Strukturen zu gewinnen. Als die Bewegung scheiterte, weil die Bauern den intellektuellen Agitatoren misstrauten, spalteten sich 1879 die Volkstümler in die eher friedliche Gruppe *Schwarze Umverteilung* [Черный передел] und die Terrorfraktion *Volkswille* [Народная воля]. Ihre Anschläge beantwortete die Regierung mit Todesurteilen. Spektakuläre Gerichtsprozesse verschafften den Angeklagten öffentliche Berühmtheit. Höhepunkt und Ende der *Narodnaja volja* war das Attentat auf Alexander II. Mitte der 1870er Jahre entstand aus spontan aufkommenden Streiks eine revolutionäre Arbeiterbewegung, die sich am Marxismus orientierte. Ideologisch vorbereitet von Georgij Plechanov und dessen 1883 in Genf gegründeter Gruppierung *Befreiung der Arbeit*, konstituierte sich 1895 unter Vladimir I. Lenin der *Kampfbund zur Befreiung der Arbeiterklasse*. In Minsk wurde 1898 die *Russische sozialdemokratische Arbeiterpartei* (RSDRP) gegründet. Auf dem II. Parteitag konnte sich Lenin 1903 im Streit um die Methoden des revolutionären Kampfes mit seiner Idee einer schlagkräftigen Elite-Partei aus Berufsrevolutionären durchsetzen, die fortan unter der Bezeichnung *Bolschewiki* [Mehrheitsfraktion] firmierte.

Das Reformzeitalter beeinflusste auch die soziokulturelle Entwicklung in Bezug auf die Gleichstellung der Frau. Zwischen 1859 und 1863 wurden Frauen zum Studium zugelassen, dann aber bis 1906 wieder ausgeschlossen. Trotzdem erreichten Frauen aus unterschiedlichen sozialen Schichten – oftmals durch ein Auslandsstudium – in Russland zu dieser Zeit einen hohen Bildungsstand. Der Erste Allrussische Frauenkongress fand 1908 statt. Das allgemeine Wahlrecht für Frauen wurde allerdings erst im Umfeld der Wahlen zur Verfassungsgebenden Versammlung im Herbst 1917 eingeführt. Durch die Territorialgewinne stellte sich in der zweiten Jahrhunderthälfte die Frage nach der kulturellen Identität der in das Reich eingegliederten Völker. Soziale und konfessionelle Probleme wurden durch eine rigorose Russifizierungspolitik, zu der oftmals ein staatlich tolerierter oder sogar offiziell unterstützter Antisemitismus gehörte, gewaltsam zugedeckt. Die rechtliche Sonderbehandlung der Juden begann im ausgehenden 18. Jahrhundert und wurde 1804 in einem *Statut für die Juden* [Положение для евреев] fixiert. Dazu gehört die Verordnung über ihre Ansiedlung ausschließlich in Städten der westlichen Gebiete des Reiches. Zwar wurde in der Reformzeit diese Bestimmung gelockert, zwischen 1859 und 1879 konnte der Ansiedlungsbezirk verlassen werden. Nach dem Attentat von 1881 verstärkte sich jedoch die antijüdische Politik wieder. 1882 folgten die Einschränkung ihrer Rechte, Berufsverbote und antisemitische Propaganda, die immer wieder zu antijüdischen Pogromen führte.

Zwischen 1796 und 1856 hatte sich der Beamtenapparat versechsfacht und bis 1900 nochmals vervierfacht. Doch die Ausbildung der Staatsdiener war mangelhaft, die Bezahlung in den unteren Rängen gering. In den höheren Rängen dominierten weiterhin Adlige, vor allem im Innenministerium und in der Polizei. Besser ausgebildet waren die Beamten des Finanzministeriums, bedingt vor allem durch die Anforderungen der Industrialisierung. Zwischen der Politik der zentralstaatlichen Behörden und Forderungen der neuen regionalen Selbstverwaltung kam es zu Konkurrenzsituationen. Fachliche Kompetenz hatte es schwer, sich gegen patriarchalische Machtstrukturen durchzusetzen. Die zunehmende Dezentralisierung der Verwaltung stieß ebenfalls auf Widerstand der Regierung.

Außenpolitik und Wissenschaft

Außenpolitisch verfolgte Russland in den 1870er Jahren drei Ziele: Erstens, Eroberungen in Mittelasien, d.h. die Annexion der Chanate Chiwa und Buchara. Eine weitere Expansion hätte allerdings die Interessen Indiens und Englands verletzt. In Fernost erwarb man das Amurbecken und die Insel Sachalin. Zweitens, die Sicherung und Erweiterung der Einflusssphäre auf dem Balkan und drittens die Festigung der Monarchie in Europa und Russland. 1872 kam es zum deutsch-russisch-österreichischen Drei-Kaiser-Bund. In der Mitte der 1870er Jahre führten Aufstände in Bosnien-Herzegowina und Serbien gegen die Türken zu einer Kollision russischer und österreichischer Interessen auf dem Balkan. Außerdem warnte England vor einer Schwächung des Osmanischen Reichs. Als die Aufstände auf Bulgarien übergriffen, kam es zum Krieg, in den auch Russland eingriff. Anfang 1878 erreichte die russische Offensive das Marmara-Meer. Im Vorfrieden von San Stefano, der den Russisch-Türkischen Krieg beendete, wurden der besiegten Türkei harte Bedingungen auferlegt. Der anschließende *Berliner Kongress* korrigierte jedoch den Vorfrieden zu Ungunsten Russlands. Russlands diplomatische Niederlage stärkte die Position Österreichs und Englands auf dem Balkan. Die Region wurde zum Hexenkessel Europas und begründete eine konfliktreiche Ausgangslage, die langfristig zum Ersten Weltkrieg führte.

Im Vergleich zu Frankreich im II. Kaiserreich oder zum Viktorianischen Zeitalter in England entfaltete sich die russische Kultur der zweiten Hälfte des 19. Jahrhunderts vor dem Hintergrund folgender Spannungsfelder: der konservativen bis reaktionären Regierung stand eine radikale linksorientierte, politische Opposition gegenüber, eine relativ kleine, gut situierte hauptstädtische Ober- und Mittelschicht mit hohen kulturellen Ansprüchen sah sich einer überwiegend an der Armutsgrenze lebenden, bäuerlichen Bevölkerung gegenüber, religiös eingefärbter Nationalismus (Panslawismus) kontrastierte mit einem militant revolutionären Materialismus (Nihilismus). Für eine liberale Mitte bzw. eine unabhängige Öffentlichkeit fehlte die soziale Basis in Gestalt eines unabhängigen, selbstbewussten Bürgertums. Seit den 1860er Jahren erlebten die Naturwissenschaften (Physiologie, Mathematik, Chemie, Geographie, Ingenieurwissenschaften) aber auch Ethnographie, Linguistik und Historiographie einen deutlichen Aufschwung. Wissenschaftlich und technologisch orientierte sich Russland stark an Deutschland, auch die Verbreitung des Deutschen in Russland nahm durch zahlreiche Hauslehrer in Diensten russischer Adeliger zu. Deutsche Ingenieurskunst wurde zum Vorbild für den entstehenden russischen Technologienachwuchs. Der russische Gesellschaftsroman (I. Turgenev, I. Gončarov, L. Tolstoj, F. Dostoevskij u. a.) verschaffte sich Weltgeltung. Im Theater (A. Ostrovskij) und in den Bildenden Künsten setzte sich mit der Bewegung der *Wandermaler* [Передвижники] der Realismus durch. Auch die russische Musikkultur (Komponisten des *Mächtigen Häufleins* [Могучая кучка], Ballett, Oper) erlangte internationale Anerkennung. V.S. Solov'ev leitete mit seiner Dissertation *Die Krise der westlichen Philosophie* (1874) eine neue Epoche russischen philosophischen Denkens ein.

Die relativ kurze Zeit der strukturellen Reformen Alexanders II., die zu einer partiellen Dezentralisierung der Provinzverwaltung führte, wurde unter dem Eindruck zunehmender sozialer Unruhen schon ab 1883 durch die konservative, machtorientierte Politik seines Nachfolgers abgelöst. Eine reale Autonomie der Regionen und Städte konnte sich nicht entwickeln, auch weil die zentralistische Pyramide der Macht nicht in Frage gestellt wurde. Reformen betrafen vor allem die Wirtschaft und das Bankwesen, was allerdings nicht direkt auf staatliche Steuerung zurückging, sondern sich wesentlich Investitionen aus dem westeuropäischen Ausland verdankte.

Politik und Wirtschaft

1855 (August/September): Rückzug aus Sevastopol';

1856 (18./30.3.): Der Friedensvertrag von Paris bestätigt Russlands Niederlage im Krimkrieg.

Beginn der öffentlichen Diskussion über die Aufhebung der Leibeigenschaft.

(30.3./11.4.): Gespräch des Zaren mit Moskauer Adelsvertretern über die Frage der Leibeigenschaft.

Vorübergehende Lockerung der repressiven Politik gegenüber den Juden.

1857 A. I. Herzen und N. P. Ogarev gründen in London die Zeitschrift *Die Glocke* [Колокол].

Gründung einer russischen Eisenbahngesellschaft.

1858 Gründung von Komitees zur Aufhebung der Leibeigenschaft.

Volkszählung: 75 Mio. Menschen, 500.000 (Sankt Petersburg), 450.000 (Moskau).

Herausgabe der ersten russischen Briefmarke.

1859 (26.8./7.9.): Der Anführer der kaukasischen Bergvölker, Imam Šamil', gerät in russische Gefangenschaft.

1860 Einrichtung einer Staatsbank (bis 1870 etwa 40 Filialen).

1861 (19.2./3.3.): Manifest über die Aufhebung der Leibeigenschaft; in der Folgezeit Aufstände unzufriedener Bauern; Enttäuschung in der Presse über die Halbherzigkeit der Reform; revolutionäre Aufrufe gegen die Reform.

(September–Oktober): Studentenunruhen in den Hauptstädten.

(Jahresende): Gründung der Geheimgesellschaft *Land und Freiheit* [Земля и воля].

1862 (Mai): Brände in Sankt Petersburg, die man oppositionellen „Nihilisten" zuschreibt; Verhaftung Nikolaj G. Černyševskijs.

1863 (10./22.1.): Beginn des polnischen Aufstandes, der von russischen Truppen brutal niedergeschlagen wird; Preußen erlaubt Russland die Verfolgung polnischer Aufständischer auf seinem Territorium.

(17.4.): Verbot der Prügel- und sonstigen Körperstrafen in Gerichtsverfahren.

(18./30.6.): Liberales Universitätsstatut des Bildungsministers A.V. Golovnin.

1864 (Januar): Beschluss über die Neuordnung der regionalen Verwaltung (Zemstvo-Reform).

(14./26.7.): Neues Schulgesetz; Die Schulen werden der Zemstvo-Verwaltung unterstellt.

(20.11./2.12.): Justizreform: Gleichheit vor dem Gesetz; Einrichtung von Schöffengerichten.

1865 Der Vatikan bricht die diplomatischen Beziehungen zu Russland wegen der Verfolgung polnischer Katholiken ab.

Neuordnung der Militärgerichtsbarkeit in Russland.

(6./18.4.): Verabschiedung eines neuen, relativ liberalen Zensurgesetzes.

1867 (18./30.3.): Russland verkauft Alaska und die Aleuten für 7,2 Millionen Dollar an die USA.

Der Chemiker D.I. Mendeleev entwickelt das Perioden-System der Elemente.

(4./16.4.): Anschlag auf Alexander II. durch D.V. Karakozov; Verbot der Zeitschriften *Der Zeitgenosse* [Современник] und *Das russische Wort* [Русское слово]; Bildungsminister wird der konservative D.A. Tolstoj, ab 1865 Oberprokuror des Heiligen Synod.

1868 (2./14.5.): Eroberung Samarkands.

(Juni) Errichtung eines Protektorats im Emirat von Buchara.

Der Ingenieur Nikolaj Putilov kauft das staatliche Eisenwalzwerk von Sankt Petersburg.

1870 (16./28.6.): Reform der städtischen Selbstverwaltung.

Formierung der revolutionären Volkstümler-Bewegung (Čajkovskij-Kreis in Sankt Petersburg).

In Genf Gründung einer russischen Sektion der I. Internationale.

(22.5.): Erster Arbeiterstreik für höhere Löhne in Sankt Petersburg.

1871 In der Zeitschrift *Die Morgenröte* [Заря] veröffentlicht Nikolaj Ja. Danilevskij seine einflussreiche Schrift *Russland und Europa*.

(1.7.–11.9.): Prozess gegen Sergej Nečaev wegen Verschwörung gegen den Staat.

1872 (1.11.): In Moskau werden Hochschulkurse für Frauen eröffnet, vor allem zur Ausbildung von Lehrerinnen für höhere Mädchenschulen.

Das Innenministerium erhält die Anweisung, jede „schädliche" Publikation zu verbieten.

Die russische Übersetzung des *Kapitals* (Bd. I) von Karl Marx kann trotz Zensur erscheinen.

1873 Drei-Kaiser-Bündnis (Deutschland, Österreich/Ungarn, Russland); Russland wird von der europäischen Wirtschaftskrise erfasst.

1874 Aus kleineren Zirkeln formiert sich die Massenbewegung der *Volkstümler* [Народники] zur revolutionären Agitation unter der Landbevölkerung (Frühjahr/Sommer: Beginn der Aufklärungsarbeit, „Gang ins Volk"). Die Verantwortlichen werden z.T. in Schauprozessen abgeurteilt.

(1./13.1.): Militärreform: Einführung der allgemeinen Wehrpflicht; der Armeedienst wird von 25 auf 6 Jahre verkürzt.

1875 Gründung des *Südrussischen Arbeiterbundes*, der ersten proletarisch-revolutionären Organisation, in Odessa.

(Juli/August): In Bosnien-Herzegowina beginnen Aufstände gegen die osmanische Herrschaft.

1876 *Volkstümler* vereinigen sich in der Organisation *Land und Freiheit* [Земля и воля].

(April): Aufstände in Bulgarien, die von den Türken brutal niedergeschlagen werden.

(Juli): Serbien führt Krieg gegen die Türken.

(November): Teilmobilisierung der russischen Armee.

1877 (2./24.4.): Kriegserklärung Russlands an das Osmanische Reich.

(8.10.–23.1.): *Prozess der 193* gegen Teilnehmer der Volkstümler-Bewegung.

1878 Russische Truppen vor Istanbul, anschließender Waffenstillstand. Unabhängigkeit Bulgariens. Nach den Friedensverträgen von San Stefano und auf dem Berliner Kongress (Juni/Juli) werden die russischen Gebietsgewinne weitgehend bestätigt, aber viele für Russland zunächst günstige Bedingungen auf Einspruch der Westmächte wieder zurückgenommen.

Kursverfall des Papierrubels nach dem Russisch-Türkischen Krieg; Einrichtung von Hochschulkursen für Frauen (Prof. Bestužev) in Sankt Petersburg.

(12./24.2.): Attentat von Vera Figner auf den Petersburger Statthalter Trepov; im spektakulären Prozess wird die Attentäterin freigesprochen.

(23.12.): Gründung der Untergrundorganisation *Nordbund der russischen Arbeiter* in Sankt Petersburg.

1879 (15.8.): Die Organisation *Land und Freiheit* spaltet sich in die terroristische Organisation *Volkswille* [Народная воля] und die gemäßigte Gruppe um G. V. Plechanov *Schwarze Umverteilung* [Черный передел].

Sankt Petersburg erhält eine elektrische Beleuchtung.

1880 Konstantin P. Pobedonoscev wird Oberprokuror des Heiligen Synod.

Die Länge des Eisenbahnnetzes in Russland wächst von 1.500 (1865) auf 20.000 km.

1881 (1./13.3.): Alexander II. wird bei einem Bombenattentat der *Narodnaja volja* getötet.

Literatur, Kunst und Kultur

1855 Prosa: L. N. Tolstoj: *Sewastopoler Erzählungen*; N. G. Černyševskij: *Die ästhetischen Beziehungen der Kunst zur Wirklichkeit* (Dissertation); Musik: A. S. Dargomyžskij: *Rusalka* (Oper).

1856 Prosa: I.S. Turgenev: *Rudin* (Roman).

1858 Prosa: A.F. Pisemskij: *Tausend Seelen* [Тысяча душ] (Roman).

1859 Prosa: I.A. Gončarov: *Oblomov* (Roman); I.S. Turgenev: *Ein Adelsnest* [Дворянское гнездо] (Roman); Drama: A.N. Ostrovskij: *Das Gewitter* [Гроза]; Musik: Gründung der Musikalischen Gesellschaft durch Anton G. Rubinštejn.

1860 Prosa: I.S. Turgenev: *Am Vorabend* [Накануне] (Roman); F.M. Dostoevskij: *Aufzeichnungen aus einem Totenhaus* [Записки из мертвого дома] (autobiographischer Roman);

1862 Musik: Anton G. Rubinštejn gründet das Petersburger Konservatorium; Gründung der Komponistenvereinigung *Das mächtige Häuflein* [Могучая кучка]; Prosa: I.S. Turgenev: *Väter und Söhne* [Отцы и дети] (Roman).

1863 Prosa: N.G. Černyševskij: *Was tun?* [Что делать?] (Roman); Poesie: N.A. Nekrasov: *Wer lebt gut in Russland?* [Кому на Руси жить хорошо?] (Poem); Malerei: aus Protest gegen die klassizistische Malweise verlassen 13 Künstler die Kaiserliche Akademie der Künste und gründen die *Genossenschaft der künstlerischen Wanderausstellungen* [Передвижники].

1864 Prosa: F.M. Dostoevskij: *Aufzeichnungen aus dem Kellerloch* (Untergrund) [Записки из подполя] (Roman).

1865 Prosa: (1865–1869) L.N. Tolstoj: *Krieg und Frieden* [Война и мир] (Roman).

1866 Prosa: F.M. Dostoevskij: *Schuld und Sühne* (Verbrechen und Strafe) [Преступление и наказание] (Roman); Musik: Gründung des Moskauer Konservatoriums.

1867 Prosa: I.S. Turgenev: *Rauch* [Дым] (Roman); Musik: N.A. Rimskij-Korsakov: *Sadko* (Oper).

1868 M.E. Saltykov-Ščedrin reorganisiert die *Vaterländischen Annalen*; Prosa: F.M. Dostoevskij: *Der Idiot* (Roman); Musik: M.P. Musorgskij: *Boris Godunov* (Oper).

1869 Danilevskijs Studie *Russland und Europa* erscheint in Buchform; Zunahme des Panslavismus; Prosa: I.A. Gončarov: *Die Schlucht* [Обрыв] (Roman); Wissenschaft: D. Mendeleev: *Grundlagen der Chemie* (Skizze des Periodensystems der Elemente).

1870 Malerei: I. Kramskoj gründet die *Gesellschaft für Wanderausstellungen*; Der Industrielle und Kunstmäzen Sergej I. Mamontov kauft das Gut Abramcevo bei Moskau, wo er in den 1870er–1890er Jahren eine Künstlerkolonie organisiert.

1871 Prosa: F. M. Dostoevskij: *Die Dämonen* [Бесы]; Malerei: V. Vereščagin: *Apotheose des Krieges*.

1872 Gründung des Historischen Museums am Roten Platz in Moskau. Eröffnung 1883.

Prosa: N. S. Leskov: *Der verzauberte Wanderer* [Очарованный странник] (Roman); L. N. Tolstoj: *Anna Karenina* (Roman); Malerei: I. E. Repin: *Die Wolgatreidler* [Бурлаки на Волге].

1873 M. A. Bakunin: *Staat und Anarchie* (politische Schrift).

1875 Philosophie: V. S. Solov'ev: *Die Krise der westlichen Philosophie* [Кризис западной философии] (Dissertation).

1876 Musik: P. I. Čajkovskij: *Schwanensee* [Лебединое озеро] (Ballett).

Erste vollständige Bibelübersetzung ins Russische.

1877 Prosa: I. S. Turgenev: *Neuland* [Новь] (Roman).

1878 Musik: N. A. Rimskij-Korsakov: *Die Mainacht* [Майская ночь] (Oper); P. I. Čajkovskij *Eugen Onegin* (Oper).

1880 Prosa: M. E. Saltykov-Ščedrin: *Die Herren Golovlev* [Господа Головлевы] (Roman); F. M. Dostoevskij: *Die Brüder Karamazov* [Братья Карамазовы] (Roman).

In Moskau erscheint die liberale Zeitschrift *Russisches Denken* [Русская мысль].

1881 Musik: N. A. Rimskij-Korsakov: *Schneeflöckchen* [Snegaročka] (Oper).

Kapitel 11

Der Zarismus am Ende. Kapitalismus – Gründerzeit – Revolutionen (1881–1917)

Ende des 19. Jahrhunderts wurde Russland von einem gewaltigen Modernisierungsschub erfasst, der nicht direkt durch die Zarenherrschaft initiiert wurde. Die russische Autokratie vermochte sich dieser Entwicklung nicht mehr anzupassen, geschweige denn ihre Vorteile zu nutzen. Die Politik der „bewahrenden Passivität“ (Pobedonoscev) förderte den zunehmenden Autoritätsverfall des Zarismus im Adel, aber auch im Bürgertum und bei der Arbeiterschaft. Auch der Mythos vom Bündnis des Zaren mit dem Volk verblasste zusehends. Das seit der Bauernbefreiung ungelöste Problem des Landeigentums, die strikte Weigerung der Regierung, den Forderungen der rasch wachsenden Industrie nach politischer Mitsprache nachzukommen sowie die Ignoranz gegenüber der immer drängenderen Arbeiterfrage verursachten einen Reformstau, der sich schließlich mit friedlichen Mitteln nicht mehr auflösen ließ. Während die Landbevölkerung in elementare Existenznöte geriet, wuchs auch das Elend der Industriearbeiter in den Städten. Für kleinste Vergehen am Arbeitsplatz wurde der ohnehin kärgliche Lohn weiter gekürzt, und auch Kinderarbeit war an der Tagesordnung.

Kapitalistische Wirtschaft und linke Bewegungen

Dennoch, die 1890er Jahre mit ihren Höhen und Tiefen der Kapitalakkumulation gelten als Gründerjahre Russlands. Durch hohe Schutzzölle und umfangreiche Getreideexporte schuf Finanzminister Graf Witte 1896/7 eine Golddeckung des Rubels als Voraussetzung für ausländisches Investitionskapital. Die russische Gesellschaft differenzierte sich, einerseits der grundbesitzende Adel, der mit der Geldwirtschaft nicht zurechtkam und sich in einen unüberbrückbaren Gegensatz zu den landlosen Bauern brachte, zum anderen die Industrie, die ein Proletariat hervorbrachte, das unter erbärmlichen Lebensbedingungen für seine Rechte zu kämpfen begann. Ein über 12 Stunden langer Arbeitstag und Kinderarbeit waren an der Tagesordnung. Das Proletariat lebte unter unmenschlichen Bedingungen in überfüllten Wohnbehausungen. Zwischen der Regierung und der bürgerlichen Oberschicht sowie zwischen ‚Gesellschaft‘ und ‚Volk‘ vertieften sich die politischen und ökonomischen Widersprüche. Liberale Politiker forderten eine konstitutionelle Monarchie. Die Bauern forderten Land und die Arbeiter angemessene Löhne, die Herabsetzung der Arbeitszeit und bessere Lebensbedingungen. Nutznießer dieser Widersprüche wurde die revolutionäre Bewegung. Die Regierung indes lenkte ab: durch eine Politik der Russifizierung (Unterdrückung nationaler Sprachen und Kulturen, nicht-orthodoxer Kirchen und Sekten), Antisemitismus, Schikanen im Bildungssystem, eine verschärfte Pressezensur und eine Beschränkung der Justiz. Die regionalen Selbstverwaltungen (Zemstva) wie auch die Städte wurden erneut in ihrer Autonomie beschränkt. Ausnahmegesetze dienten dem Kampf gegen die revolutionäre Bewegung. Die Bewegung der *Volkstümler* war am Misstrauen der Bauern gescheitert. Das Attentat ihrer Terrororganisation *Volkswille* bedeutete daher zugleich Höhepunkt und Ende der Bewegung, die später teilweise in der *Partei der Sozialrevolutionäre* weiterlebte. Massenstreiks in den 1880er Jahren verstärkten die entstehende marxistisch orientierte Arbeiterbewegung. Die 1898 in Minsk gegründete RSDRP (Russländische Sozialdemokratische Arbeiterpartei) spaltete sich auf ihrem II. Parteitag in Brüssel/London (1903): die in der Partei zahlenmäßig überwiegenden *Menschewiki* (‚Minderheitsfraktion‘) vertraten ein Zweistufenmodell, wonach man vor einer sozialistischen Revolution die bürgerliche Entwicklung durchlaufen müsse. Die zahlenmäßig wesentlich kleinere Gruppe der *Bolschewiki* (‚Mehrheitsfraktion‘) unter Lenin forderte eine sofortige proletarische Revolution, die nach dem Machtwechsel in eine Diktatur des Proletariats übergehen sollte.

Erste russische Revolution und die Fiktion einer konstitutionellen Monarchie

Um 1900 richteten sich die imperialistischen Interessen Russlands nach Fernost. Man riskierte 1904 einen Krieg mit Japan, denn ein militärischer Erfolg sollte von den inneren Spannungen ablenken. Doch Anfang 1905 kapitulierte die Festung Port Arthur, und Ende Mai wurde die russische Flotte bei Tsushima vernichtend geschlagen. Der Frieden von Portsmouth besiegelte 1905 die Niederlage Russlands. Im Inland überschlugen sich dagegen die Ereignisse: Als am 9. Januar 1905 100.000 friedliche Demonstranten mit einer Bittschrift an den Zaren zum Winterpalast zogen, wurden sie zusammengeschossen und es kam zur ersten russischen Revolution. Unter dem Druck der Straße erließ der Zar am 17./30. Oktober 1905 ein Manifest, in dem er die Einrichtung einer Duma (Parlament) versprach, allerdings unter Vorbehalt, dass das legislative Recht weiterhin an einen Reichsrat und die Zustimmung des Zaren gebunden blieb. In der I. Staatsduma, die 1906 zusammentrat, hatte die liberale Partei der

Kadetten (Konstitutionelle Demokraten) die Mehrheit. Die Debatten über eine konstitutionelle Monarchie und über die Landfrage veranlassten den Zaren, die Duma aufzulösen. Auch die II. Duma (1907) blieb systemkritisch und wurde aufgelöst. Erst aufgrund veränderter Wahlgesetze kam es in der III. (1907–1912) und IV. Duma (1912–1917) zu einer regierungsfreundlichen Mehrheit und einem „Scheinkonstitutionalismus" (August Bebel, Max Weber). Jenseits der Duma entstanden Arbeiterräte, die gewerkschaftliche und politische Ziele verfolgten (Petersburger Sowjet [Rat] der Arbeiterdeputierten).

Das nach dem Ende der Revolution von 1905 entstandene labile Gleichgewicht zwischen der Regierung und ihren Gegnern bestand nur kurze Zeit. Unter dem Einfluss der Kaiserin und ihres Beraters Rasputin hielt der Hof an der Autokratie fest. Ministerpräsident Stolypin lavierte zwischen rigoroser Terrorbekämpfung und Reformpolitik. Seine Agrarreform zur Kapitalisierung der Landwirtschaft kam nur langsam voran. Letztendlich entzog ihm der Zar sein Vertrauen und Stolypin wurde 1911 in Kiew ermordet. Mit dem industriellen Aufschwung in den Jahren 1908–1910 nahm auch die revolutionäre Volksbewegung wieder zu. Nicht nur die Regierung, sondern auch die liberale Opposition verloren das Vertrauen der Bevölkerung. Russland trat 1914 in den Krieg ein, weil es seine Interessen auf dem Balkan vor allem durch Österreich gefährdet sah. Nach anfänglichen Erfolgen kam es an der Front zu ersten Niederlagen. Regierung und Opposition waren jedoch unfähig, eine funktionierende Kriegswirtschaft zu organisieren und standen auch den Konfliktherden im Landesinnern hilflos gegenüber.

Februar- und Oktoberrevolution 1917

Ab 1916 kam es zu Verteilungs- und Versorgungsproblemen, verbunden mit Preissteigerungen auf Verbrauchsgüter und Lebensmittel. Die Goldfonds der Staatsbank deckten 1917 nur noch 6,8% der umlaufenden Banknoten. Streiks und Massendemonstrationen in Petrograd [bis zum Kriegseintritt 1914: Sankt Petersburg] und Moskau führten am 23.2.1917 (8.3.1917) zur sogenannten *Februarrevolution*. Am 2. März wurde Nikolaus II. zum Verzicht auf den Thron gezwungen. Die zunächst zögerliche Duma bildete eine *Provisorische Regierung* (Временное правительство), die aber vom Exekutivkomitee des am 28. Februar 1917 gegründeten Petrograder Sowjets kontrolliert wurde. Im Juni 1917 fand der *I. Allrussische Sowjetkongress der Arbeiter- und Soldatendeputierten* statt.

Die Doppelherrschaft von Provisorischer Regierung und Petrograder Sowjet stand vor einer Reihe von drängenden Fragen: hierzu gehörten die Beendigung oder Fortsetzung des Krieges, die Versorgung der Bevölkerung mit Lebensmitteln, die Landforderung der Bauern, die Kontrolle der Wirtschaft durch die Arbeiter sowie die Einberufung einer Konstituierenden Versammlung, die über das künftige politische System in Russland entscheiden sollte. Keines der genannten Probleme wurde im Frühjahr und Sommer 1917 gelöst. Eine von Ministerpräsident Kerenskij angeordnete Frontoffensive im Juli 1917 scheiterte aufgrund mangelnder Kampfmoral und Sabotage.

Von Misserfolgen und Fehlentscheidungen unbelastet waren allein die Bolschewiki. Der aus Europa nach Petrograd zurückgekehrte Lenin verkündete seine *Aprilthesen*: gegen den Krieg und die provisorische Regierung, für eine Übergabe des Bodens an die Bauern und eine Kontrolle der Fabriken durch die Arbeiter. Die realpolitische Macht verschob sich zugunsten des Petrograder Sowjets. Im August 1917 scheiterte ein Militärputsch des Generals Kornilov. Der zwischenzeitlich nach Finnland geflüchtete Lenin forderte nach seiner Rückkehr zur Machtergreifung auf. Lev D. Bronštejn (Leo Trotzki) übernahm Ende September den Vorsitz im Petrograder Sowjet und setzte gegen die Mehrheit der bolschewistischen Führung den Putsch gegen die Provisorische Regierung durch. In der Nacht vom 24./25. Oktober verhafteten sowjettreue Einheiten die Provisorische Regierung, Ministerpräsident Kerenskij konnte entkommen und flüchtete ins Ausland. Am Abend des 25. Oktober tagte der *II. Allrussische Sowjetkongress*, auf dem die Bolschewiki die Oberhand gewannen. Verabschiedet wurden *Dekrete über die Nationalisierung des Bodens, über den Frieden und über die Arbeiterkontrolle* zur Regulierung der Volkswirtschaft. Die Bolschewiki bildeten ein vorläufiges Regierungsorgan, den *Rat der Volkskommissare* mit Lenin an der Spitze.

Das „Silberne Zeitalter“ in der Kultur und russische Avantgarde

In den 1880er Jahren begann eine kulturelle Übergangsepoche, Literatur und Kunst wurden zunehmend von privaten Geldgebern finanziert. Es erschienen Massenauflagen illustrierter Bücher und Zeitschriften. Ab 1907/8 begann die heimische Filmproduktion. In neuen Theatern und Konzerthallen sowie in Künstlerkolonien (z. B. Abramcevo, Talaškino) lösten sich die Künste vom Realismus des 19. Jahrhunderts. In der Graphik, Buchgestaltung, im Plakat und insbesondere in der Architektur breitete sich der Jugendstil aus, dessen Variante der Neorussische Stil darstellte. Dabei wurden Stilisierungen nationaler, aber auch neobyzantinische Motive verwendet und Heldenfiguren aus dem russischen Mittelalter künstlerisch reanimiert. Im Jugendstil bzw. im Neorussischen Stil errichtete das aufstrebende Bürgertum neue luxuriöse Wohnhäuser in Moskau, Petersburg/Petrograd, Kiew, Nižnij Nowgorod und anderen größeren Städten Zentralrusslands. Im großbürgerlich-repräsentativen Stil wurde in der Gründerzeit auch das Moskauer Stadtzentrum ausgebaut, das nun bereits über den Gartenring hinausreichte. Das Bürgertum schaffte sich seine neuen Konsumtempel in Form großer exklusiver Restaurants und Geschäfte. Das Theaterleben florierte und auch zahlreiche internationale Musiker, Künstler und Theatermacher fanden den Weg nach Moskau und Sankt Petersburg.

Die Vorherrschaft des Gesellschaftsromans in der Literatur wurde durch das wachsende Interesse an Lyrik, Drama und Kurzprosa gebrochen. Die Inhalte schwankten zwischen nostalgischen Rückblicken, esoterischen wie neoromantischen Phantasien und der Suche nach einem Lebenssinn inmitten einer sich bedrohlich verändernden Welt. Zur Hauptströmung der neuen Kunstentwicklung im sogenannten *Silbernen Zeitalter* entwickelte sich der Symbolismus, dem um 1910 avantgardistische Strömungen (Futurismus, Akmeismus) nachfolgten. Auf die Krise der Gesellschaft reagierten Literatur und Kunst mit apokalyptisch-eschatologischen Visionen in symbolischer Verschlüsselung. Vorbilder waren die französische Moderne (Baudelaire, Verlaine), Nietzsche, Oscar Wilde, eine wiederentdeckte klassische Antike sowie eine Philosophie christlicher Welterneuerung. Zwischen 1905 und 1917 erlangte die kulturelle Elite ein Höchstmaß an Schaffensfreiheit. In der Kunst entdeckte man u. a. den Formenreichtum der Ikonenmalerei, und in der Literatur suchte man nach einer neuen Sprache für Körperlichkeit und Sexualität. Die Intelligenzija schwankte zwischen Ideen eines radikalen Umsturzes und einer religiös-ethischen bzw. ästhetischen Revolution. Der Übergang zur Avantgarde vollzog sich als zunächst lautstarker Bruch mit der Tradition. Neoromantischer Geniekult, Kunstreligion und die „ewigen Werte“ der Kultur wichen einer dynamischen Ästhetik des „neuen Sehens“, der theatralischen Effekte, respektloser Persiflagen und Provokationen. Mit dem russischen Formalismus (z. B. V. B. Šklovskij, Ju. N. Tynjanov, B. M. Ejchenbaum, R. O. Jakobson) entwickelte sich eine innovative Literatur- und Sprachwissenschaft, die in enger Beziehung zur russischen Avantgarde stand.

Neben Literatur und religiös geprägter Philosophie nahm die russische Malerei nach 1880 einen ungeahnten Aufschwung. Ausgelöst durch eine intensive Rezeption Cézannes und Renoirs, Auslandsstudien junger russischer Künstler in Westeuropa, die Ankauf- und Sammeltätigkeit bedeutender russischer Geschäftsleute wie Pavel und Sergej Tret'jakov (Polenov, Perov, Kramskoj, Surikov, Levitan, Repin, Vereščagin u. a.) und des Textilmagnaten Sergej I. Ščukin (Paul Cézanne, Vincent van Gogh, Paul Gauguin, Henri Matisse, Pablo Picasso u.a.) entwickelte sich eine vielfältige voravantgardistische Kunstszene, die die stilistische wie motivische Entwicklung Westeuropas in nur wenigen Jahren nach- und einholte. Außerdem bildeten sich in den Jahren zwischen 1890 und 1930 über 400 literarische und künstlerische Gruppierungen und Vereinigungen. Nach einer Phase einer Befreiung der Form setzten sich Abstraktion und Gegenstandslosigkeit durch. Mit den avantgardistischen Tendenzen trat Russland ab 1913 weltweit an die Spitze der künstlerischen Erneuerung. Es entstanden auch unterschiedliche Formen einer Wechselwirkung der Künste (Intermedialität).

Gegenüber der Oktoberrevolution blieben Kunst und Literatur zwiespältig. Im Verlauf der 1920er Jahre formierten sich höchst unterschiedliche ästhetische wie kulturpolitische Strömungen, die miteinander um das Recht stritten, Vertreter einer ‚echten' proletarischen Kultur zu sein. Im Wissen um das wahrscheinliche Ende des klassischen Humanismus (A. Blok) pflegte die Intelligenzija bis in die 1920er Jahre zugleich die Utopie einer Erneuerung der Kultur. Die von der Sowjetregierung verfügten Ausweisungen (September/November 1922) per Schiff von 224 Intellektuellen, unter denen zahlreiche Universitätsprofessoren, Philosophen, Ärzte, Lehrer, Schriftsteller, aber auch Ingenieure und Juristen waren, die die Revolution ablehnten, sowie die Bekämpfung avantgardistischer Strömungen Ende der 1920er Jahre bereitete diesen Vorstellungen ein Ende. Neben der staatlich gelenkten, offiziellen Sowjetkultur entstand eine Kultur des russischen Exils.

Die letzte Chance zu einer umfassenden Reform Russlands in Bezug auf die Bauernfrage, die soziale Lage der städtischen Bevölkerung und der Institution des Zarentums wurde von Alexander III. und seinem Sohn Nikolaus II. nicht wahrgenommen. Gerade Nikolaus verharrte in einer Haltung der Immobilität und Realitätsverweigerung, obgleich sich die innen- wie außenpolitische Lage mehr als dramatisch entwickelte. Die innenpolitischen Schwächen versucht der Zar durch das militärische Abenteuer des Russisch-Japanischen Kriegs zu kompensieren, ein Fehler, den auch Stalin mit dem Winterkrieg gegen Finnland, Leonid Brezhnew durch den Afghanistan-Krieg und Vladimir Putin mit dem Krieg in der Ukraine wiederholte. In allen Fällen setzte man auf einen vermeintlich schnellen Sieg, der innenpolitisch über das durch Reformunfähigkeit verursachte Versagen hinwegtäuschen und zu Konsolidierung beitragen sollte. Zwei dieser Kriege endeten für Russland in einer Katastrophe, der Finnland-Krieg 1940 in einer Pattsituation. Dafür beschleunigte der Verlauf des Ersten Weltkriegs die revolutionäre Lage in Russland, derer der Zar weder durch Repression noch durch den Verzicht auf die Macht Herr werden konnte. Und erneut war ein Zyklus von Reform und Gegenreform gescheitert.

Politik und Wirtschaft

1881 Zar Alexander II. wird am 1./13 März bei einem Bombenattentat der Terrorgruppe *Volkswille* getötet. Die Regierung übernimmt sein Sohn Alexander III.

Gründung einer Sicherheitspolizei (Ochrana).

Judenpogrome vor allem in Südrussland.

(3./15.4.): Fünf Beteiligte am Attentat auf Alexander II. werden gehängt.

(29.4./11.5.): Manifest des neuen Zaren: Beibehaltung der Autokratie.

(6./18.6.): Erneuerung des Drei-Kaiser-Bundes; das Bündnis zerbricht 1887 wegen russisch-österreichischer Konflikte auf dem Balkan.

(14./26.8.): Gesetz über die Verhängung des Ausnahmezustandes.

1882 Antijüdische Gesetze: Aufenthalt und Landerwerb der Juden außerhalb der Städte werden untersagt.

(30. 5./11.6.): Graf D. Tolstoj wird zum Innenminister ernannt.

(27.8./8.9.): Neue und strengere Zensurbestimmungen.

1883 In Genf gründet Georgij V. Plechanov die marxistische Gruppe *Befreiung der Arbeit.*

1884 Die 1863 zugestandene Autonomie der Universitäten wird weitgehend aufgehoben.

Endgültige Schließung der *Vaterländischen Annalen*.

Der Heilige Synod übernimmt die Kontrolle über die Schulbildung.

1885 Russifizierung des Schulwesens und Einführung des Russischen als Verwaltungssprache im Baltikum; Gründung einer Reichsadelsagrarbank zur Gewährung von Krediten an die Gutsbesitzer.

1886 Vormals eingeführte Arbeiterschutzgesetze werden z.T. zurückgenommen.

1887 Aufgrund der Nichtvereinbarkeit von panslawischer Idee und Freundschaft zu Österreich schließt Russland mit Deutschland einen Rückversicherungsvertrag (geheimes Neutralitätsabkommen).

Beschränkung der Anzahl jüdischer Studenten an den Universitäten.

(8./20.5.): Hinrichtung von fünf Studenten wegen Vorbereitung eines Attentats auf Alexander III. (unter ihnen Aleksandr Ul'janov, der ältere Bruder Lenins).

(18./30.6.): Erhöhung der Studiengebühren um das Fünffache.

1889 Ausschluss der Juden aus Juristenberufen.

1890 Die Zahl der Fabrikarbeiter steigt bis 1900 von ca. 1,4 Mio. auf 2,3 Mio.

Deutschland verlängert den Rückversicherungsvertrag mit Russland nicht.

(12./24.6.): Reform der regionalen Verwaltung zugunsten des Adels bei Zemstvo-Wahlen.

1891 (–1894) Bau der transsibirischen Eisenbahn von Čeljabinsk nach Vladivostok; 1891/92 Hungersnöte im europäischen Teil Russlands, gefolgt von einer Cholera-Epidemie.

(11.6.): Neue Städteordnung zur stärkeren Kontrolle der städtischen Selbstverwaltung.

(August): Graf Sergej Ju. Witte wird Finanzminister. Seine Finanz- und Industrialisierungspolitik führt zu einem Wirtschaftsboom.

(11./23.6.): Reform der Stadtverwaltung: Erhöhung des Wahlzensus; Juden werden von den Duma-Wahlen ausgeschlossen.

1892 (5./17.8.): Französisch-russisches Militärabkommen.

Zoll- und Handelskrieg mit Deutschland.

(30.8./11.9.): Der neue Finanzminister Witte unterstützt die Industrieentwicklung. Steuererhöhungen für Streichhölzer, Bier und Tabak.

1893 Russifizierung der Universität Dorpat (russ. Jur'ev).

1894 (21.10./1.11.): Nach dem Tod Alexanders III. (20. Oktober) übernimmt sein Sohn Nikolaus II. die Herrschaft.

Wiederaufnahme diplomatischer Beziehungen mit dem Vatikan.

Allmähliche Einführung des Staatsmonopols auf den Verkauf von Alkohol.

1895 (November): Lenin gründet in Sankt Petersburg den *Kampfbund zur Befreiung der Arbeiterklasse*.

1897 (Januar): Währungsreform: Minister Witte stabilisiert den Rubel auf Goldbasis.

1898 (1.–3.3.): Gründungskongress der *Sozialdemokratischen Arbeiterpartei Russlands* (RSDRP) in Minsk.

V. I. Lenin: *Die Entwicklung des Kapitalismus in Russland* (politökonomische Schrift).

1900 (–1903) Industriekrise in Russland.

(Juli): Lenin geht in die westliche Emigration.

(11.12.): In Leipzig erscheint die illegale marxistische Zeitung *Iskra/Der Funke*.

1902 Gründung der Partei der *Sozialrevolutionäre* (SR).

(23.–26.6.): erster Zemstvo-Kongress in Moskau.

1903 (Juli/August) II. Parteikongress der russischen Sozialdemokraten in Brüssel und London; es kommt zur Spaltung der Partei in *Bolschewiki* und *Menschewiki*.

(16./29.8.): Finanzminister Witte wird entlassen.

1904 (Januar/Februar): Beginn des Russisch-Japanischen Krieges.

(20.12./2.1.1905): Port Arthur kapituliert nach verlustreicher Belagerung durch die Japaner.

1905 (3.1.): Streik in den Petersburger Putilov-Werken.

(9./22.1.): Eine Massendemonstration unter Führung des Priesters Gapon wird zusammengeschossen. Beginn der ersten russischen Revolution (1905–1907).

(Mai): Vernichtung der russischen Flotte durch die Japaner bei Tsushima.

(Juni): Meuterei auf dem Panzerkreuzer Potemkin.

(Juli): Gründungskongress des illegalen *Allrussischen Bauernbundes* in Moskau.

(23.8.–5.9.): Russische Niederlage im Krieg gegen Japan: Frieden zu Portsmouth.

(24.9.–4.10.): I. Illegaler Allrussischer Gewerkschaftskongress in Moskau.

(12.–18.10.): Gründungskongress der *Konstitutionellen Demokraten* (Kadetten) in Sankt Petersburg.

(13.10.): Wahlen zum *Petersburger Arbeiterdeputiertenrat*; erste Sitzung des Rates in der Nacht zum 14.10.

(17.10.): *Oktobermanifest* des Zaren, das die Einberufung einer gesetzgebenden Duma und bürgerliche Freiheiten verspricht.

(17.11.): Gründung der rechten Organisation *Bund des russischen Volkes* und seiner Kampfgruppen (*Schwarzhundertschaften*).

(4.12.): Konstituierung der konservativ-liberalen Partei *Verband des 17. Oktober (Oktobristen)*.

(Dezember): Streikbewegung und bewaffneter Aufstand in Moskau.

(31.12.): I. Parteikongress der *Sozialrevolutionäre*.

1906 Gesetze der Reichsduma bedürfen der Zustimmung des Reichsrates und der Unterschrift des Zaren.

(April): Petr A. Stolypin Innenminister (–5. September 1911); ab 8.7. auch Ministerpräsident.

(27.4.–8.7.): Amtszeit der I. Duma; die Kadetten bilden die stärkste Fraktion.

1907 Der Mönch Grigorij Rasputin gewinnt Einfluss am Hof.

(20.2.–2.6.): Amtszeit der II. Duma; die Linksparteien halten die Mehrheit.

(3.6.): Auflösung der Duma; Erlass eines neuen Wahlgesetzes zur Absicherung einer konservativen Mehrheit.

(1.11.–1912): Amtszeit der III. Duma.

(Dezember): Lenin begibt sich in die zweite Emigration.

1908 (10.–16.12.): I. gesamtrussischer Frauenkongress in Petersburg.

1909 (Ende Dezember): Im Exil gründen Bolschewiki auf Capri eine Parteischule.

1910 (7./20.11.): Der Schriftsteller Lev N. Tolstoj stirbt auf der Bahnstation Astapovo.

1911 Ministerpräsident Stolypin wird in Kiew bei einem Attentat getötet.

1912 (15.11.–25.2.1917): Amtszeit der 4. Duma.

1914 (Juli): Allgemeine Mobilmachung.

(19.7./1.8.): Deutschland erklärt Russland den Krieg.

(18./31.8.): Umbenennung von Sankt Petersburg in *Petrograd*.

(September): An der russischen Westfront beginnt ein zermürbender Stellungskrieg; im Winter 1914/15 zieht sich Russland aus Ostpreußen zurück, verliert im April/Mai 1915 Litauen und muss Galizien räumen.

(Juli): Bildung von Kriegsindustriekomitees: Handel und Industrie bemühen sich um die Organisation der Kriegswirtschaft.

(9.8.): Vertreter der bürgerlichen Parteien schließen sich in der 4. Duma zum progressiven Block zusammen.

(23.8./5.9.): Zar Nikolaus II. übernimmt den Oberbefehl über die Armee.

1916 (Oktober): Beginn politischer Streiks der Arbeiter in Petrograd.

(17./30.12.): Ermordung Rasputins durch Fürst Felix Jusupov u. a.

1917 (Januar) Streiks und Unruhen der Petrograder Industriearbeiter wegen Lebensmittelmangel.

(Februar): Streik der Arbeiter des Putilov-Werkes. Ausweitung zum Generalstreik. Der Vereinigung der Petrograder Garnison mit den Demonstranten führt zur Februarrevolution.

(27.2.): Erste Sitzung des *Petrograder Sowjets der Arbeiterdeputierten*, dessen Exekutivkomitee eine Gegenregierung zur Duma bildet.

(15.3.): Abdankung Nikolaus II.; die Duma bildet eine Provisorische Regierung, Kerenskij wird Justizminister; die Provisorische Regierung übernimmt die staatliche Kontrolle der Versorgung; Brotrationierung in Petrograd.

(4./17.4.): Lenins *Aprilthesen*: Beendigung des Krieges, Nationalisierung des Bodens und Kontrolle über Produktion und Verteilung durch die Sowjets.

(Ende April/Anfang Mai): Fabrikarbeiter in den Hauptstädten bilden bewaffnete Rote Garden.

(4.–18.5.): Der I. Allrussische Kongress der Bauerndeputierten in Petrograd spricht sich für eine unentgeltliche Übertragung des Bodens an die Bauern aus.

(29.5.): In Petrograd konstituiert sich ein Rat der nationalen sozialistischen Parteien der nicht-russischen Völker (Nationalitäten), der die nationale Autonomie unter einer förderativ strukturierten Gesamtrepublik fordert.

(3.–24.6.): Auf dem *I. Allrussischen Kongress der Räte der Arbeiter- und Soldatendeputierten* in Petrograd haben *Sozialrevolutionäre* und *Menschewiki* die Mehrheit.

(18.6./1.7.): Auf Anordnung Kerenskijs beginnt an der Südwestfront eine russische Offensive, die jedoch scheitert.

(Juli): Aufgrund bewaffneter Massendemonstrationen verhängt die Provisorische Regierung den Kriegszustand über Petrograd, verhaftet die Anführer, entwaffnet die Roten Garden und verbietet bolschewistische Zeitungen; Lenin flüchtet nach Finnland und geht erneut in den Untergrund; Kerenskij wird Ministerpräsident und General Kornilov Oberbefehlshaber der Armee.

(25.–30.8.): Ein Putschversuch General Kornilovs scheitert; Kerenskij übernimmt den Oberbefehl über die Armee.

(September): Die Bolschewiki gewinnen die Mehrheit im Petrograder Sowjet; Trotzki wird zum Vorsitzenden des Sowjets gewählt.

(Oktober): Auflösung der Duma und des Reichsrates zugunsten eines Provisorischen Rates der Republik; nachdem die Bolschewiki im Moskauer und Petrograder Sowjet die absolute Mehrheit erreicht haben, wird der bewaffnete Aufstand beschlossen.

(25.–26.10./7.–8.11.): In der Nacht zum 26. Oktober stürmen die Bolschewiki das Winterpalais und verhaften die Provisorische Regierung. Der gleichzeitig tagende II. Allrussische Rätekongress billigt die Machtübernahme gegen den Protest der rechten Sozialrevolutionäre und der Menschewiki.

Literatur, Kunst und Kultur

1881 Kurzgeschichten von A. P. Čechov in humoristischen Zeitschriften.

1883 Poesie: A. A. Fet: *Abendlichter* [Вечерные огни] (Gedichtband).

1885 Der Mäzen Sergej I. Mamontov gründet in Moskau die erste private Oper;

(8.10.) Premiere der Oper *Schneeflöckchen* [Снегурочка] von N. A. Rimskij-Korsakov in Mamontovs Privatoper.

1887 Drama: Lev N. Tolstoj *Die Macht der Finsternis* [Власть тьмы] (Drama).

1888 Prosa: A. P. Čechov: *Die Steppe* [Степь] (Erzählung); L. N. Tolstoj: *Die Kreutzersonate* [Крейсерова соната] (Erzählung).

1889 Architektur: in Moskau entsteht eine Kaufhauspassage im Neorussischen Stil, das spätere GUM (Architekt A. N. Pomerancev).

1890 Musik: Petr I. Čajkovskij: *Pique Dame* (Oper); A. P. Čechov fährt nach Sachalin; seine Reisebeschreibung *Die Insel Sachalin* berichtet vom Schicksal der dortigen Strafgefangenen.

1892 Prosa: A. P. Čechov: *Krankenzimmer Nr. 6* [Палата номер 6] (Novelle).

Der Kaufmann P. M. Tret'jakov schenkt der Stadt Moskau seine Gemäldesammlung.

1893 Prosa: D. S. Merežkovskij: Über die Ursachen des Niedergangs und über neue Strömungen in der gegenwärtigen russischen Literatur (Essay); Musik: P. I. Čajkovskij: *Sechste Sinfonie*.

1894/95 Poesie: V. Ja. Brjusov: *Russkie simvolisty* (Gedichte); Die Kunstmäzenin Fürstin M. K. Teniševa gründet in Sankt Petersburg ein Kunststudio, das ab 1895 von Il'ja Repin geleitet wird. Gründung des *Russischen Museums* in Petersburg als Museum für Kunst und Kulturgeschichte.

1896 In Petersburg und auf der Messe in Nižnij Novgorod werden erste Filmsequenzen gezeigt; Drama: A. P. Čechov: *Die Möwe* [Чайка].

1897 L. N. Tolstoj: *Was ist Kunst?* (Essay); A. P. Čechov: *Onkel Vanja* [Дядя Ваня] (Drama).

1898 K. S. Stanislavskij und V. I. Nemirovič-Dančenko gründen in Moskau das *Akademische Künstlertheater*.

(bis 1904) erscheint in Sankt Petersburg die erste moderne Kunstzeitschrift *Welt der Kunst* [Mir iskusstva] (Redakteur S. P. Djagilev).

Der Architekt F. O. Šechtel' erbaut in Moskau die Jugendstilvilla für die Bankiersfamilie Rjabušinskij. Im selben Jahr errichtet er das Stadthaus für den Unternehmer Morozov im maurischen Stil.

1899 Prosa: L. N. Tolstoj: *Auferstehung* [Воскрешение] (Roman). Der Heilige Synod exkommuniziert den Autor.

1900 L. N. Tolstoj: *Der lebende Leichnam* [Живой труп] (Drama); Maxim Gor'kij übernimmt bis 1912 den Verlag *Znanie*; Prosa: I. A. Bunin: *Die Antonov-Äpfel* (Erzählung).

1901 A. P. Čechov: *Drei Schwestern* [Три сестры] (Drama).

Z. Gippius und D. S. Merežkovskij organisieren religiös-philosophische Versammlungen in Petersburg (bis 1903).

1902 M. Gor'kij: *Nachtasyl* [На дне] (Drama).

Bau des Moskauer Künstlertheaters im Jugendstil (Architekt F. O. Šechtel').

Umbau des Jaroslavler Bahnhofs im Neorussischen Stil durch F. O. Šechtel'. Insgesamt errichtete der deutschstämmige F. Šechtel' über 40 Gebäude in Moskau.

1903 erscheint die religiös-philosophische Zeitschrift *Der neue Weg* [Новый путь]; S. N. Bulgakov: *Vom Marxismus zum Idealismus* (Philosophische Essays); Poesie: symbolistische Lyrik: V. Ja. Brjusov: *Urbi et orbi*, K. D. Bal'mont: *Seien wir wie die Sonne* [Будем как солнце], V. I. Iwanov: *Leitsterne* [Кормчие звезды].

1904 Uraufführung des Dramas *Der Kirschgarten* [Вишневый сад] von A. P. Čechov; der Autor stirbt noch im gleichen Jahr; V. Ja. Brjusov gibt die symbolistische Zeitschrift *Die Waage* [Весы] (–1909) heraus; Poesie: A. A. Blok: *Verse an eine schöne Dame*; V. Ja. Brjusov: *Das fahle Pferd* [Конь бледный]; Drama/Theater: Die Schauspielerin V. F. Komissarževskaja leitet in Petersburg ein eigenes Theater, das unter der Regie (1906–1908) von V. E. Mejerchol'd symbolistische Stücke inszeniert.

Der Physiologe I. P. Pavlov erhält den Nobelpreis für seine Lehre von den bedingten Reflexen.

1906 Drama: (30.12.) Premiere des Schauspiels *Die Schaubude* [Балаганчик] von A. Blok.

1907 Prosa: F.K. Sologub: *Der kleine Dämon* [Мелкий бес] (Roman); M. Gor'kij: *Die Mutter* (Roman).

Gründung der Religiös-Philosophischen Gesellschaft in Petersburg (–1917).

Die Wohnung von V.I. Iwanov (der ,Turm') wird (–1912) Treffpunkt der Petersburger Intelligenzija.

1908 Prosa: V.Ja. Brjusov: *Der feurige Engel* [Огненный ангел] (Roman).

1909 (März): In der Aufsatzsammlung *Wegzeichen* [Вехи] kehrt sich die Intelligenzija vom tradierten Revolutionsideal ab und fordert eine Rückbesinnung auf ethisch-religiöse Werte. Prosa: A. Belyj: *Die silberne Taube* [Серебрянный голубь] (Roman).

(19.5.): Theater: Auftakt der *Russischen Saisons* in Europa, aus denen die *Ballets Russes* (ab 1913 in Paris) von S. Djagilev hervorgehen.

In Petersburg erscheint (–Oktober 1917) die Kunstzeitschrift *Apollon*.

1910 Theater: Uraufführung des Balletts *Der Feuervogel* [Жар-птица] von I.F. Stravinskij in Paris (Regie: S.P. Djagilev).

Tod L.N. Tolstojs, der V.F. Kommissarževskaja und des Malers M.A. Vrubel'; Krise des Symbolismus; seine Ablösung durch Akmeismus und Futurismus.

1910/11 Malerei: In Moskau entsteht nach der gleichnamigen Kunstausstellung die avantgardistische Künstlergruppierung *Karo-Bube* [Бубновый валет], die sich ästhetisch an der Malerei P. Cézannes, des Fauvismus und Kubismus orientiert. Zu den Mitgliedern gehören David und Vladimir Burljuk, Petr Končalovskij, Aristarch Lentulov, Il'ja Maškov u.a. 1912 verlassen die Brüder Burljuk, Natal'ja Gončarova, Michail Larionov und Kazimir Malevič die Gruppe und gründen die unabhängige Vereinigung *Eselsschwanz* [Ослинный хвост]. Die Gruppe *Karo-Bube* bestand bis 1917, die Vereinigung *Eselsschwanz*, der auch Marc Chagall, und Vladimir Tatlin angehörten, existierte bis 1913.

Prosa: I.A. Bunin: *Das Dorf* [Деревня] (Erzählung); A.M. Remizov: *Schwestern im Kreuz* [Крестовые сёстры] (Roman).

1911 N.A. Berdjaev: *Philosophie der Freiheit* [Философия свободы]; A.V. Lunačarskij: *Religion und Sozialismus* [Религия и социализм].

Poesie: V.I. Iwanov: *Cor ardens* (lyrisches Hauptwerk); Bildung der akmeistischen Dichtergilde *Cech poetov*.

1912 Manifest des Futurismus: *Eine Ohrfeige dem öffentlichen Geschmack* [Пощечина общественному вкусу].

Musik: S. S. Prokof'ev: *1. Klavierkonzert.*

Malerei: Moskauer Ausstellung Eselsschwanz mit Bildern u. a. von K. Malevič und V. Tatlin; Poesie: A. A. Achmatova: *Der Abend* [Вечер] (erster Lyrikband).

1913 (29.5.): Musik: Premiere von *Le sacre du printemps* (Stravinskij) in Paris; Djagilevs *Russisches Ballett*; Prosa: A. Belyj: *Petersburg* (Roman); V. V. Rozanov: *Verwehte (abgefallene) Blätter* [Опавшие листья] (Kurzprosa); Poesie: O. E. Mandel'štam: *Der Stein* [Камень] (Gedichtband); Malerei: K. Malevič: *Schwarzes Quadrat* [Черный квадрат] (Bild); gegen Ende des Jahres konstituiert sich die Dichtergruppe *Zentrifuge*, der auch B. L. Pasternak angehört.

(3.12.); Musik: Premiere der futuristischen Oper *Sieg über die Sonne* [Победа над солнцем] in Petersburg (Musik: M. Matjušin; Libretto: A. Kručennych).

Drama: V. V. Majakovskij: *Wladimir Majakovskij Tragödie* [Владимир Маяковский].

1915 Poesie: V. V. Majakovskij: *Wolke in Hosen* [Облоко в штанах] (Poem).

Wissenschaft: Aus dem *Moskauer Linguistischen Zirkel* und dem Petersburger *Opojaz* [Опояз] entsteht die *Formale Schule* [Формальная школа].

1918 Poesie: A. A. Blok: *Die Zwölf* [Двенадцать] (Poem).

Kapitel 12

Revolutionäre Experimente.
Vom Kriegskommunismus zur Diktatur Stalins (1917–1941)

Wie erwartet verabschiedete die neue Sowjetregierung sofort Dekrete über die Beendigung des Krieges und die Nationalisierung der Industrie und des Bodens. Zur Versorgung der Armee und der Bevölkerung wurden Lebensmittel rationiert. Die Wirtschaft wurde der Versorgung der Armee und der städtischen Bevölkerung untergeordnet. Der für Russland ungünstige Frieden von Brest-Litowsk (Unterzeichnung am 3. März 1918) beendete den Krieg mit Deutschland.

Russischer Bürgerkrieg, Kriegskommunismus, Hungersnöte

An den Rändern des Reiches konzentrierte sich der Widerstand der Revolutionsgegner und schloss sich zur sogenannten *Weißen Bewegung* zusammen. Bürgerkrieg und Kriegskommunismus bestimmten zunächst die ersten nachrevolutionären Jahre. Unter der Führung Lenins und Trotzkis verteidigte die bolschewistische Partei (nach 1925 VKP/b, nach 1952 KPdSU) ihre Herrschaft im Namen der Arbeiterklasse und in Erwartung einer Weltrevolution durch die Zentralisierung der Macht sowie durch repressive Maßnahmen in Form einer verschärften Zensur und den sogenannten „Roten Terror" gegen alle inneren und äußeren Gegner. Der Widerstand gegen das Sowjetregime hatte wirtschaftliche, aber auch nationale Ursachen: Die Ukraine, Polen, Finnland und die baltischen Länder bestanden auf ihrer Freisetzung aus russischer Vorherrschaft. Doch die im Nationalitätenprogramm der Partei vorgesehene Selbstbestimmung der Völker wurde bald wieder eingeschränkt. Die separatistischen Bewegungen schlossen sich den sogenannten ‚Weißen' (konterrevolutionäre Truppen) an. In den beginnenden Bürgerkrieg griffen auch Interventionstruppen aus England, Frankreich, den USA und Japan ein. Auf dem Höhepunkt des Bürgerkriegs kämpften Soldaten aus 14 verschiedenen Nationen auf russischem Gebiet. Im Sommer 1918 riefen die Kosaken eine Don-Republik aus. In Sibirien sammelten sich unzufriedene Bauern, Angehörige nationaler Minderheiten und ehemalige Sozialrevolutionäre unter dem Kommando ‚weißer', ehemals zaristischer Generäle. Im März 1919 begannen die Operationen der Alliierten, die allerdings schon im April das Kommando den Weißen übergaben. Deren Sommeroffensive auf Moskau von Süden (A. I. Denikin) und von Nordwesten aus dem Baltikum (N. N. Judenič) scheiterte jedoch am Widerstand der Roten Armee, die den militärischen Vorteil der ‚inneren Linie' taktisch geschickt zu nutzen verstand. Nachdem Petrograd 1919 nicht eingenommen werden konnte, wurde im Februar 1920 General Judeničs Armee demobilisiert. Die geplante Vereinigung der aus Sibirien kommenden Armeen Admiral Kolčaks und des aus Süden auf Moskau vorrückenden General Denikins misslang. Vor der Stadt Orel geriet der Vorstoß auf Moskau ins Stocken. Der Einmarsch der Polen in die Ukraine wurde ebenfalls zurückgeschlagen. Die Truppen der Weißen erlitten unter General Vrangel' ihre letzte Niederlage auf der Krim. Der Bürgerkrieg endete 1920. Damit wurde die Lage aber keineswegs friedlicher. Im Februar/März 1921 erhoben sich Matrosen in Kronstadt aus Protest gegen die katastrophale Wirtschafts- und Versorgungslage. Der Aufstand wurde durch loyale Truppen der Roten Armee blutig niedergeschlagen. Eine seiner Folgen war die Einschränkung der Meinungs- und Diskussionsfreiheit sowie des Fraktionsverbots innerhalb der kommunistischen Partei.

Durch den Bürgerkrieg waren große Teile der Industrieanlagen zerstört oder konnten aufgrund von Rohstoffmangel nicht mehr produzieren. Eine rigorose Abgabepolitik durch Konfiskation von Getreide (Kriegskommunismus) bei den Bauern führte 1921/22 zu einer gewaltigen Hungersnot (v. a. an der Wolga) und zu Epidemien. Insgesamt kamen im Bürgerkrieg ca. 8–10 Mio. Menschen ums Leben, die folgenden Hungersnöte und Krankheiten forderten nochmals weitere 5 Mio. Tote.

Neue Ökonomische Politik und Russlands Elektrifizierung

Eine *Neue Ökonomische Politik* (NÖP) als temporäre Konzession an kapitalistisches Wirtschaften sollte die Notsituation entschärfen und die Versorgung der Städte verbessern. Handel, Landwirtschaft und Industrie wurden partiell reprivatisiert. Die Bauern gründeten unabhängige Kooperative und verkauften ihre Produkte auf Märkten. Die willkürliche Beschlagnahme von Lebensmitteln (gewaltsame Getreiderequisitionen 1918–1920) wurde durch Naturalabgaben, später durch Steuern ersetzt. Durch diese Maßnahmen normalisierte sich die Versorgung der Bevölkerung relativ schnell und die Einkommen der Bauern stiegen bis zum Ende der 1920er Jahre erheblich. Die Großindustrie, Banken und der Außenhandel verblieben allerdings in staatlicher Hand. Der Wiederaufbau verlief mangels ausreichender staatlicher Investitionen bis Mitte der 1920er Jahre nur schleppend. Eine Ausnahme bildete hier die Stromversorgung. Auf dem VIII. Allrussischen Sowjetkongress wurde Ende Dezember 1920 der von V. Lenin geforderte Plan zur Elektrifizierung Russlands (GOĖLRO) angenommen, bereits im Februar war zu seiner Vorbereitung eine Expertenkommission ins Leben gerufen worden. Dieses gesamtstaatliche Vorhaben konnte auf Planungen aus der Zeit vor der Oktoberrevolution aufbauen; die vorgesehenen Baumaßnahmen gingen auch deutlich über die reine Stromversorgung hinaus, so dass GOĖLRO im Prinzip einen ersten Industrialisierungsplan Russlands darstellt. Produzierte Russland 1913 ca. zwei Mrd. KW/h, kam es kriegsbedingt bis 1920 zu einem erheblichen Rückgang (0,5 Mrd. KW/h). Durch den bis 1931 laufenden Elektrifizierungsplan konnte Russland seine Stromproduktion bis 1930 auf 8,4 Mrd. KW/h erhöhen, im Verlauf des ersten Fünfjahrplans dann bis auf 28,3 Mrd. KW/h (1935). Entsprechend stieg die Zahl der Kraftwerke an: von 33 (1913), 75 (1917) auf 858 (1927), von denen zwei Drittel Kohlekraftwerke, ein Drittel Wasserkraftwerke waren. Zuwächse um 50–80 Prozent wurden auch bei der Förderung von Kohle, Rohöl und Eisenerzen erreicht. Ein echter Durchbruch sollte allerdings erst nach 1930 erfolgen. Durch die flächendeckende Elektrifizierung Russlands ging in den russischen Dörfern buchstäblich das Licht an. Für diesen Effekt bürgerte ich das geflügelte Wort „Iljitschs Lämpchen“ ein.

1922 wurde die Russländische Föderative Sowjetrepublik (RSFSR) zur UdSSR. Den neuen Nationalitätenstaat legitimierte eine föderative Verfassung. Außenpolitisch verfolgte man eine *Doppelstrategie*. Russland zeigte sich als anti-imperialistisches Bollwerk (z.B. auf dem Kongress der III. Internationale in Moskau 1919) mit der vagen Hoffnung auf eine Weltrevolution. Andererseits rehabilitierte man die Beziehungen zu Europa und Amerika durch Wirtschaftsverträge. So ermöglichte der Vertrag von Rapallo eine weitreichende Kooperation mit Deutschland. Mit Lenins Krankheit (ab 1922) begann der interne Machtkampf um seine Nachfolge.

Lenins Nachfolge

Nach Lenins Tod im Januar 1924 übernahm Iosif V. Džugašvili, genannt Stalin, bereits ab 1922 Generalsekretär, die organisatorische Führung der Partei und stützte sich dabei auf jüngere, im Gegensatz zu den Veteranen der Revolution (Altbolschewiki) folgsamere Kader. Allein in den Jahren 1922/23 setzte Stalin ca. 4.000 neue jüngere und nur ihm verpflichtete Funktionsträger an die Schaltstellen der Macht, die in den Folgejahren im Kampf gegen innerparteiliche Gegner seine Rückendeckung bildeten. Ursprünglich ein ideologisch motivierter Gesinnungsverband, verwandelte sich die Partei in einen ausufernden bürokratischen Apparat. In den

Debatten über die NÖP und die Rolle der Komintern, aber auch durch wechselseitiges Paktieren und Hintergehen schaltete Stalin nach Lenins Tod seine ehemaligen Mitstreiter aus. Zunächst die ‚linke Opposition' (darunter L. Trotzki, G. Zinov'ev, L. Kamenev u. a.), später in einer scharfen Wendung gegen die NÖP und für eine rasche Industrialisierung und Kollektivierung auch die ‚rechte Opposition (N. Bucharin, A. Rykov und M. Tomskij). Als Antwort auf Trotzkis These von der *permanenten Revolution* im Weltmaßstab entwickelte Stalin die Idee vom *Sozialismus in einem Land*. Zum 10. Jahrestag der Revolution verkündete er sein neues Programm (XV. Parteitag), das eine beschleunigte Industrialisierung (Fünfjahrplan) und forcierte Kollektivierung der Landwirtschaft vorsah. 1929 trat Stalin endgültig das Alleinerbe Lenins an. Die Sowjetunion beschritt unter seiner Führung den Weg in eine totalitäre Diktatur des Parteiapparates.

Der große Sprung nach vorn, Modernisierung und Industrialisierung der UdSSR

Mit dem *I. Fünfjahrplan* begann das größte Reformvorhaben in der russischen Geschichte überhaupt, die gewaltsame Umwandlung Russlands in ein Industrieland mit besonderer Förderung der Schwerindustrie. Obgleich angeblich vorzeitig erfüllt, erreichte der Fünfjahrplan seine gesetzten Ziele nicht. Außerdem spielte die Verschwendung von Ressourcen und Arbeitskräften nicht die geringste Rolle. Es galt, die Ziele um jeden Preis zu erreichen, denn Stalin hatte bereits Ende der 1920er Jahre vor Wirtschaftsfunktionären gewarnt, dass wenn man die fortgeschritteneren Länder (Westeuropas) nicht ein- und überhole, Sowjetrussland „zermalmt" würde. Fortan herrschte in allen Wirtschaftsbereichen eine Ideologie der Planerfüllung und -übererfüllung. In zahlreichen Großprojekten griff man auch auf Zwangsarbeit zurück, denn das seit Beginn der 1920er Jahre aufgebaute Netz an Konzentrations- und Arbeitslagern, in denen tatsächliche und vermeintliche Gegner der Revolution inhaftiert worden waren, lieferte billige Arbeitskräfte. In der Landwirtschaft wurde ab Ende 1929 das Tempo der Kollektivierung erhöht. Dabei verfolgte Stalin vier Ziele: erstens wollte er dem unabhängigen russischen Bauerntum ein Ende bereiten und den politischen Willen der Bauern brechen, zweitens beabsichtigte er, durch Unterstellung der Bauernschaft unter die Kontrolle der Partei die landwirtschaftliche Produktion besser steuern zu können und drittens versprach er sich durch die Kollektivierung eine partielle Freisetzung von in der Landwirtschaft nicht mehr benötigter Arbeitskraft, die in die Schwerindustrie wechseln sollte. Viertens war die Zwangskollektivierung de facto eine massenhafte Enteignung der Bauern; durch sie, d. h. die bäuerliche Produktion, wurde die Industrialisierung maßgeblich finanziert. Die Zwangskollektivierung der Bauern (1930/31) sowie die Vernichtung der besser gestellten Bauern (*Vernichtung der Kulaken als Klasse*) erfolgte durch rücksichtslosen Terror. Die Resultate waren eine vehemente Agrarkrise und gewaltige Hungersnöte (1931), in denen weitere ca. 7 Mio. Menschen ums Leben kamen, allein davon 3,5 Mio. in der Ukraine (Holodomor). Stalin selbst bremste diese Entwicklung aufgrund der katastrophalen Folgen für die Versorgung kurzfristig, blieb aber bei seinem Ziel, die kapitalistischen Länder auf industriellem Gebiet zu übertreffen. Nach dem XVII. Parteitag, dem sogenannten *Parteitag der Sieger* (1934) ließ die allgemeine Anspannung zunächst nach. Im Dezember wurde die Lebensmittelrationierung abgeschafft. Stalin gab die Leitlosung der 1930er Jahre aus: „Das Leben ist besser und fröhlicher geworden". Der *II. Fünfjahrplan* (1932–1937) sollte die verbliebenen Defizite kompensieren, so entstanden unter staatlicher Leitung riesige, miteinander vernetzte Industriekombinate. Durch den ersten und zweiten Fünfjahrplan katapultierte sich die UdSSR auf Platz 2 der Weltindustrieproduktion hinter den USA und überholte die traditionell führenden Westmächte England und Deutschland. Hauptstütze dieser Produktion war die Schwerindustrie (Eisen- und Stahlproduktion, Kohle- und Ölförderung, Bodenschätze), die Leicht- und Konsumgüterproduktion stand in der Prioritätenliste hintenan.

Unterwerfung der Bauernschaft und „Großer Terror"

Erkauft wurde der große industrielle Sprung nach vorn daher einerseits durch Konsumverzicht der städtischen Bevölkerung, andererseits durch eine gewaltige Ressourcenumverteilung aus der Landwirtschaft in die Schwerindustrie. Selbst Ende der 1930er Jahre, zehn Jahre nach Beginn der Kollektivierung, hatte die Getreideproduktion noch nicht wieder das Niveau von 1929 erreicht. Die Kollektivierung der Landwirtschaft erwies sich daher unter Effizienzgesichtspunkten als kolossaler Fehlschlag, aber die *politischen* Ziele wurden erreicht: die ökonomische Macht der Bauern zu brechen und die Landwirtschaft einer zentralen politischen Steuerung aus Moskau zu unterstellen. Ohne den durch die Kollektivierung ermöglichten Zugriff auf die Landwirtschaft wäre eine derart umfassende finanzielle Umverteilung nicht möglich gewesen. In der Industrie wurde zur Erhöhung der Arbeitsleistung 1936 die *Stachanov-Bewegung* (Bestarbeiter) initiiert. Allmählich ging man zu einer allgemeinen Arbeitspflicht über, für deren Verletzung rigorose Strafen verhängt wurden. Der ‚Parteitag der Sieger' (1934) hatte aber auch gezeigt, dass Stalin nicht über eine rückhaltlose Unterstützung der Parteispitze verfügte. Zahlreiche Delegierte des Parteitages stimmten gegen Stalin und für den Leningrader Parteisekretär S. Kirov. Stalin beschloss die gnadenlose Ausschaltung aller tatsächlichen wie potentiellen Gegner durch die Geheimpolizei der GPU (Politische Hauptabteilung) bzw. das NKVD (Innenministerium). 94 Prozent der Parteitagsmitglieder von 1934 überlebten das Ende der 1930er Jahre nicht.

Der Mord an dem Leningrader Parteisekretär Kirov am 1. Dezember 1934 leitete eine neue Epoche des Terrors ein. Vor Gericht erschien in drei spektakulären Moskauer Schauprozessen 1936–1938 die alte Garde der Bolschewiki. Man erpresste von den Angeklagten unter Folter die absurdesten Geständnisse (Spionage, Verschwörung, Landesverrat, Sabotage usw.). Die von Generalstaatsanwalt Andrej Vyšinskij geleiteten Schauprozesse verurteilten zunächst die Mitstreiter Lenins Lev Kamenev und Grigorij Zinov'ev, wenig später Nikolaj Bucharin, Aleksej Rykov und zahlreiche weitere Altbolschewiki zum Tode. Vorbereitet wurden die Prozesse vom Leiter der GPU Genrich Jagoda und danach von NKVD-Chef Nikolaj I. Ežov. In Geheimprozessen wurde außerdem 1937/38 nahezu der gesamte Kommandostab der Roten Armee liquidiert (20.000 Offiziere), was zu einer massiven Schwächung der Roten Armee führte. Am 20. August 1940 wurde Trotzki in Mexiko ermordet. Ende der 1930er Jahre gab es bereits ein riesiges Netz von Straflagern (GULAG), den Weißmeerkanal erbauten 250.000 Strafgefangene. Ab 1938 erfolgten die Säuberungen unter dem Vertrauten Stalins Lavrentij P. Berija nicht mehr öffentlich.

Spätestens ab Mitte der 1930er Jahre breitete sich in Sowjetrussland eine Atmosphäre bleiender Angst aus, unterstützt durch die Propaganda willkürlicher Schuldzuweisung. Die Verhaftungswellen nach 1936 folgten keiner nachvollziehbaren Logik mehr, so dass die Bevölkerung nicht wusste, wie groß die ihnen drohende Gefahr tatsächlich war. Oftmals wurde vollkommen willkürlich verhaftet, weil man die ‚Planvorgaben' der Verhaftungen (Limits) erfüllten musste. Wirtschaftliche Mängel und Defizite im Land hatten stets sogenannte Großbauern (Kulaken), Ingenieure („Schädlinge") und Schriftsteller („Verräter") zu verantworten. Fehler wurden somit nie im System der Stalinschen Planwirtschaft selbst gesucht, sondern geheimnisvollen und zerstörerischen Machenschaften von Gegnern des Regimes im In- und Ausland zugeschrieben. In der Parteiführung wie auch in der propagandistisch manipulierten Bevölkerung breiteten sich abstruse Verschwörungstheorien aus, deren Nachwirkungen bis heute spürbar sind.

Optimismus als Zeitgeist und neuer Konservatismus

Der Welt der Willkür, Schreckensherrschaft und Angst wurde eine Optimismus verbreitende Scheinwelt propagandistisch gegenübergestellt und mit fröhlichen Feiertagen, Umzügen und Volksbelustigungen inszeniert. Zur gleichen Zeit verlieh eine neue sowjetische (Stalinsche) Verfassung dem Sowjetstaat 1936 eine pseudodemokratische Fassade. Festgeschrieben wurden vor allem die führende Rolle der Partei und die Planwirtschaft. Die Partei verlor zunehmend ihren proletarischen Charakter, denn die privilegierte Klasse war jetzt eine technisch und ideologisch geschulte Funktionärsschicht. In der Bildungspolitik konnte Sowjetrussland erhebliche Erfolge verzeichnen. So war man in der Lage, in wenigen Jahren eine neue Generation technisch gut ausgebildeter Kader für die Industrie hervorzubringen, auch ging der Anfang des 20. Jahrhunderts noch weit verbreitete Analphabetismus (ca. 65 Prozent) durch großangelegte Kampagnen weitgehend zurück. Die Jahre revolutionärer Freizügigkeit (Abschaffung der Ehe, Emanzipation der Frau) gingen mit den 1930er Jahren ihrem Ende zu. Diese konservative Wende unter Stalin zeigte sich auch in der Rehabilitierung der Vergangenheit: Man betonte die Kontinuität der russischen Geschichte, die Bedeutung nationaler Symbole und einen traditionellen literarischen Kanon (A. Puschkin, L. Tolstoj). Man arrangierte sich auch mit der in den 1920er Jahren noch aktiv verfolgten Orthodoxen Kirche, wurde doch die restaurative Tendenz Teil eines neuen Sowjetpatriotismus. Die neue Ideologie verkündete Stalins millionenfach verbreitetes Buch *Kurzer Abriss der Geschichte der VKP/ (b)* (der sog. *Kurze Kurs*), in dem ein historisch verfälschtes Bild der revolutionären Parteigeschichte gezeichnet wurde. Reale Personen, insbesondere die von Stalin Mitte der 1930er Jahre verfolgten Altbolschewiki, fehlten, dafür wurde anonym geschildeten ‚Entwicklungsprozessen" breiter Raum gewidmet. Das Herauslöschen unliebsamer Parteipolitiker machte auch bei der Veröffentlichung von Fotografien in Zeitungen, Zeitschriften und Büchern Schule. Die jüngste Sowjetgeschichte geriet so zur Verfügungsmasse der politischen Interessen Stalins und seiner Führung; ihre so geborenen Mythen wurden wiederum Teil der Propaganda und auch des öffentlichen Bewusstseins. Die mentale Stalinisierung der Gesellschaft erfasste nicht nur die Gegenwart, sondern auch Vergangenheit und Zukunft. In den Medien breitete sich nach 1931 ein umfassender Stalin-Kult aus. Stalin galt ab sofort als einziger „wahrer" Nachfolger Lenins, ihm wurden alle erdenklichen Erfolge zugeschrieben. Stalin-Portraits dekorierten die Seiten der Zeitungen und wurden auf zahlreichen Plakaten zur Schau gestellt. Auch entstand eine Stalin huldigende Gedichts- und Liedkultur.

Außenpolitische Doppelspiele

Die UdSSR suchte Anschluss an die Weltgemeinschaft und trat 1934 dem Völkerbund bei. Außenpolitisch behielt man sich mehrere Optionen offen: Einerseits war man an einer Fortsetzung der Kooperation mit Deutschland interessiert, doch mit der Erstarkung des Nationalsozialismus erwog man auch eine Annäherung an die Westmächte. 1933 erfolgte die Anerkennung der Sowjetunion durch Amerika. Auf der anderen Seite unterstützte man die internationale revolutionäre Bewegung, und die Komintern wurde auf dem VII. Komintern-Kongress 1935 in Moskau zur Taktik einer *Einheitsfront* aller Linksparteien gegen den Faschismus verpflichtet. Dieses in den 1930er Jahren eingeübte zynische *Doppelspiel*, zu Staaten vertraglich geregelte, wirtschaftliche oder politische Beziehungen zu unterhalten und gleichzeitig über die ideologische Schiene diese Länder zu unterminieren, sollte die UdSSR bis zum Beginn der Perestrojka (und teilweise bis in die Gegenwart) fortsetzen. Diese außenpolitische Janusköpfigkeit kam auch im Spanischen Bürgerkrieg zum Ausdruck (1936–1938). Man leistete finanzielle und militärische Hilfe, unterstützte anfangs auch die Freiwilligenbrigaden im Kampf gegen Franco, stand aber einem Sieg der Kommunisten skeptisch gegenüber. Der Antikominternpakt zwischen Deutschland, Italien und Japan und das Münchener Abkommen über das Sudetenland belasteten das deutsch-russische Verhältnis. Es stellte sich die Frage, ob man mit dem Westen gegen Hitler vorgehen oder mit Deutschland eine Aufteilung Osteuropas vorantreiben sollte. Obgleich man sich Ende der 1930er Jahre ein Bündnis mit England gegen Nazideutschland als Option offenhielt, für das der sowjetische Botschafter in London Iwan Majskij intensive Überzeugungsarbeit leistete, behinderte die polnische Weigerung nach einem Durchmarschrecht für sowjetische Truppen im Kriegsfall einen Vertragsabschluss; die englische Garantie für Polen führte zur Annäherung der UdSSR an Deutschland. Überraschend für die Welt kam es am 23. August 1939 zum Hitler-Stalin-Pakt. Nach dem deutschen Einmarsch und der anschließenden sowjetischen Invasion in Polen folgte die vierte Teilung des Landes, bei der ideologische Gegensätze zwischen Nazideutschland und Sowjetrussland kein Hindernis darstellten. In einem verlustreichen Krieg gegen Finnland (Winter 1939/40) erzielte die UdSSR zwar territoriale Gewinne, wurde aber wegen ihres aggressiven Vorgehens aus dem Völkerbund ausgeschlossen. Mit der Besetzung der baltischen Staaten und Bessarabiens zeigte sich die Sowjetunion als imperialistische Großmacht. Der deutsch-russische Konflikt ergab sich, abgesehen von Hitlers Antibolschewismus und der ideologischen Polarisierung, vor allem aus der Rivalität um Gebietsansprüche: Die UdSSR wollte ihre Interessen auf dem Balkan und in der Ostseeregion sichern. Hitler aber verhandelte nicht mehr, besetzte Jugoslawien und überfiel am 22. Juni 1941 die Sowjetunion.

Verstaatlichung der Kultur

Unterschiedliche linke literarische und künstlerische Vereinigungen konkurrierten in den 1920er Jahren um die Schaffung einer ‚proletarischen Kultur', die parallel zum neuen sozialistischen Staat nunmehr auch eine vollkommen neue zivilisatorische Grundlage für diesen Staat entwickeln sollte. Recht, Bildung, Kunst, Literatur und Medien wurden in den Dienst der Parteipolitik gestellt. Eine militante atheistische Propaganda und die Unterdrückung der Kirche sollten religiöse Einflüsse auf die Gesellschaft ausschalten, landesweit wurden zahlreiche Kirchen und Klöster zerstört oder zweckentfremdet. Ikonen und andere Kultgegenstände wurden zerstört oder ins Ausland verkauft, um den massiven Devisenbedarf zu decken.

Die kulturelle Entwicklung bis zum Ende der 1930er Jahre bestimmten allgemeine Verstaatlichung und ideologische Vereinnahmung. Diese Tendenz bezog sich nicht nur auf die literarisch-künstlerische Produktion, sondern auch auf Bildung, Wissenschaft und Medien (Presse, Film, Rundfunk). Die Literatur spaltete sich nach Art und Grad ihrer Öffentlichkeit auf: Neben der offiziell im Lande verlegten *Sowjetliteratur* entwickelten sich nach der Zwangsexilierung zahlreicher Intellektueller eine russische Exilliteratur (v.a. in Berlin, Paris und Prag) und eine in der UdSSR verbotene (bzw. nicht gedruckte) Literatur von Autoren, die sich der politisch-ideologischen Indoktrination zu entziehen suchten und Werke „für die Schreibtischschublade" produzierten.

Die Schaffung der neuen, offiziellen Kultur ging von drei zunächst relativ eigenständigen Kraftzentren aus: von der politisch engagierten Avantgarde (Futurismus/Kubofuturismus, faktographische Literatur), von der Bewegung des *Proletkults* [proletarskaja kul'tura] und vom Volkskommissariat für Bildung (A. Lunačarskij). Im Verlauf der 1920er Jahre wurden Avantgarde und Proletkult als eigenständige Bewegungen aufgelöst oder der Kulturpolitik der Partei unterstellt. Lunačarskij wurde 1929 als

Volkskommissar für Bildung abgesetzt. Mit der Gründung der RAPP (1925) standen die in traditioneller, realistischer Manier schreibenden „proletarischen Schriftsteller" nur noch den sogenannten *Weggefährten* gegenüber, Autoren und Gruppierungen mit anspruchsvollen ästhetischen Konzepten, die in Teilen mit der revolutionären Entwicklung sympathisierten, der Partei aber nicht unmittelbar zuarbeiten wollten. Um die Kultur, Literatur, Pressewesen und Kunst insgesamt unter Kontrolle zu bringen und für die Ziele des „sozialistischen Aufbaus" zu instrumentalisieren, kam es ab 1928 zu über 50 Parteiverordnungen, mit denen das Presse-, Buch- und Bibliothekssystem sowie die Plakatpropaganda (1931) und der Film (1930) einer strikten Kontrolle seitens der VKP/b unterstellt und ideologisch gleichgeschaltet wurden. Mit der Verordnung vom 23. April 1932 *Über den Umbau der Literatur- und Kunstorganisationen* wurde die Auflösung aller literarisch-künstlerischen, insbesondere der proletarischen RAPP dekretiert. Es folgte die Gründung eines einheitlichen Schriftstellerverbandes, eines Moskauer Künstlerverbandes und die Überführung aller Gruppierungen in die entsprechenden Fachverbände (Literatur, Film, Architektur, bildende Kunst). Auf dem I. Schriftstellerkongress (1934) wurden diese Maßnahmen abgesegnet und der *Sozialistische Realismus* als verbindliche Methode zur Grundlage allen Kunstschaffens erhoben. Mit den staatlichen Verlagen und Druckereien (ab 1918) und der Zensurbehörde *Glavlit* (Hauptverwaltung Literatur) (1922) entstanden die institutionellen Grundlagen für die praktische Kontrolle der filmischen wie literarisch-künstlerischen Produktion. Unter diesen Bedingungen war künstlerische Autorenschaft ein Elite-Merkmal, bedeutete aber zugleich eine potentielle existentielle Bedrohung, wie Repressalien gegen Literaten, Künstler und Wissenschaftler Ende der 1930er Jahre zeigten. Die Institutionalisierung der Kultur wurde von einem parallel aufgebauten Privilegiensystem flankiert, durch das loyale künstlerische Tätigkeit durch den Staat belohnt wurde.

Architektur und Design mit Weltgeltung: russischer Konstruktivismus

Ungeachtet der rigorosen Gleichschaltung durch den Sowjetstaat und trotz einer Politik der Unterdrückung gegenüber Andersdenkenden erlebte die russische bzw. sowjetische Kultur (Literatur, bildende Kunst, Film, Architektur) bis zum Ende der 1920er Jahre eine die frühe Moderne fortsetzende Blütezeit mit weitreichender internationaler Resonanz. Insbesondere durch den Konstruktivismus in Design, Gestaltung und Architektur verschafften sich Künstler und Designer wie K. Malevič, A. Rodčenko,

El Lissitzki, V. Stepanova, L. Popova, K. Mel'nikov, V. Tatlin, N. Gabo, N. Ladovskij, V. Krinskij u. v. a. Weltgeltung und förderten das Image der UdSSR eines fortschrittlichen neuen Staates. Wie auch das Bauhaus in Weimar/Dessau fungierten die *Vchutemas* (Höhere künstlerisch-technische Werkstätten) als Kaderschmiede und experimentelles Labor für modernes Design des 20. Jahrhunderts, aber auch für neue Medien, Wohnformen und Stadtplanung. So entstand in der UdSSR in den 1920er Jahren eine höchst innovative Architektur, die in ihrer Modernität viele Jahrzehnte vor ihrer Zeit lag und daher weitgehend nur als Planungsskizze realisiert wurde.[27] Für sie etablierte sich der Begriff „Papierarchitektur" [бумажная архитектура]. Dem innovativen Design des Konstruktivismus wurde aber seitens der Partei nach 1928 wieder ein Ende bereitet, denn seine lakonisch kühle Modernität stand im Gegensatz zum kleinbürgerlichen Geschmack der aufstrebenden stalinistischen Eliten, die ästhetisch gesehen eher im 19. Jahrhundert zu Hause waren. In den 1930er Jahren wurden durch konservatives Dekor und ideologische Überfrachtung im Zeichen des *Sozialistischen Realismus* viele stilistische Innovationen der 1920er Jahre marginalisiert und für Jahrzehnte zunichte gemacht.

Nach der Oktoberrevolution und der *Neuen Ökonomischen Politik*, einer kurzen Periode wirtschaftlicher und kultureller (relativer) Liberalität, folgte die Stalinsche Entwicklungsdiktatur, die *modellbildend* für eine explosive Vorwärtsbewegung steht. Diese Art von Fortschritt durch Repression ignorierte, wie schon unter Peter I., gleichermaßen Verluste an Menschen wie Rohstoffen, setzte sich über geographische wie klimatische Bedingungen hinweg und verabsolutierte die Ziele der Reform als notwendige Überlebensbedingungen des Staates. Der militärische Charakter der Reformdurchführung zeigt, dass der russische Staat nicht das geringste Vertrauen in einen evolutiven Entwicklungsweg herausgebildet hatte und an keiner Stelle des Reformprogramms auf eine Eigendynamik der Wirtschaft und Gesellschaft zu setzen vermochte, obwohl derartige Konzepte in der sowjetischen Führung kursierten (N. Bucharin, A. Rykov). Das in der Perestrojka als „Kommando-Wirtschaft" abqualifizierte Wirtschaftsmodell erforderte den permanenten Einsatz staatlicher Macht, der um so

27 Einige dieser revolutionären Entwürfe wurden fast 100 Jahre später im Ausland errichtet: Beispiele hierfür sind die Kranhäuser Rheinauhafen Köln (2006–2010), die eine Interpretation der „Wolkenbügel" (1924) El. Lissitzkis darstellen, sowie Gebäude im Düsseldorfer Medienhafen (Frank O. Gehry, Renzo Piano, Helmut Jahn u. a.)

größer sein musste, wenn eine progressive Veränderung des ökonomischen Systems angestrebt werden sollte. Dieses exakte Gegenmodell zu einem ordnungspolitischen Wirtschaftskonzept konnte im Fall extremer Belastungen von außen (z. B. im Krieg gegen Nazideutschland) durchaus sehr erfolgreich sein, es führt jedoch aber auch schneller zu Abnutzungserscheinungen, Desintegration und Stagnation, da der staatlich-ideologische Druck über lange Zeit auf hohem Niveau gehalten werden musste.

Politik und Wirtschaft

1918–1921 Bürgerkrieg und Kriegskommunismus (Getreiderequisitionen und Versorgungsdiktatur).

1918 (15.1.): Dekret über die Schaffung einer Roten Arbeiter- und Bauernarmee; Schaffung der Tscheka [Чрезвычайная комиссия, ЧК] (Geheimpolizei).

(3.3.): Frieden von Brest-Litowsk; Ratifizierung des Vertrages am 15. März.

(6.–8.3.): VIII. (außerordentlicher) Parteitag. Umbenennung der RSDRP in *Russische Kommunistische Partei (Bolschewiki)* (KPR/b). Ab 1925 erhielt sie den Namen *Kommunistische Allunions-Partei* (Bolschewiki) (VKP/b)

(9.3.): Landung der Engländer in Murmansk.

(12.3.): Moskau wird Hauptstadt des Sowjetstaates.

(5.4.): Landung japanischer Truppen in Vladivostok. Ihnen folgen Amerikaner, Engländer und Franzosen.

(Ende Mai): temporäre Selbständigkeit der Republiken Georgien, Armenien und Azerbajdžan.

(16./17.7.): Ermordung der Zarenfamilie in Jekaterinburg.

(10.7.): Erste Verfassung der RSFSR (Russländische sozialistische föderative Sowjetrepublik)

(4.8.): Baku von englischen Truppen besetzt.

(Oktober): Verstaatlichung von Verlagen und Druckereien.

(23.11.): Anglo-französische Intervention an der Küste des Schwarzen Meeres.

1919 Vormarsch der *Weißen* und Gegenoffensiven der Roten Armee.

(1.1.): Weißrussland wird zur Sowjetrepublik erklärt.

(18.–23.3.): VIII. Parteikongress der KPR (b); Bildung eines Politbüros.

(2.–6.3.): Gründungskongress der *Komintern* in Moskau.

1920–21 Krieg zwischen Polen und Russland; im Kampf gegen die Weißen ist die Rote Armee auf dem Vormarsch.

1920 (21.2.): Einrichtung einer staatlichen Planungskommission für die Elektrifizierung Russlands.

(29.3.–5.4.): IX. Parteitag; Die Opposition kritisiert übermäßige Zentralisierung und Machtmissbrauch.

(Juli/August): II. Komintern-Kongress.

(28.4.): In Azerbajdžan wird die Sowjetmacht etabliert.

(25.4.): Beginn des Krieges mit Polen.

(16.8.): ‚Wunder an der Weichsel': polnische Truppen werfen die Rote Armee vor Warschau zurück; sowjetische Hoffnungen auf einen Export der Revolution nach Europa zerschlagen sich.

(29.11.): Armenien wird Sowjetrepublik.

(22.12.): Verabschiedung des GOĖLRO-Plans zur Elektrifizierung Russlands.

1921 (28.2.–16.3.): Matrosenaufstand von Kronstadt.

(–1924): Einführung der *Neuen Ökonomischen Politik* (NÖP). Reprivatisierung des Einzelhandels.

1922 Umbenennung der Tscheka in GPU [Государственное политическое управление, ГПУ] (1922–1934).

1923 (4.1.): Im Postskriptum zu seinem Testament warnt Lenin vor der Macht Stalins und empfiehlt dem Parteitag, ihn als Generalsekretär abzulösen.

1924 Anerkennung der Sowjetunion durch England, Italien und Frankreich.

(Januar): I. Verfassung der UdSSR.

(21.1.): Tod Lenins.

(26.1.): Umbenennung Petrograds in Leningrad.

(Oktober): Integrierung neuer Sowjetrepubliken (Moldaugebiet, Tadžikistan, Uzbekistan).

1925 (Januar): L. Trotzki als Kriegskommissar abgesetzt.

(20.1.): Aufnahme diplomatischer Beziehungen zu Japan.

(10.4.): Die südrussische Stadt Caricyn wird in Stalingrad umbenannt.

(März/April): XIV. Parteikonferenz: Stalins These vom „*Sozialismus in einem Lande*".

(18.–31.12.): XIV. Parteitag: Programm der Industrialisierung.

1927 (2.–19.12.): XV. Parteitag: Entmachtung der Opposition (L. Trotzki, G. Zinov'ev).

1928 (Frühjahr, Sommer): Stalin entwickelt Pläne zur Entwicklung der Schwerindustrie und Kollektivierung der Landwirtschaft; Beginn des I. Fünfjahrplans.

Angriff auf den Islam: Schließung der Moscheen, Verbot der Pilgerreisen nach Mekka.

(Januar): Beginn der Zwangskollektivierung auf dem Land.

1929 (10.–17.11.): auf einem ZK-Plenum werden N. Bucharin, A. Rykov und M. Tomskij wegen ihres Widerstandes gegen die neue Wirtschaftspolitik Stalins als „*Rechtsabweichler*" diffamiert.

(21.12.): Stalins 50. Geburtstag, Beginn des Personenkults.

(27.12.): Stalin kündigt die durchgängige *Kollektivierung* und die „*Liquidierung der Kulaken als Klasse*" an.

1930 (7. 4.): Beschluss über die Erweiterung und Verwaltung (GULAG) der Arbeitslager.

(2.3.): Stalins Pravda-Artikel *Schwindelig von Erfolgen* bremst das Tempo der Kollektivierung.

(26.6.–13.7.): XVI. Parteitag: Sieg über die „*rechte Opposition*", Kurs in Richtung eines *beschleunigten Übergangs zum Sozialismus*.

1931 (–1933): Bau des Weißmeerkanals durch Strafgefangene.

(Juni): Verlängerung des deutsch-sowjetischen Vertrages über Freundschaft und Neutralität von 1926 um drei Jahre.

(11.10.): Beschluss über die Liquidierung jeden Privathandels.

1932 Neues Passgesetz zur Kontrolle der Migration von Arbeitskräften; Kolchosbauern erhalten keine Pässe und sind damit weiterhin an ihren Aufenthaltsort gebunden.

1933 (–1937) II. Fünfjahrplan

(12.1.): ZK-Beschluss über Säuberungen in der Partei.

(20.6.): Eröffnung des Weißmeerkanals.

(16.11.): Aufnahme diplomatischer Beziehungen mit den USA.

1934 (26.1.–10.2.): XVII. Parteitag („*Parteitag der Sieger*").

(8.6.): Gesetz über Vaterlandsverrat (Todesstrafe, Familienhaftung).

(10.7.): Polizei und Geheimpolizei (OGPU) sowie die Lagerverwaltung werden dem Volkskommissariat für innere Angelegenheiten (NKWD) unterstellt.

(Juni): A. Vyšinskij Staatsanwalt der UdSSR.

1935 (15.5.): Erste U-Bahnlinie in Moskau eröffnet.

(August): Beginn der Stachanov-Bewegung (Bestarbeiter-Bewegung).

1936 (19.–24.8.): Erster Schauprozess in Moskau; angeklagt u.a. G. Zinov'ev und L. Kamenev; Todesurteile durch Erschießung.

(25.9.) Wechsel an der Spitze des NKWD (Volkskommissariat für innere Angelegenheiten) von G. Jagoda zu N. Ežov.

(25.11.–5.12.): VIII. außerordentlicher Sowjetkongress: Annahme der neuen (Stalinschen) Verfassung.

1937 (23.–30.1.): Zweiter Schauprozess; angeklagt u.a. K. Radek (verurteilt zu 10 Jahren Zwangsarbeit) und G. Pjatakov (Todesurteil).

(Juni): Geheimprozess gegen die militärische Führung der Roten Armee; Marschall Michail Tuchačevskij und weitere sieben Generäle werden zum Tode verurteilt und erschossen.

1938 (1.1.): Offizieller Beginn des III. Fünfjahrplans.

(2.–3.3.): Dritter Schauprozess in Moskau, angeklagt u.a. Nikolaj Bucharin, Aleksej Rykov, Genrich Jagoda (ehemaliger Chef des NKVD); Todesurteile durch Erschießen.

(9.11.): Tod des Bürgerkriegshelden Marschall Vasilij Bljucher (Blücher) nach Folterungen durch den NKWD und persönlich L. Berija.

(Dezember): Wechsel an der Spitze des NKWD von Nikolaj Ežov zu Lavrentij Berija; zunächst Abmilderung des Terrors.

Ende des Jahres befinden sich 5 bis 8. Mio. Gefangene im GULAG.

1939 (10.–21.3.): Der XVIII. Parteitag beschließt den III. Fünfjahrplan: der „*Aufbau des Sozialismus* im Wesentlichen abgeschlossen" (Stalin); der Übergang zum Aufbau des Kommunismus wird geplant.

(23.8.): Ribbentrop in Moskau; Nichtangriffspakt mit Deutschland.

(30.11.1939–12.4.1940): Überfall der UdSSR auf Finnland, Winterkrieg.

1940 (10.2.): Wirtschaftsabkommen mit Deutschland.

(Frühjahr): Massaker von Katyn: 25.000 polnische, nach der Okkupation Ostpolens in Kriegsgefangenschaft geratene Offiziere durch den NKWD hingerichtet.

(Juni): Annexion der baltischen Staaten.

(20.8.): L. D. Trotzki durch einen sowjetischen Agenten in Mexiko ermordet.

1941 (22.6.): Hitlers Überfall auf die Sowjetunion.

(22.6.): Der Metropolit Sergij wendet sich mit einem patriotischen Appell zur Verteidigung des Landes an alle Gläubigen.

(30.9.): Beginn der deutschen Offensive vor Moskau; der Angriff wird Anfang Dezember abgewehrt.

Literatur, Kunst und Kultur

1917 (16.–19.10.): I. Konferenz des Proletkults.

1918 (Februar): Einführung des Gregorianischen Kalenders; Revolution als literarisches Thema: A. Blok: *Die Zwölf* [Двенадцать]; V. Majakovskij: *Mysterium buffo* [Мистерия буфф].

Schaffung von Kunstwerkstätten, seit 1920 Allrussische künstlerisch-technische Werkstätten [Вхутемас]; (–1919): Zeitschrift *Kunst der Kommune* [Искусство комуны].

1919 (Mai): Gründung des Staatsverlages [Госиздат].

1921 Gründung des *Marx-Engels-Instituts* und des Instituts der *Roten Professur* in Moskau. Entstehung der Literatengruppe *Serapionsbrüder*

[Серапионовые братья] in Petrograd; Erscheinen der Zeitschrift *Rotes Neuland* [Красная новь], in der auch nicht-kommunistische Autoren publizieren; die 1915/16 entstandene *Formale Schule* gerät in die Kritik.

(7.8.): Tod A. Bloks.

(24.8.) Der Dichter Nikolaj Gumilev wird als Verschwörer angeklagt und erschossen.

1922 Poesie: B. L. Pasternak: *Meine Schwester, das Leben*; O. Mandel'štam: *Tristia* (Gedichtbände); Prosa: M. Zoščenko (Kurzgeschichten); E. Zamjatin: *Wir* [Мы] (Roman, erscheint zunächst 1924 in englischer Sprache), B. Pil'njak: *Das nackte Jahr* [Голый год] (Roman); V. Iwanov: *Panzerzug 14-69* [Бронепоезд 14-69] (Erzählung).

V. Majakovskij und O. Brik gründen die Vereinigung *Linke Front der Kunst* [ЛЕФ]. Gründung der Zensurbehörde *Hauptverwaltung Literatur* [Главлит]; Ausbürgerung zahlreicher Intellektueller (Schriftsteller, Wissenschaftler, Theologen und Philosophen).

1923 Prosa über den Bürgerkrieg: D. Furmanov: *Čapaev* [Чапаев] (Roman), I. Babel': *Die Reiterarmee* [Конармия] (Erste Erzählungen).

Herausgabe der Zeitschrift *Na postu* (Auf Wachposten) für die proletarischen Autoren der Gruppe *Oktjabr'* (Oktober) und gegen die literarischen Mitläufer (Nicht-Kommunisten); im Gegenzug entsteht die Gruppe *Pereval* (Der Gebirgspass).

Film: M. Kaufman: *Heute* [Сегодня].

1924 Entstehung des Literarischen Zentrums der Konstruktivisten. Poesie: V. Majakovskij: *Wladimir Il'ič Lenin* (Poem); Prosa: A. Serafimovič: *Der eiserne Strom* [Железный поток].

1925 Prosa: M. Bulgakov: *Die Weiße Garde* [Белая гвардия] (Roman); F. Gladkov: *Zement* [Цемент] (Roman); O. Mandel'štam: *Das Rauschen der Zeit* [Шум времени], A. Tolstoj: *Der Leidensweg* [Хождение по мукам] (Roman, 1. Teil).

(18.6.): Resolution über die *Literaturpolitik der Partei* und Gründung der *Russischen Assoziation proletarischer Schriftsteller* (RAPP).

(28.12.): Selbstmord des Dichters S. Esenin.

1926 Prosa: I. Babel': *Die Reiterarmee* [Конармия] (Gesammelte Erzählungen); Drama: Aufführung von M. Bulgakovs Schauspiel: *Die Tage der Turbins* [Дни Турбиных]; Film: S. Ejzenštejn: *Panzerkreuzer Potemkin* [Броненосец Потемкин].

1927 Prosa: Ju. Oleša: *Der Neid* [Зависть] (Roman), A. Fadeev: *Die Neunzehn* [Разгром] (Erzählung), I. Babel': *Jüdische Erzählungen*; Poesie: Majakovskij: *Gut und schön!* [Хорошо] (Poem);

Film: V. Pudovkin: *Das Ende von Sankt Peterburg* [Конец Санкт Петербурга], S. Ejzenštein: *Oktober* [Октябрь], M. Kaufman: *Moskau* [Moskva]

1928 Prosa: I. Il'f/ E. Petrov: *Zwölf Stühle* [Двенадцать стульев] (Roman), M. Šolochov: *Der stille Don* [Тихий Дон] (Roman, 1928–40); Drama: V. Majakovskij: *Die Wanze* [Клоп] (satirische Komödie);

Film: V. Pudovkin: *Sturm über Asien* [Буря над Азией]; Manifest der Gruppe OBERIU; O. Mandel'štam: *Über Poesie, Gespräch über Dante*.

Film: D. Vertov: *Das elfte Jahr* [Одиннадцатый]. Eine Chronik.

1929 Die „Verstaatlichung der Literatur" (H. Günther) wird durch die RAPP und deren Kritik an Non-Konformisten wie Zamjatin (emigriert 1932) forciert; Prosa: A. Platonov: *Tschewengur* [Чевенгур] und *Die Baugrube* [Котлован]; A. Tolstoj: *Peter I.* (unvoll.).

Film: D. Vertov: *Der Mann mit der Kamera* [Человек с киноаппаратом].

1930 (14.4.): Selbstmord Majakovskijs.

Film: D. Vertov: *Simfonija Donbassa (Entuziazm)*, M. Kaufman: *Im Frühling* [Весной].

1931 Prosa: I. Il'f/ E. Petrov: *Das goldene Kalb* [Золотой теленок] (Roman).

(Oktober): In der Zeitschrift *Proletarische Revolution* erscheint Stalins Artikel *Einige Fragen der Geschichte des Bolschewismus*; Beginn der ideologischen Diktatur.

1932 Prosa: M. Šolochov: *Neuland unterm Pflug* [Поднятая целина] (Roman, 1. Teil); N. Ostrovskij: *Wie der Stahl gehärtet wurde* [Как закалялась сталь] (1932–34).

(23.4.): ZK-Beschluss *Über die Umgestaltung der literarisch-künstlerischen Organisationen*: Gründung eines einheitlichen *Schriftstellerverbandes* [Союз писателей], ähnliche Verbände entstehen für bildende Künstler, Architekten, Plakat- und Filmschaffende.

1933 Der emigrierte Schriftsteller Iwan Bunin erhält den Nobelpreis für Literatur.

1934 Der Dichter O. Mandel'štam wird verhaftet, zu drei Jahren Verbannung verurteilt.

Film: G. und S. Vasil'ev: *Čapaev* (nach einem Roman von D. Furmanov); D. Vertov: *Drei Lieder über Lenin* [Три песни о Ленине], M. Kaufman: *Aviamarsch* [Авиамарш].

(15.5.): Beschluss der Partei über den Geschichtsunterricht an sowjetischen Schulen: Rehabilitierung der nationalen Geschichte.

(17.8.–1.9.): I. Schriftstellerkongress; Propagierung des *sozialistischen Realismus*.

1935 Anna Achmatova beginnt ihr Poem *Requiem* (1935–1940).

1936 Kampf gegen den „Formalismus" in der Kunst, insbesondere in der Musik.

(28.1.): In der *Pravda* wird die Musik D. Šostakovičs in dem Artikel von David Zaslavkij *Lärm anstatt Musik* [Сумбур вместо музыки] heftigster Kritik unterzogen. Die Oper *Lady Macbeth von Mzensk* wird als formalistisch und gegen das Volk gerichtet bezeichnet.

(18.6.): Tod Maxim Gor'kijs.

1937 Prosa: A. Tolstoj: *Brot* [Хлеб] (Roman).

Der Schriftsteller B. Pil'njak wird verhaftet und verschwindet spurlos.

Film: M. Romm: *Lenin im Oktober* [Ленин в октябре]; Bildende Kunst: V. Muchina: *Arbeiter und Kolchosbäuerin* [Рабочий и колхозница], Skulptur für den sowjetischen Pavillon der Pariser Weltausstellung.

Film: D. Vertov: *Wiegenlied* [Колыбельная].

1938 Schließung des Mejerchol'd-Theaters, Mejerchol'd wird 1939 verhaftet und kommt 1940 in der Haft um.

Film: S. Ejzenštejn: *Aleksandr Nevskij*; Musik: Werke von S. Prokof'ev, der 1932 in die UdSSR zurückgekehrt ist; Kunst: A. Gerasimov: *Stalin und Vorošilov im Kreml'* (Monumentalgemälde).

(Mai): O. Mandel'štam wird erneut verhaftet; der Dichter stirbt am 27. Dezember in einem Lager bei Vladivostok.

Kurzer Lehrgang der Geschichte der KPdSU (ideologisches Standardwerk).

1939 Verhaftung des Schriftstellers I. Babel', der am 27.1.1940 in der Butyrka erschossen wird.

1940 A. Achmatova beginnt ihr *Poem ohne Held* [Поэма без героя]; M. Bulgakov beendet ein Jahr vor seinem Tod den Roman *Der Meister und Margarita* [Мастер и Маргарита], (in der UdSSR erstmals gekürzt 1966/67 veröffentlicht).

1941 Poesie: K. Simonov: *Warte auf mich* [Жди меня] (während des Krieges populäres Liebesgedicht); A. Tvardovskij: *Vasilij Terkin* (Verserzählung, 1. Teil); Musik: D. Šostakovič komponiert im belagerten Leningrad seine *7. Symphonie*.

Selbstmord der Dichterin Marina Cvetaeva, die 1939 aus der Emigration zurückgekehrt war.

Kapitel 13

Existenzielle Herausforderungen. ‚Großer Vaterländischer Krieg' und Apotheose des Stalinismus (1941–1953)

Das Münchener Abkommen von 1938 veranlasste die Sowjetunion, die Politik der kollektiven europäischen Sicherheit aufzugeben. Außenminister Molotov unterschrieb am 23. Mai 1939 einen Nichtangriffspakt, den sogenannten Hitler-Stalin-Pakt mit einem geheimen Zusatzprotokoll, in dem die Gebietsinteressen der Partner und zukünftige Aufteilung Osteuropas fixiert wurden: Die sowjetische Seite beanspruchte Ostpolen, Karelien, die baltischen Staaten und Bessarabien. Man gewann außerdem Zeit, um sich auf einen eventuellen Krieg einzustellen.

Unternehmen Barbarossa und die Folgen

Der Überfall Hitlerdeutschlands am 22. Juni 1941 traf dennoch auf einen wenig vorbereiteten Gegner. Die deutschen Truppen standen auf ihrem Vormarsch im Dezember 1941 vor Moskau und Leningrad und setzten 1942 ihre Offensive im Süden in Richtung Wolga und Kaukasus fort. Doch die Sowjetunion übernahm nach der erfolgreichen Abwehr des deutschen Vorstoßes auf Moskau (Winter 1941) und der siegreichen Schlacht von Stalingrad (Winter 1942/43) selbst die Initiative und schlug die Armeen Hitlers zurück. Deutschland musste im Mai 1945 bedingungslos kapitulieren. Die sowjetische Kriegspropaganda wandte sich vor allem an das russische Nationalgefühl, beschwor die historische Tradition von 1812 und rief zur Verteidigung der Heimat Russland auf. Die Internationale als Hymne der Arbeiterbewegung wurde durch eine patriotische Nationalhymne ersetzt. Die UdSSR erlitt im Krieg gewaltige Verluste an Menschen (ca. 27 Mio.) und einen Niedergang ihrer Wirtschaft, vor allem im europäischen Teil, konnte aber ihr Territorium bedeutend erweitern. Ihre internationale Position wurde schon während des Krieges, vor allem aber nach dem Sieg über das nationalsozialistische Deutschland gestärkt. Die Konferenzen von Teheran, Jalta und Potsdam zeigen, welchen Einfluss die UdSSR auf die Nachkriegsordnung in Europa gewonnen hatte. Dabei brachen erste politische Konflikte mit den westlichen Alliierten auf, zunächst über die Zukunft Polens und der baltischen Länder. Die politischen Gegensätze führten ab 1946 zum Kalten Krieg, in der Sowjetideologie (Andrej Ždanov) zu einer *Zwei-Lager-Theorie* (Kapitalismus vs. Sozialismus). Die andere Seite sprach vom eisernen Vorhang (W. Churchill). Die Westgrenzen des Sowjetimperiums wurden an der polnisch-deutschen Oder-Neiße-Linie und an der Westgrenze der sowjetischen Besatzungszone bzw. der späteren DDR festgeschrieben. Während der wirtschaftliche Aufbau im Westen mit dem Marshallplan begann, wurde die Sowjetisierung der Länder Ostmitteleuropas forciert und durch ein System von Verträgen politisch und wirtschaftlich gefestigt. Dieser Entwicklung widersetzte sich Jugoslawien unter Tito. Im März 1948 kam es zum Bruch, und Jugoslawien näherte sich dem Westen an. Im Juni 1948 begann die sowjetische Blockade Berlins. Im Gegenzug zur Gründung der Bundesrepublik Deutschland wurde am 7. Oktober 1949 die DDR gegründet. Trotzdem brachte die sowjetische Seite lange Zeit die Idee eines neutralen Gesamtdeutschlands ins Spiel, mit dem man einen Friedensvertrag abschließen würde (vgl. Note vom 10. März 1952).

Wiederaufbau und erneute Repression

Der IV. Fünfjahrplan (1946–1950) diente dem industriellen Wiederaufbau der Volkswirtschaft, während die Landwirtschaft weitere Maßnahmen der Kollektivierung (Einschränkung des privaten Sektors, Vergrößerung der Kolchosen) hinnehmen musste. Die bürokratische Zentralisierung wurde symbolisch durch einen beispiellosen Personenkult ausgedrückt, der Stalin als Alleinherrscher gottähnlichen Status verlieh. Eine Welle der Repressionen traf ganze Völker (z. B. die Umsiedlung von Deutschen, Tschetschenen, Krimtataren u. a.), aber auch erneut die Partei selbst. In der sogenannten *Leningrader Affäre* wurde zwischen 1949–1952 nahezu die gesamte Parteiführung Leningrads des Verrats bezichtigt (2.000 Personen); den um sich greifenden Säuberungen fielen weitere Tausende von Unschuldigen in Wirtschaft, Gesellschaft und Wissenschaft zum Opfer. Die sowjetischen Kriegsgefangenen, die aus Deutschland zurückkehrten, wurden in Straflagern inhaftiert. Nach dem Krieg erstreckte sich die Repressionspolitik auch auf die neu gebildeten Volksdemokratien (Polen, DDR, Bulgarien, ČSSR, Ungarn). Im Rahmen der den Kriegsgegnern auferlegten Reparationen wurden ganze Werke aus der sowjetischen Besatzungszone (SBZ) in die UdSSR abtransportiert, Facharbeiter und Ingenieure zwangsverpflichtet. Der Hauptakzent des IV. Fünfjahrplanes lag weiterhin auf der Schwerindustrie und bei den Großbauten des Kommunismus (Kraftwerke, Wasserstraßen). Die landwirtschaftliche Produktion blieb wie auch vor dem Krieg hinter den Planzielen zurück. Im Oktober

1952 fand der XIX. Parteitag statt, der den V. Fünfjahrplan (1951–1955) und dessen Großprojekte (Kraftwerke, Bewässerungsanlagen für Trockengebiete u. a.) nachträglich absegnete.

Nach 1950 fand in der UdSSR eine intensive Kampagne gegen die im Westen aufkommende Kybernetik statt; die Kritik richtete sich vor allem auf eine automatisierte Steuerbarkeit technischer Prozesse und wie man in der ZK-Abteilung für Ideologie vermutete, auch gegen eine potentielle gesellschaftliche Kontrolle, die allein der Partei bzw. Stalin vorbehalten bleiben sollte. Offiziell ging man gegen Roboterbau und Automation vor und unterzog den Wissenschaftler Norbert Wiener heftigster Kritik. Hiervon unbeeindruckt entwickelten sowjetische Forscher und Militärs ihre ersten Computer. 1948 entwickelte das spätere Akademiemitglied Sergej Lebedev in Kiew den ersten Elektronenrechner unter der Bezeichnung MESM (kleine elektronische Rechenmaschine). 1951 führte die Maschine das erste Computerprogramm aus; MESM enthielt 6.000 Elektronenröhren. Bereits 1953 folgte BESM-1. Nach 1958 wurden die Computer BESM-2 und M-20 in Serie gefertigt. Die BESM-2 mit 8.000 Rechenoperationen in der Sekunde wurde u. a. zu Berechnung von Satelliten-Orbits und der Bahnkurse zum Mond verwendet. Die Kampagne gegen die (westliche) Kybernetik wurde 1955 unter Nikita Chruschtschow eingestellt.

Nationale Motive und Konfliktlosigkeit in der Kultur

Stalins patriotischer Trinkspruch vom 24. Mai 1945 auf das russische Volk als „führende Kraft“ während des Krieges signalisierte eine nationalistische Wende in der Kulturpolitik mit dem Ziel einer Abgrenzung gegenüber allen westlichen Einflüssen. Wissenschaft, Literatur und Kunst wurden angehalten, die Überlegenheit der russischen bzw. sowjetischen Kultur hervorzuheben. In den Jahren 1946–1948 erfolgten entsprechende, vor allem von Politbüromitglied Andrej Ždanov inszenierte, antisemitisch geprägte Kampagnen gegen den „vaterlandslosen Kosmopolitismus“ in den Wissenschaften, einen „volksfeindlichen Formalismus“ in Musik und Literatur. Symptomatisch hierfür waren die Ausfälle gegen Schriftsteller wie Michail Zoščenko und Anna Achmatova sowie gegen die Zeitschriften *Leningrad* und *Zvezda* 1946, andererseits aber auch der Aufstieg des Biologen T. Lysenko. Das auf dem I. Schriftstellerkongress als verbindlich installierte Prinzip des sozialistischen Realismus war zugleich eine Kampfansage an die „bürgerliche“ (westliche) Moderne. Gefordert waren traditionelle Formkonzepte (Neoklassizismus, Realismus) für eine dem Volk verständliche Kunst und Literatur. Dazu passte eine Aufwertung der nationalen Geschichte und ihrer führenden Persönlichkeiten sowie der Lenin- und Stalinkult. Die Revolutionszeit wurde literarisch in das neue Geschichtsbild integriert (Romane von A. Tolstoj, M. Šolochov u. a.). Gleiches gilt auch für die Genres Oper, Drama und Film. Künstlerische Gegenkonzepte wie *Die Weiße Garde* und *Der Meister und Margarita* (Michail Bulgakov) wurden unterdrückt oder marginalisiert. Die Kriegsliteratur diente vor allem der Schaffung von Feindbildern und der Heroisierung des eigenen Kampfes für die Heimat (Romane von K. Simonov und A. Fadeev). Als nach dem Krieg die Ždanovsche Repression einsetzte (Ждановщина), wurde die Gegenüberstellung Eigenes vs. Fremdes (großrussisch/heroisch vs. kosmopolitisch/defätistisch) antisemitisch zugespitzt. Die Literatur wurde auf den Kalten Krieg eingeschworen, die innersowjetischen Probleme mit einer Theorie der Konfliktlosigkeit in der Kunst überdeckt. Ende der 1940er Jahre erreichte der Stalinkult seinen absoluten Höhepunkt. Die UdSSR als führende Kraft im internationalen Klassenkampf wurde durch Stalins Thesen über die Bedeutung der russischen Sprache und die Rolle des neuen sowjetischen Staates untermauert. Im Januar 1953 wurden sogar sowjetische Ärzte angeklagt, den Tod führender Persönlichkeiten bewusst herbeigeführt oder geplant zu haben. Da die meisten Angeklagten Juden waren, entstand der Vorwurf des „Kosmopolitismus und Zionismus", ähnlich wie in dem zur gleichen Zeit in Prag ablaufenden Slansky-Prozess. Stalin starb am 5. März 1953 und wurde an der Seite Lenins im Mausoleum auf dem Roten Platz beigesetzt.

Politik und Wirtschaft

1939 (10.–21.3.): Der XVIII. Parteitag beschließt den III. Fünfjahrplan: der Aufbau des Sozialismus gilt als im Wesentlichen abgeschlossen; angestrebt wird nun der Übergang zum Aufbau des Kommunismus.

(1.8.): Eröffnung der Allunions-Landwirtschaftsausstellung (VDNCH).

1941 (22.6.): Der Metropolit Sergij wendet sich mit einem patriotischen Appell zur Verteidigung des Landes an alle Gläubigen.

(22.6.): Überfall der deutschen Wehrmacht auf die Sowjetunion.

(10.7.–10.9.): Kesselschlacht bei Smolensk.

(8.9.–18.1.1944): Belagerung Leningrads.

(26.9.): Schlacht bei Kiew. 665.000 Soldaten der Roten Armee gerаten in deutsche Kriegsgefangenschaft.

(30.9.): Beginn der deutschen Offensive vor Moskau; der Angriff wird Anfang Dezember abgewehrt.

(16.10.): Evakuierung der sowjetischen Regierung nach Kujbyšev.

(17.11.): Stalin erteilt den *Fackelmänner-Befehl* (Befehl Nr. 0428). Die sowjetischen Truppen hinterlassen bei ihrem Rückzug verbrannte Erde.

(5.12.–7.1.1942): Sowjetische Gegenoffensive vor Moskau.

1942 (Sommer): Deutsche Südoffensive und Schlacht um die Ölquellen.

(2.7.): Einnahme Sevastopol's durch deutsche Truppen. Die Halbinsel Krim war schon Ende 1941 erobert worden.

(26.8.): General G. Žukov wird zum Stellvertreter des Oberkommandierenden der Roten Armee (Stalin) ernannt.

(4.–31.8.): Eroberung der Sädte Stavropol', Krasnodar, Majkop und des Kaukasus.

(23.8.1942–31.1.1943): Schlacht um Stalingrad. Niederlage und Gefangenschaft der 6. Armee.

1943 (7.3.): Der Oberste Sowjet verleiht Stalin den Titel eines Marschalls.

(4.9.): Stalin empfängt den Metropoliten Sergij, der zum Patriarchen ernannt wird; Bildung eines Sowjets für Fragen der Orthodoxen Kirche.

(5.–10.7.): Panzerschlacht bei Kursk. Eine der größten Boden- und Luftschlachten des Zweiten Weltkriegs mit über 2,2 Mio. Soldaten und ca. 6.000 Panzern.

(22.12.): Text der neuen Nationalhymne (statt der bisherigen „Internationale“) angenommen.

1944 (19.5.): Bildung eines Sowjets für Fragen nicht-orthodoxer religiöser Kulte.

(Juni–September): Vordringen der Roten Armee bis nach Polen. Zerschlagung der Heeresgruppe Mitte.

(1.8.–2.10.): Warschauer Aufstand. Ca. 25.000 getötete Kämpfer und 200.000 Tote unter der Warschauer Zivilbevölkerung.

(Sommer–Herbst): Eroberung Rumäniens und Bulgariens durch die Rote Armee.

1945 (12.1.): Beginn der Weichsel-Oder-Operation. Eroberung Ostpreußens.

(27.1.): Befreiung des KZ Auschwitz-Birkenau durch sowjetische Truppen.

(16.–18.4.): Schlacht um die Seelower Höhen. Stärkstes Artillerie-Bombardement der Geschichte.

(25.4.): Belagerungsring um Berlin.

(8./9.5.): Kapitulation der deutschen Wehrmacht.

(24.6.): Siegesparade in Moskau.

(1945–1946): Die UdSSR nimmt an einer Reihe von Außenministerkonferenzen zur Regelung von Reparationszahlungen und der Nachkriegssituation teil.

(28.6.): Der Oberste Sowjet verleiht Stalin den Titel eines Generalissimus.

(19.8.): Das Komitee für Staatsplanung (GOSPLAN) mit der Ausarbeitung eines IV. Fünfjahrplans (1946–1950) zur Wiederherstellung der Volkswirtschaft beauftragt.

1946 (–1950) IV. Fünfjahrplan.

(25.2.): Die Rote Armee wird in Sowjetarmee umbenannt.

(8.3.): Auf einem Konzil der unierten Kirche (katholische Ostkirche) in L'vov wird der Bruch mit Rom und der Übergang zur Orthodoxie verkündet.

1947 (26.5.): Abschaffung der Todesstrafe.

(5.6.): Der Marshallplan stößt auf Ablehnung der UdSSR, die auch ihre Satellitenstaaten zur Ablehnung zwingt. Der Konflikt zwischen Ost und West verschärft sich zum *Kalten Krieg*.

(24.6.): Beginn der repressiven Ždanov-Ära [Ждановщина] in der Kultur; Verfolgung bekannter Schriftsteller wie A. Achmatova und M. Zoščenko.

1948 (Februar): Kommunistischer Staatsstreich in Prag. Die ostmitteleuropäischen Länder kommen unter kommunistische Herrschaft.

(27.6.): Bruch der Sowjetunion mit Jugoslawien (Tito).

(ab 4.8.): Berliner Blockade.

(30.8.): Tod des Politbüromitglieds Andrej Ždanov.

1949 (25.1.): Unterzeichnung des Comecon/RGW-Vertrages (Rat für gegenseitige Wirtschaftshilfe).

(Februar): Beginn der *Leningrader Affäre*. Durch erfundene Anschuldigungen und Vorwürfe, die Rolle Stalins im Zweiten Weltkrieg herabgewürdigt zu haben, wird die bei der Bevölkerung beliebte Parteiführung Leningrads abgesetzt und verfolgt. Ca. 2.000 führende Funktionäre verlieren ihre Stellung, 200 unterliegen Repressionen und kommen ins Lager (GULAG). In dem Konflikt äußerte sich auch eine alte Rivalität zwischen Moskau als Machtzentrum und Leningrad als Stadt der Oktoberrevolution.

(März): Andrej Vyšinskij (Generalstaatsanwalt und Hauptankläger bei den Schauprozessen der 1930er Jahre) wird Außenminister.

(21.12.): Der Personenkult erreicht seinen Höhepunkt zu Stalins 70. Geburtstag.

1950 (12.1.): Wiedereinführung der Todesstrafe für Spione, Verräter und Schädlinge.

(Sommer): Die *Pravda* veröffentlicht Stalins Beiträge zu *Fragen der Sprachwissenschaft*.

(26.6.–27.7.1954): Koreakrieg.

Der Wissenschaftler Sergej Lebedev entwickelt in Kiew den ersten sow-jetischen Computer MESM [Маленькая электронная вычислительна машина]. Gleichzeitig beginnt in der *Literaturnaja Gazeta* eine Hetzkampagne gegen die (westliche) Kybernetik. Wissenschaftler und Militärs ignorieren die Kritik weitgehend und entwickeln die Computertechnologie (BESM-1, BESM-2, M-1) stetig weiter.

1951 (–1955) V. Fünfjahrplan. In der *Pravda* schlägt Nikita S. Chruschtschow ein Projekt vor, wirtschaftlich unrentable („perspektivlose“) Dörfer nicht mehr finanzieren und verschwinden zu lassen und große Agrostädte zu errichten.

1952 Beginn der antisemitischen Kampagne gegen den „Kosmopolitismus“.

(5.–14.10.): XIX. Parteitag der KPdSU.

1953 (13.1.): Der sogenannte *Moskauer Ärzteprozess*: Anklage von führenden Ärzten und medizinischem Personal wegen einer angeblichen zionistischen Verschwörung, der geplanten Ermordung Ždanovs und anderer höherer Parteiführer.

(5.3.): Tod Stalins.

Literatur, Kunst und Kultur

1941 (31.8.): Selbstmord der Dichterin Marina Cvetaeva (1939 Rückkehr aus der Emigration). Prosa: I. Ėrenburg: *Der Fall von Paris* [Падение Парижа] (–1942).

Poesie: A.T. Tvardovskij: *Vasilij Terkin* (Poem, 1941–1945).

1942 V.B. Koreckij veröffentlicht sein Kriegsplakat *Kämpfer der Roten Armee, rette!* [Воин Красной Армии, спаси!], das mit einer Gesamtauflage von über 14 Mio. Exemplaren das auflagenstärkste sowjetische Plakat darstellte. In den Werkstätten der TASS-Fenster erscheinen, wie bereits die ROSTA-Fenster im Bürgerkrieg, Hunderte von handgefertigten, großformatigen Plakaten zur Kriegsthematik.

1943 Prosa: K. Simonov: *Tage und Nächte* [Дни и ночи] (Stalingrad-Roman); M. Zoščenko: *Vor Sonnenaufgang* [Перед восходом солнца] (Erzählungen).

1945 Prosa: A.A. Fadeev: *Die junge Garde* [Молодая гвардия] (Roman); Film: S. Ejzenštejn: *Iwan der Schreckliche* [Иван Грозный] (Teil 1).

1946 (14.1.): Prosa: V. Nekrasov: *In den Schützengräben Stalingrads* [В окопах Сталинграда]; B. Polevoj: *Erzählung vom echten Menschen* [Повесть о настоящем человеке]; ZK-Beschluss *Über die Zeitschriften Zvezda* und *Leningrad*; Beginn der repressiven Ždanovschen Kulturpolitik (Ждановщина); Stalinkult in Malerei und Film: M. Čiaureli: *Der Schwur* [Клятва].

1947 Prosa: S. Babaevskij: *Ritter des goldenen Sterns* [Кавалер золотой звезды]; G. Nikolaeva: *Die Ernte* [Жатва] (Kolchosromane). Theater, Kunst und Literatur der „Konfliktlosigkeit" wird Staatsdoktrin.

1948 (10.2.): ZK-Beschluss *Über Verfallserscheinungen in der sowjetischen Musik*.

(August): Einführung der Lysenko-Thesen über die Beziehung von Milieu und Vererbung.

1949 Breite Kampagne zur Entlarvung des „Kosmopolitismus" in der sowjetischen Wissenschaft und Kultur.

1950 (20.6.): In der *Pravda* erscheint Stalins Aufsatz *Marxismus und Fragen der Sprachwissenschaft*.

1951 (–1952) Kampagne gegen die Nationalepen der muslimischen Völker in der UdSSR.

1953 (Dezember): Aufsatz von V. Pomerancev *Über die Aufrichtigkeit in der Literatur* [Об искренности в литературе] erstmals offene Kritik an der *Theorie der Konfliktlosigkeit*; Prosa: L. Leonov: *Der russische Wald* [Русский лес] (Romanepos).

Kapitel 14

Das Ende der kommunistischen Utopie. Reformversuche zwischen Tauwetter, Eiszeiten und Entpolitisierung (1953–1982)

Nach Stalins Tod atmete das Land langsam auf, das durch Krieg und immer wiederkehrende Terrorwellen einer permanenten Angst vor Verfolgung, Verbannung und Tod ausgesetzt und an den Rand seiner Existenz gebracht worden war.

„Tauwetter" in Politik, Gesellschaft und Kultur

Die Freilassung der politischen Häftlinge aus dem GULAG, eine vorsichtige Abwendung von den propagandistischen Scheinwelten Stalins und erste Liberalisierungen in Gesellschaft und Kultur schienen ein Indiz darzustellen, dass die UdSSR nunmehr friedlicheren Zeiten entgegenging, obgleich die außenpolitische Konfrontation mit dem Westen und vor allem den USA im Kalten Krieg weiter zunahm. Wirtschaftlich und letztlich auch politisch begann in der UdSSR ein jahrzehntelanger Zerfallsprozess, da alle Reformversuche langfristig erfolglos blieben, weil die politisch-ideologischen wie wirtschaftlichen Grundlagen (Einparteienherrschaft, Planwirtschaft) nicht substantiell angetastet wurden. Nikita S. Chruschtschow, seit September 1953 Erster Sekretär des Zentralkomitees der Partei, ab 1958 an der Spitze von Partei und Staat, versuchte zunächst, neben der bisher bevorzugt geförderten Schwerindustrie (Großbauten des Kommunismus, Energiegewinnung) die Produktion von Konsumgütern zu erhöhen. Außenpolitisch setzte die UdSSR auf vorsichtige Entspannung durch eine friedliche Koexistenz, obwohl der 17. Juni 1953 in der DDR die Deutschlandfrage erneut aufwarf und die Aufnahme der Bundesrepublik in die NATO zur Gründung des Warschauer Paktes (1955) führte. Gefördert wurde die Entspannung durch den Staatsvertrag mit Österreich (15.5.1955) und den Besuch Adenauers in Moskau (September 1955). In der Kulturpolitik trat nach überspitzten ideologischen Kampagnen (Ждановщина) vorübergehend *Tauwetter*, benannt nach dem Titel eines Romans von Il'ja Ėrenburg, ein. Auf dem XX. Parteitag (14.–25.2.1956) kritisierte Chruschtschow in einer präzis vorbereiteten Geheimrede den Persönlichkeitskult Stalins (культ личности), ohne jedoch die Herrschaftsmechanismen und -instrumente des Sowjetsystems als solche anzutasten. Die Kritik an den durch Stalin verübten Verbrechen wurde ausschließlich seiner Person bzw. einigen seiner engsten Vertrauten zugeschrieben. Der VI. Fünfjahrplan (1956–1960) zielte auf eine Erhöhung der industriellen und agrarischen Produktion durch Automatisierung sowie die Erschließung Sibiriens als neuer industrieller Basis. In Kasachstan begann 1954 eine anfangs erfolgreiche Kampagne zur Neulandgewinnung.

Kalter Krieg, Rüstungswettlauf und erste Öffnung

Außenpolitisch beteiligte sich die Sowjetunion am internationalen Rüstungswettlauf (erste sowjetische Wasserstoffbombe am 9.8.1953, Entwicklung von Atomwaffentechnik und Interkontinental-Raketen) und an der Erschließung des Weltraums (4.10.1957 Start des ersten Satelliten *Sputnik*). An der Entwicklung der sowjetischen Weltraumtechnologie hatten nach 1945 auch zwangsverpflichtete deutsche Raketeningenieure mitgewirkt. Trotz beginnender Abrüstungsverhandlungen kam es zu einer neuen Verschärfung des Kalten Krieges und zum Ausbau einer Globalstrategie des Weltkommunismus. Unterdessen hatte das *Tauwetter* Auswirkungen auf die Lage in den Volksdemokratien Polen und Ungarn (Aufstände 1956). Vor diesem Hintergrund fanden im Juli 1957 in Moskau die VI. Weltfestspiele der Jugend und Studenten mit über 34.000 Menschen aus 130 Ländern statt, von denen fast 3.000 aus der DDR und der Bundesrepublik stammten. Das Moskauer Festival wurde zu einem, wenngleich zeitlich begrenzten Ort der Begegnung zwischen Ost und West, Russland und der Welt, denn Ausländer konnten erstmals die UdSSR besuchen und Menschen sich privat begegnen. Für kurze Zeit herrschte in Moskau eine gewisse Freizügigkeit, die erheblichen Einfluss auf eine sich emanzipierende junge Generation in Russland hatte, die in den 1960er Jahren durchaus systemkritische Tendenzen und letztlich das Dissidententum hervorbrachte. Die repressiven Tendenzen in der Kulturpolitik nahmen jedoch nach Ende der Festspiele schnell wieder zu; anlässlich der Nobelpreisverleihung 1958 an den Schriftsteller Boris Pasternak (Roman *Doktor Zhivago*) kam es zu neuen Schmähkampagnen, die zu einer Verweigerung der Preisannahme Pasternaks führten. Die beachtlichen Erfolge in der Raumfahrt (12.4.1961 Jurij Gagarins Erdumrundung) und Energiegewinnung (Wasserkraftwerke an der Wolga und in Bratsk) konnten aber nicht über die gesamtwirtschaftliche Misere hinwegtäuschen, die sich in einer Knappheit der Kapitalressourcen, Disproportionen zwischen den Industriebranchen und Missernten in der Landwirtschaft manifestierte. Auch die Konsumgüterindustrie blieb weit hinter den langsam steigenden Bedürfnissen der Bevölkerung zurück. Die nach Chruschtschows Amerikareise zunächst entspannteren Ost-West-Beziehungen verschlechterten sich nach dem Abschuss des amerikanischen Spionageflugzeugs U2 im Mai 1960, und China provozierte eine ideologische und politische Differenzierung des Ostblocks. Hinzu kamen die Berlinkrise im August 1961 und die westliche Kritik an den sowjetischen Kernwaffenversuchen. Auf dem XXII. Parteitag (17.–31.10.1961) wurde die Stalinismus-Kritik fortgesetzt, in der Folge Stalin aus dem Mausoleum entfernt und an der Kremlmauer beigesetzt.

Erfolge in der Sozialpolitik trotz wirtschaftlichem Rückgang

Zu den bedeutenden sozialen Veränderungen in der Ära Chruschtschows zählte zweifelsohne der massenhafte Wohnungsbau ab 1958. Bis dahin lebten die meisten Stadtbewohner in der UdSSR in sogenannten *kommunalka* (Gemeinschaftswohnungen), bei denen sich mehrere Familien eine größere Wohnung meist aus vorrevolutionärer Zeit sowie Bad und Küche teilten. Im Rahmen eines großangelegten Wohnungsbauprogrammes entstanden in Moskau ab 1958 die ersten *Chruschtschowkas*, fünf- bzw. sechsstöckige Wohnhäuser mit kleinen Einfamilienwohnungen, durch die die Menschen in der UdSSR erstmals nach der Oktoberrevolution eine Form von Privatheit und familiärer Intimität erleben konnten. Die *Küche* in diesen Wohnungen wurde als neuer Ort für offene und kritische Gespräche unter Freunden schnell zum Mythos. Insgesamt wurden in den 1960/70er Jahren 290 Mio. Quadratmeter Wohnfläche in Form derartiger Chruschtschowkas geschaffen.

Nikita Chruschtschow musste trotz dieser sozialen Fortschritte jedoch erkennen, dass die gleichzeitige Entwicklung von Rüstungsindustrie, Raumfahrt und Konsumgüterproduktion letztlich durch den Staat nicht finanzierbar war. Das Wirtschaftswachstum ging schrittweise zurück, die Neulandkampagne erwies sich inzwischen als Fehlschlag. Man vereinbarte erste Weizenankäufe aus Kanada. Staatliche Maßnahmen zur stärkeren Anbindung der Planung an den Produktionsprozess, wie z.B. durch die Schaffung eines *Obersten Volkswirtschaftsrates* 1963 blieben erfolglos. Auch die durch den Ökonom E. Liberman entworfene Wirtschaftsreform des Jahres 1965, durch die Elemente kapitalistischer Wirtschaft (z.B. in Form motivationsstärkender Gewinnerwartungen der Betriebe) in die starre Planwirtschaft eingeführt werden sollten, blieb weitgehend unrealisiert, wirkte sich aber später auf die Wirtschaftspolitik der DDR aus. Chruschtschow revidierte seine expansive Außenpolitik und beendete nach einer amerikanischen Seeblockade die Kubakrise durch die Demontage der auf Kuba stationierten sowjetischen Abschussrampen (28.10.1962). Doch russisch-chinesische Grenzkonflikte im November 1963 sowie die eigenwilligen, sich der sowjetischen Kontrolle schrittweise entziehenden kommunistischen Parteien Italiens und Frankreichs beeinträchtigten die sowjetische Außenpolitik. Im Oktober 1964 wurde Nikita Chruschtschow abgesetzt. Man warf ihm Personenkult vor, voluntaristische Fehlentscheidungen, Misserfolge in der Wirtschaftspolitik und gab ihm die Schuld am Verlust der weltkommunistischen Einheit.

Restauration unter Leonid Brezhnew

Die Amtszeit Leonid I. Brezhnews gilt als Ära der Restauration und Stagnation (застой). Zugunsten einer Machtstabilisierung verzichtete man auf eine beschleunigte Entwicklung zum Kommunismus. Die Regierung gewährte den Betrieben bei Wahrung der Planwirtschaft mehr Selbständigkeit und erreichte eine gewisse Erhöhung des Lebensniveaus. Die forcierte These der *zwei Lager* (Kapitalismus/Sozialismus) legitimierte den Ausbau der Rüstung (Seestreitkräfte, Atomraketen). Die Sowjetunion setzte auf eine weltumspannende militärische Präsenz, durch die die ökonomische Basis das Landes allerdings immer stärker überstrapaziert wurde. Auf dem XXIII. Parteitag (29.3.–8.4.1966) wurden die Wirtschaftsverwaltung reorganisiert, die Landwirtschaft gestärkt und die Wissenschaft stärker an ökonomische Prozesse herangeführt. Wissenschaft galt fortan in der UdSSR als neue Produktivkraft, woran sich das Konzept einer Wissensgesellschaft in den 1990er Jahren anschließen sollte.

Sowjetische Bildungspolitik

Die Erfolge in der Wissenschaft verdankte die UdSSR ihrer systematischen Bildungspolitik, die in den 1930er Jahren zum Aufbau eines verzweigten Systems der schulischen, beruflichen und wissenschaftlichen Ausbildung geführt hatte. Dabei hatte die UdSSR nach der Revolution mit einer außerordentlich niedrigen Alphabetisierungsquote zu kämpfen, die zwar für ein Entwicklungsland typisch, im europäischen Vergleich jedoch ein massives Hindernis für die Wirtschaftsentwicklung darstellte. Nur 8 Prozent der Bevölkerung (im wesentlichen Adel und Stadtbewohner) konnten 1820 lesen und schreiben, und auch 1870 betrug die Alphabetisierungsquote nur 15 Prozent. Einen vergleichbaren Wert wiesen Deutschland, Belgien oder Frankreich bereits dreihundert Jahre zuvor auf. Zur Zeit der Oktoberrevolution war dieser Wert auf ca. 34 Prozent gestiegen. Die bolschewistische Regierung beschloss in einem ihrer ersten Dekrete (November 1917) eine „universelle Alphabetisierung“, zu der ein Volkskommissariat für Aufklärung installiert wurde. Die Bemühungen der jungen Sowjetmacht stießen allerdings auf keine große Resonanz bei den Bauern, der großen Masse der Analphabeten, die konservativ und resistent gegenüber den neuen sozialistischen Ideen auch gerade deshalb waren, weil sie nicht lesen konnten. Um diesen Teufelskreis zu durchbrechen, wurde eine großangelegte Alphabetisierungskampagne (Dezember 1919) gestartet, bei der über 100.000 gebildete jüngere Parteimitglieder in ländliche Gebiete entsandt wurden, um Lese- und Schreibkurse durchzuführen und auch wichtige Nachrichten, Beschlüsse und Parteidokumente vorzulesen. Parallel hierzu erfolgte eine visuelle Propaganda über Plakate, die zum Leseerwerb aufforderten. Eingerichtet wurden ca. 30.000 Alphabetisierungsschulen und über 33.000 Lesesäle. Mehr als sechs Mio. Schulbücher wurden in den frühen 1920er Jahren gedruckt. Außerdem wurde die Verweigerung eines Alphabetisierungskurses als Straftat bewertet und Verweigerer verhaftet. Die Erfolge dieser ersten Jahre sind allerdings kritisch zu beurteilen. Zwar behauptete der Volkskommissar für Aufklärung Anatolij Lunačarskij, bis 1921 hätten 7 Mio. Bauern das Lesen erlernt, aber dabei handelte es sich um höchst rudimentäre Grundlagen. Mitte der 1920er Jahre setzte daher die Kampagne erneut ein und hatte angesichts eines relativ friedlichen Umfelds und einer gesicherten Versorgung durch die Neue Ökonomische Politik jetzt auch einen weitaus größeren Effekt: Ende der 1920er Jahre betrug der Alphabetisierungsgrad der UdSSR bereits 68 Prozent bei Männern, 56 Prozent bei Frauen, wobei die immer noch geringe Alphabetisierung der Frauen in den mittelasiatischen Republiken die Gesamtquote der UdSSR schmälerte. Der Alphabetisierungsgrad war somit immer noch geringer als in Westeuropa, näherte sich aber diesem an. In den ersten 20 Jahren nach der Oktoberrevolution waren insgesamt über 50 Mio. Erwachsene alphabetisiert worden, so dass die Quote zu Beginn der 1940er Jahre fast 90 Prozent der Bevölkerung ausmachte.

Modernisierungsprojekte in den 1950er Jahren

Bildung, Schwer- und Rohstoffindustrie sowie der Aufbau eines elektrischen Versorgungsnetzes waren die zentralen Aktionsfelder der sowjetischen Modernisierung bis in die 1950er Jahre. Ein auf persönliche Leistung setzendes, bis in die Universitätsausbildung stark verschultes Bildungssystem sicherte den zielstrebigen Aufbau einer wissenschaftlich-technischen Elite, der die UdSSR in der Nachkriegszeit bedeutende Erfolge in der Forschung verdankte. Im Vordergrund standen alle Bereiche des Maschinenbaus, der Materialwissenschaften, der Grundlagenforschung (Mathematik, Physik, Chemie) sowie der Astronomie, Nuklearforschung und den Rüstungstechnologien. In den 1950er Jahren war die UdSSR nicht nur militärisch, sondern auch im Wissenschaftssektor zu einer Supermacht geworden; Wissenschaftler genossen im Land hohes Ansehen sowie besondere Privilegien und Förderung.

Auch die Computerentwicklung machte in der UdSSR in den 1960er Jahren große Fortschritte. 1967/68 wurde von Sergej Lebedev der Supercomputer BESM-6 mit 60.000 Transitoren und 180.000 Halbleiterdioden entwickelt, der bis zu einer Mio. Rechenoperationen in der Sekunde ausführen konnte und als Großrechner die Basis für die sowjetische Weltraumfahrt und Industrie bildete. Ungeachtet dieser Erfolge blieb der BESM-6 weit hinter der amerikanischen Konkurrenz zurück, deren Rechner CDC 6600 1964 bereits bis zu drei Mio. Rechenoperationen leistete. Die UdSSR forschte außerdem an der Entwicklung von Parallelprozessoren, wozu sie Ende der 1960er Jahre bemerkenswerte Erfolge aufweisen konnte. Mit dem Tod des Chefkonstrukteurs und wichtigsten Ideengebers der sowjetischen Computerindustrie Sergej Lebedev 1974 wurden genuine Eigenentwicklung (u.a. bei Parallelprozessoren) eingestellt und die UdSSR schwenkte auf den westlichen Weg der INTEL-Prozessoren ein. Auf dem Gebiet der Großrechner und PC sollte die UdSSR keine führende Rolle in der Welt mehr spielen. Die Erschließung der sibirischen Rohstoffe, der Aufbau einer Infrastruktur, z.B. in Form der neuen BAM-Eisenbahntrasse, sowie der Export von Rohöl und Erdgas stabilisierten vorübergehend die schwächelnde Wirtschaft, bei der weiterhin Getreideimporte die Versorgung sichern mussten. Brezhnew übernahm 1976 alle Führungsämter in Partei und Staat. Die neue Verfassung vom 7. Oktober 1977 propagierte zur Festigung des Status quo die These einer „entwickelten sozialistischen Gesellschaft" und einer „sozialistischen Lebensweise". Da die UdSSR ihre Weltmachtrolle vor allem militärisch definierte, erhöhte man kontinuierlich die Rüstungsproduktion und auch die sowjetische Flottenpräsenz auf den Weltmeeren. Auch die atomare Aufrüstung wuchs ständig und verzeichnete Anfang der 1980 Jahre ca. 40.000 Sprengköpfe. Die gewaltigen Investitionen in den sogenannten *militärisch-industriellen Komplex* [ВПК] verschlangen ca. ein Viertel des sowjetischen BIP und zogen eine galoppierende Verschlechterung des Lebensstandards nach sich. Am Ende der UdSSR (1991) existierte praktisch kein Warenangebot mehr, Brot und Lebensmittel konnten nur noch auf Bezugsscheine erworben werden.

Außenpolitik und „Brezhnew-Doktrin“

Zwar wurde in den 1970er Jahren mit der ökonomischen Integration der Mongolei, Vietnams und Kubas das Weltsystem sozialistischer Staaten erweitert (XXIV. Parteitag Mai 1971), aber auch diese politische Strategie führte zum wirtschaftlichen Aderlass der Sowjetunion. Auf die Idee der Schaffung eines *Sozialismus mit menschlichem Antlitz* (Prager Frühling) reagierte die UdSSR mit der Brezhnew-Doktrin von der beschränkten Souveränität sozialistischer Staaten. Es kam zum Einmarsch der Truppen des Warschauer Paktes in die ČSSR am 21. August 1968). Andererseits blieb die Sowjetunion weiterhin auf Entspannungskurs, für den die Abrüstungsverhandlungen SALT I und II, die Unterzeichnung eines deutsch-sowjetischen Vertrages (Moskauer Vertrag 1970) unter den Aspekten von Gewaltverzicht und Grenzanerkennung, der Besuch L. Brezhnews in Bonn (Mai 1973) und der Beginn der Helsinki-Gespräche (Konferenz über Sicherheit und Zusammenarbeit in Europa) genannt werden können. Die UdSSR strebte auch nach wirtschaftlicher Kooperation mit Deutschland (z.B. ab 1.2.1970 Erdgas-Röhrengeschäft mit geplanten 3 Mrd. Kubikmeter Erdgas pro Jahr).

Beginnende Stagnation und Öffnung nach Westen

Die Teilnahme an der KSZE-Konferenz 1975 in Helsinki führte zu einer vorsichtigen Öffnung nach Westen. Die UdSSR akzeptierte notgedrungen den Korb 3 über freien Ideenaustausch und mehr individuelle Bewegungsfreiheit. Die Diskussion darüber erzeugte innenpolitisch jedoch neue Spannungen, da sich sowjetische Systemgegner nunmehr unter Berufung auf die von der Sowjetunion mit der Helsinki-Akte eingegangenen Verpflichtungen beriefen und entsprechende politische Freiräume forderten. Weiterhin war die sowjetische Führung bemüht, das internationale Kräfteverhältnis zu ihren Gunsten zu verändern, indem das *System des Weltkommunismus* mit besonderem Blick auf die Dritte Welt ausgebaut wurde (XXVI. Parteitag 1981). Die Differenzierung innerhalb der kommunistischen Bewegung ließ sich jedoch nicht mehr aufhalten, immer lauter wurde international die Kritik an der Führungsrolle der Sowjetunion. In der Kulturpolitik begründeten verschärfte Gesetze die Urteile in Prozessen gegen kritische Intellektuelle, Literaten und Künstler, die man durch Ausbürgerung, Inhaftierung oder Einweisung in psychiatrische Heilanstalten zum Schweigen bringen wollte. Man führte einen „ideologischen Krieg gegen antisozialistische Kräfte“ (M.A. Suslov), die sich in der Dissidenten-Bewegung sowie in der illegalen Veröffentlichungspraxis des Sam- und Tamizdat (nicht öffentliche Eigenpublikationen oder im Ausland veröffentlichte, reimportierte Schriften) dokumentierte. Der Kampf der Dissidenten gegen die repressive Kulturpolitik wurde immer stärker in den Westmedien kritisch thematisiert. Zur Kontrolle der Einhaltung der KSZE-Beschlüsse gründete man 1975 in Moskau eine „Helsinki-Gruppe".

Ab Mitte der 1970er Jahre begann eine allumfassende Stagnation in Wirtschaft und Politik. Die Funktionärsschicht (Nomenklatur) war vor allem mit ihrer Status- und Machterhaltung beschäftigt. Die repressive Kontrolle kritisch eingestellter Intellektueller schuf, wie bereits im 19. Jahrhundert, eine ideologische wie moralische Kluft zwischen Macht und Gesellschaft. Nicht mehr aufzuhalten war auch der politische Verfall des sowjetischen Herrschaftssystems. Die Stationierung von SS-20-Raketen in Mitteleuropa führte zum NATO-Doppelbeschluss (13.12.1979). Der Einmarsch sowjetischer Truppen in Afghanistan (27.12.1979) zur Stützung einer prosowjetischen Marionettenregierung wurde als Abkehr vom Geist der Entspannung gewertet und zog Sanktionen der USA, den Boykott der Olympischen Sommerspiele in Moskau 1980 und eine Verurteilung in der UNO nach sich. Zudem begannen 1980 Streiks in der Danziger Neptunwerft. In Polen wurde die Gewerkschaft Solidarność gegründet, ohne dass die Sowjetunion diesmal militärisch eingriff. Als Leonid Brezhnew am 10.11.1982 starb, war die UdSSR endgültig an die Grenzen ihrer Leistungsfähigkeit gelangt. Wachsender Wohlstand, ökonomische und technische Erfolge, ein zunehmender Tourismus und nach außen die Entwicklung des „sozialistischen Weltsystems" hätten zwingend auch strukturelle Veränderungen am Sowjetsystem selbst vorausgesetzt. Engstirnig, machtversessen und mit einem sichtbaren Realitätsverlust hielt man jedoch an Einparteienherrschaft und Planwirtschaft sowie an der expansiv-militärischen Außenpolitik fest. Die sich seit der halbherzigen Entstalinisierung unter Chruschtschow (1956–1963) aufgestauten, strukturellen Widersprüche im Land wurden von einer Opposition offengelegt, die sich aufgrund der internationalen Medienresonanz nicht mehr unterdrücken ließ. Seit dem Ende des Stalinismus (XX. Parteitag) schwankte die Kulturpolitik zwischen Dogmatik und partieller Liberalität. Seit dem Ende des Stalinismus verzeichnete das Land aber auch eine Erosion der offiziellen marxistisch-leninistischen Ideologie, die immer mehr zum Lippenbekenntnis geriet und einem breiten Zynismus innerhalb der Gesellschaft Platz gemacht hatte.

Neue Freiräume in der Kultur und entstehender Dissenz

Die entstehende Legimitationskrise autoritärer Parteiherrschaft und die offensichtliche Porosität der Ideologie eröffneten Freiräume für Literatur und Kunst, die sich jetzt unter dem Aspekt der Wahrheitssuche der Erfahrungswirklichkeit zuwandten. Alltag und Privatleben in der Stadt und auf dem Land, die Aufarbeitung der Stalinzeit einschließlich der Problematik des GULAG, moralische und ästhetische Fragen jenseits des sozialistischen Realismus wurden zu den großen Themen in Literatur und Kunst. Verfahren der Satire, der kritischen Metaphorisierung (Estraden- und Gitarrenlyrik) und der Verfremdung zeigten die Abkehr von der Utopie und eine zunehmende Systemkritik. Eine exponierte Rolle spielte in der neuen sowjetischen Literatur der frühen 1960er Jahre das Thema Jugend, maßgeblich vertreten durch jüngere Autoren (z.B. V. Aksenov, Ju. Moric, B. Achmadullina). Durch diese neue *Jugendliteratur*, die in der monatlich erscheinenden Literaturzeitschrift *Jugend* [Юность] ihr wichtigstes Publikationsorgan hatte, kam ein frischer, geschichtlich unvorbelasteter Blick auf den Alltag, auf Ausbildung und Karriere, Ansprüche, Werte und Moral von Jugendlichen in die öffentliche Wahrnehmung, verbunden mit einer unkonventionellen Sprache und Stilistik. Die in diesen Werken vertretenen Ideale verkörperten keine offene Systemkritik, richteten sich aber mit einer deutlichen Portion Skepsis und Realismus gegen eine verstaubte Erwachsenenwelt.

Auch die neuen Distributionskanäle der Literatur (die Publikation im Selbstverlag oder Ausland) zeigte eine Loslösung der Literatur von den offiziellen, staatlich sanktionierten Normen. Schriftsteller, Künstler und Theatermacher begriffen sich zunehmend als neue kritische *Intelligenz der 1960er Jahre* (Шестидесятники), die die Missstände des Landes und politischen Systems aufzeigen wollte. Ohne Wahrheit keine Erneuerung, lautete das Credo vieler Literaten, das Alexander Solženicyn auf die Formel gebracht hatte: *Nicht mit der Lüge leben*. Die kritische Literatur (Ju. Trifonov, A. Bitov, V. Kaverin, V. Kataev u.v.a.) erfreute sich großen Interesses bei der Leserschaft, ihre Werke fanden reißenden Absatz und waren nach nur wenigen Stunden ausverkauft, wenn sie überhaupt *über* dem Ladentisch gehandelt wurden. Hinzu kam das wachsende Interesse des westlichen Auslandes an der oppositionellen Kulturentwicklung. Die offizielle Seite reagierte geradezu hilflos mit Kampagnen (z.B. gegen Pasternaks Nobelpreis) und Prozessen gegen Künstler und Schriftsteller (z.B. gegen I. Brodskij, Ju. Daniel' und A. Sinjavskij), verurteilte sie zu Lagerhaft und Ausbürgerung oder wies sie in psychiatrische Anstalten ein.

Die Grenzen des Erlaubten in der Literatur wurden fließend, denn auch die offiziell von der Zensur zugelassenen Werke enthielten mehr oder weniger offene Kritik an gesellschaftlichen Missständen. Auch in der Malerei vollzog sich nach 1958 eine Spaltung in eine offizielle Kunst und einen Underground, der auf privaten Ausstellungen gezeigt wurde und den thematisch-stilistischen Kanon des Sozialistischen Realismus hinter sich ließ. Eine vergleichbare Entwicklung durchlief die Theaterszene in Moskau, Leningrad und anderen großen Städten. Zwar dominierten weiterhin klassisch-realistische Aufführungskonzepte, aber an einzelnen Bühnen, wie z. B. dem Moskauer Taganka-Theater, dem Theater des Leninschen Komsomol, dem Satire-Theater und dem Sovremennik-Theater ging man zunehmend innovative Wege. In den 1970er Jahren kamen auch erste experimentelle Klein-Theater auf.

Neben der Belletristik und Dichtkunst wurde gerade auch der sowjetische Film der 1950er–1970er Jahre zum Motor einer breiten Entpolitisierung und Schauplatz alltäglicher Lebens- und Konfliktdarstellung. Eine Sonderstellung nahm hier die sogenannte Filmkomödie ein, die oft auf ironische Art die Herausforderungen und Spezifika des Alltags darstellte. Zwischenmenschliche Konflikte, Eheprobleme, bürokratische Absurditäten, Versorgungsfragen, aber auch die neuen, unpolitischen Freiheiten, die nach Jahren stalinistischen Terrors und der Mangelwirtschaft der Kriegsjahre nunmehr mit Optimismus und Lebensbejahung genossen werden konnten, zeichneten den neuen Film aus, bei dem die sowjetischen Machtstrukturen nur noch den Hintergrund für durchaus ‚bürgerliche' Lebensmodelle im Film darstellten, eine sowjetische Alltagswelt, die grundsätzlich als gegeben akzeptiert bzw. in einem ideologisch zulässigen Maß kritisiert oder karikiert werden konnte. Der Film bot damit Abstand und Entspannung von den Mühen des Alltags und wurde in den Folgejahrzehnten immer mehr zu einem kulturpolitischen Spannungsfeld, da er die Kernaufgaben des Sozialistischen Realismus, einen neuen Menschen zu erziehen, letztlich aufgab.

Wenngleich die offiziellen, von der Parteipropaganda vorgegebenen ideologischen Leitsätze in den 1970er Jahren erheblich an Wirksamkeit und Glaubwürdigkeit einbüßten, bedeutete dies nicht, dass in der sowjetischen Gesellschaft keine Weltanschauungen mehr vorhanden waren oder sich höchst widersprüchliche Ideologieformen ausbilden konnten. Zum einen waren dies restaurative, neostalinistische Tendenzen, die eher nostalgischen Charakter hatten, zum anderen tendierten die meisten Intellektuellen in Richtung liberaler Politik- und Gesellschaftskonzepte, ohne dass hier eine konkrete philosophische oder politische

Richtung als Vorbild genannt werden könnte. Viele kritische Literaten sahen im Westen, in Europa und den USA Vorbilder, denen es nachzueifern galt. Andere wiederum, wie z. B. die Vertreter der sogenannten *Dorfliteratur* (V. Belov, V. Rasputin, V. Solouchin, S. Zalygin, F. Abramov u. a.) tendierten zu einem genuin russischen Konservatismus, der Erhaltung alter (vorrevolutionärer) Kulturwerte, der Wiederbelebung der Orthodoxie bis hin zu nationalistischen und antisemitischen Denkformen. Dieser sich in den Folgejahren ausweitende russische Neokonservatismus sah seine Ursprünge in den 1880/90er Jahren und vertrat in der nun aktuellen Version eine Symbiose aus Politik, Wertemodell und Gesellschaftskonzept. Zwar wurden diese, aus offizieller Sicht ebenfalls antisowjetischen Tendenzen in den 1970er Jahren noch unterdrückt, aber mit dem Ende der Brezhnew-Ära war ein ideologischer Brückenschlag zwischen russischen Nationalisten und neostalinistischen Parteimitgliedern nicht mehr zu übersehen. Dieses zweifelsohne politisch einflussreiche Lager bildete den zentralen Gegenpol zur Reformpolitik M. Gorbatschows in der zweiten Hälfte der 1980er Jahre.

Future-Making und Politikdesign

Ein besonderes wissenschaftsgeschichtliches Phänomen der 1950er–1990er Jahre stellte, neben einer weltanschaulichen Differenzierung in der UdSSR, der *Moskauer Methodologische Zirkel* (MMZ) dar, der aus dem 1953 gegründeten *Moskauer Logischen Zirkel* hervorgegangen war (1958). Mit den 1990er Jahren sollte dieser Kreis, d. h. einige seiner prominentesten Vertreter, zu den Begründern manipulativer Politiktechnologien werden, die bis heute die Medienlandschaft Russlands wie auch öffentliche Meinung maßgeblich bestimmen. Unter der mehr als dreißigjährigen Leitung des Philosophen Georgij P. Ščedrovickij beschäftigte sich der MMZ zunächst mit der Frage nach einer Modellierung und Analyse von Denkprozessen mit dem Ziel, das Denken als intellektuellen Prozess zu optimieren. In den Forschungen wurden nicht nur Typologien von Denkprozessen entworfen, sondern auch Versuche unternommen, durch neue pädagogische Ansätze, organisationswissenschaftliche Techniken und spieltheoretische Zugänge zu einer Gestalt- und Planbarkeit von Denkvorgängen zu kommen, die in den späten 1960er Jahren auf reflektierte Planung sozialer und wirtschaftlicher Prozesse (‚Planspiele‘) übertragen wurden. Diese zunächst akademischen Bemühungen entsprechen vergleichbaren Studien zum Future-Making und zur Designtheorie in den USA. Neben G. Ščedrovickij gehörten zahlreiche Philosophen und andere Intellektuelle dem halboffiziellen Zirkel an, wie z.B. der Historiker Michail Ja. Gefter und der spätere Präsidentenberater Gleb O. Pavlovskij. Insbesondere Pavlovskij wurde zu einer schillernden Figur, die sich einerseits in Dissidentenkreisen der 1960er/70er Jahre bewegte, andererseits als *agent provocateur* beste Verbindungen in den KGB hatte. Nach dem frühen Tod G. Ščedrovickijs (1994) geriet das theoretische Erbe des MMZ unter der Leitung seines Sohns Petr Ščedrovickij in das Fahrwasser von Gesellschaftsmanipulation, Politikdesign und PR-Technologie. Petr Ščedrovickij und Gleb Pavlovskij waren in den 1990er Jahren nicht nur für die Wahlkampagnen B. Jelzins verantwortlich, sondern auch für den ersten Wahlkampf V. Putins. Beide Personen fungierten auch als Berater von Sergej V. Kirienko, dem stellvertretenden Leiter der Präsidentialverwaltung V. Putins. Der MMZ stellte damit letztlich den intellektuellen Inkubator für eine neue Manipulierbarkeit von Gesellschaft durch Herrschafts- und Machtdesign dar, das an die Stelle des mittlerweile wirkungslos gewordenen sowjetischen Agitprops trat. Russland kehrte damit zu seiner im 20. Jahrhundert erprobten, fundamentalen Herrschaftspraxis zurück, dass der Staat die Gesellschaft gestaltet und nicht die Gesellschaft den Staat bildet.

Die Nachkriegszeit unter N. Chruschtschow und in abgeschwächter Form unter L. Brezhnew steht für eine Rücknahme der Stalinschen Militarisierung der Wirtschafts- und Gesellschaftsentwicklung. An die Stelle einer brutalen Durchsetzung von Entwicklungszielen tritt ein durchaus ambivalentes, unentschlossenes Experimentieren mit Reformwegen, das insgesamt daran scheitert, dass die machtpolitischen Dogmen der Herrschaft von Staat über Gesellschaft nicht hinterfragt oder korrigiert wurden. Genommen wurde den Reformen Chruschtschows ihre im Vergleich zu Stalin menschenverachtende Schärfe; andererseits gehen die wesentlichen Reformimpulse weiterhin in Richtung militärische Potenz (Rüstungswettlauf), Schwerindustrie und moderne Technologie und nicht in Konsumgüter oder Versorgung, die auf einem zwar im Vergleich zu den 1950er Jahren erhöhten, wenngleich insgesamt unzureichendem Niveau stagniert und sich bis in die 1980er Jahre sogar deutlich verschlechtern wird. Die Bezeichnung dieser Jahre als *Tauwetter* verdeutlicht indes, dass eine gewisse Liberalisierung konzediert wurde, an die sich ein erneutes Einfrieren der Reformdynamik unter Leonid Brezhnew anschloss. Die Phase der Liberalisierung zeigte aber auch, zu welchen Höchstleistungen die sowjetische Wissenschaft und Forschung im Stande war, was auf ein exzellentes, flächendeckendes Bildungssystem zurückging.

Politik und Wirtschaft

1953 Personelle Neubesetzungen stärken die Machtposition von N. S. Chruschtschow.

(27.3.): Amnestie für Kriminelle, deren Strafmaß fünf Jahre nicht überschreitet.

(17.6.): Arbeiteraufstand in der DDR.

(26.6.): Verhaftung des Geheimdienstchefs L. Berija. Hinrichtung im Dezember 1953.

(20.8.): Testexplosion der ersten Wasserstoffbombe in der UdSSR.

(Sommer): Aufstände im Straflager von Workuta.

(September): Beginn der Rehabilitierung von Opfern des Stalinterrors.

(13.9.): Nikita Chruschtschow wird Erster Sekretär des Zentralkomitees der KPdSU.

1954 (19.2.): Die Krim wird territorial und administrativ der Ukrainischen Sowjetrepublik angegliedert.

(März): Das Ministerium für Staatssicherheit (MGB) wird in Komitee für Staatssicherheit (KGB) umbenannt.

(Sommer): 300.000 Freiwillige gehen zur Neulandgewinnung nach Kasachstan, in den südlichen Ural und das Altaj-Gebiet sowie nach Westsibirien.

(27.6.): Erstes Atomkraftwerk der UdSSR in Betrieb genommen.

(7.3.): Die UdSSR tritt der Haager Konvention bei.

1955 (Januar): N. Chruschtschow beginnt eine Kampagne für den Anbau von Mais.

(14.5.): Gründung des *Warschauer Paktes* als Reaktion auf den Beitritt der Bundesrepublik Deutschland zur NATO.

(15.5.): Unterzeichnung des Österreichischen Staatsvertrages.

(27.5.–2.6.): N. Chruschtschow in Belgrad: Normalisierung der sowjetisch-jugoslawischen Beziehungen.

(September): Bundeskanzler Konrad Adenauer in Moskau, Aufnahme diplomatischer Beziehungen mit der Bundesrepublik, Freilassung der letzten deutschen Kriegsgefangenen.

(November): Erneute Freigabe der seit 1936 verbotenen Abtreibung.

1956 (14.–25.2.): XX. Parteitag der KPdSU; N. Chruschtschow betont die Wichtigkeit der Entspannungspolitik und spricht von vielen möglichen Wegen zum Sozialismus; in einem Geheimbericht entlarvt er die Verbrechen Stalins und den Personenkult; danach werden Opfer des Stalinterrors freigelassen bzw. rehabilitiert.

(30.6.): ZK-Beschluss zur Überwindung des Personenkults und seiner Folgen.

(Juni): Arbeiterunruhen in Poznań; am 20.10. wird Gomulka I. Parteisekretär in Polen. ZK-Beschluss über ein großangelegtes Wohnungsbauprogramm zur massenhaften Errichtung fünf- bzw. sechsstöckiger Wohnhäuser mit Einfamilienwohnungen [Хрущевки].

(Oktober/November): Aufstand in Ungarn.

1957 (22.5.): Chruschtschow erlässt Direktiven zur Dezentralisierung der Industrieverwaltung und kündigt an, die UdSSR werde in vier Jahren die USA in der Produktion von Milch, Fleisch und Butter überholen.

(13.–14.2.): Dezentralisierung der Industrieverwaltung.

(16.2.): Andrej Gromyko wird Außenminister.

(18.6.): Sieben Politbüromitglieder (Malenkov, Molotov, Vorošilov, Kaganovič, Saburov, Pervuchin, Bulganin) versuchen vergeblich, N. Chruschtschow als Parteichef zu stürzen.

(4.10.): Erfolgreicher Start des ersten sowjetischen Erdsatellit *Sputnik* [Спутник].

(26.10.): Marschall Žukovs wird als Verteidigungsminister durch R. Ja. Malinovskij abgelöst.

(November): Erster Kommunistischer Weltkongress.

1958 Andrej Sacharov wendet sich erstmals an N. Chruschtschow mit der Bitte, die Versuche zur Herstellung der Wasserstoffbombe zu beenden. Chruschtschow übernimmt von Bulganin auch das Amt des Vorsitzenden des Ministerrates.

(Sommer): Veröffentlichung einer neuen *Geschichte der KPdSU*.

(August): Russisch-tschetschenische Konflikte in Groznyj.

(Dezember): Pasternak-Affäre; abmildernde Änderungen im Strafrecht.

1959 (–1965) I. Siebenjahrplan.

(Januar/Februar): Außerordentlicher XXI. Parteitag. Bestätigung des Siebenjahrplans (1959–1965); N. Chruschtschow verkündet den *Aufbau des Kommunismus*.

(15.–27.9.): N. Chruschtschows Besuch in den USA und sein Auftritt vor der UNO.

1960 (–1980) Zwanzigjahrplan.

(1.5.): U-2-Zwischenfall. Abschuss eines amerikanischen Spionageflugzeugs über dem Ural. Verschlechterung der sowjetisch-amerikanischen Beziehungen.

(7.5.): L. I. Brezhnew wird nach K. Vorošilov Vorsitzender des Präsidiums des Obersten Sowjets.

(Mai): Pariser Abrüstungskonferenz.

(10.11.–3.12.): II. Kommunistischer Weltkongress.

(9.12.): Kraftwerk an der Wolga eröffnet.

1961 (1.1.): Inkrafttreten einer Geldreform: Der Rubel wird 1:10 abgewertet.

(12.4.): Der Kosmonaut Jurij Gagarin umkreist als erster Mensch die Erde.

(13.8.): Errichtung der Mauer in Berlin.

(17.–31.10.): XXII. Parteitag; weitere Kritik am Stalinismus; N. Chruschtschow verkündet den Aufbau des Kommunismus bis 1980.

(31.10.): Stalin wird aus dem Mausoleum entfernt und an der Kremlmauer beerdigt; die Stadt Stalingrad in Wolgograd umbenannt.

1962 (–1964) Verschärfung des Konflikts mit China.

(2.6.): Blutige Niederschlagung einer Arbeiterdemonstration in Novočerkassk, die sich gegen die Erhöhung von Arbeitsnormen richtete.

(Oktober): Kubakrise; am 22.10. ist die UdSSR bereit, ihre Raketen aus Kuba abzuziehen.

(19.–23.11.): ZK-Plenum; N. Chruschtschow trennt die Parteikomitees von Industrie und Landwirtschaft.

1963 Versorgungskrise im Lande; Absinken des Wirtschaftswachstums; N. Chruschtschow muss sich gegen eine wachsende Opposition in der Parteiführung wehren.

(20.6.): Einrichtung einer direkten Telefonleitung zwischen Kreml und Weißem Haus.

(5.8.): Atomstoppvertrag von Moskau.

1964 (17.4.): 70. Geburtstag Chruschtschows. Höhepunkt eines neuen Personenkults.

(29.8.): Rehabilitierung der Wolgadeutschen.

(13.–15.10.): Absetzung Chruschtschows; Ein Plenum des ZK entlässt N. Chruschtschow aus allen Partei- und Staatsämtern; Nachfolger wird Leonid I. Brezhnew, Vorsitzender des Ministerrats Andrej N. Kosygin.

1965 Fünfjahrplan (–1970); Maßnahmen zur Verbesserung der Landwirtschaft.

(27.4.): Papst Paul VI. gewährt A. Gromyko eine Audienz.

(29.3.–8.4.): XXIII. Parteitag; L. Brezhnew erhält den Titel Generalsekretär, den vor ihm nur Stalin besaß.

(16.9.): Änderungen im Strafgesetz, die eine Verfolgung von Dissidenten erleichtern.

1967 (Frühjahr): Stalins Tochter Svetlana Allilueva emigriert; Verstärkung der sowjetischen Flotte im Mittelmeer.

(27.1.): In Moskau, Washington und London Unterzeichnung eines Abkommens über die friedliche Nutzung des Weltraums.

(12.4.): Marschall Grečko wird Verteidigungsminister.

(24.–26.4.): Karlsbader Konferenz der europäischen kommunistischen Parteien über europäische Sicherheit.

(18.5.): Jurij Andropov wird Vorsitzender des KGB.

(10. 6.): Abbruch der diplomatischen Beziehungen zu Israel.

1968 (–Juni): Im Samizdat erscheint ein Essay von A. Sacharov zur internationalen Lage.

(21.8.): Einmarsch der Truppen des Warschauer Paktes in die ČSSR.

(25.8.): Sowjetische Demonstranten gegen den Einmarsch werden zu Gefängnis und Lagerhaft verurteilt.

(26.9.): Die *Pravda* publiziert die *Brezhnew-Doktrin* von der beschränkten Souveränität sozialistischer Staaten.

1969 Handels- und Wirtschaftsabkommen mit Frankreich und England.

(2.–6.3.): Sowjetisch-chinesischer Grenzzwischenfall und Schießereien am Ussuri.

(24.11.): Ratifizierung des Atomwaffensperrvertrages durch die USA und die UdSSR.

(17.–22.12.): Erste sowjetisch-amerikanische Gespräche in Helsinki über eine Begrenzung des strategischen Wettrüstens.

1970 (12.8.): Moskauer Vertrag mit der Bundesrepublik über Gewaltverzicht, Anerkennung der bestehenden Grenzen in Europa und Normalisierung der deutsch-sowjetischen Beziehungen.

(4.11.): Gründung eines Komitees für Menschenrechte; Mitglied ist u. a. A. Sacharov.

1971 Im Ausland erscheint der Roman *August 14* von A. Solženicyn.

(5.3.): Memorandum A. Sacharovs an die sowjetische Führung;

(30.3.–9.4.): XXIV. Parteitag; L. Brezhnew spricht von der historischen Gemeinschaft des Sowjetvolkes und fordert eine Erhöhung des Wohlstandes der Werktätigen.

(23.8./3.9.): Viermächte-Abkommen über Berlin.

(September): Bundeskanzler Willy Brandt bei Generalsekretär Brezhnew auf der Krim.

1972 Sowjetisch-amerikanische Abkommen über Zusammenarbeit auf verschiedenen Gebieten.

(10.4.): In Moskau, Washington und London Unterzeichnung einer Konvention über das Verbot bakteriologischer Waffen.

(22.–30.5.): Präsident Richard Nixon in der UdSSR.

(10.–12.7.): Kuba wird Mitglied des RGW (COMECON).

(30.7.): Wasserkraftwerk von Krasnojarsk in Betrieb genommen.

1973 (2.3.): Maßnahmen zur Verbesserung der Industrieverwaltung.

(19.5.): Abkommen mit der Bundesrepublik über wirtschaftliche, industrielle, technische und kulturelle Zusammenarbeit.

(18.–22.5.): L. Brezhnew besucht die Bundesrepublik Deutschland.

(Juli): L. Brezhnew in den USA; zahlreiche Abkommen.

(3.7.): Beginn der *Konferenz über Sicherheit und Zusammenarbeit in Europa* (Helsinki).

1974 (24.11.): Brezhnew in Vladivostok: Militärisch-strategische Vereinbarungen mit Präsident Ford (ABM- und SALT-II-Vertrag).

1975 (30.4.): Bedingungslose Kapitulation Südvietnams.

(Juni): Neues Religionsgesetz.

(1.8.): KSZE-Schlussakte in Helsinki von 35 Staaten unterzeichnet.

(9.10.): Andrej Sacharov erhält den Friedensnobelpreis.

1976 (24.2.–5.3.): XXV. Parteitag.

Aufrüstungsmaßnahmen im Mittelstreckenbereich (SS-20). Der Westen ist zunehmend über die Verschiebung des europäischen Kräftegleichgewichts besorgt.

(26.4.): Neuer Verteidigungsminister wird Dmitrij Ustinov.

(13.5.): Auf Initiative von Ju. Orlov wird eine Gruppe zur Einhaltung der Helsinki-Beschlüsse gegründet (Helsinki-Komitee)

(29.–30.6.): Konferenz der europäischen Kommunistischen Parteien in Ost-Berlin.

(19.12.): Mit großem Aufwand wird Brezhnews 70. Geburtstag gefeiert.

1977 (Februar/März): Welle von Verhaftungen: u. a. A. Ginzburg, Ju. Orlov, A. Šaranskij.

(16.6.): L. Brezhnew wird Vorsitzender des Obersten Sowjet.

(4.10.–8.3.1978): Erste KSZE-Nachfolgekonferenz in Belgrad.

(7.10.): Neue sowjetische Verfassung: Der Begriff *Volksstaat* [общенародное государство] löst die *Diktatur des Proletariats* ab.

1978 (1.2.): Gründung einer Freien Gewerkschaft der Werktätigen in der Sowjetunion.

1979 (1.1.): Aufnahme diplomatischer Beziehungen zwischen den USA und China.

(3.4.): China kündigt den 1950 mit der UdSSR abgeschlossenen Freundschaftsvertrag.

(18.4.): Abkommen mit den USA über Getreideankauf.

(18.6.): Generalsekretär Brezhnew und Präsident Ford unterzeichnen einen Vertrag über die Begrenzung strategischer Angriffswaffen.

(12.12.): NATO-Doppelbeschluss zur Stationierung amerikanischer Mittelstreckenraketen Pershing 2 in Zentraleuropa als Gegengewicht zu sowjetischen SS-20;

(27.12.): Sowjetische Truppen marschieren in Afghanistan ein.

1980 (4.1.): Präsident Carter verschiebt wegen des Afghanistan-Kriegs die Ratifizierung des SALT-II-Vertrages, stoppt die Getreidelieferungen und erklärt den Boykott der Olympischen Sommerspiele in Moskau, dem sich die meisten europäischen Länder anschließen.

(22.1.): Andrej Sacharov wird nach Gor'kij verbannt.

(30.6.–1.7.): Bundeskanzler Helmut Schmidt in Moskau.

(19.7.–3.8.): Olympische Sommerspiele in Moskau.

(August): Streiks in Polen (Danzig, Stettin).

(Oktober): ZK-Resolution gegen Korruption in Funktionärskreisen.

(21.10.): ZK-Plenartagung: Produktions- und Lieferengpässe bei Fleisch und Milch. M. S. Gorbatschow wird Mitglied des Politbüros.

(11.11.): Zweite Helsinki-Nachfolgekonferenz in Madrid eröffnet.

1981 (23.2.–3.3.): XXVI. Parteitag; keine personellen Veränderungen; Aufgaben des 11. Fünfjahrplans; Kürzung der Investitionen.

(24.4.): Präsident Ronald Reagan hebt Getreideembargo auf.

(10.6.–2.7.): Willy Brandt in der Sowjetunion.

(3.–4.11.): Beratung der Parteiführung sozialistischer Länder in Moskau über die Lage in Polen.

(20.11.): Gasliefervertrag UdSSR – Bundesrepublik.

(22.–25.11.): Besuch L. Brezhnews in Bonn; Zentrales Thema: Sicherheitspartnerschaft.

1982 (25.1.): Tod des für Ideologie zuständigen Politbüromitgliedes Michail Suslov.

(29.6.): Beginn der START-Verhandlungen in Genf.

(30.7.): ZK-Beschluss *Über literarisch-künstlerische Zeitschriften und ihre Aufgaben beim sozialistischen Aufbau.*

(8.9.): Moskauer Helsinki-Gruppe stellt nach der Verhaftung ihrer Mitglieder die Arbeit ein.

(10.11.): Tod Leonid I. Brezhnews.

Literatur, Kunst und Kultur

1954 Prosa: I. Ėrenburg: *Tauwetter* [Оттепель] (Roman); Beginn der Entstalinisierung in der Kultur.

(15.–26.12.): II. Schriftstellerkongress; Abschwächung der Kontrolle über Literatur und Kunst; Beginn der Rehabilitierung verfolgter Autoren.

1956 Prosa: V. Dudincev: *Der Mensch lebt nicht vom Brot allein* [Не хлебом единым] (Roman); T. Lysenko wird als Präsident der Akademie der Landwirtschaft abgesetzt; Gründung des Theaters *Sovremennik* (Der Zeitgenosse).

(13.5.): Nach den Enthüllungen des XX. Parteitags erschießt sich der Sekretär des Schriftstellerverbandes A. Fadeev.

(Dezember): Spektakuläre Picasso-Ausstellung in Moskau. Die internationale Avantgarde in Kunst und Literatur wurde zuvor in der UdSSR tabuisiert.

1957 Film: *Wenn die Kraniche ziehen* [Летят журавли] (Regie: M. Kalatozov).

(November): Prosa: In Italien erscheint der Roman *Doktor Živago* von Boris Pasternak; G. Nikolaeva: *Schlacht unterwegs* [Битва в пути] (Roman). Film: *Die Höhe* [Высота] (Regie: A. Zarchi).

1958 Alexander Tvardovskij wird wieder Chefredakteur der Zeitschrift *Novyj mir*; B. Pasternak erhält den Literaturnobelpreis; Prosa: Č. Ajtmatov: *Džamilja* [Джамиля] (Roman); Film: *Der Idiot* [Идиот] (Regie: Iwan Pyr'ev): Beitrag zur beginnenden Rehabilitierung der Werke F. M. Dostoevskijs.

1959 Vorsitzender des sowjetischen Schriftstellerverbandes wird Konstantin Fedin; Prosa: K. Simonov: *Die Lebenden und die Toten* [Живые и мертвые] (Kriegsroman). Film: *Die heiße Seele* [Горячая душа] (Regie: V. Dolgošeev)

1960 Gründung der *Universität der Völkerfreundschaft* in Moskau, die 1961 den Namen *Patrice Lumumba* erhält.

Film: *Zeit der Sommerurlaube* [Время летних отпусков] (Regie: L. Ochrimenko).

1961 Poesie: E. A. Evtušenko: *Babij jar* [Бабий яр] (Poem); Prosa: I. Erenburg *Menschen, Jahre, Leben* [Люди, годы жизни] (Memoiren); V. Šklovskij: *Es war einmal* [Жили-были].

(30.5.): Tod des Dichters und Schriftstellers Boris Pasternak.

1962 Verleihung des Nobelpreises für Physik an Lev Landau.

(21.10.): Poesie: E. Evtušenko veröffentlicht in der *Pravda* sein Poem *Stalins Erben*.

(November): Prosa: A. Solženicyn: *Ein Tag aus dem Leben des Iwan Denisovič* [Один день Ивана Денисовича] (Roman), veröffentlicht in der Literaturzeitschrift *Novyj mir*.

(1.12.): N. Chruschtschow kritisiert eine Ausstellung moderner sowjetischer Kunst in der Moskauer Manege und verstärkt die Kontrolle der künstlerischen Intelligenz.

1963 Poesie: A. Tvardovskij: *Terkin im Jenseits* [Теркин на том свете] (satirisches Poem).

(März): Chruschtschow fordert Sozialistischen Realismus von der Kunst und verurteilt jede Form „ideologischer Koexistenz"; Reglementierung der literarischen Produktion durch Goskomizdat (Ministerium für Druck, Graphik und Buchhandel); im Gegenzug wächst die Praxis des illegalen Sam- und Tamizdat (Selbstverlag/Eigendruck bzw. Herstellung und Import aus dem Ausland).

Film: *Zwischenlandung in Moskau* [Я шагаю по Москве] (Regie: G. Danelija).

1964 Der Regisseur Jurij Ljubimov gründet in Moskau das *Theater an der Taganka*, das sich in Folge als innovatives Theater einen Namen macht.

(Februar): Ein Leningrader Gericht verurteilt den Dichter I. Brodskij wegen „Parasitentum" zu fünf Jahren Arbeitslager; Prosa: K. Simonov: *Man wird nicht als Soldat geboren* [Солдатами не рождаются] (Kriegsroman).

Film: *Von einem, der auszog, die Liebe zu finden* [Живет такой парень] (Regie: K. Nikolaevič, Drehbuch: V. Šukšin); *Ich bin zwanzig* [Мне двадцать лет] (Regie: M. Chuciev). Teil I und II; *Дайте жалобную книгу* (Regie: Ė. Rjazanov).

1965 Michail Šolochov erhält den Literaturnobelpreis, insbesondere für seinen Roman *Der Stille Don*, bei dem Šolochovs Autorenschaft umstritten bleibt. Film: Dreharbeiten zu *Krieg und Frieden* (Regie: S. Bondarčuk); Prozess gegen die Schriftsteller A. Sinjavskij und Ju. Daniel'; Poesie: R. Roždestvenskij: *Poem über die verschiedenen Standpunkte* [Поэма о разных точках зрения]; Prosa: A. Kuznecov: *Babij jar* [Бабий яр] (Roman). Film: *Operation „Y" und andere Abenteuer Schuriks* [*Операция Ы и другие приключения Шурика*] (Regie: L. Gajdaj).

(10.–14.2.): Prozess gegen A. Sinjavskij und Ju. Daniel' wegen antisowjetischer Propaganda. Film: *Der gewöhnliche Faschismus* [Обыкновенный фашизм] (Regie: M. Romm).

1966 Prosa: V. Šalamov: *Erzählungen von der Kolyma* [Колымские рассказы] (bedeutendes Werk der sog. Lagerliteratur, das nur im Samizdat erscheinen kann).

Film: *Vorsicht, Autodieb* [Берегись автомобиля] (Regie: Ė. Rjazanov).

1967 Prosa: A. Marčenko: *Meine Aussagen* [Мои показания] (Samizdat); Film: *Andrej Rublev* (Regie: A. Tarkovskij) kommt erst 1971 in die Kinos; Beginn der Dreharbeiten zum Filmepos *Die Befreiung* [Освобождение] (Regie: Ju. Ozerov); *Die Kommissarin* [Комиссар] (Regie: A. Askol'dov) kommt erst 1987 in die Kinos; Drama: *Entenjagd* [Утиная охота] (A. Vampilov), Uraufführung 1976.; Film: *Я вас любил ...* („Ich liebte Sie ..."; Regie: S. Fedorova).

1968 Prosa: Im Ausland erscheinen die Romane *Im ersten Kreis der Hölle und Krebsstation* (A. Solženicyn).

(8.–12.1.): Prozess gegen vier Dissidenten.

(30.4.): Erste Samizdat-Untergrundzeitung *Chronik der laufenden Ereignisse*, in der Verstöße gegen die Menschenrechte aufgedeckt werden.

Film: *Der Brillantenarm* [*Бриллиантовая рука*] (Regie: L. Gajdaj).

1969 Prosa: A. Amal'rik: *Wird die SU das Jahr 1984 erleben?* (Essay). Anatolij Kuznecov emigriert; Film: *Das Adelsnest* [Дворянское гнездо] (Regie: A. Michalkov-Končalovskij); Prosa: Ju. Trifonov: *Der Tausch* [Обмен] aus dem Zyklus der *Moskauer Erzählungen*. Film: *Jeden Abend um 11* [*Каждый вечер в одиннадцать*] (Regie: S. Samsonov).

1970 Prosa: V. Erofeev: *Reise von Moskau nach Petuschki* [Москва-Петушки] (Roman, Samizdat).

(Februar): A. Tvardovskij wird als Chefredakteur der Literaturzeitschrift *Novyj mir* entlassen.

(8.10.): Alexander Solženicyn erhält den Literaturnobelpreis.

Im Westen erscheinen die Memoiren N. Chruschtschows.

1971 V. Osipov gibt die nationalistische Untergrundzeitschrift *Veče* heraus; Prosa: Im Westen erscheint der Roman Solženicyns August 1914 [Август 1914]. Film: *Gentlemen des Glücks* [*Джентельмены удачи*] (Regie: A. Seryj, Drehbuch: G. Danelia, V. Tokareva).

1972 Der Dichter I. Brodskij emigriert.

(25.1.): Das ZK verstärkt die ideologische Bekämpfung non-konformistischer Strömungen. Prozess gegen V. Bukovskij; Haussuchungen und Verhaftungen zur Verhinderung illegaler Samizdat-Publikationen; weitere Dissidentenprozesse.

1973 Prosa: A. Solženicyn: Im Westen erscheint der erste Teil des Buches Archipelag GULAG. Die Schriftsteller Andrej Sinjavskij und Zhores Medvedev emigrieren. Film: *Iwan Wassiljewitsch wechselt den Beruf* [Иван Васильевич меняет профессию] (Regie: L. Gajdaj), *Siebzehn Augenblicke des Frühlings* [Семнадцать мгновений весны] (Regie: T. Lioznova). Vielteiliger Spielfilm.

1974 Film: *Roter Holunder* [Калина красная] (Regie: V. Šukšin); die Schriftsteller V. Nekrasov und V. Maksimov sowie der Dichter und Liedermacher A. Galič emigrieren.

(September): Mit Bulldozern geht die Polizei gegen eine Ausstellung inoffizieller Kunst bei Moskau vor.

(12.–13.2.): A. Solženicyn wird verhaftet und ausgewiesen.

1975 Prosa: im Westen erscheint der Roman V. Vojnovičs *Das Leben und die seltsamen Abenteuer des Soldaten Iwan Čonkin*. Film: E. Klimov: *Agonie* [Агония].

1976 Prosa: V. Rasputin: *Abschied von Matjora* [Прощание с Матерой]; Ju. Trifonov: *Das Haus an der Uferstraße* [Дом на набережной], A. Zinov'ev: *Gähnende Höhen* [Зияющие высоты] (in Moskau erst 1991 gedruckt); der Bildhauer E. Neizvestnyj wird ausgebürgert. Film: *Ironie des Schicksals* [Ирония судьбы или с легким паром] (Regie: Ė. Rjazanov).

1978 Prosa: Andrej Bitov: *Das Puschkin-Haus* [Пушкинский дом] (im Westen erschienen). Ausbürgerung des Schriftstellers A. Zinov'ev.

1979 Film: *Herbstmarathon* [Осенний марафон] (Regie: G. Danelija); Гараж (Regie: Ė. Rjazanov), *Moskau glaubt den Tränen nicht* [Москва слезам не верит] (Regie: V. Men'šov).

1980 Filme: *Stalker* (Regie: A. Tarkovskij); *Einige Tage aus dem Leben I. I. Oblomovs* (N. Michalkov); Prosa: V. Grossman: *Leben und Schicksal* [Жизнь и судьба]; Č. Ajtmatov: *Ein Tag länger als ein Leben* [И дольше века длится день].

(Dezember): Die Schriftsteller V. Vojnovič und V. Aksenov sowie der Germanist L. Kopelev werden aufgefordert, das Land zu verlassen.

1982 (30.7.): ZK-Beschluss *Über die literarisch-künstlerischen Zeitschriften und ihre Aufgaben beim sozialistischen Aufbau.*

Kapitel 15

Perestrojka und kapitalistische Revanche. Die gescheiterte Systemreform und mafiotische Umverteilung (1985–2000)

Die kurzen Amtszeiten des ehemaligen KGB-Chefs Jurij Andropov (1982–1984) und des überalterten Politbüromitgliedes Konstantin Černenko (1984–1985) demonstrierten überdeutlich die Notwendigkeit durchgreifender Reformen und eines außenpolitischen Wandels, deren Ablauf und Struktur allerdings nicht alle in Staat und Gesellschaft einflussreichen Gruppen gleichermaßen teilten. Die Ursachen für die wirtschaftliche Misere sah man in der mangelnden Arbeitsproduktivität, im marxistischen Duktus der Zeit: im Zurückbleiben der Produktionsverhältnisse hinter der Entwicklung der Produktivkräfte. So wurde nach Brezhnews Tod die Arbeitsdisziplin verschärft kontrolliert, die sozialistischen Länder zur Einheit aufgerufen, im Warschauer Pakt wie auch im RGW. Die vorübergehend unterbrochenen Abrüstungsverhandlungen wurden wieder aufgenommen. Die sozialistischen Partnerländer drängten auf eine Fortsetzung der Entspannungspolitik trotz der von den USA verkündeten Strategischen Verteidigungsinitiative (SDI) (23.3.1983). Die wirtschaftliche Kooperation mit dem Westen lief weiter; dies betraf u. a. die Getreidelieferungen der USA, aber auch die Kreditbürgschaft der Bundesrepublik für die DDR und andere Vorhaben. Langsam entspannte sich auch wieder das Verhältnis zur Volksrepublik China.

Als Andropov am 9.2.1984 starb, folgte ihm als Generalsekretär der KPdSU der bereits schwerkranke Konstantin Černenko, ein ehemaliger Weggefährte Brezhnews. Als ZK-Sekretär für Ideologie und Vorsitzender des Außenpolitischen Ausschusses rückte Michail Gorbatschow in eine Stellvertreterposition auf. Mit dem Tod von Verteidigungsminister Ustinov (20.12.1984) schwand der Einfluss des Militärs auf die sowjetische Führung. Černenko übernahm weitgehend die reformerischen Absichten Andropovs, konnte sie aber nicht mehr selbst realisieren. Černenko starb am 10.3.1985. In der Zwischenzeit nach Brezhnews Tod hatte sich zwar der politische Stil durch eine verschärfte Bekämpfung der Korruption und Erhöhung der Arbeitsdisziplin verändert, die zwingend notwendigen, grundsätzlichen Reformen, insbesondere in der Wirtschaft, blieben jedoch aus, und auch die politische Generallinie blieb unverändert. Die repressiven Maßnahmen gegen die Opposition in Kultur und Gesellschaft wurden sogar verschärft. Am Horizont tauchte allerdings in der Gestalt Michail Gorbatschows ein Politiker auf, der als Nachfolger Černenkos alle Erwartungen auf einen grundlegenden Wandel auf sich vereinigte.

Ambivalente Reformen: die Perestrojka und die Politik der Transparenz

Der auf dem ZK-Plenum im März 1985 gewählte neue Generalsekretär reorganisierte das Leitungssystem der Wirtschaft und gewährte den Betrieben mehr Spielraum. Erste Joint Ventures wurden erlaubt, die Betriebe konnten nunmehr – im Gegensatz zur stark reglementierten Planwirtschaft – auch direkt miteinander in Handelsbeziehungen treten. Die auch bereits zuvor praktizierte Schattenwirtschaft wurde damit in Teilen legalisiert. Ideologisch griff man auf Denkmodelle der 1920er Jahre zurück (Neue Ökonomische Politik). Mit den Losungen *Glasnost'* (Transparenz, Publizität) und *Perestrojka* (Umgestaltung) wollte Gorbatschow das Vertrauen der Gesellschaft in die Staatsmacht zurückgewinnen und schrittweise einen demokratischen, jedoch weiterhin sozialistischen Rechtsstaat aufbauen. Zu Beginn seiner Reformpolitik hatte Gorbatschow allerdings keine präzisen Vorstellungen, wie weit die angestrebten Veränderungen in Politik, Wirtschaft und Gesellschaft gehen und auf welcher Gesamtvision diese beruhen sollten. Seine Politik war daher durch ein oftmals inkonsequentes Vor- und Rückschreiten gekennzeichnet, das den Gegnern seiner Reformen genug Argumente für ihre Ablehnung bot. Massiv gebremst wurde der Reformeifer Gorbatschows durch zahlreiche konservative Parteikader auf allen Ebenen der Staats- und Parteihierarchien, die in seiner Reformpolitik zurecht einen Angriff auf sowjetische, in Teilen stalinistische Herrschaftsmethoden sahen und nunmehr den Verlust von Einfluss und Stabilität in der Partei befürchteten. Erschwerend kam hinzu, dass das Reformkonzept des neuen Generalsekretärs keinen konzisen, in sich stimmigen Plan darstellte und auch die Ziele der Reformen selbst in Parteikreisen unklar blieben. Die Politik Gorbatschows zeichnete sich daher zum einen durch permanentes Taktieren zwischen den internen Machtblöcken, zum anderen durch häufige Richtungswechsel aus, die in der breiten Bevölkerung vor allem Misstrauen und Zweifel hervorriefen, obgleich die meisten liberalen Intellektuellen Russlands den neuen Kurs vehement unterstützten. Da in der neuen Führungselite um Gorbatschow nie umfassend die generelle Reform*fähigkeit* der späten UdSSR reflektiert wurde und man weitgehend, trotz neuer liberaler Ideen, traditionellen sozialistischen Denkkategorien verhaftet blieb, musste den konservativen bzw. nationalistisch eingestellten Parteikadern Gorbatschows Politik wie ein amateurhaftes Experimentieren vorkommen, gegen das man auf regionaler wie kommunaler Ebene alle erdenklichen Beharrungskräfte mobilisierte.

Gesellschaftliche Liberalisierung und Revision der sowjetischen Geschichte

Auf dem XXVII. Parteitag im Frühjahr 1987 wurde nun auch öffentlich Kritik an internen Missständen und Privilegien geübt. Gorbatschow forderte eine Erhöhung der Arbeitsproduktivität, die weitere Automatisierung der Produktion und eine verstärkte Entwicklung der Konsumgüterindustrie. Gleichzeitig verschlechterte sich die Versorgung der Bevölkerung mit Lebensmitteln und alltäglichen Konsumgütern stetig. Das kulturelle Klima indes verbesserte sich durch mehr Pressefreiheit, die Selbständigkeit der Künstlerverbände, eine Wiederzulassung bislang verbotener Kunst, die Rehabilitierung stalinistischer Opfer und die Freilassung von Dissidenten. Andrej Sacharov kehrte 1986 aus seiner Verbannung in der Stadt Gor'kij wieder an seinen Moskauer Arbeitsplatz zurück. Zeitschriften mit Massenauflagen (*Ogonek, Moskovskie Novosti, Argumenty i fakty*), Rundfunk und TV nutzten die neuen Freiheiten zu kritischer Berichterstattung. Besondere Aufmerksamkeit riefen die in der Wochenzeitschrift *Ogonek* veröffentlichten Skandalberichte über aktuelle und vor allem historische Tabuthemen und Missstände hervor. Die sowjetische Bevölkerung erfuhr auf diese Weise, welchen politischen und sozialen Mythen sie über viele Jahrzehnte ausgeliefert war. Historische Gewissheiten, die auch die Parteigeschichte betrafen und vor der Person Stalins und Lenins sowie der Bedeutung der Oktoberrevolution nicht haltmachten, wurden radikal demontiert, mit dem Ergebnis, dass die bis dahin durchgehend positive Sowjetidentität erste Risse und Brüche aufwies. Wenngleich diese „Skandalisierung“ der Geschichte durch die sowjetischen Medien nicht zu einer sozial breiten und länger anhaltenden Vergangenheitsbewältigung der Sowjetherrschaft führte, stellte sie dennoch den Beginn ihrer umfassenden Dokumentation und Aufarbeitung durch die (akademische) Geschichtswissenschaft dar, die durch die Öffnung der vormals geschlossenen Staats- und Parteiarchive begünstigt wurde. Zahlreiche wissenschaftliche Publikationen zur Terrorherrschaft der Kommunistischen Partei, des KGB, GULAG, der Zensur und anderen zeitgeschichtlichen Themen konnten in den 1990er bis 2010er Jahre erscheinen und veränderten auch die öffentliche Berichterstattung. Aktiv bemühte sich auch die neugegründete Gesellschaft MEMORIAL um die Aufarbeitung der stalinistischen Verbrechen. Dieser Einsatz für die historische Wahrheit veränderte die Einstellungen der absoluten Mehrheit der Bevölkerung gegenüber der UdSSR jedoch nicht. Das Füllen der ‚weißen Flecken' und damit die in der Regel unvermittelte Konfrontation mit der historischen Wahrheit führte nach 1988 zwar zu allgemeiner Verunsicherung der Weltbilder, aber nicht zu einer grundlegenden, seriösen Auseinandersetzung mit dem totalitären Erbe, da in den 1990er Jahren zum einen das wirtschaftliche Überleben des Einzelnen im Vordergrund stand, zum anderen kritische Stimmen schnell als Schwarzmalerei abgetan wurden, durch die das trotz aller alltäglichen Mängel von vielen verinnerlichte positive Bild der UdSSR als Basis der eigenen Identität nicht in Frage gestellt werden sollte. Die an die Nachkriegsstabilität der Sowjetunion gewöhnte Bevölkerung, die sich, abgesehen von kritischen Intellektuellen oder Dissidenten, damit arrangiert hatte, dass prinzipiell Staat und Partei die politische und soziale Planungs- und Entscheidungshoheit hatten, war zwar mit der allseitigen Versorgungsmisere unzufrieden, sah aber eine fundamentale Veränderung der Herrschaftsmechanismen nicht zwingend als notwendig an. Hinzu kam nach Jahrzehnten praktizierter ideologischer Berieselung die Unwilligkeit, eine andere Faktographie der Vergangenheit über den skandalträchtigen Kick hinaus als Neubeginn wahrzunehmen. Dies betraf auch bereits Ende der 1980er Jahr direkt die Person Gorbatschows, dessen anfangs positives Image sich nachhaltig verschlechterte. Der Generalsekretär galt auch wegen seiner Unterstützung einer kritischen Geschichtsaufarbeitung fortan als Nestbeschmutzer und zielloser Unruhestifter. Diese negative Einschätzung sollte sich nach dem Zerfall der UdSSR noch verstärken. Gorbatschow wurde insbesondere angekreidet, den zentrifugalen Kräften und der letztlichen Auflösung des Staates nicht mit repressiven Methoden entgegengewirkt zu haben, wobei übersehen wurde, dass der zentrale Herrschaftsanspruch Moskaus bereits seit Jahren nur bedingt in den Unionsrepubliken durchgesetzt werden konnte und durch den August-Putsch (1991) Gorbatschow de facto entmachtet worden war. Auch die außenpolitischen Bemühungen und Erfolge Gorbatschows um Abrüstung und internationale Verständigung, von Boris Jelzin bis Ende der 1990er Jahre weitergeführt, wurden bereits Mitte der 2000er Jahre unter Vladimir Putin als „Zeit der Schwäche" Russlands gedeutet.

Wirtschaftspolitische Illusionen und Irrwege

Einen frühen politischen Rückschlag für die Reformpolitik bewirkte die Reaktorkatastrophe von Černobyl' (26.4.1986). Das tagelange Verschweigen der Katastrophe und die höchst zweifelhafte Bekämpfung der Folgen demonstrierte, in welcher tiefen strukturellen Krise sich die Sowjetunion befand. Auch in der Wirtschaft konnten keine nachhaltigen Erfolge erzielt werden, die verkündete *Beschleunigung* der ökonomischen Sanierung blieb aus. Als langlebig und im Ergebnis hinderlich erwies sich einerseits die durch die jahrelange Planwirtschaft festgefahrene Wirtschaftspraxis, anderseits die Mentalität der Betriebsleitungen und -mitarbeiter, die einer Liberalisierung der Wirtschaft in Teilen ausgesprochen skeptisch gegenüberstanden. Symptomatisch dafür war das Scheitern der Kampagne gegen Alkoholmissbrauch und Korruption. Die Gleichstellung privater und staatlicher Betriebe (Gesetz vom 26.5.1988) ohne eine Veränderung der politischen und rechtlichen Grundlagen verschärfte die ökonomische Krise. Die 1989/90 vorgeschlagenen Sanierungskonzepte für einen Übergang zur Marktwirtschaft (*500-Tage-Plan*, Richtlinien für die Stabilisierung der Wirtschaft) stellten das Staatsmonopol auf Kapital und Bodenbesitz in Frage. Die *Systemüberschreitung* (M. Hildermeier) begann, ohne dass hierfür ein plausibler Rahmenplan oder endsprechende Handlungsmaxime bestanden hätten, ganz zu schweigen von den neostalinistischen Überzeugungen konservativer Kreise, die diesem strukturellen Zerfall entgegenwirkten. Die geförderte Privatinitiative konzentrierte sich jedoch zunächst auf Dienstleistungen, Finanzwesen, Börse und Handel, nicht aber auf die Produktion. Mangelwirtschaft, Preiserhöhungen, Arbeiterstreiks im Bergbau (nach Juli 1989) und eine Energiekrise waren die Folge. Versorgungsprobleme traten auf, nicht nur in den Regionen, sondern auch in den großen Städten. Auch auf dem Land fehlte das nötige Umfeld für eine produktive Privatwirtschaft. Die ehemaligen Kolchosbauern konnten sich zwar zu Genossenschaften zusammenschließen oder auch individuell wirtschaften, aber es bestand ein extremer Mangel an Kapital, das den Bauern die zwingend notwendigen Investitionen in Ausrüstung und Technik gestattet hätte.

Außenpolitisch forcierte die Regierung den Entspannungskurs: kein Export der Revolution, sondern friedlicher Wettstreit der Nationen. Die nach dem Zweiten Weltkrieg entwickelte These von den *feindlichen Lagern* wich einem pluralistischen Weltverständnis. Sicherheit wurde von Gorbatschow jetzt vornehmlich wirtschaftspolitisch definiert. Im RGW setzte man auf gleichberechtigte Kooperation (41. Ratstagung des RGW im Dezember 1985). M. Gorbatschow sprach von Europa als einem *„gemeinsamen Haus“*, in dem auch Russland seinen Platz finden müsse. Seine Gipfeltreffen mit Präsident Reagan in Genf und in Reykjavík dienten der internationalen Abrüstung. Vor dem Hintergrund der Entspannung kam es 1988/89 auch zum Truppenabzug aus Afghanistan. Zugleich drängten die ostmitteleuropäischen Satellitenstaaten auf Unabhängigkeit, und in den Sowjetrepubliken wuchs der Wunsch nach Loslösung vom Gesamtstaat.

Nationalistische Revanche und separatistische Tendenzen

In den ostmitteleuropäischen Ländern bildeten sich politische Gruppierungen und Parteien, die offen auf nationalkonservative bis nationalistische Inhalte setzten. Die in Partei und Staat von oben konzedierten Freiheiten wurden mangels echter Loyalitätsstrukturen als Einladung zum Separatismus verstanden, was aufzeigte, dass die UdSSR vormals keine wirklich tragfähige, staatliche Kohärenz besessen hatte, sondern im Wesentlichen nur durch die Macht- und Herrschaftsinstitutionen von Militär, Geheimdienst und Ideologie zusammengehalten wurde. Parallel zur Parteienentwicklung in den Unionsrepubliken bzw. in Ostmitteleuropa kristallisierte sich konservatives Denken auch in Russland selbst heraus. Dies galt in besonderer Weise für die Russische Föderation, in der sich zunehmend rechtsgerichtete Strömungen herausbildeten, die ihre Vorläufer im vorrevolutionären, russisch-nationalen Denken und in rechtsradikalen Parteien (z.B. *Union des russischen Volkes*, *Schwarze Hundertschaften*) sahen und in ideologischer wie politischer Hinsicht ihre Tradition fortsetzten. Seit den 1960er Jahren hatten sich erste Gruppierungen dieser rechten Kräfte in den neu ins Leben gerufenen Gesellschaften für Denkmalsschutz (VOOPIK) zusammengefunden (1965), die Nationalisten, Stalinisten und Reaktionären aller Couleur eine Heimstatt boten (I. Glazunov, V. Kožinov, V. Solouchin, S. Govoruchin u.v.a.). Die Forderungen richteten sich dort zunächst auf den Erhalt bzw. Wiederaufbau altrussischer Kulturdenkmäler, die in der Sowjetzeit verfallen, zerstört oder zweckentfremdet worden waren, in Wirklichkeit verfolgten sie aber die Rehabilitation eines vormodernen, paternalistischen, nationalistisch ausgerichteten und religiös dominierten Gesellschaftskonzepts, das in direktem Gegensatz zu den (bis dato bereits diskreditierten) sozialistischen Idealen der UdSSR stand und zu diesem eine Alternative zu bieten schien (A. Solženicyn). Diese wertkonservativen Gruppierungen bildeten die Keimzelle für die ab 1980 entstehende rechtsextreme und antisemitische Vereinigung *Pamjat'* (A. Dugin, I. Glazunov), die einen signifikanten Einfluss auf die Restauration russisch-nationalen Denkens bis heute besitzt. Die Demontage des bis zur Perestrojka proklamierten Sozialismuskonzepts führte somit nicht zu einem in Russland ohnehin weitgehend traditionslosen Liberalismus, sondern zu denjenigen nationalkonservativen Weltanschauungen, die *vor* der Oktoberrevolution den Mainstream der (zaristischen) Politik ausgemacht und seit Mitte der 1930er Jahre in unterschiedlichen Spielarten des Sowjetpatriotismus überwintert hatten. Ende der 1980er Jahre existierten in der späten UdSSR zahlreiche rechtsradikale bzw. -extreme Parteiungen bis hin zu offen faschistischen Gruppierungen, die ca. 15 Jahre später den Resonanzraum für die Politik Putins bilden sollten.

Das Ende der UdSSR als Staat

Während sich 1989/90 der Ostblock auflöste, begann auch der endgültige Zerfall der UdSSR als letztes Vielvölkerreich in Europa. Die Wahlen zum Obersten Sowjet im März 1989 stellten die ersten, annähernd demokratischen Wahlen dar. Der Anteil der Nicht-Parteimitglieder stieg auf 13 Prozent. Zwar entsprach die Wahlprozedur nicht den üblichen sowjetischen Gesetzen, aber durch ihre Missachtung konnten auch prominente Dissidenten wie Andrej Sacharov und Dmitrij Lichačev einen Platz im sowjetischen Parlament erhalten. Die Debatten des Obersten Sowjets (erste Sitzungsperiode Mai 1989) wurden erstmals live im Fernsehen übertragen. B. Jelzin und M. Gorbatschow lieferten sich schroffe Rededuelle, die der Bevölkerung zeigten, wie unterschiedlich die politische Zukunft des Landes gesehen wurde und wie unversöhnlich beide Positionen aufeinanderprallten. Boris Jelzin, selbst ein erfahrener Parteikader und ehemaliger Parteichef von Moskau, gab sich als Vertreter echter demokratischer Werte und ließ keine Chance aus, seinen Widersacher vor versammeltem Publikum zu düpieren.

Die Auseinandersetzungen im Obersten Sowjet führten in der Folge dazu, das Machtmonopol der KPdSU zu brechen; am 13.3.1990 wurde die Führungsrolle der Partei abgeschafft (Streichung des Artikel 6 der Verfassung). Rechts wie links bildeten sich neue Parteien und politische Gruppierungen (sog. „Plattformen"). Der Generalsekretär M. Gorbatschow wechselte in das neu geschaffene Amt des Präsidenten der Sowjetunion (Wahl vom 14.3.1990). Der Zerfall der UdSSR als Staat wurde aber auch durch ein weiteres Ereignis maßgeblich beschleunigt. Am 4.3.1990 fanden die Wahlen zum Obersten Sowjet der Russländischen Teilrepublik (RSFSR) statt, in deren Folge B. Jelzin am 12.6.1991 zum ersten, tatsächlich demokratisch gewählten Präsidenten Russlands ernannt wurde. Seine Wahl wie auch die Ereignisse des Jahres 1991 förderte die zentrifugalen Tendenzen der sowjetischen Teilrepubliken erheblich. Zwar hatten sich beim Allunionsreferendum am 17.3.1991 noch 71,34 Prozent für den Erhalt der UdSSR ausgesprochen, aber dennoch verstärkten sich, vor allem unter den hohen Funktionsträgern in Partei und Staat, Separationsbestrebungen in den Unionsrepubliken.

Bereits im Verlauf des Jahres 1990 hatten die baltischen Sowjetrepubliken ihre Unabhängigkeit erklärt, was zunächst keine staatliche Unabhängigkeit, sondern weitgehende Autonomie innerhalb der UdSSR bedeutete. Überraschend erklärte auch am 11.6.1990 Russland (RSFSR) seine Unabhängigkeit; die Ukraine folgte erst 14 Monate später am 24.8.1991 (Unabhängigkeitserklärung des Parlaments). Unmittelbar dieser Erklärung vorangegangen war ein Putsch konservativer Parteifunktionäre und Militärs gegen Gorbatschow in Moskau (19.–21.8.1991), der allerdings nach wenigen Tagen aufgrund der geschlossenen Gegenwehr Jelzins und der ihm ergebenen Truppen in sich zusammenbrach. Nachdem der schlecht vorbereitete Putsch und die versuchte Restauration des Sowjetreiches gescheitert waren, wurde durch Jelzin die Tätigkeit der KPdSU in der Russischen Föderation verboten (November 1991), die Pravda-Redaktion geschlossen und der KGB (24.10.1991) formell aufgelöst. Der Geheimdienst sollte allerdings unter anderen Bezeichnungen weiterexistieren. Der von Gorbatschow im Herbst 1991 vorbereitete neue Unionsvertrag, der eine Weiterexistenz der UdSSR ermöglicht und den Republiken weitgehende Eigenständigkeit eingeräumt hätte, fand im Winter 1991 keine Zustimmung mehr: nach kurzfristig anberaumten Verhandlungen in dem weißrussischen Belaveža Pušča zwischen Russland (B. Jelzin), Weißrussland (S. Šuškevič) und der Ukraine (L. Kravčuk) beendeten am 7.12.1991 die drei Präsidenten vertraglich „die Existenz der UdSSR als Subjekt des Völkerrechts" und lösten damit faktisch den Staat auf. Noch am Vorabend hatte B. Jelzin versucht, die Ukraine für den neuen Unionsvertrag Gorbatschows zu gewinnen. L. Kravčuk blieb jedoch bei seiner Ablehnung, da das ukrainische Parlament am 1.12.1991 die Unabhängigkeit des Landes erneut bestätigt hatte. Am 21.12.1991 bekräftigten Vertreter von elf Sowjetrepubliken in Alma-Ata das Belavežer Protokoll und besiegelten damit das Ende der UdSSR. Aus einigen ehemaligen Republiken formierte Jelzin den lockeren Staatenbund GUS (Gemeinschaft Unabhängiger Staaten). Michail Gorbatschow trat am 25.12.1991 als sowjetischer Präsident zurück. Die UdSSR hörte Ende 1991 auf zu existieren.

Oligarchische Bereicherung, soziale Verluste, politische Spaltungen

Mit dem politischen Systemwechsel waren die ökonomischen Probleme jedoch keineswegs gelöst. Auch unter Jelzin wurde man sich über die künftige Wirtschaftsstrategie nicht einig. Die neoliberale Einführung der

Marktwirtschaft (E. Gajdar) in einer Schocktherapie nach polnischem Muster führte zu Preiserhöhungen und zu weiterer Verarmung der Bevölkerung. Die Privatisierung der Wirtschaft (Voucher-System) und der Kolchosen (Landreform vom 27.12.1991) begünstigte die Entstehung einer neureichen Oberschicht, die sich z. T. aus der alten Nomenklatura (vor allem dem Komsomol) rekrutierte. Privatisierungen von Industrieunternehmen erfolgten durch die Ausgabe von Anteilsscheinen (Voucher) an die Bürger. Da für die Bevölkerung unklar blieb, welchen Wert diese Anteilscheine realiter besaßen, wurden sie in den Folgejahren oftmals weit unter Nominalwert an Spekulanten verkauft, die sich mit akkumulierten Vouchern große Beteiligungen an Industrieunternehmen sicherten, auf diese Weise in kurzer Zeit astronomische Gewinne erzielten und den Kern einer ca. 450 Personen umfassenden Oligarchenschicht bildeten. In den frühen 1990er Jahren herrschte in Russland eine galoppierende Inflation (1992: 2.500 %), Waren verteuerten sich im Wochenrhythmus, Löhne wurden oft nicht oder nur mit großer Verspätung gezahlt. 1999 erreichte das Kaufkraftniveau der Löhne und Gehälter nur noch ca.30 Prozent des Vergleichswertes von 1991, das erst 2008 wieder erreicht werden sollte. Zahlreiche Unternehmen meldeten Konkurs an, Forschungseinrichtungen wurden aus finanziellen Gründen geschlossen, technisches und wissenschaftliches Know-how wanderte ins Ausland (USA, Kanada, Europa) ab. Durch diesen Brain-Drain verloren viele russische Universitäten und Forschungseinrichtungen wertvolle Personalressourcen.
Auch prestigereiche Ingenieur- und Konstruktionsbüros, die in den 1960er–1980er Jahren das Rückgrat der sowjetischen Forschung und Entwicklung gebildet hatten, mussten vielfach geschlossen werden, da von Industrieseite keine Nachfrage nach der Entwicklung neuer technologischer Produkte mehr bestand. Die neuen Eigentümer zogen aus den Unternehmen den größtmöglichen Gewinn und setzten nicht auf Innovation; Russland verlor auf diese Weise in nahezu allen Industriebereichen den Anschluss an internationale Standards, mit Ausnahme der Rüstungsindustrie, einzelner Bereiche der Weltraumtechnologie und der Kernenergie. Forciert wurde der Export von Rohstoffen (v. a. Gas, Rohöl, Kohle, Eisen und Stahl, Edelmetalle), durch den einzelne Unternehmer exorbitante Gewinne erzielen und in nur wenigen Jahren zu Milliardären werden konnten, der aber auch strukturell die längerfristige Absicherung des russischen BIP darstellte.

Im Herbst 1993 kam es zum Konflikt zwischen Präsident Jelzin und dem Volksdeputiertenkongress bzw. Obersten Sowjet Russlands, der die Amtsführung Jelzins offener Kritik unterzogen hatte. Am 21.9.1993 löste der Präsident per Dekret den Volksdeputiertenkongress und den Obersten Sowjet auf, eine Art Staatsstreich, der zur Eskalation der Gewalt und zum Beschuss des *Weißen Hauses* (Regierungssitz Russlands) führte (3./4.10.1993). Die prominentesten Gegner Jelzins A. Ruckoj und R. Chazbulatov wurden verhaftet, die staatlichen Organisationen aufgelöst. Neuwahlen (12.12.1993) und ein Volksentscheid über die neue Verfassung schufen neben dem Präsidentenamt jetzt eine Staatsduma (Parlament) und proklamierten eine unabhängige Justiz. Bei weiteren Duma-Wahlen (17.12.1995) und der ersten Präsidentenwahl (Juni/Juli 1996) wurde zwar die Auflösung der Sowjetunion bestätigt, zugleich aber zeigte sich die Tendenz zu einem autoritären Präsidialsystem, während die Duma nur von zweitrangiger Bedeutung war. Die Rückkehr zum politischen Zentralismus schien somit vorprogrammiert. In Folge der nicht gelösten Probleme nationaler Unabhängigkeit kam es außerdem zum Konflikt mit der Republik Tschetschenien. Präsident Jelzin befahl den Einmarsch russischer Truppen (Erster Tschetschenienkrieg: 11.12.1994). Offiziell 1995 beendet, fand der Krieg seine Fortsetzung in terroristischen Anschlägen und russischen Vergeltungsaktionen und wurde erst am 31.08.1996 vertraglich beendet. Da der Status Tschetscheniens unklar blieb, flackerte der Krieg 1999 wieder auf und dauerte 16 Monate. Er forderte 160.000 Tote unter Soldaten und Zivilisten auf beiden Seiten.

In der ersten Hälfte der 1990er Jahre bildeten sich zahlreiche Parteien und politische Gruppierungen: allein im konservativen (bis rechtsradikalen) Spektrum entstanden ca. 40 Organisationen auf regionalem und gesamtstaatlichem Niveau, die allerdings nur wenig Einfluss auf die Regierungspolitik hatten. Neben der neugegründeten Kommunistischen Partei Russlands (KPRF) unter Gennadij Zjuganov, der Liberaldemokratischen Partei Vladimir Žirinovskijs stützte v.a. die Partei „Unser Haus – Russland", der Vorläufer der Partei *Einiges Russlands* (Putin), die Regierung Präsident Jelzins. Reale sozialliberale Ziele verkörperte die Partei *Jabloko* [Apfel] unter Grigorij Javlinskij, deren Einfluss ebenfalls nur gering war.

Außenpolitik und Wirtschaftskrise

Außenpolitisch waren die 1990er Jahre – im Gegensatz zu den ethnischen Spannungen im Inneren – eine auf Entspannung und Abrüstung mit dem Westen ausgerichtete Periode. Im Januar 1992 erklärten der amerikanische Präsident Bush sen. und Jelzin in Camp David den Kalten Krieg für beendet, die russisch-amerikanischen und russisch-europäischen Beziehungen entspannten sich zusehends, es begann eine breite wirtschaftliche, wissenschaftliche und kulturelle Kooperation zwischen Ost und West. Russland wurde im Sommer 1993 in die G7 aufgenommen. Im Budapester Memorandum 1994 verpflichtete sich Russland (neben den USA und Großbritannien) zur Achtung der staatlichen Integrität der Ukraine, die ihre aus Sowjetzeiten stammenden Atomwaffen an Russland übergab. Mit der Jugoslawienkrise 1995 und der Bombardierung Belgrads verschlechterte sich das amerikanisch-russische Verhältnis wieder, obgleich nur ein Jahr zuvor Russland und die NATO partnerschaftliche Beziehungen eingegangen waren.

1998 wurde Russland von einer weiteren Wirtschaftskrise getroffen, bei der die Zahlungsunfähigkeit bei der Bedienung von Staatsanleihen und eine in der Folge massive Entwertung des Rubels praktisch zu einer vollständigen Vernichtung der Spareinlagen der russischen Bürger führte. Der totale Default des russischen Banken- und Kreditsystems wurde allerdings durch die steigenden Einnahmen aus dem Öl- und Gasgeschäft abgebremst und letztlich überwunden. 1999 stabilisierte sich die russische Wirtschaft wieder, ohne dass dies dem seit Mitte des Jahres regierenden neuen Ministerpräsidenten Vladimir Putin zuzuschreiben war.

Funktions- und Wertewandel in der Kultur

Die Krisenepoche der Perestrojka und das Ende der UdSSR bedeuteten für die Kultur, Kunst und Literatur eine *fundamentale* Wende: Der Gegensatz zum imperialen Herrschaftsdiskurs wurde aufgehoben. Zensur und Repression in den traditionellen Formen entfielen ebenso wie die staatlichen Subventionen für den Kunst- und Literaturbetrieb. Museen und Theater verblieben für fast ein Jahrzehnt finanziell unterversorgt, ein neues System von Kreativwettbewerben und Buchpreisen etablierte sich. Außerdem entstanden neue Kleinstverlage, die nunmehr Bücher nur noch in geringen Auflagen herausbrachten, von denen Autoren in der Regel nicht mehr ihre Existenz bestreiten konnten. Mit den 1990er Jahren entstand erstmals eine Trivialliteratur für den Massenmarkt, der jedoch gegenüber Film und Fernsehen an Bedeutung einbüßte.

Auch das soziokulturelle Wertesystem veränderte sich: nicht nur die Literatur, auch die Intelligenzija insgesamt verlor ihren privilegierten Status; Literaten waren nun nicht mehr die Therapeuten der Nation, da die Literatur ihre pädagogische Funktion verloren hatte. Autoren waren seither finanziell auf sich gestellt, allerdings mit einer bis dahin undenkbaren schöpferischen Freiheit. In Literatur und Kunst zeigte sich eine allgemeine Enttäuschung über die postsowjetische Realität. Die Qualität der neueren Literatur, aber auch des Theaters sank; offensichtlich hatte die vormalige Parteiherrschaft durch ihren Druck auf Literaten und Künstler einen Gegenpol gebildet, der nun weggefallen war. Viele Werke hatten ihr ästhetisches Potential aus einer Anti-Ästhetik bezogen, einem kreativen Aufbegehren gegen die ideologische Unterdrückung, und nun fehlte der ideologische Gegner, was zu Orientierungslosigkeit und Trivialisierung führte. Kunst und Literatur standen vor der Notwendigkeit, ihren Platz in der Gesellschaft neu zu definieren. In postmodernem Umgang mit der Tradition wurde das Medium Literatur mit seinen einstigen moralischen und ästhetischen Geltungsansprüchen dekonstruiert. Künstler, Literaten und Philosophen drängten zudem über die nationalen Grenzen hinaus nach Europa und Amerika, um sich selbst und die eigenen Konzepte und Ideen zu erproben.

Die während der Regierung Brezhnews eingetretene Stagnation versuchte Michail Gorbatschow durch seine Politik der Umgestaltung [перестройка] und durch mediale Transparenz zu korrigieren. Die massiven Beharrungskräfte aus Altstalinisten und Neokonservativen torpedierten jedoch die konzeptionell ohnehin nicht klaren Reformziele. Im Ergebnis liberalisierte sich zwar die sowjetische Gesellschaft durch den Wegfall des ideologischen und staatlichen Zwangs, gleichzeitig manifestierten sich aber Symptome einer akuten Distributions- und Identitätskrise, denn weder die defizitäre Versorgung der Bevölkerung, noch die gelähmte Planwirtschaft konnten in den wenigen, Gorbatschow zur Verfügung stehenden Jahren (1987–1990) signifikant reformiert werden. Die Politik des ersten und letzten Präsidenten der UdSSR geriet ins Schlingern, und auch die Regierungszeit Jelzins konnte den Eindruck nicht verhindern, dass Russland zur kapitalistischen Selbstbedienung durch windige Geschäftsleute freigegeben worden war. Die Lasten dieser Reformen trug die Bevölkerung, durch Verlust ihrer Rücklagen, eine galoppierende Inflation, das Zerbrechen ihrer politisch-kulturellen Identität, ihres Staates, oftmals auch ihrer verwandtschaftlichen Beziehungen, denn von nun an durchschnitten vormals unbekannte Grenzen das eigene Land. Die Auflösung der Welt, so wie sie Generationen zuvor gekannt hatten, konnte damit nicht zur Herausbildung eines demokratischen Bewusstseins führen, sondern driftete in eine ungewohnte Konkurrenz divergierender Lebensentwürfe und spontan entstandener politischer Parteien mit zweifelhafter Programmatik, in Separatismus an den Südgrenzen, Terroranschlägen und bewirkte letztendlich eine potenzierte Verunsicherung. Dem entsprach sogar die Wahrnehmung Russlands durch westliche Geschäftsleute, die ihr Vertrauen in die Solidität und Zahlungsmoral ihrer russischen Handelspartner erschüttert sahen. Die Reformen der Perestrojka und des sich anschließenden Jahrzehnts provozierten gleichsam eine Gegenreform, die sich die Wiederherstellung der staatlichen Ordnung und verlässlicher sozialer Strukturen auf die Fahne geschrieben hatte. Bereits Anfang der 2000er Jahre stand außer Zweifel, dass dabei mit dem Rückgriff auf repressive Maßnahmen zu rechnen war; unklar war nur, wie weit diese Wiederherstellung der „Machtvertikale" im Einzelnen gehen würde.

Politik und Wirtschaft

1982 (12.11.): Jurij Andropov wird als Nachfolger Brezhnews zum Generalsekretär der KPdSU ernannt; Andropov widmet sich dem Kampf gegen die Korruption, Andersdenkende werden weiterhin verfolgt.

1983 (7.1.): Sitzung des ZK: Festigung der Arbeitsdisziplin; Kampagne gegen soziales Parasitentum.

(18.–20.1.): Sitzung des Exekutivkomitees des RGW zur beschleunigten Kooperation in der Energie-, Brennstoff- und Rohstoffwirtschaft.

(12.4.): V. Geršuni, Mitglied der unabhängigen Gewerkschaft SMOT und Redakteur des Samizdat-Journals *Poiski* wird in eine psychiatrische Anstalt eingewiesen.

(16.6.): Andropov wird zum Vorsitzenden des Präsidiums des Obersten Sowjets gewählt.

(7.8.): Parteibeschluss über die Festigung der sozialistischen Arbeitsdisziplin; Beginn einer Kampagne gegen Alkoholismus am Arbeitsplatz.

(24.8.): Sowjetisch-amerikanisches Getreideabkommen für fünf Jahre.

(1.9.): Abschuss einer südkoreanischen Verkehrsmaschine über sowjetischem Gebiet.

(18.–20.10): RGW-Konferenz in Berlin: Zusammenarbeit bis 2000.

(24.10.): Der ukrainische Journalist V. Marčenko wird wegen antisowjetischer Propaganda verhaftet.

(25.11.): Stationierung von NATO-Mittelstreckenraketen als Reaktion auf die vorherige Stationierung sowjetischer SS-20; die UdSSR reagiert mit einem Stopp der Verhandlungen.

1984 Erstmals nach 1945 geht die sowjetische Ölförderung zurück.

(17.1.): Stockholmer Konferenz zur europäischen Abrüstung.

(9.2.): Tod Jurij Andropovs.

(13.2.): Wahl Konstantin Černenkos zum neuen Generalsekretär.

(15.3.): Die Stadt Rybinsk wird in Andropov umbenannt.

(26.–27.3.): Allunionskonferenz zur Bildung agrarindustrieller Komplexe.

(11.–12.4.): K. Černenko wird Vorsitzender des Präsidiums des Obersten Sowjets; M. S. Gorbatschow leitet den außenpolitischen Ausschuss.

(12.4.): Schulreform in der UdSSR.

(2.5.): Andrej Sacharov tritt in den Hungerstreik, um seiner Frau Elena Bonner die Ausreise für eine ärztliche Behandlung zu ermöglichen.

(8.5.): Sowjetischer Boykott der Olympischen Sommerspiele in Los Angeles.

(21.–23.6.): Staatspräsident F. Mitterand in Moskau.

(29.6.): Die UdSSR äußert sich besorgt über das amerikanische SDI-Programm („Star Wars“).

(17.8.): E. Bonner zu fünf Jahren Zwangsaufenthalt in Gor'kij verurteilt wegen „verleumderischer Lügen über den Staat“.

(7.9.): Leiter des sowjetischen Generalstabs wird Marschall S. Achromeev.

(7.11.): Baikal-Amur-Magistrale (BAM) nach zehnjähriger Bauzeit eröffnet.

(15.–21.12.): Erster Gorbatschow-Besuch in Großbritannien.

(22.12.): Tod von Verteidigungsminister Ustinov.

1985 (7.–8.1.): Die Außenminister Andrej Gromyko und George Shultz vereinbaren in Genf Verhandlungen über strategische Nuklearwaffen.

(10.3.): Tod Konstantin Černenkos.

(11.3.): Michail S. Gorbatschow wird neuer Generalsekretär.

(23.4.): ZK-Plenum; programmatische Rede Gorbatschows für eine „beschleunigte sozialökonomische Entwicklung"; Personalwechsel an der Führungsspitze der Partei.

(26.4.): Verlängerung des Warschauer Paktes um 20 Jahre.

(5.4.): Beginn einer Kampagne gegen Alkoholkonsum und Korruption.

(17.5.): ZK-Beschluss über Maßnahmen gegen den Alkoholismus.

(18.6.): ZK-Konferenz mit Chefredakteuren der Massenmedien.

(2.7.): Eduard Ševardnadze wird neuer sowjetischer Außenminister.

(15.10.): ZK-Plenartagung; Entwurf eines neuen Parteiprogramms; Wirtschaftsplan 1986–2000.

(23.10.): Die UdSSR schlägt eine Reduzierung der Mittelstreckenraketen vor.

(19.–21.11.): Gipfeltreffen Reagan-Gorbatschow in Genf.

(2.12.): E. Bonner erhält die Ausreiseerlaubnis in die USA zur ärztlichen Behandlung.

(7.12.): Offizielle Anerkennung der Existenz von AIDS in der Sowjetunion.

(17.–18.12.): Außerordentliche Tagung des RGW: Verabschiedung eines Programms zur Förderung wissenschaftlich-technischen Fortschritts bis 2000.

1986 (25.2.–6.3.): XXVII. Parteitag; neues Statut und Parteiprogramm werden verabschiedet; M. Gorbatschow nennt die Brezhnew-Zeit eine „Epoche der Stagnation" und spricht erstmals von *Glasnost'* [Transparenz]".

(26.4.): Unfall im Atomkraftwerk Černobyl'.

(28.8.): Neue Verordnung über Ein- und Ausreisevisa.

(23.9.): Beginn der KSZE-Nachfolgekonferenz Wien.

(11.–12.10.): Gipfeltreffen Reagan-Gorbatschow in Reykjavík.

(19.12.): A. Sacharovs Verbannung wird aufgehoben.

(Dezember 1986–Januar 1987): Freilassung von ca. 200 Dissidenten.

1987 (Mitte Januar): Lenins Testament mit seiner Warnung vor Stalin werden veröffentlicht.

(27.–28.1.): Auf einem Plenum des ZK zu Fragen der Kaderpolitik schlägt Gorbatschow geheime Wahlen vor und eine Auswahl unter mehreren Kandidaten.

(Februar): Freilassung von etwa 100 Dissidenten; Gorbatschow erklärt, die Perestrojka sei unumkehrbar.

(10.4.): In der ČSSR spricht Gorbatschow erstmals vom „gemeinsamen europäischen Haus".

(6.5.): Demonstration der nationalistischen Bewegung *Pamjat'* [Gedächtnis] in Moskau.

(25.–26.6.): ZK-Plenum über den Umbau der Wirtschaft.

(12.–13.10.): Gorbatschow verteidigt seine Politik der Perestrojka und droht, die örtlichen Funktionäre zu entlassen, die ihn nicht unterstützen.

(7.–10.12.): Gorbatschow in Washington: Abkommen über die Vernichtung von Mittelstreckenraketen.

(2.11.): Schaffung eines Komitees zur Rehabilitierung der Opfer Stalinscher Repression.

1988 (4.2.): Das Oberste Gericht rehabilitiert die Opfer des Moskauer Prozesses von 1938, darunter Nikolaj Bucharin und Aleksej Rykov; am 13.6. werden auch Grigorij Zinov'ev, Lev Kamenev und Karl Radek rehabilitiert.

(11.2.): Die psychiatrischen Spezialkliniken des Innenministeriums werden dem Gesundheitsministerium unterstellt.

(15.5.): Beginn des Abzugs der sowjetischen Truppen aus Afghanistan.

(3.6.): A. Sacharov äußert sich auf einer Pressekonferenz positiv zur Entwicklung der Menschenrechtsproblematik in der UdSSR.

(6.–11.7.): Tausendjahrfeier der Christianisierung Russlands.

(11.–16.7.): Gorbatschow spricht in Polen über die „weißen Flecken" in der gemeinsamen Geschichte beider Länder.

(30.9.): Ein ZK-Plenum beschließt Strukturreformen in der Partei und eine Reorganisation des ZK-Apparates; Entlassung der alten Parteigarde.

(1.10.): Gorbatschow wird zum Vorsitzenden des Obersten Sowjet gewählt.

(20.10.): A. Sacharov wird in das Präsidium der Akademie der Wissenschaften gewählt.

(14.–15.10.): Plenarversammlung der Gesellschaft *Memorial* in Moskau.

(24.–27.10.): Erster Besuch von Bundeskanzler Helmut Kohl in der Sowjetunion.

(1.12.): Der Oberste Sowjet beschließt Änderungen in der Verfassung und ein neues Gesetz über die Wahl der Volksdeputierten; ein Volksdeputiertenkongress und ein Präsidentenamt werden eingeführt.

(6.–8.12.): Gorbatschow vor der UNO: Bekanntgabe „neuer Prinzipien" in der sowjetischen Außenpolitik.

(17.12.): Projekt einer neuen Strafgesetzgebung; die Verbannung wird abgeschafft.

1989 (März/April): Bei den Wahlen zum Volksdeputiertenkongress gehen die Reformer M. Gorbatschow und B. Jelzin (in Moskau) zunächst als Sieger hervor.

(4.3.): Offizieller Gründungsprozess von *Memorial* in Leningrad.

(15.–16.3.): ZK-Plenum zur Landwirtschaft; Beginn von Reformen zur „Entkollektivierung".

(25.5.–9.6.): Erste Sitzungsperiode des Volksdeputiertenkongresses; Gorbatschow als Präsident des Obersten Sowjet der UdSSR auf fünf Jahre gewählt.

(12.–15.6.): Gorbatschow besucht die Bundesrepublik Deutschland.

(4.–6.7.): Gorbatschow erläutert vor dem Europarat in Paris sein Konzept eines „gemeinsamen europäischen Hauses".

(10.7.): Streiks der Bergarbeiter.

(30.7.): Eine Gruppe von Deputierten, darunter Sacharov, Jelzin u. a. fordern die Beschleunigung der Reformen.

(19.–20.9.): ZK-Plenum zur nationalen Frage; Vorschlag eines neuen Unionsvertrages mit dem Recht der Republiken auf Selbstbestimmung.

(6.–7.10.): Gorbatschow in Ostberlin zur 40-Jahrfeier der DDR.

(9.10.): Der Oberste Sowjet erkennt das Streikrecht an.

(November): Die Sowjetunion erklärt die Nichteinmischung in Angelegenheiten der „Bruderländer"; am 9.11. fällt die Berliner Mauer.

(1.12.): Gorbatschow besucht Papst Johannes Paul II. im Vatikan.

(12.–24.12.): II. Volksdeputiertenkongress.

(14.12.): Tod Andrej Sacharovs.

1990 (Januar/Februar): Demonstrationen zur Unterstützung der Perestrojka; Verhandlungen über den Abzug sowjetischer Truppen aus Bulgarien, Ungarn und der ČSSR. Souveränitätserklärungen einer Reihe von baltischen Sowjetrepubliken.

(5.–7.2.): Ein erweitertes Plenum des ZK beschließt, die führende Rolle der Partei aufzuheben, ein Mehrparteiensystem und ein Präsidialsystem einzuführen.

(10.2.): Gorbatschow und Kanzler Kohl verhandeln in Moskau über die Deutschlandfrage.

(6.3.): Neue Gesetze zur Eigentumsfrage in der UdSSR; Schaffung einer Föderation unabhängiger Gewerkschaften.

(12.–15.3.): Der III. Volksdeputiertenkongress hebt Artikel 6 der Verfassung auf (führende Rolle der Partei), schafft ein Mehrparteiensystem und ein Präsidentenamt; Präsident der UdSSR wird M. Gorbatschow, dem ein Präsidentenrat zugeordnet wird.

(31.3.): Gründung der Liberal-Demokratischen Partei Russlands unter Vladimir Žirinovskij.

(16.5.): I. Volksdeputiertenkongress der Russischen Föderation eröffnet.

(23.5.): Wahl des Reformers Anatolij Sobčak zum Bürgermeister von Leningrad.

(24.5.): Premierminister Nikolaj Ryžkov schlägt den Übergang zur „kontrollierten Marktwirtschaft“ vor.

(29.5.): B. Jelzin wird zum Vorsitzenden des Obersten Sowjets der RSFSR gewählt.

(12.6.): Gesetz über Pressewesen und Massenmedien: Verbot der Zensur.

(12.6.): Die Russische Föderation erklärt ihre staatliche Souveränität.

(2.–13.7.): Der XXVIII. Parteitag der KPdSU; B. Jelzin, A. Sobčak und G. Popov (Bürgermeister von Moskau), erklären (12.7.) ihren Parteiaustritt.

(14.–16.7.): Die UdSSR stimmt der Aufnahme des wiedervereinten Deutschlands in die NATO zu.

(15.7.): Aufhebung der Parteikontrolle über Radio und Fernsehen.

(1.8.): Gesetz über die Abschaffung der Zensur in der Presse (Glavlit).

(13.8.): Erlass des Präsidenten zur Rehabilitierung politisch Verfolgter der 1920/30er Jahre.

(12.9.): Paraphierung des Vertrags über die Wiederherstellung der vollen Souveränität des vereinten Deutschlands.

(13.9.): Die Sowjetunion verpflichtet sich zum Abzug ihrer Truppen aus der ehemaligen DDR.

(1.10.): Gesetz über Glaubens- und Gewissensfreiheit.

(21.10.): Gründung der Bewegung *Demokratisches Russland* (liberale Opposition).

Gesetz zur Übergabe der Verfügung über die Industrie und Bodenschätze Russlands an die RSFSR.

(3.12.): Verabschiedung des Gesetzes über privaten Grundbesitz in der russischen Föderation (im Volksdeputiertenkongress der RSFSR).

(10.12.): Sendebeginn von *Radio Russland*.

(17.–27.12.): IV. Volksdeputiertenkongress: Präsident Gorbatschow erhält die Kontrolle über die Exekutive; Außenminister Ševardnadze erklärt seinen Rücktritt.

1991 (1.1.): Die Handelsbeziehungen der ehemaligen sozialistischen Länder erfolgen in Valuta; Preisreformen.

(5.1.): Zulassung landwirtschaftlicher Privatunternehmen.

(11.1.): Das Budget von 1991 zeigt ein wachsendes Defizit; viele Republiken verweigern ihren Anteil am föderativen Budget und ihre Steuerzahlung an die Zentralmacht.

(12.–13.1.): In Litauen stürmen sowjetische Einheiten das Rundfunk- und Fernsehgebäude in Vilnius; Gorbatschow leugnet jede Verantwortung, verurteilt aber den Einsatz nicht.

(19.2.): Boris Jelzin fordert in einem Live-Interview die Absetzung Gorbatschows.

(März/April): Auseinandersetzung mit den Republiken über eine Erneuerung des Unionsvertrages.

(31.3.): Sendebeginn des Russländischen Fernsehens.

(1.4.): Auflösung der militärischen Struktur des Warschauer Paktes.

(11.6): Neuer amerikanischer Kredit (1,5 Mrd. Dollar) für den Ankauf von Lebensmitteln.

(12.6.): B. Jelzin wird demokratisch zum Präsidenten der RSFSR gewählt; 54 % der Leningrader stimmen für die Rückbenennung ihrer Stadt in Sankt Petersburg.

(17.6.): Gorbatschow einigt sich in Novo-Ogarevo bei Moskau über den neuen Unionsvertrag, der noch von den jeweiligen Parlamenten ratifiziert werden muss.

(28.6.): In Budapest wird der Rat für Gemeinsame Wirtschaftshilfe (RGW/COMECON) aufgelöst.

(29.7.): B. Jelzin erkennt die Unabhängigkeit Litauens an.

(19.–21.8.): Putschversuch konservativer Politiker und Militärs; Festsetzung Gorbatschows auf der Krim; Verkündung des Ausnahmezustandes; Präsident Jelzin ruft zum Widerstand auf; der Putsch scheitert.

(23.8.): Dekret des russischen Präsidenten untersagt die Aktivität der KPdSU auf dem Territorium der RSFSR.

(24.8.): Gorbatschow tritt als Generalsekretär der KPdSU zurück.

(24.8.): Unabhängigkeitserklärung der Ukraine durch das ukrainische Parlament (dafür stimmen: 90 % der Gesamtukraine, 85 % im Donbass, 54 % Krim, Wahlbeteiligung: 84 %).

(29.8.): Der Oberste Sowjet suspendiert die Tätigkeit der KPdSU in der Sowjetunion und löst sich selbst und den Volksdeputiertenkongress auf.

(17.9.): Aufnahme der drei baltischen Republiken in die UNO.

(11.10.): Auflösung des *Komitees für Staatssicherheit* (KGB).

(28.10.–4.11.): V. Volksdeputiertenkongress der RSFSR; R. Chazbulatov wird Präsident des Obersten Sowjet; die weiß-blau-rote Trikolore wird zur Flagge der Russischen Föderation.

(1.12.): Referendum in der Ukraine über die staatliche Unabhängigkeit (90 % stimmen dafür).

(7.–8.12.): Treffen der Präsidenten Russlands, Weißrusslands, der Ukraine in Belaveža Pušča über die Auflösung der UdSSR.

(8.12.): Auflösung der Sowjetunion und Entwurf der GUS, die am 21.12. in Alma Ata durch elf ehemalige Unionsrepubliken gegründet wird.

(25.12.): Gorbatschow tritt als Präsident der Sowjetunion zurück.

1992 (2.1.): Freigabe der Preise für viele Güter in Russland; Beginn der radikalen Wirtschaftsreform (Privatisierung) unter Egor' Gajdar.

(6.–21.4.): VI. Volksdeputiertenkongress der Russischen Föderation. Konflikt zwischen Parlament und Regierung über die Wirtschaftsreform.

(25.–26.4.): Gründung des Verbandes der Kommunisten.

(1.6.): Gesetz zur Privatisierung staatlicher und kommunaler Unternehmen. Ende des Jahres befinden sich bereits 24.000 Betriebe in privater Hand.

(Sommer): Streit zwischen der Ukraine und der Russischen Föderation (RF) um die Aufteilung der Schwarzmeerflotte. 82 % der Flotte verbleiben bei der RF. Verlängerung des Pachtvertrags für Sevastopol' bis 2047.

(1.10.): Jeder Bürger der Russischen Föderation erhält im Rahmen der Privatisierung der Wirtschaft einen Anteilsschein (Voucher) im Wert von 10.000 Rubel.

(September): Beginn der Privatisierung des zuvor staatlichen Wohnraums. Der Großteil der Bevölkerung lässt sich seine Wohnung als Eigentum überschreiben.

(1.–14.12.): VII. Volksdeputiertenkongress: Gründung der Republik Tschetschenien als Mitglied der RF.

(14.12.): Viktor Černomyrdin wird nach Egor' Gajdar Ministerpräsident der RF.

(Herbst): Drastische Zunahme der organisierten Kriminalität. Blutige Auseinandersetzung mafiaähnliche Gruppierungen in größeren russischen Städten; offene Morde sind an der Tagesordnung.

1993 (10.–13.3.): VIII. Volksdeputiertenkongress der RF: Beginn des Konflikts zwischen dem Obersten Sowjet der RF und Präsident Jelzin.

(16.7.): Neues Religionsgesetz der RF, das die Rechtsstellung der Orthodoxie verbessert.

(21.9.): Präsident Jelzin löst nach Kritik den Obersten Sowjet auf und kündigt Parlamentswahlen für den 12.12. an; Vizepräsident Ruckoj erklärt den Erlass für verfassungswidrig.

(3.10.): Ausnahmezustand in Moskau; am 4.10. beschießt die Armee auf Befehl Jelzins das *Weiße Haus*.

(6.10.): Dekret des Präsidenten erklärt das *Weiße Haus* zum Regierungssitz.

(17.11.): Das Lenin-Mausoleum wird geschlossen.

(12.12.): Referendum für eine neue Verfassung und Wahlen zum neuen Parlament der RF (Staatsduma).

1994 (27.5.): Alexander Solženicyn kehrt nach 22-jährigem Exil in den USA nach Russland zurück.

(12.6.): Gründung der liberal-konservativen Partei *Demokratische Wahl Russlands* unter Führung E. Gajdars.

(5.12.): Unterzeichnung des *Budapester Memorandums* im Rahmen der KSZE-Konferenz; Sicherheitsgarantien für die Ukraine und Rückführung der auf ukrainischem Gebiet stationierten ca. 5.000 Atomwaffen in die Russische Föderation.

(11.12.): Jelzin verkündet den Einmarsch russischer Truppen in Tschetschenien. Erster Tschetschenienkrieg.

1995 (4.–5.1.): Pressekonferenz Sergej Kovalevs wegen der Verletzung der Menschenrechte in Tschetschenien.

(25.4.): Ministerpräsident V. Černomyrdin gründet den Wahlblock *Unser Haus – Russland* für die Duma-Wahlen im Dezember 1995 (Gründungskongress 5.5.1995).

(Sommer): Gründung der *Stiftung für effektive Politik*, durch den Spindoktor Gleb Pavlovskij und Marat Gel'man. G. Pavlovskij (1951–2023) organisiert u. a. als Berater der Präsidentialverwaltung den Wahlsieg Jelzins (1996) und Putins (2000).

(14.6.): In Budjonnovsk werden 1.500 Geiseln genommen; Černomyrdin verhandelt mit Chamil Basaev, dem Anführer des tschetschenischen Kommandos.

(17.12.): Wahlen zur russischen Staatsduma: Mehrheit der Kommunisten (KPRF) und Nationalisten (LDPR).

1996 (15.1.): Tschetschenische Geiselnahme im dagestanischen Dorf Pervomajskoe; Sturm der russischen Armee auf das Dorf.

(28.2.): Die Russische Föderation wird Mitglied des Europarats.

(April): Tod des tschetschenischen Anführers Džochar Dudaev.

(31.8.): Ende des ersten Tschetschenienkriegs (Vertrag von Chasavjurt).

Wiederwahl Boris Jelzins als Präsident der RF.

1997 (27.3.): Die Weltbank stellt Russland Kredite von insgesamt über 3,4 Mrd. Dollar für eine Strukturreform der Wirtschaft zur Verfügung.

(2.4.): Vertrag zur Bildung einer Union zwischen Weißrussland und der Russischen Föderation.

(20.5.): Reformkonzept *Die sieben wichtigsten Dinge* der Regierung Čubajs/Nemcov. Eindämmungen des Schmuggels und der Korruption. Verbesserung der Sozialleistungen. Hilfeleistungen für die Industrie und Landwirtschaft.

(27.5.): Grundlagenvertrag zwischen NATO und Russland über gegenseitige Beziehungen, Zusammenarbeit und Sicherheit.

(31.5.): Russisch-ukrainischer Vertrag über „Freundschaft, Zusammenarbeit und Partnerschaft".

1998 (1.1.): Einführung neuer Geldscheine und Münzen.

(30.3.): Russland ratifiziert die Menschenrechtskonvention des Europarates.

(11.6.): Bergarbeiterstreik in Moskau. Forderung nach Rücktritt Jelzins aufgrund der schlechten Wirtschaftslage. Lahmlegung der Transsibirischen Eisenbahnlinie.

(17.8.): Zweite Wirtschaftskrise. Russland kann die seit 1993 ausgegebenen Staatsobligationen nicht mehr bedienen. Verfall des Rubelkurses.

(26.–28.8.): Annullierung der Kredite des Internationalen Währungsfonds (IWF). Panik an den Finanz- und Rohstoffbörsen.

(20.11.): Attentat auf Galina Starovojtova (Menschenrechtskämpferin und Co-Vorsitzender der Partei *Demokratisches Russland*).

1999 (12.3.): Erste NATO-Osterweiterung: Polen, Ungarn und Tschechien treten der NATO bei.

(15.5.): Versuch einer Ablösung Jelzins durch die Duma. Der Versuch scheitert.

(19.5.): S. Stepašin (Innenminister) wird neuer Premierminister und löst E. Primakov in diesem Amt ab.

(7.8.): Aufflackern der Kämpfe zwischen Russland und Tschetschenien nach Einmarsch tschetschenischer Truppen nach Dagestan unter Basaev und Chattab.

(9.8.): B. Jelzin löst Stepašin als Premierminister durch Vladimir Putin ab (Stepašin erwies sich als Zwischenlösung vor der eigentlichen Besetzung des Amtes durch Putin).

(August–September): V. Putin erklärt den tschetschenischen Terroristen den Krieg. (8.9.): Sprengung eines Wohnblocks in der Gurjanov-Straße in Moskau durch tschetschenische Terroristen. 94 Tote.

(12.9.): Zerstörung eines Wohnhauses in der Kaschira-Chaussee Moskau durch Sprengstoff. 119 Tote.

(23.9.): Beginn des Zweiten Tschetschenienkriegs. Die massiven militärischen Aktionen enden bereits nach einem Jahr. Terrorakte, Entführungen und lokale Konflikte dauern bis 2009 an.

(Herbst): Verdopplung der Rohölpreise auf dem Weltmarkt. Exorbitante Zunahme der russischen Staatseinnahmen.

(1.12.): Erholung der Wirtschaft: Russlands Industriewachstum beträgt 8,1 % (1997: 1,9 %).

(Dezember): Russland zahlt nach 1991 wieder regelmäßig Löhne, Gehälter und Renten. Stabilisierung der Wirtschaft und Wiederherstellung der internen wie externen Handelsbeziehungen.

(31.12.): Vorzeitige Abdankung des Präsidenten RF B. Jelzin. Übergangspräsident wird Vladimir Putin.

Literatur, Kunst und Kultur

1984 Film: Der Regisseur A. Tarkovskij emigriert; ins Kino kommt der Film *Mein Freund Iwan Lapšin* [Мой друг Иван Лапшин] (Regie: A. German); Poesie: Moskauer Konzeptualismus der 1970/80er Jahre: D. Prigov: *Der Milizionär und die anderen* [Милиционер и другие] (Gedichtzyklus).

(März): Ju. Ljubimov wird aus der Leitung des Theaters an der Taganka entlassen und verliert im Juli die sowjetische Staatsbürgerschaft.

1986 Rehabilitation des 1921 erschossenen Dichter N. Gumilev; Prosa: *Die Verteidigung Lushins* (V. Nabokov) wird in der UdSSR veröffentlicht.

(13.–15.5.): Film: V. Kongress der Filmschaffenden. Zum Ersten Sekretär wird Ėlem Klimov gewählt.

(Juni): Die Wochenzeitschrift *Ogonek* unter Chefredakteur V. Korotič wird Organ des neuen kritischen Journalismus.

Film: *Die Reue* [Покаяние] (Regie: T. Abuladze) wird für die Öffentlichkeit freigegeben.

(5.–6.12.): Theater: Gründungskongress des Verbandes der Theaterschaffenden. Gefordert wird eine Erneuerung des Theaters als Tribüne der Wahrheit.

1987 Prosa: A. Rybakov: *Kinder des Arbat* [Дети Арбата] (Roman); A. Platonov: *Die Baugrube* [Котлован] (Roman); M. Bulgakov: *Das Hundeherz* [Собачье сердце] (Erzählung); in der UdSSR veröffentlicht: *Das Puškinhaus* [Пушкинский дом] (A. Bitov); *Weiße Kittel* [Белые одежды] (V. Dudincev); der Nobelpreis für Literatur geht an Iosif Brodskij; Rockmusik-Festival in Moskau.

(Februar): Erste offiziell genehmigte Ausstellung nicht-offizieller Kunst in Moskau;

(2.10.): Die Sendung *Взгляд* leitet im Fernsehen eine Reihe kritischer Programme ein;

1988 Prosa (Romane): Erstmals vollständige Veröffentlichung in der UdSSR: *Doktor Zhivago* (B. Pasternak); *Leben und Schicksal* (V. Grossman); *Čevengur* (A. Platonov); *Kaninchen und Schlangen* [Кролики и удавы] (F. Iskander).

(26.–27.4.): Konferenz der Akademie der Wissenschaften der UdSSR und des Schriftstellerverbandes über ein neues Verständnis der sowjetischen Geschichte.

(5.6.): Beginn der Tausendjahrfeierlichkeiten zur Christianisierung Russlands.

1989 Polemische Auseinandersetzung über die zukünftige Entwicklung Russlands, in der Argumente des historischen Streits zwischen *Slawophilen* und *Westlern* wiederbelebt werden.

(August): die Zeitschrift *Novyj mir* beginnt mit der Publikation von *Archipelag GULAG* und *Die Krebsstation* (A. Solženicyn); Prosa: V. Šalamov *Erzählungen aus Kolyma* [Колымские рассказы].

(4.3.): Offizieller Gründungskongress der Gesellschaft *Memorial*.

1990 (Januar): Prosa: *Novyj mir* druckt in Fortsetzungen Solženicyns *Erster Kreis der Hölle* [В круге первом]; O. Ermakov *Rekruten in Zinksärgen* [Цинковые мальчики], V. Erofeev *Moskauer Schönheit* [Московская красавица].

(1.8.): Gesetz über die Massenmedien, durch das die Zensur (Glavlit) abgeschafft wird.

(18.9.): In der *Komsomol'skaja pravda* erscheint Solženicyns Aufsatz *Wie wir Russland umbauen müssen* [Как нам обустроить Россию].

(1.10.): Gesetz „Über die Freiheit des Gewissens und der religiösen Organisationen“: Trennung von Kirche und Staat; die Unterstützung antireligiöser Propaganda wird eingestellt.

(10.12.): Sendebeginn von *Radio Russland*.

1991 (4.1.): Die unabhängige Fernsehsendung *Vzgljad* [Взгляд] wird verboten.

(31.3.): Sendebeginn des Fernsehsenders *Russland* [Россия].

1992 (30.1.): Per Dekret des Präsidenten erhält die Moskauer Lomonosov-Universität [МГУ] das Recht zur Selbstverwaltung; erstmalige Vergabe des Booker-Literaturpreises.

(27.4.): Dekret des Präsidenten zum Schutz des wissenschaftlich-technischen Potentials der Russischen Föderation (RF) und Gründung eines Fonds für die Grundlagenforschung (RFFI).

1993 Neues Religionsgesetz für die RF: Der Orthodoxen Kirche werden gegenüber dem Gesetz von 1990 mehr Rechte eingeräumt.

(13.10.): Eine Reihe konservativer oppositioneller Zeitungen (*День*, *Народная правда*) und die TV-Sendung *600 Sekunden* werden verboten.

(7.11.): Abschaffung des Jahrestags der Oktoberrevolution als offizieller Feiertag.

(1.12.): Russlands neues Staatswappen wird der Doppeladler der Zarenzeit.

1994 (18.10.): Ermordung des Journalisten D. Cholodov (Московский комсомолец), der über die Korruption in der Armee recherchierte; Prosa: V. Sorokin *Der Roman* [Роман]. Film: *Die von der Sonne Erschöpften* [Утомленные солнцем] (Regisseur: N. Michalkov).

1995 (7.1.): Beginn der Arbeiten für den Wiederaufbau der Christi-Erlöser-Kirche in Moskau.

1997 Eröffnung des staatlichen Fernsehkanals *Kul'tura* auf Initiative D. Lichačevs. Film: *Der Bruder* [Брат] (A. Balabanov). Nach dem ersten Teil folgten weitere Serien.

1999 Roman: V. Erofeev *Enzyklopädie der russischen Seele* [Энциклопедия русской души].

Kapitel 16

Das Russland der Gegenwart. Rückkehr zu nationalistischer Diktatur und Isolation (2000–2022)

Die Ablösung Jelzins durch Vladimir Putin an der Staatsspitze zum Jahreswechsel 1999/2000 markierte aus der Rückschau einen Epochenwandel in mehrfacher Hinsicht. Zum ersten Mal in der neueren Geschichte Russlands wurde ein Präsident (bzw. vormals ein Generalsekretär der KPdSU) nicht durch das zuständige Leitungsgremium oder eine allgemeine Wahl, sondern per Erlass seines Vorgängers bestimmt. Außerdem war Vladimir Putin kein sowjetischer Politiker alter Schule, der auf eine lange Karriere in Partei- und Staatsgremien zurückschauen konnte, wie z. B. dies noch für seinen Vorgänger Boris Jelzin zutraf. Putin hatte in nur einem Jahrzehnt einen rasanten politischen Aufstieg geschafft, vom KGB-Residenten in Dresden über eine Funktion in der Stadtverwaltung Sankt Petersburgs (Wirtschaftskontakte) bis zum Leiter des FSB (Inlandsgeheimdienst); in der Folge bekleidete er wichtige Positionen in der Präsidialverwaltung und wurde im August 1999 durch Boris Jelzin zum Ministerpräsidenten Russlands ernannt. Als politischer Quereinsteiger mit weltanschaulicher Sozialisation im Geheimdienst verfügte Putin über keine gefestigte Vision für die Zukunft Russlands, wenn man von ordnungspolitischen Überzeugungen absieht.

Politische Ziele Vladimir Putins im Kontext der 1990er Jahre

Die lange Regierungszeit Putins zeigt, dass für ihn zwei politische Aspekte von elementarer Bedeutung waren: eine zentralistische, autoritäre Herrschaft im Inneren und die Wiederherstellung einer gefürchteten, rücksichtslos handelnden („souveränen") imperialen Großmacht im Äußeren. In dieser Hinsicht reihte sich Putin in eine Reihe mit Iwan dem Schrecklichen und Stalin ein und setzte diese, aus der Geschichte Russlands bekannte, repressive Herrschaftspraxis unreflektiert fort. Ging es seinem Vorgänger Jelzin Anfang der 1990er Jahre bei einer konzilianten Außenpolitik noch wesentlich um eine Weiterentwicklung der Gesellschaft und der Herrschaftsverhältnisse im Inneren, kehrte Putin diese Blickrichtung um und konzentrierte sich in nahezu allen Bereichen auf die Restauration Russlands als militärisch definierte, atomare Großmacht. Mit diesem Politikverständnis traf Putin indes recht genau den Nerv seiner Zeit, in der – wie er selbst – die Mehrheit der Bevölkerung Russlands das Auseinanderbrechen der UdSSR als „größte weltpolitische Katastrophe des 20. Jahrhunderts“ ansah. Ende der 1990er Jahre gab es für diese Wahrnehmung auch plausible Gründe.

Die 1990er Jahre stellten nach dem Zerfall der UdSSR eine Zeit sozialer Verwerfungen und wirtschaftspolitischer Umbrüche dar. Den meisten Russen, die bis auf wenige Ausnahmen mental weiterhin in der Zeit der Sowjetunion lebten, waren die Herrschaftsjahre Jelzins als Zeit des wirtschaftlichen Chaos, einer Hyperinflation mit gleichzeitiger Vernichtung der Ersparnisse, nicht oder verspätet gezahlter Löhne, insgesamt als Zeit des Verlustes sozialer, staatlicher, beruflicher und oftmals auch persönlicher Identität in Erinnerung. Die vorsichtigen Versuche einer Demokratisierung, die ansatzweise eingeführte Gewaltenteilung und erste Emanzipationsversuche der russischen Gesellschaft durch Gründung von Vereinen und Verbänden, Parteien und Bürgerinitiativen konnten zwar in der ersten Hälfte der 1990er Jahre noch Erfolge verzeichnen, spätestens aber nach dem Finanz-Crash 1998, bei dem die Bevölkerung massenhaft ihre Ersparnisse verlor, mehrten sich ablehnende Stimmen, die in der „aus dem Westen importierten“ Demokratie nur die Lizenz zur rücksichtslosen Bereicherung durch Oligarchen und die Schaffung einer Ellenbogengesellschaft sahen. Sowjetnostalgische Positionen verbanden sich mit spätstalinistischen und nationalistischen Haltungen, wodurch dem ohnehin nachlassenden Reformeifer Jelzins ein weiteres ideologisches Hindernis erwuchs. Demokratie nach westlichem Muster, ein weitgehend erfolgreiches Vorbild für die meisten ostmitteleuropäischen Länder, wurde in Russland bereits vor der Jahrtausendwende als Grund für den eigenen sozialen Abstieg und staatlichen Machtverlust diffamiert.

Die soziopolitische und ökonomische Situation, die der ab März 2000 auch offiziell gewählte neue russische Präsident Putin vorfand, bestand zum einen aus einer *Lateinamerikanisierung* Russlands mit einer Oligarchie weniger Superreicher und einer breiten Masse von Armut Betroffener, blutigen, auf der Straße ausgetragenen Mafia-Kämpfen um Geld und Einfluss, zum anderen aus einem diffusen Spektrum weltanschaulicher Überzeugungen ohne erkennbaren demokratisch-liberalen Kern, unklaren regionalen Machtverhältnissen und porösen Subordinationsverhältnissen zwischen Moskau und Peripherie, zentrifugalen Tendenzen im Kaukasus (Tschetschenien-Problematik) und einer terroristischen Bedrohungslage in den großen Städten Russlands.

Restauration der Macht, Renationalisierung und Sozialpolitik

Putins vordringliche Aufgabe bestand daher in einer Wiederherstellung staatlicher Ordnung, die zunächst mit der Re-Installation einer funktionierenden „Machtvertikale" gegenüber den Regionen und Städten, d. h. der Wiederbelebung eines neuen autoritären Zentralismus verbunden war. Die bis dahin praktizierte Wahl der Gouverneure durch die Bevölkerung wurde durch ihre Einsetzung per Präsidentenerlass abgelöst. Gegen die Separationsbemühungen Tschetscheniens griff Putin mit extremer Gewalt durch; weite Teile Tschetschenien und die Hauptstadt Groznyj waren Ende 2001 vollkommen zerstört, auch für zahlreiche Misshandlungen und sexuelle Übergriffe zeichneten die russischen Truppen verantwortlich. Im Oktober 2003 installierte Putin den russlandfreundlichen Achmat Kadyrov als neuen Präsidenten Tschetscheniens; nach dessen Ermordung 2004 übernahm sein Sohn Ramsan diese Funktion und trug durch weitere drastische Unterdrückungsmaßnahmen im Inneren zur Ruhigstellung Tschetscheniens bei.

Die zweite Stoßrichtung der Politik Putins richtete sich gegen die kompetitive Oligarchie, die einen bis dahin ungekannten Einfluss auf die Medienlandschaft sowie die Produktion der wichtigsten Rohstoffe Russlands hatten. Durch aktive Verfolgung kritisch gegenüber Putin eingestellter Oligarchen (Vladimir Gusinskij, Boris Berezovskij, Michail Chodorkovskij u. a.), willkürliche Steuer- und Gerichtsverfahren, feindliche Übernahmen und finanzielle Schikanen konnte Putin in seiner ersten Amtszeit bis 2004 alle wichtigen Gegenspieler aus dem Weg räumen; belassen wurden in ihren Leitungsfunktionen nur diejenigen Wirtschaftsführer, die sich Putin gegenüber loyal zeigten oder aktiv seine Politik unterstützten. Außerdem renationalisierte Putin zahlreiche Großbetriebe der Rohstoffindustrie (Gas, Öl, Kohle). Unliebsame Journalisten, insgesamt über 40 Personen, fielen Attentaten oder Auftragsmorden zum Opfer.

Trotz dieser Maßnahmen, die einen klaren Trend in Richtung einer neuen Diktatur und einer Unterdrückung pluralistischer Medien anzeigten, spielte während der ersten Regierungsjahre auch die Verbesserung des Wohlstands breiter Gesellschaftsschichten eine Rolle. Durch ansteigende Erlöse aus dem Öl- und Gasexport und andere wirtschaftliche Weichenstellungen konnte die Regierung das allgemeine Lebensniveau anheben und so nachhaltig zur Beliebtheit des Präsidenten beitragen. Anders als Boris Jelzin knüpfte Putin wieder an das Selbstwertgefühl aus der Sowjetzeit an und kam auch auf diese Weise der Denkweise vieler Bürger entgegen. Die speziell für die scheindemokratische Absicherung des Präsidenten ins Leben gerufene Partei *Edinaja Rossija* [Einiges Russland] verzeichnete im Dezember 2003 einen spektakulären Erfolg und wurde mit 37,1 Prozent der Stimmen stärkste Fraktion in der Duma.

Neue Phobien: Separatismus und „farbige" Revolutionen

Außenpolitisch stand Russland unter Putin dem Westen und der NATO zunächst kooperativ gegenüber, wenngleich die Osterweiterung der NATO kritisch gesehen, zunächst aber nicht als sicherheitspolitisches Problem für Russland artikuliert wurde. Wenngleich nur rhetorisch deutete Putin sogar einen potentiellen Beitritt Russlands zur NATO an. Für seine Rede im Deutschen Bundestag am 25.9.2001 in deutscher Sprache erntete Putin stehende Ovationen, auch für die Werbung um eine engere deutsch-russische Kooperation.

Mit Beginn der zweiten Amtszeit Putins (14.03.2004, 74 % der Stimmen) veränderte sich jedoch die politische Rahmensituation maßgeblich, die auch die Wende in den russisch-ukrainischen Beziehungen einleitete. In der Ukraine vollzog sich 2004 nach dem Ausscheiden Präsident L. Kučmas die *Orangene Revolution*, die zum Jahresende Viktor Juščenko, einen klaren Befürworter einer Hinwendung zum Westen und zur Demokratie, an die Macht brachte, obgleich Putin bis dahin dessen Gegenspieler und als Gewährsmann Moskaus geltenden Viktor Janukovič unterstützt hatte. Diese Niederlage und die nunmehr begonnene Hinwendung der Ukraine zum Westen stellten für Putin ein Alarmsignal dar, der in der Logik seines aufkommenden Verschwörungsdenkens hierin keine souveräne Entscheidung der Ukraine sah. Eine solche Entscheidung hatte für Putin ohnehin keine Bedeutung, da Wahlentscheidungen in seiner Denkweise manipulatorisch herbeigeführt werden konnten. Der russische Präsident sah hierin bereits Unterminierungsstrategie des Westens, die aus seiner Sicht im Zusammenhang mit dem sich praktisch zeitgleich vollziehenden NATO-Beitritt der baltischen Staaten zu stehen schien. In der Folge bemühte sich die Ukraine unter Juščenko aktiv um eine Annäherung an die EU und erwog sogar einen Beitritt zur NATO, den diese erst 2008 offiziell ablehnte. Russland kritisierte das Ansinnen der Ukraine heftig und die Beziehungen verschlechterten sich unmittelbar. Das ebenfalls in die NATO strebende Georgien wurde 2008 zu einem weiteren Argument, das das aus Sowjetzeiten tradierte Syndrom einer *„belagerten Festung"*, einer feindlich bedrängten, geschwächten Großmacht weiter verstärkte. Die Intervention russischer Truppen in Georgien in der Auseinandersetzung um Süd-Ossetien und Abchasien stellten eine erste, in gewisser Weise kompensatorische Reaktion auf die selbstdiagnostizierte, vermeintliche Schwäche der Großmacht Russland dar. Russland beunruhigte daher weniger die bis 2008 im wesentlichen abgeschlossene NATO-Osterweiterung Ostmitteleuropas als ein potentielles Wegbrechen der Ukraine und des Kaukasus, die Russland als ehemalige Teile des Russischen Reiches und der UdSSR ansah und als traditionelle Einflusssphäre für sich reklamierte. Nach der in Russland herrschenden politischen Logik, in der mangels eines selbstkritischen Blicks auf die eigene Geschichte und fehlenden Respekts vor autonomen politischen Entscheidungen der Ukraine oder Georgien nicht adäquat nachvollzogen werden konnte, warum sich diese Länder vor Russland fürchteten und sich dem Westen zuwandten, konnten nur feindliche Umtriebe des Westens und der NATO hierfür verantwortlich sein. Und dass der Westen seine, aus russischer Sicht, politische wie militärische Vorherrschaft gegen die Sicherheitsinteressen Russlands durchsetzen konnte, war ein weiterer Hinweis auf die offensichtliche Schwäche des Landes. Die amerikanischen Finanzhilfen für den Aufbau demokratischer Strukturen in der Ukraine, die die stellvertretende Abteilungsleiterin des US-Außenministeriums in den 2000er Jahren Victoria Nuland auf insgesamt über 5 Mrd. Dollar bezifferte, waren, so die russische Wahrnehmung, ebenfalls nichts anderes, als über Soft Power ein Gegenmodell zu russischen Machtstrukturen aufzubauen. Dass Nuland von 2005–2008 amerikanische Repräsentantin bei der NATO gewesen war, verstärkte in Moskau den Eindruck einer schleichenden Übernahme der Ukraine durch das westliche Verteidigungsbündnis. In jedem Fall galt es, eine Verwestlichung der Ukraine zu verhindern, um kein *alternatives* Gesellschaftsmodell in seiner unmittelbaren Nähe tolerieren zu müssen, das zwangsläufig, allein wegen der millionenfachen familiären Beziehungen, auf Russland zurückwirken würde.

Den Hintergrund für das nunmehr veränderte außenpolitische Auftreten Russlands bildeten außerdem Verschiebungen zwischen den russischen Interessengruppen, die Einfluss auf die Meinungsbildung des Präsidenten hatten. Waren dies bis Mitte des Jahrzehnts sowohl liberal eingestellte Wirtschaftskreise als auch national gestimmte Vertreter des Militärs und der Sicherheitsorgane, verschob sich dieses instabile Gleichgewicht Ende der 2000er Jahre deutlich zugunsten der zweiten, Putin aufgrund seiner Herkunft (KGB) entsprechend nahestehenden Einflussgruppe. Ende des Jahrzehnts gewannen nationalistische und verschwörungstheoretische Einstellungen in der russischen Führung stärker an Gewicht. Hierzu trugen auch die Auseinandersetzungen zwischen Russland und der Ukraine um die jüngste sowjetische Geschichte bei.

Sozialpolitische Herausforderungen

Innenpolitisch taten in diesen Jahren indes immer mehr Problemfelder auf: die Umgestaltung der russischen Hochschulen zeigte keine qualitativen Ergebnisse, das medizinische Versorgungssystem wurde vor allem in den Regionen Russlands zunehmend schlechter, die Renten und Löhne stagnierten bzw. hielten mit der Inflation nicht Schritt, es fehlte an einer aktiven Bevölkerungspolitik, obgleich 2007 ein sogenanntes „Mutterschaftskapital" (vergleichbar mit einer Elterngeld-Einmalzahlung) eingeführt wurde. Die technologische Entwicklung Russlands stagnierte in vielen Bereichen, Russland verlor weitgehend seine Spitzenplätze in Wissenschaft und Forschung (mit Ausnahme in der Atom- und Rüstungsindustrie). Zu den größten Fehlschlägen in der Wirtschaftspolitik zählte die vollkommen unzureichende Modernisierung und Diversifizierung der Industrie, insbesondere der Schwerindustrie, sowie eine verpasste Umstellung auf technologieintensive Produktionsformen. Die in Kooperation mit der Bundesrepublik begonnene Modernisierungspartnerschaft kam nicht in Gang und nun rächte sich die voreilige Schließung zahlreicher Konstruktionsbüros in den frühen 1990er Jahren, die Russland entsprechende High-Tech-Entwicklungs- und Forschungskapazitäten gekostet hatte.

Als Gegenmaßnahme wurden im Jahr 2007 sechs Institutionen zur Bündelung von Staatsaktivitäten in strategisch wichtigen Bereichen eingeführt, die direkt der Führung des Präsidenten unterstellt waren. Hierzu gehörten *Rosatom* (Nukleartechnologie), die *Bank für Außenwirtschaft VEB*, der *Immobilien-Reformfond*, *Rusnano* (Nanotechnologien), *Rostec* (Rüstungstechnologien) und *Olimpstroj* (Vorbereitung der Olympischen Winterspiele 2014; 2014 wieder aufgelöst).

Repressionen im Inneren

Dem Westen blieben die meisten Veränderungen im politischen Klima Russlands zunächst verborgen bzw. traten hinter das durch den Westen selbst generierte Wunschbild eines friedfertigen, kooperativen Russlands zurück, das das Land auf dem Gebiet des Energieexports auch erfolgreich am Leben hielt. Erst mit dem Auftritt Putins auf der Münchener Sicherheitskonferenz im Februar 2007, auf der er den USA vorwarf, eine „monopolare Weltherrschaft" anzustreben, die russischen Sicherheitsinteressen zu missachten und eine scharfe Abgrenzung vom Westen forderte, veränderte sich die Wahrnehmung Russlands und machte zunächst Unverständnis Platz. Zu diesem Zeitpunkt hatte die Anbahnung diktatorischer Verhältnisse in Russland bereits Fahrt aufgenommen. Seit 2004 waren über 10.000 Nichtregierungsorganisationen (NGOs) aufgelöst oder nicht neu registriert worden, wenn diese eine kritische Haltung gegenüber Staat und Regierung einnahmen. Mit der Gründung von *Roskomnadzor* 2007 schuf sich der Staat das Instrument zur lückenlosen Überwachung der Internet- und Runet-Nutzung, der Fernsehsender und Radioanstalten, der Telefonverbindungen und Kommunikationstechnologien. Von der Überwachung waren somit praktisch alle russischen Medien betroffen.

In den Jahren 2008–2012 übernahm der bisherige Gasprom-Aufsichtsratschef Dmitrij Medvedev von Putin das Amt des Präsidenten, wohingegen Putin in das Amt des Ministerpräsidenten wechselte. Dass diese Ämter-Rochade lediglich die Bedeutungslosigkeit vorgeblich demokratischer Strukturen in Russland offenlegte, zeigte sich auch in der Wahl Putins zum Vorsitzenden der Partei *Einiges Russland* am 15.4.2008, der Putin nicht einmal als Parteimitglied angehörte. Die Architekten hinter diesem politischen Design, mit dem Parteien und Jugendverbände künstlich generiert wurden, waren er Berater Gleb Pavlovskij und Vladislav Surkov, ein enger Mitarbeiter Putins (2013–2020) und Schlüsselfigur im zukünftigen Ukraine-Konflikt (2014). V. Surkov gehörte als stellvertretender Leiter der Präsidentenverwaltung und später für die Beziehungen zur Ukraine zuständiger Berater Putins zu den einflussreichen Drahtziehern der separatistischen Bewegung im Donbass (ab 2014) von russischer Seite.

Die erneute Wahl Putins zum russischen Präsidenten 2012 verlief indes nicht mehr ohne Massenproteste in allen größeren Städten. In Moskau konzentrierten sich die Aktionen auf dem Bolotnaja-Platz, auf dem über einige Wochen Hunderttausende ihre Ablehnung der offensichtlich manipulierten Wahlen zum Ausdruck brachten. Die Regierung reagierte mit zahlreichen Verhaftungen und Prozessen, um die Bewegung zum Erliegen zu bringen. Wenngleich es den Ordnungskräften gelang, die Gegner der Wahl mundtot zu machen, so hatten die Proteste Putin gezeigt, dass sich trotz gegenläufiger staatlicher Propaganda, massiver Behinderung noch unabhängiger Zeitungen und Fernsehsender und einer Verschärfung der Überwachungspraxis durch den FSB im Land ein Protestpotential herausgebildet hatte, das in den Folgejahren unterdrückt und beseitigt werden sollte. Die auf Basis der Truppen des Innenministeriums Russlands im April 2016 gegründete Nationalgarde mit ca. 350.000 Soldaten stellte ebenfalls eine Folge der Massenproteste dar. Neben der Miliz, Truppen der Geheimdienste und anderer Verbände kam bei Demonstrationen auch stets die Nationalgarde zum Einsatz.

Nationalpatriotische Denkspiele

Die offene Militarisierung der Politik setzte mit Beginn der dritten Amtszeit Putins ein und wurde durch eine zunehmende Unterdrückung kritischer Politiker und Organisationen fortgesetzt. Auch in den jährlichen Präsidentenansprachen gewannen militaristische, verschwörungstheoretische und neoimperiale Einstellungen die Oberhand. Zwar hatten zu Beginn der 2000er Jahre auch noch gesellschaftspolitische Themen und Ziele die programmatischen Inhalte der Regierungspolitik bestimmt, mit den offensichtlichen Misserfolgen in der Innenpolitik wurden die Schwerpunkte jedoch mehr und mehr auf außen-, macht- und militärpolitische Ziele verlagert.

Parallel hierzu konnten nationalpatriotische Stimmen ihren Einfluss in der Gesellschaft und auf die Meinungsbildung der politischen Führung ausweiten. Mit Unterstützung des Kremls wurde 2012 ein nationalistischer, antiwestlicher Think-Tank, der *Izborsker Klub* unter Leitung des erzkonservativen Regisseurs und Schriftstellers A. Prochanov gegründet, der ein Sammelbecken für nationalistische, faschistoide und antisemitische Kräfte werden sollte. Auf zahlreichen Seminaren und Konferenzen, durch Publikationen, eigene Zeitschriften und Sender bekämpfte der Klub alle Formen liberalen, westlichen und demokratischen Denkens, stilisierte Russland zum Opfer geheimer antirussischer Kräfte und forderte die ideelle Restauration des russischen Reiches als zentrale Aufgabe.

Leiten ließen sich manche seiner Mitglieder wie A. Dugin, A. Prochanov, M. Leont'ev u.a. durch Ideen des deutschen postfaschistischen Philosophen Carl Schmitt, aber auch durch russische Emigranten der ersten Generation, wie z.B. den Philosophen Iwan Il'in mit seinen reaktionären Vorstellungen von Staat, Gesellschaft und Individuum. Von Beginn an hatte der Klub beste Beziehungen zur russischen Regierung; so gehörte auch der stellvertretende Ministerpräsident D. Rogozin und der Putin-Berater S. Glaz'ev zu seinen Mitgliedern. Glaz'ev zeichnete mit V. Surkov für die politische Konzeption eines *Russkij Mir* (Russische Welt) verantwortlich und entwickelte sich nach 2014 zu einem der schärfsten Kritiker der ukrainischen Regierung unter P. Porošenko. Er gilt ebenfalls als wichtigster Ideengeber des Kriegs gegen die Ukraine (2022).

Fortsetzung des Ukraine-Konflikts

2010 konnte Russland mit der Wahl Viktor Janukovičs zum ukrainischen Präsidenten einen politischen Erfolg verzeichnen. In den Jahren zuvor war die Politik von Viktor Juščenko und Julija Timošenko an zahlreichen innenpolitischen Problemen gescheitert. Mit dem russlandfreundlichen Janukovič verband Putin eine erneute Annäherung der beiden Länder. Zwar verhandelte die Ukraine mit Russland über einen Beitritt zur 2010 gegründeten Zollunion (Eurasische Wirtschaftsunion), führte aber gleichzeitig auch Verhandlungen mit der EU über ein Assoziierungs- und Freihandelsabkommen weiter, die im Dezember 2011 abgeschlossen werden sollten. Noch im Juli 2013 feierten Putin und Janukovič zusammen mit dem russischen Patriarchen Kirill gemeinsam das 1025. Jubiläum der Taufe Russlands, aus dessen Anlass die geistige Einheit Russlands und der Ukraine feierlich unterstrichen wurde. Im September 2013 erklärte Putin vor den Mitgliedern des Valdaj-Clubs: „Wir haben gemeinsame Traditionen, eine gemeinsame Mentalität, eine gemeinsame Geschichte und Kultur. Wir haben sehr ähnliche Sprachen. In dieser Hinsicht, ich wiederhole es, sind wir *ein* Volk. Natürlich haben das ukrainische Volk, die ukrainische Kultur und die ukrainische Sprache wundervolle Eigenschaften, die die Identität der ukrainischen Nation ausmachen. Und wir respektieren sie nicht nur, sondern, was mich betrifft, wir lieben sie. Die Ukraine ist ein Teil unserer großen russischen oder ukrainisch-russischen Welt."

Ungeachtet dieses Bekenntnisses verstärkte Russland im Sommer 2013 den politischen und wirtschaftlichen Druck auf die Ukraine, drohte eine Visumspflicht an, genehmigte aber der Ukraine nach dem Zuckerbrot- und Peitsche-Prinzip einen Kredit in Höhe von 750 Mio. Euro. Dennoch setzte der ukrainische Präsident Janukovič die begonnene Doppelstrategie fort und erklärte, am 28. November 2013 das Assoziierungsabkommen mit der EU zu unterzeichnen. Auf massiven russischen Druck wurde die Unterzeichnung am 21. November ausgesetzt, wodurch es ab demselben Tag zu Massenprotesten auf dem Kiewer *Majdan* kam, denen in der ersten Dezemberwoche 2013 Hunderttausende Menschen folgten. Der Höhepunkt der Proteste, die eine sofortige Unterzeichnung des EU-Abkommens forderten, war Anfang Februar 2014 erreicht. Ca. 100 Personen verloren bei den Unruhen das Leben. Unter den Demonstranten befanden sich auch rechtsradikale ukrainische Nationalisten (*Pravyj sektor*). Nachdem ein Vermittlungsversuch Deutschlands, Frankreichs und Polens gescheitert war, floh Janukovič am 21.2.2014 nach Russland; eine Woche später wählte das ukrainische Parlament eine Übergangsregierung, der neben 17 weiteren Mitgliedern auch vier Vertreter der nationalistischen Partei *Svoboda* (Freiheit) angehörten. In Folgeregierungen tendierte der Anteil rechtsradikaler Kräfte jedoch gegen Null. Die Übergangsregierung unterzeichnete umgehend das Assoziierungsabkommen und bekannte sich damit demonstrativ zu Europa und gegen Russland. Aufgehoben wurde auch das Sprachengesetz der Vorgängerregierung, das dem Russischen vorher mehr Rechte in der Ukraine eingeräumt hatte.

Der von russischer Seite fortan als „faschistischer Putsch" bezeichnete Regierungswechsel bildete den Vorwand für die gleichzeitig erfolgte Annexion der Krim (27.2.2014), bei der zunächst das Parlament der Krim durch russische Truppen besetzt und anschließend unter der Kontrolle russischer Militärs mit Soldaten ohne Hoheitsabzeichen ein Referendum durchgeführt wurde, bei dem die absolute Mehrheit für einen Beitritt zur Russischen Föderation votierte. In der gesamten Ukraine kam es anschließend zu blutigen Auseinandersetzungen zwischen ukrainischen Nationalisten und russlandaffinen (ukrainischen) Bürgern. In Odessa starben zahlreiche prorussische Ukrainer bei dem Brand eines durch ukrainische Nationalisten belagerten Hauses. Erst gegen Ende 2014 beruhigte sich die Lage wieder; dafür entstand mit der Gründung der sogenannten *Volksrepubliken Donezk* (April 20214) und *Lugansk* neue militärische Unruheherde. Moskautreue Separatisten hatten mit Unterstützung Russlands die Gebietsverwaltung Donezk gestürmt und eine unabhängige Republik ausgerufen. In den Folgejahren unterstützte Russland die beiden Separatistengebiete wirtschaftlich, finanziell, militärisch und in Sicherheitsfragen. Zwischen 2014 und 2015 bekämpfte die ukrainische Zentralregierung die militärischen Formationen der beiden Gebiete, deren Einfluss sich auf ca. ein Drittel des nominellen Territoriums ausdehnte. Die politische Strategie der Separatisten wurde unmittelbar aus Kreisen des Kremls (V. Surkov) gesteuert.

Auf Betreiben der europäischen Regierungschefs F. Hollande und A. Merkel konnte der militärische Konflikt zwischen der Ukraine und Russland mit den Abkommen Minsk I und II (unterzeichnet am 12.2.2015) vorübergehend eingefroren werden; ein dauerhafter Waffenstillstand kam wegen zahlreicher Verletzungen des Abkommens von beiden Seiten jedoch nicht zustande. Weder die selbstproklamierten „Volksrepubliken" Donezk und Lugansk, noch die ukrainische Zentralregierung trafen Maßnahmen für eine friedliche Regelung der Konfliktsituation durch freie Wahlen bzw. die Einhaltung des Selbstbestimmungsrechts der Bevölkerung. Russland weitete nach 2016 die wirtschaftliche und militärische Unterstützung der Separatistengebiete aus und unterhielt auch eigene Truppen in diesen Gebieten.

Verschärfung der Repressionen und neue Feindbilder

Innenpolitisch sollte sich die Lage in Russland nach 2015 durch neue Restriktionen gegenüber ausländischen Einflüssen (Novellierung des Gesetzes über „ausländische Agenten“) und Regimekritikern verschärfen. Fast zeitgleich zu den Minsker Abkommen (Minsk II) wurde am 27.2.2015 der prominente liberale Politiker und Putin-Kritiker Boris Nemcov, der zwischen 1997 und 1998 Vizeministerpräsident der Russischen Föderation gewesen war, unweit des Kremls auf offener Straße erschossen. Der Bürgerrechtler und Jurist Aleksej Naval'nyj prangerte seit 2009 die grassierende Korruption in der politischen Elite Russlands zunächst durch Blog-Beiträge und Dokumentationen, später eine eigene Anti-Korruptionsorganisation und Protestmärsche an und machte sich so zum Feind Putins und seiner Vertrauten. Nach einem Giftanschlag, den dieser nur knapp überlebte, befand sich der Dissident in mehrjähriger Gefängnishaft, in der er im Februar 2024 zu Tode kam. Nachdem Putin in seiner ersten und zweiten Amtsperiode die neu entstandene russische Finanz- und Industrie-Oligarchie entmachtet und ganze Wirtschaftszweige an loyale Gesinnungsgenossen quasi zur staatlichen (wie persönlichen) Bereicherung übergeben hatte, stand seine Regierungszeit nach 2012 ganz im Zeichen der Marginalisierung kritischen Denkens und Unterdrückung zivilgesellschaftlicher Aktivitäten. Parallel hierzu wertete man national-patriotische, auf den Präsidenten Putin zugeschnittene Denkmuster auf.

Im letzten Jahrzehnt wurden auch in den Medien wieder aktiv antiwestliche Feindbilder kultiviert: der „kollektive Westen“, so die absurde Diktion russischer Medien, wolle Russlands Souveränität zerstören, das Land aufteilen, die Kultur und Eigenständigkeit Russlands durch den (vermeintlich) schädlichen Einfluss der westlichen Zivilisation nivellieren. Einfallslos wiederholt wurden dabei Parolen, die schon 1941 in der Propaganda verwendet wurden. Zu besten Sendezeiten des staatlichen Fernsehens wurden mehr und mehr Kriegsfilme neuester Produktion ohne den geringsten Authetizitätsanspruch gezeigt, mit denen die Heldentaten der sowjetischen Armee im Zweiten Weltkrieg verherrlicht wurden. Durch Gesetze gegen die ‚Verfälschung der Geschichte‘, die sich in erster Linie gegen Geschichtsdarstellungen ukrainischer Provenienz richteten und in denen außer den Gräueltaten der Stalin-Ära (Holodomor) vor allem die imperiale Politik Russlands kritisiert wurde, versuchte man, die Deutungshoheit über die neuere Zeitgeschichte (Sowjetunion und Gegenwart) zurückzugewinnen. Vehement bestritten wurde von russischer Seite auch die Ukraine als Staat in der älteren Geschichte. Spätestens nach 2009 wurde die Ukraine zunehmend kritischer behandelt und in russischen Medien nach 2014 mit Vorliebe der Lächerlichkeit preisgegeben.

Reaktion und Isolation

Die Ausweitung nationalistisch-imperialistischer Diskurse zeigte sich nicht nur in den Medien (z. B. bei dem Sender *Car'grad*) und öffentlichen politischen Stellungnahmen, sondern auch im Schul- und Hochschulsystem (Patriotismus als Unterrichtsfach, Wiedereinführung der militärischen Frühausbildung, Schaffung der *Junarmija* [Jugendarmee]), in der Kulturlandschaft (Theater, Filmproduktion) sowie in alltagskulturellen Praktiken. Die aktive Reanimierung des russischen Nationalismus stellt dabei eine radikale, aber plausible Konsequenz aus der autoritären Herrschaft Putins dar, die nach dem endgültigen Zerfall sowjetkommunistischer Überzeugungen eine Leitideologie brauchte, um in nicht-demokratischer, antiwestlicher und illiberaler Weise Putins Legitimation zu untermauern. Auch als Wertelieferant für die Identifikation mit dem Staat bot sich Nationalismus an, dessen Revitalisierung umso leichter fiel, als man hier an bereits in den 1990er Jahren artikulierte Denkmuster und Einstellungen in den Eliten (und der Bevölkerung) anknüpfen konnte. Unter dem Deckmantel sowjetimperialer Attitüden hatten paternalistisch-feudale Gesinnungen das 20. Jahrhundert überlebt, so dass nach Wegfall der Sowjetideologie der russische Nationalismus schnell wieder zum Vorschein kam. Wenn auch in reaktionärer Form kamen Nationalismus und imperiales Denken dem Bedürfnis nach, sich von demokratischen Gegenentwürfen im Westen abzugrenzen, selbst zum Preis einer neuen politischen, wirtschaftlichen und kulturellen Isolation. Ungeachtet dieses schrittweise implementierten nationalistischen Gesellschaftsdesigns konnte Russland nach 2010 seine Wirtschaftskontakte zu Westeuropa weiter ausbauen, wobei ihre Disproportionalität zementiert blieb; nach wie vor erzielte das Land über 65 Prozent seiner Exporteinnahmen durch den Verkauf von Gas-, Öl- und Kohleprodukten. 2011 wurde die Gas-Pipeline Nordstream I durch die Ostsee eingeweiht, ca. zehn Jahre später dann Nordstream II fertiggestellt, die jedoch wegen des russischen Überfalls auf die Ukraine am 24.2.2022 offiziell ad acta gelegt wurde.

Soziale und strukturelle Dauerprobleme

Wie auch die Länder Westeuropas verzeichnet Russland einen stetigen Rückgang seiner Bevölkerung. Um den Arbeitskräftemangel partiell auszugleichen und dabei auch die Rentenkassen Russlands zu entlasten, wurde 2019 eine umfassende Rentenreform in Gang gesetzt, in deren Verlauf (bis 2028) das Renteneintrittsalter schrittweise von 55 auf 60 Jahre (bei Frauen) und von 60 auf 65 Jahre (bei Männern) angehoben wird. Die Reform stieß auf vehemente Kritik und Proteste aus der Bevölkerung, da die durchschnittliche Lebenserwartung bei Männern (2017) lediglich 67 Jahre und bei Frauen 78 Jahre betrug. Damit lag Russland weit hinter den meisten Ländern mit vergleichbarem Entwicklungsniveau. Auch gehört der Unterschied zwischen männlicher und weiblicher Lebenserwartung zu den größten weltweit.

Die auf niedrigem Niveau stagnierende Lebenserwartung ist u. a. Ausdruck mangelnder Investitionen in das Gesundheits- und Pflegesystem, das weit hinter europäischen Standards zurückbleibt. Vernachlässigt wurden auch Investitionen in die regionalen Infrastrukturen, insbesondere die dörflichen Gegenden Russlands, die man seit den 1990er Jahren weitgehend abgeschrieben hatte. Eine nicht unbedeutende Landflucht aus dörflichen Regionen, aber bereits auch aus Kleinstädten und Gebietszentren in die großen Wirtschaftsmetropolen ist ebenfalls ein ungebrochener Trend. Gewaltige Flächen, die in der Sowjetzeit landwirtschaftlich genutzt wurden, verwandeln sich so in Brachland und Wüstungsgebiete (z. B. in Nordrussland). Die in den 1970er Jahren geschaffene kommunale Infrastruktur (Fernwärmetrassen, Heizkraftwerke und Stromnetze) wurde nur oberflächlich in Stand gehalten und nahezu nicht ersetzt, wodurch es immer wieder zu Stromausfällen oder Unterbrechungen der Wärmeversorgung in Großstädten kommt. Die ausbleibenden Investitionen und Versorgungseinbrüche zeigen unverblümt, dass Russland an vielen Stellen von seiner noch aus Sowjetzeiten stammenden infrastrukturellen Substanz lebt. Durch den Krieg gegen die Ukraine, der enorme Investitionen in den Rüstungssektor erfordert, verschärfte sich die Lage weiter. Russland ist daher mit einem umfassenden Reformstau konfrontiert, der wegen hoher Rüstungsausgaben, fehlender Personalressourcen und sinkender Einnahmen aus den Rohstoffexporten nicht angegangen wird. Dem russischen Präsidenten erscheint es einfacher, Erfolge auf dem Schlachtfeld zu erzielen als sich einer mühevollen und langwierigen Modernisierung des Landes zu verschreiben.

Bildung und Medien

Bildungspolitisch waren die letzten Jahrzehnte durch permanentes Experimentieren gekennzeichnet, die Bologna-Reform (gestufte Studiengänge) wurde in Russland gleich zweimal eingeführt (und wieder abgeschafft). Gegenwärtig bemüht man sich um eine Restauration des sowjetischen Systems mit zweifelhaftem Erfolg. Insgesamt haben sowohl die russischen Universitäten, als auch die bis 1990 noch zahlreichen Forschungs- und Entwicklungsabteilungen (Akademie der Wissenschaften und Technologie-Institute) durch Unterfinanzierung, Brain-Drain, Nachwuchsmangel und bürokratische Gängelung massiv an Qualität verloren, viele von ihnen sind heute gegenüber europäischen Hochschulen nicht mehr konkurrenzfähig.

In den Jahren 2019–2022 verschärfte sich auch innenpolitisch die Unterdrückung alternativer politischer Positionen. Breiter administrativer Druck wurde auf kritische Medienorgane ausgeübt, von denen die meisten 2021/22 verboten und eingestellt wurden. Die Internetzensur und eine staatliche Politik der Desinformation in Massenmedien sind an der Tagesordnung, aber auch eine systematische Diffamierung politischer Gegner im In- und Ausland v. a. im Internet durch Fake-News-Kampagnen.

Hyperzentralisierung

Parallel hierzu verstärkte sich die Tendenz zur Hyperzentralisierung in der Regierungspolitik, so dass alle wichtigen Entscheidungen unmittelbar an die Person des Präsidenten gebunden werden. Zum höchsten Entscheidungslevel in der russischen Politik zählen ca. 50–60 Personen aus den Sicherheitsdiensten, der Nationalgarde, des Innenministeriums, der Armee und der Präsidentenverwaltung. Als Befehlsempfänger des Kremls nachgeordnet und weitgehend ohne direkten Einfluss auf Entscheidungen Putins sind die Minister der Regierung und der Ministerpräsident. Bedingt durch die Corona-Pandemie und verstärkt durch die Zuspitzung der militärischen Lage hatten nach 2020 immer weniger Personen direkten Zugang zum Präsidenten, dessen engster Kreis sich nunmehr auf ca. 15 Personen beschränkt.

Politik, Wirtschaft, Literatur, Film und Kultur

2000 (25.3.): Wahl Vladimir Putins zum neuen Präsidenten Russlands.

(12.4.): Untergang des Atom-U-Boots K-141 „Kursk“.

(Sommer): Beginn der Bildungsreform. Wiederherstellung der vollen Mittelschulausbildung mit Einführung eines Zentralabiturs. Einführung gestufter Studiengänge (Bologna-Reform).

(19.8.): Einweihung der wieder aufgebauten *Christus-Erlöser-Kathedrale* [Храм Христа Спасителя] in Moskau. Der Ursprungsbau aus dem Jahr 1880 wurde 1931 auf Anordnung des Moskauer Parteisekretärs L. Kaganovič zerstört.

(September): Film *Der Bruder 2* [Брат 2] (Regie: A. Balabanov, S. Bodrov). Erster Teil 1997. Kultfilm über kriminelle Milieus in Russland.

(September): Schaffung des Staatsrates der RF.

(Herbst): Organisatorische Maßnahmen gegen NGO, wenn diese Kritik am Staat üben. Schließung von NGO durch Verweigerung einer erneuten Registrierung.

(10.12.): Verleihung des Nobelpreises für Physik an den Wissenschaftler Žores I. Alfërov (Direktor des Joffe-Instituts in Sankt Petersburg) für seine Arbeiten im Bereich der Halbleiterphysik.

Roman: V. Pelevin *Generation P* [Поколение П].

2001 (23.3.): Gezielter Absturz der *Raumstation MIR* (seit 1986 in Betrieb).

(14.7.): Neue Gesetzgebung zur Regelung der politischen Parteien.

(16.7.): Unterzeichnung des Vertrags über gute Nachbarschaft, Freundschaft und Zusammenarbeit („Großer Vertrag“) mit der VR China. Neuausrichtung der russischen China-Politik.

(1.12.): Gründung der Partei *Einiges Russland* [Единая Россия] als Zusammenschluss der Bewegung *Einheit* [Единство], *Ganz Russland – Vaterland* [Отечество – Вся Россия] und *Russland – Unser Haus* [Наш дом – Россия]. Die Partei besitzt zunächst keine präzise weltanschauliche Ausrichtung, sondern versteht sich als *Partei der Macht*, d. h. als Vertretung der zentralen wie regionalen Nomenklatur und Wirtschaft.

2002 (1.2.): Neue Arbeitsgesetzgebung.

(28.5.): Vertrag zwischen der NATO und Russland über partnerschaftliche Beziehungen.

(23.10.): Terroristischer Überfall auf das Theaterzentrum Dubrovka (Moskau).

Film: *Oligarch* [Олигарх] (Regie: Pavel Lungin).

2003 (25.10.): Beginn der Auseinandersetzung mit den russischen Indus-triellen. Verhaftung M. Chodorkovskijs (Präsident des Ölkonzerns JUKOS). Flucht mehrerer Oligarchen (B. Berezovskij, V. Gusinskij, A. Smolenskij u. a.) ins westliche Ausland. Putin beginnt, die in der Zeit der Privatisierungen reich gewordenen Unternehmer zu disziplinieren.

(November): Beginn der *Rosen-Revolution* in Georgien. Russland wirft den USA Einmischung in Georgien vor.

(Dezember): Auszeichnung der Wissenschaftler V. Ginzburg und A. Abrikosov mit dem Nobelpreis für Physik im Bereich der Supraleitfähigkeit.

2004 (9.3.): Gründung von *Rosregistracija* (zentrale staatliche Registrierung von Organisationen und Firmen). In den Folgejahren werden ca. 10.000 NGO aufgelöst bzw. nicht erneut registriert.

(14.3.): Wiederwahl Vladimir Putins als Präsident Russlands.

(1.9.): Überfall tschetschenischer Terroristen auf eine Schule in Beslan, in der 300 Schüler und Lehrer bei der Befreiung der Geiseln ums Leben kommen.

(Sommer): Wiederherstellung der sogenannten *Vertikale der Macht*, mit der eine unbedingte Subordination zwischen der Machtzentrale Moskau und den Regionen durchgesetzt wird. Abschaffung der demokratischen Gouverneurswahlen.

(September): Gründung des Internationalen Diskussionsklubs *Valdaj* in Velikij Novgorod. Zwischen 2004 und 2019 beteiligten sich über 1.000 Experten und Wissenschaftler aus 71 Ländern an den thematischen Treffen zwischen russischer Regierung und Medienvertretern.

(29.3.): Zweite NATO-Osterweiterung. Bulgarien, Estland, Lettland, Litauen, Rumänien, Slowakei und Slowenien treten dem Militärbündnis bei. Die Erweiterung stößt bei Russland auf gemäßigte Ablehnung. Putin am 2. April 2004: „Hinsichtlich der NATO-Erweiterung haben wir keine Sorgen mit Blick auf die Sicherheit der Russischen Föderation".

(September): Wahlkampf in der Ukraine und Vergiftung des gemäßigten Kandidaten Viktor Juščenko.

(21.11.): Sieg Viktor Janukovičs bei den Präsidentenwahlen in der Ukraine mit angeblich 49,5 % der Stimmen. Das Ergebnis wird als Fälschung bezeichnet und angefochten, eine spontane Volksbewegung zur Unterstützung Viktor Juščenkos entsteht.

(26.12.): Bei der Wahlwiederholung gewinnt V. Juščenko (52 %) gegen V. Janukovič (44 %), der durch Putin unterstützt wurde. Februar 2005 verkündet Juščenko einen prowestlichen Aktionsplan, in dem erstmals ein Beitritt der Ukraine zur NATO erwähnt wird. Beginn der Orangenen Revolution.

Film: *Nachtwache* [Ночной дозор] (Regie: Timur Bekmambetov). Erster russischer Blockbuster. Film: *Die Unsrigen* [Свои] (Regie: Dmitrij Meschiev).

Roman: V. Erofeev *Der gute Stalin* [Хороший Сталин] (Biographie in Romanform).

2005 (27.2.): *Tulpen-Revolution* in Kirgistan. Rücktritt des diktatorisch regierenden Präsidenten Askar Akaev. Massenaufstand und gewalttätige Unruhen. Wahl des neuen Staatspräsidenten.

2006 Film: *Die Insel* [Остров] (Regie: Pavel Lungin).

Roman: V. Sorokin *Tag des Opričniks* [День опричника] [dt. Ü.: Der Tag des Opritschniks 2008]. Dystopie, in der die Zeit Iwans IV. auf die Gegenwart projiziert wird.

2007 (10.2.): V. Putin kritisiert in ungewöhnlicher Schärfe die Politik des Westens und der USA auf der Münchener Sicherheitskonferenz.

(17.5.) Wiedervereinigung der Russisch-Orthodoxen Kirche mit der Russisch-Orthodoxen Auslandskirche im Ausland durch Bildung einer kanonischen Gemeinschaft. Durch den Vertragsschluss zwischen Patriarch Aleksij II. und Metropolit Lavr (Laurus) unterstellte sich die Auslandskirche der übergeordneten Jurisdiktion des Moskauer Patriarchats.

(22.7.): Brief der zehn Akademiemitglieder. Offener Brief an Putin mit der Warnung vor einer „Klerikalisierung der russischen Gesellschaft" und einer „aktiven Infiltration" der Religion in alle Lebenssphären.

2008 (2.3.): Wahl Dmitrij Medvedevs zum Präsidenten der RF. V. Putin wird Ministerpräsident.

(7.8.): *Rosen-Revolution* in Georgien. Militärische Intervention Russlands in Georgien zur Unterstützung der von Georgien abtrünnigen Gebiete Südossetien und Abchasien. Der ukrainische Präsident V. Juščenko reist demonstrativ nach Georgien.

(Sommer): Weltweite Finanzkrise. Trotz schneller Gegenmaßnahmen verzeichnet Russland einen Rückgang des BIP und einen Einbruch der Valutakurse. Die Abhängigkeit Russlands von der Weltwirtschaft wird umfassender Kritik unterzogen. Das Vorkrisenniveau wird erst wieder 2011 erreicht.

(2.10.): Auseinandersetzungen zwischen Russland und der Ukraine um Gaslieferung und Bezahlmodalitäten. Die Gaslieferungen werden zwischenzeitlich eingestellt.

(3.12.): Gründung von *Roskomnadzor* zur Überwachung der Tele- und Massenkommunikation und Informationstechnologien (durch Fusion verschiedener Vorgängerinstitutionen). Einführung der Zensur des Internets durch Blockierung von Sites und Anbietern (z. B. Google).

2009 (18.1.): Vorläufige Beendigung des russisch-ukrainischen Konflikts um Gaslieferung.

(1.2.): Wahl des neuen Patriarchen der Russisch-Orthodoxen Kirche Kirill.

(16.4.): Offizielles Ende des zweiten Tschetschenienkriegs.

(Sommer): In der RF wurden seit 2000 über 40 kritische Journalisten (allein fünf Journalisten der *Novaja gazeta*) ermordet. Zu den bekanntesten zählt Anna Politkovskaja, die über den Tschetschenienkrieg berichtete.

(15.5.): Einrichtung einer *„Kommission zur Abwehr von Versuchen der Geschichtsfälschung zum Schaden der Interessen Russlands"* (Präsidentenerlass Nr. 549). Die bis 2012 bestehende Kommission bekämpfte medial Konzepte und Veröffentlichungen, v. a. der Ukraine und des Baltikums, in denen russlandkritische Standpunkte und Bewertungen historischer Vorgänge geäußert wurden. In Diktion und Einstellungen basierten die Stellungnahmen der Kommission auf sowjetimperialistischen und nationalistischen Inhalten; andersgelagerte Geschichtsbewertungen wurden als Geschichtsfälschung verworfen.

(16.5.): *Eurovision Song Contest* in Moskau.

(19.8.): Katastrophe am Wasserkraftwerk Sajano-Šušenskoe mit Überschwemmungen und zahlreichen Toten.

(19.11.): Endgültige Abschaffung der Todesstrafe (Auslaufen des Moratoriums).

(27.11.): Zollunion zwischen der RF, Weißrussland und Kasachstan.

(4.11.): Film *Der Zar* [Царь] (Regie: Pavel Lungin) über Iwan den Schrecklichen.

2010 (Februar): V. Janukovič wird mit geringem Vorsprung vor J. Timošenko zum Präsidenten der Ukraine gewählt. Hinwendung zu einer russlandfreundlicheren Politik.

(10.4.): Flugzeugabsturz in Smolensk mit 96 Toten, bei dem auch der polnische Präsident Lech Kaczyński ums Leben kommt. Verschlechterung der russisch-polnischen Beziehungen.

(Sommer): Verhandlungen der Ukraine mit Russland über einen Beitritt zu der durch Russland, Weißrussland und Kasachstan 2010 gegründeten Zollunion.

(8.4.): Abrüstungsvertrag zwischen der RF und den USA zur Begrenzung strategischer Angriffswaffen (Laufzeit 10 Jahre).

(Sommer): Auszeichnung des Mathematikers Grigorij Perel'man mit der Clay-Medaille für seinen 2002 erfolgten Beweis der Poincaré-Vermutung.

(28.10.): Gründung des Technologie-Innovationszentrums *Skolkovo* (Moskau).

(28.10.): Absetzung des Moskauer Bürgermeisters Ju. Lužkov (seit 1992) wegen Korruptionsvorwürfen.

(22.12.): Unterzeichnung des *New-START-Abkommens* zur Reduktion strategischer Angriffswaffen. Ende Januar 2021 unterzeichnete Russland eine mit den USA ausgehandelte Vereinbarung zur Verlängerung des Abkommens bis 2026. Das Abkommen wurde wegen des Ukrainekriegs 2022 ausgesetzt.

2011 (5.2.): Ratifizierung des New-START-Abkommens durch die USA und Russland.

(1.3.): Gesetz über die Polizei. Umbenennung der russischen Miliz in *Policija* und Annäherung an westeuropäische Bezeichnungen.

(Juni): Abschaffung der Sommerzeit in Russland.

(Dezember): Abschluss der Vorbereitungen eines Assoziierungs- und Freihandelsabkommens der Ukraine mit der EU. Juli 2012 Paraphierung. Frühjahr 2013 Unterzeichnung.

2012 (4.3.): Erneute Wahl Vladimir Putins zum Präsidenten Russlands. Die Wahl wird durch großangelegte Protestversammlungen in Moskau auf dem Bolotnaja-Platz und in anderen russischen Städten begleitet. Die Proteste lösen weitere Beschränkungen der Zivilgesellschaft aus.

(20.7.): Gesetz Nr. 121 F3 über *„Ausländische Agenten"*, durch das die Tätigkeit von Einrichtungen (z. B. Stiftungen) und Personen, die u. a. durch das Ausland finanziert werden, stigmatisiert und einer besonderen Kontrolle unterstellt werden. Das Gesetz wird in den Folgejahren mehrfach verschärft und auch auf Personen ausgedehnt, die „unter ausländischem Einfluss" stehen.

(22.8.): Beitritt Russlands zur WTO.

(4.9.): Eröffnung des *Museums des Vaterländischen Kriegs 1812* als Filiale des Staatlichen Historischen Museums.

(September): Gründung des *Izborsker Klubs* als Vereinigung rechtskonservativer, nationalistischer Intellektueller und Verschwörungstheoretiker (z. B. A. Prochanov) mit dem Ziel, eine „erneuerte, patriotisch ausgerichtete Staatspolitik in allen Bereichen des nationalen Lebens" zu verankern. Einige Mitglieder des Klubs stehen Präsident Putin nah und haben unmittelbaren Einfluss auf Regierungsentscheidungen. Der Klub ist u. a. für die Propagierung des Nationalismus in Russland verantwortlich.

2013 (Juli): 1025-Jahr-Feier der Taufe der *Kiewer Rus'* in Anwesenheit Putins und Janukovičs.

(Sommer): Beschränkung der Importe aus der Ukraine, Androhung einer Visumspflicht, Verstärkung des politischen und wirtschaftlichen Drucks seitens der RF. Gleichzeitig Kredit an Ukraine in Höhe von 750 Mio. Euro.

(24.8.): Doppelstrategie der Ukraine: Festhalten an der Assoziierungspolitik mit der EU, gleichzeitig Zusammenarbeit mit der Zollunion Russlands.

(21.11.): Beginn der Massenproteste. Zwischen dem 1.–8. Dezember Hunderttausende auf dem Majdan-Platz. *Euro-Majdan.* Durch V. Janukovič ergebene Milizeinheiten und Scharfschützen werden zahlreiche Menschen bei den Demonstrationen erschossen.

(21.–30.12): Drei Attentate einer dagestanischen Terrorzelle in Wolgograd, bei denen ca. 35 Personen ums Leben kommen und ca. 100 verletzt werden.

Film: *Der Geograf hat den Globus versoffen* [Географ глобус пропил] (Regie: A. Veledinskij).

2014 (Januar): Einschränkung des Demonstrationsrechts in der Ukraine. Militante und rechtsradikale Gruppen (Правый сектор) wenden Gewalt an. Ausschreitungen in Kiew.

(8.2.): Beginn der *Olympischen Winterspiele* in Sotschi (zahlreiche Dopingskandale).

(18.–20.2.): Höhepunkt der blutigen Auseinandersetzungen in Kiew (ca. 120 Tote).

(21.2.): Gescheiterter Vermittlungsversuch Deutschlands, Frankreichs und Polens im Ukraine-Konflikt. Flucht V. Janukovičs nach Russland. Amtsenthebung und Wahl Oleksandr Turčynovs zum ukrainischen Interimspräsidenten. Neuwahlen.

(27.2.): Wahl der ukrainischen Übergangsregierung. Unterzeichnung des EU-Assoziierungsabkommens. Politischer Teil tritt sofort in Kraft. Aufnahme von vier Mitgliedern der nationalistischen Partei *Svoboda* in die 21-köpfige Regierung.

(23.2.): Aufhebung des Sprachengesetzes, das dem Russischen in der Ukraine besondere Rechte eingeräumt hatte.

(27.2.): Besetzung der Krim (Parlament) durch russische Truppen.

(18.3.): Annexion der Krim nach einem unter russischer Kontrolle durchgeführten Referendum. Verhängung westlicher Sanktionen. Einbußen in der Wirtschaft Russlands und Rückgang der Realeinkommen.

(29.5.): Gründung der *Eurasischen Wirtschaftsunion* (Armenien, Kasachstan, Kirgistan, Russland, Weißrussland). Beginn: 1.1.2015.

(Dezember): Rapide Verschlechterung der Wirtschaftslage.

Film: *Der Leviathan* [Левиафан] (Regie: Andrej Zvjagincev).

2015 (erste Hälfte): Rückgang des Handelsvolumens (Einzelhandel) Russlands um 8,1 Prozent aufgrund der Sanktionswirkungen.

(12.4.): Gründung des Internet-Fernsehsenders *Car'grad* durch den Oligarchen Konstantin Malofeev. Der Sender betreibt die Verbreitung ultranationalistischer und chauvinistischer Meinungen. Zu den ständigen Mitarbeitern gehört u. a. Aleksandr Dugin.

(28.5.): Russland testet erste Hyperschallwaffen und neue Mittelstreckenraketen (unterschiedlicher Reichweiten und Funktionen: *Sarmat, Kinžal, Avangard, Cirkon, Iskander, Bulava*). Erneute militärische Aufrüstung Russlands trotz amerikanischen Truppenabzugs in Europa.

(30.9.): Beginn der militärischen Intervention RF in Syrien zur Stützung des umstrittenen Präsidenten Assad. Umfangreiche Flächenbombardements, denen Tausende von Syrern zum Opfer fallen. Erst Ende 2017 gehen die militärischen Aktionen zu Ende. Russland behauptet, ca. 35.000 gegnerische Kämpfer vernichtet zu haben.

(Oktober): Reallohnverluste von bis zu 10,9 Prozent.

(Oktober): Erste Erwähnung der *Wagner Group* (private Söldnertruppe). Die Truppe wurde bereits 2013 ins Leben gerufen und war in der ersten Hälfte 2014 auf der Krim während der Annexion im Einsatz. Ca. 300 Personen aus der Wagner-Gruppe kämpften unter Führung des Separatisten Igor' Girkin (Pseudonym: Strelkov) im Donbass 2014.

(17.11.): Entwicklung der russischen Software-Alternative *Mein Büro* [Мой офис] zu Microsoft Office. Premierminister D. Medvedev verpflichtet alle staatlichen Organe Russlands, ab dem 1. Januar 2016 ausschließlich russische Software zu verwenden. Der Beschluss wird mangels geeigneter Software-Lösungen nicht umgesetzt.

(31.12.): Verabschiedung der neuen *Militärdoktrin* der RF (Ukaz 683), in der erstmal die USA sowie deren Alliierte, die NATO und die EU wieder als *Bedrohung für Russland* und seine Nachbarn benannt werden.

2016 (Januar): Instabiler Rubelkurs. (Januar: 46 Rubel/1 Euro, Dezember: 80–100 Rubel/1 Euro).

(26.2.): Einführung der Google-Steuer. Mehrwertsteuer für ausländische Firmen, die in Russland Software verkaufen.

(26.4.): Erster Raketenstart vom neuen zivilen *Weltraumbahnhof Vostočnyj* in Ostsibirien.

(11.5.): Fertigstellung der vollständigen Energieversorgung der Krim durch Russland über die Meerenge bei Kerč.

(3.10.): Aussetzung des Abkommens zwischen den USA und Russland über die Aufbereitung waffenfähigen Plutoniums aufgrund der westlichen Sanktionen.

(14.10.): Einweihung eines *Denkmals für Iwan IV. den Schrecklichen* in Orel.

2017 Film: *Nicht-Liebe* [Нелюбовь] (Regie: Andrej Zvjagincev]. Roman: V. Sorokin *Die rote Pyramide* [Красная пирамида].

2018 (18.3.): Vierte Amtszeit Präsident Putins.

(Oktober): Gesetz zur *Anhebung des Renteneintrittalters* um fünf Jahre. Zahlreiche Proteste aus der Bevölkerung.

(25.–26.3.): Eröffnung der Automobiltrasse über die neuerrichtete Krim-Brücke bei Kerč.

(14.6.–15.7.): *Fußballweltmeisterschaft* mit über 3 Mio. Zuschauern in verschiedenen Städten Russlands.

(15.10.): Abbruch der Beziehungen zwischen Moskauer Patriarchat und der Griechisch-Orthodoxen Kirche (Ökumenisches Patriarchat von Konstantinopel) wegen der Zustimmung zur Schaffung einer autokephalen ukrainischen Kirche.

2019 (7.2.): Verankerung einer prowestlichen Strategie und des NATO-Beitritts in der ukrainischen Verfassung. Offizielle Begründung Russlands für den Überfall auf die Ukraine am 24.2.2022.

2020 (März): Beginn der Corona-Epidemie. Russland entwickelt in Rekordzeit mit *Sputnik V* einen eigenen Impfstoff, der jedoch nur auf geringe Akzeptanz stößt. In der Folge verzeichnet man hohe Infektionszahlen und Corona-Tote. Rückgang der Wirtschaftsproduktion.

(23.11.): Film: *Iwan der Schreckliche* [Иван Грозный] (Regie: Aleksej Andrianov). Achtteilige Fernsehproduktion. Verfilmung des Romans von A. Tolstoj *Der silberne Fürst* [Князь серебрянный].

2021 (11.5.): Attentat auf das Gymnasium Nr. 175 in Kazan' mit 9 Toten und über 30 Verletzten. Am 20.9.2021 ereignet sich ein zweiter Überfall in der Universität Perm' (6 Tote, 47 Verletzte).

(12.7.): Aufsatz V. Putins *„Über die historische Einheit von Russen und Ukrainern“* [Об историческом единстве русских и украинцев]. *„Ukraine als Erfindung Lenins.“* Negation des Existenzrechts der Ukraine und weitere Radikalisierung der Ukraine-Politik. Erkennbare Konturen eines neuen Imperialismus und Geschichtsrevisionismus.

Kapitel 17

Die Wiederkehr des Ähnlichen. Zyklizität und Modernisierung in der russischen Geschichte.

Der Überblick über die russische Geschichte verleitet dazu, der eingangs gestellten Frage nach der widersprüchlichen Modernisierung Russlands mit Reformen und Antireformen, wiederholten Öffnungen und Abriegelungen, seiner kulturellen Auseinandersetzung mit Westeuropa und nach den Fundamenten seiner politischen Kultur – mit Blick auf die Gegenwart – systematischer nachzugehen. Bei der bisherigen Lektüre ist zweifelsohne aufgefallen, dass sich der mehrfache Wechsel zwischen Stagnation bzw. Problemakkumulation einerseits und beschleunigten, oft eruptiven Versuchen der Problemlösung andererseits nach einer bestimmten Logik wiederholt, aufgrund dessen sowohl aus westlicher als auch aus russischer Sicht von einer systembedingten *Zyklizität* der russischen Geschichte gesprochen werden kann.[28] Diese Erkenntnis ist nicht neu, weder im russischen Alltagsbewusstsein, noch in der wissenschaftlichen oder essayistischen Russlandliteratur. Begründet wurde diese Wahrnehmung bereits durch den Reisebericht des ersten ‚Russland-Verstehers', des Habsburger Diplomaten Siegmund Freiherr von Herberstein, der als Gesandter Kaiser

28 Vgl. Nikolaj S. Rozov, Cikličnost' rossijskoj političeskoj istorii kak bolezn': vozmožno li vyzdorovlenie? [Die Zyklizität der russländischen Geschichte als Krankheit: ist eine Gesundung möglich?]. POLIS. Političeskie iss-ledovanija. (2006) Nr. 3. S. 8–28. https://doi.org/10.17976/jpps/2006.03.02.; Alexander I. Lineckij, Russkaja ideja Aleksandra Janova (Polemičeskie zametki na poljach odnoimennogo dvuchtomnika) [Die Russische Idee Alexander Janovs (Polemische Anmerkungen zur gleichnamigen zweibändigen Ausgabe], in: POLIS. Političeskie issledovanija. 2015. Nr. 6. S. 173–187. A. Lineckij kritisiert in seiner Rezension die Kernpunkte der zyklischen Theorie Alexander Janovs ein, der den Wechsel von progressiven und konservativen Phasen ausschließlich durch die Ideologie, d. h. durch einen Wandel der Weltanschauungen, ausgelöst sieht. Siehe auch: Vladimir I. Pantin, Cikly i volny modernizacii kak fenomen social'nogo razvitija [Zyklen und Wellen der Modernisierung als Phänomen der sozialen Entwicklung]. Moskau 1997; Leonid Luks, Zwischen Reform und Gegenreform – Russlands „historische Zyklen"? https://diekolumnisten.de/author/luks/ (14.02.2016); ders., Sergej Vitte vs. Konstantin Pobedonoscev – die russische Selbstherrschaft um die Jahrhundertwende zwischen Reform und Gegenreform, in: Forum für osteuropäische Ideen- und Zeitgeschichte, 15. Jg. 2011, Heft 2, S. 87–97.

Maximilians I. 1516/17 und 1525/26 in Russland, u. a. am Hof des Moskauer Großfürsten Wassili III. weilte und 1549/51 einen landeskundlichen Bericht über seine Eindrücke der russischen Verhältnisse veröffentlichte.[29] Der französische Marquis Astolphe de Custine publizierte 300 Jahre später unter Verweis auf Herberstein einen für die Russlandforschung folgenreichen Bericht über seine landeskundlichen Beobachtungen, die er mit einer politischen Deutung des Gesehenen verband.[30] Zahlreiche Essays dieser Art, Reiseberichte, -tagebücher u. a., sollten in den nächsten zweihundert Jahren folgen, wobei die jeweiligen Veröffentlichungen nicht nur aufeinander Bezug nahmen, sondern auch mit zivilisationskritischen Interpretationen der soziopolitischen Realität Russlands das Fundament für einen Wahrnehmungsmodus legen, nach dem die historische Entwicklung (im Vergleich zu Westeuropa) keine wirkliche Linearität aufzuweisen schien. Denn liest man die Werke von Herberstein, Custine, Walter Benjamin oder Tim Guldimann mit zeitlicher Distanz, passen Beschreibungen wie Analysen perfekt zur aktuellen politischen und sozialen Lage im Land.[31] Es gibt daher Anlass zu der Vermutung, die russische Geschichte wiederhole sich metamorphisch in ihren Problemkonstellationen und Konfliktmustern, mit anderen Akteuren, leicht veränderten Inhalten und auf einem anderen technologischen Entwicklungsstand, womit die Frage nach den diese Zyklizität begründenden Konstanten aufgeworfen wird. Die Reisenden vergangener Zeiten wie auch die russische Russlandkritik führten dies – vereinfacht gesagt – auf zivilisatorische Defizite (Čaadaev), den Bruch historischer Kontinuität durch Peter I. (K. Aksakov), die fehlende Aufklärung und ein (gleichermaßen) fehlendes Bürgertum (Custine), Verkrustungserscheinungen der postrevolutionären Sowjetgesellschaft (Benjamin) oder Mentalitätsstrukturen der russischen Bauernschaft

29 Siegmund von Herberstein, Rerum Moscoviticarum Commentarii. Synoptische Edition der lateinischen und der deutschen Fassung letzter Hand Basel 1556 und Wien 1557. Erstellung: Frank Kämpfer, Eva Maurer, Andreas Fülberth, Redaktion und Herausgabe: Hermann Beyer-Thoma. Osteuropa-Institut München, Regensburg 2007.

30 Astolphe de Custine, La Russie en 1839, Brüssel 1844. Nach der zeitgleich mit dem Original erschienenen Erstübersetzung in Deutsche (Leipzig 1843) wurde der Reisebericht von Adolph Diezmann gekürzt unter dem Titel Russische Schatten. Prophetische Briefe aus dem Jahre 1839, Nördlingen 1985 wieder aufgelegt.

31 Vgl. Walter Benjamin, Moskauer Tagebuch (1926/27), Frankfurt/M. 1980; Tim Guldimann, Moral und Herrschaft in der Sowjetunion. Erlebnis und Theorie, Frankfurt/M. 1984.

(Gor'kij) zurück. Die Liste der Begründungsversuche lässt sich erweitern, wobei es sich im eigentlichen Sinne natürlich nicht um exakt nachweisbare Kausalzusammenhänge handelt. Dennoch sind diese Argumente es wert, ihnen im Folgenden genauer nachzugehen. Vor allem gilt dies für die sich in zeitlicher Hinsicht extrem langsam verändernde politische Kultur Russlands, die einen unübersehbaren Anteil an dem wiederholten Wechsel von Öffnung und Isolation, liberalem Aufbruch und konservativem Rollback, Reform und Antireform, diplomatischer Zugänglichkeit und brutaler Gewaltanwendung nach innen und außen besitzt. Der permanente Wechsel scheint außerdem mit Mechanismen systemischer Autopoiesis, dem Phänomen sozialer und politischer Systemerneuerung und den in Reform- und Modernisierungsprozessen angelegten bzw. durch diese provozierten Widersprüche, Fehlleistungen und Krisenszenarien in Verbindung zu stehen. Und letztlich besitzt eine zyklische Betrachtung der Geschichte die Attraktivität, über historische Analogien gewisse Prognosen zu wagen oder zumindest Wahrscheinlichkeiten einschätzen zu können.

Beginnen wir mit einem Putin-Zitat zu seiner Rolle als Präsident und der proklamierten „Vertikale der Macht“: „Der Präsident muss mit einer umfassenden Machtfülle ausgestattet sein, weil nur die in seiner Person vereinigte Macht so wirken kann, wie es die gegenwärtige, strukturelle und territoriale Situation eines so großen Landes wie der Russischen Föderation funktional erfordert. Es ist unabdingbar, durch eine funktionstüchtige und effektive Vertikale der Macht sicherzustellen, dass die politische Vielgestaltigkeit, die Divergenz regional und wirtschaftlich unterschiedlicher Interessen, die sich aus der geographischen Größe und Komplexität Russlands ergibt, kompensiert werden kann. Jede andere Regierungsform wäre für Russland nicht nur schädlich, sondern geradezu desaströs. (...) Nach Jahren der Missachtung und Erniedrigung durch den Westen sind die strategischen Intentionen staatlicher Macht auf den Respekt der Nation, das Ansehen des Staates und des Präsidenten bei seinem Volk gerichtet. Aus dieser Wertschätzung (...) entsteht bei einem Volk, das auf diese Art regiert wird, ein Gefühl der Freiheit, eine Identifikation, die ebenso große Taten verrichten und das Wohl der Staatsbürger nicht weniger fördern kann, als die Freiheit selbst. (...) Freiheit ist in unserem Verständnis das Recht, alles zu tun, was die Gesetze erlauben. Und die Gleichheit aller Bürger besteht darin, dass alle denselben Gesetzen unterworfen sind. Diese Gleichheit erfordert gute Institutionen, die es Wohlhabenden verbieten, sozial Schwächere zu unterdrücken. (...) Ich habe dies zu Beginn meiner Amtszeit ‚Diktatur des Gesetzes' genannt. Kein Bürger soll vor dem andern, aber alle sollen vor dem Gesetz Respekt haben."

Wie unschwer festzustellen ist, waren Ende der 2000er Jahre in Putins Politikverständnis drei Topoi ausgeprägt: das uneingeschränkte Bekenntnis zur hierarchisch strukturierten Macht, eine Kritik an der Haltung des Westens, die von Putin als ‚Geringschätzung' verstanden wird und ein schwammiges Bekenntnis zur Gleichheit aller russischen Bürger vor den staatlichen Gesetzen. Es gibt zahlreiche vergleichbare Äußerungen des russischen Präsidenten. Ist aber aufgefallen, dass ein Quellenverweis fehlt? Zweifel an der Authentizität dieses Zitats sind also berechtigt: das Zitat ist ein Fake, es stammt im Original von Katharina der Großen und wurde in kosmetisch aktualisierter Form Putin in den Mund gelegt.[32] Der Originaltext Katharinas II. entstand im Kontext ihrer Auseinandersetzung mit den französischen Denkern der Aufklärung Voltaire, Jean-Jacques Rousseau und Denis Diderot, die sie in Sankt-Peterburg empfing und über die sie einen Zugang zu Werten und zur Ideenwelt der Aufklärung bekam. Katharina II. war sich bewusst, dass ihr Flirt mit der Aufklärung ein Spiel bleiben muss, das in Russland niemals politische Realität werden darf. Hieraus resultiert ein verbaler Nebelvorhang, mit dem sie rhetorisch nicht ungeschickt die argumentative Schwäche ihrer Legitimierung autokratischer Herrschaft durch einen mit Beliebigkeitsformeln durchsetzten Frei-

32 Das Originalzitat aus den ***instructiones*** (1765) lautet: „Der Zar muss ein Selbstherrscher sein, weil nur die in seine Person vereinigte Macht so wirken kann, wie es die Ausdehnung eines so großen Reiches erfordert. Es ist nötig, aus fernen Gegenden, einlaufende Geschäfte so rasch zu erledigen, dass die Verzögerung, die sich aus den Distanzen ergibt, kompensiert werden kann. Jede andere Regierungsform wäre für Russland nicht nur schädlich, sondern gerade zu ruinös. (...) Die Absichten und Zwecke der Selbstherrschaft sind auf den Ruhm der Bürger, des Staates und des Monarchen gerichtet. Aus diesem Ruhm aber entsteht bei einem Volk, dass absolutistisch regiert, wird, ein Sinn für die Freiheit, der in solchen Reichen ebenso große Taten verrichten und das Wohl der Untertanen nicht weniger fördern kann, als die Freiheit selbst. (...) Freiheit ist das Recht, alles zu tun, was die Gesetze erlauben (...). Die diese Gleichheit erfordert gute Institutionen, welche es den wohlhabenden verbieten, die Minderbemittelten zu unterdrücken (...). Die politische Freiheit des Bürgers ist die Ruhe des Gemüts, welche aus der Überzeugung entsteht, dass ein jeder volle Sicherheit genießt. Kein Bürger soll vor dem anderen, aber alle sollen vor dem Gesetz Furcht haben." Zit. nach Valentin Gitermann, Russische Geschichte, Bd. II, Frankfurt/M. 1965, S. 210.

heitsbegriff verschleiert. Die französischen Aufklärer konnte sie hiermit nicht überzeugen, dafür aber ihr Image in Westeuropa aufbessern.

Wenn man meiner Falsifikation zunächst Glauben geschenkt hat, zeigt dies, dass sich augenscheinlich nicht nur die Problemlage, 250 Jahre nach Katharina II. eine stichhaltige Begründung für die autokratische Machtfülle des Präsidenten zu (er)finden, sondern auch der Diskurs über Macht und Freiheit kaum verändert zu haben scheinen. Auch Andreas Kappeler verweist in seiner *Russischen Geschichte* (2002) auf die langfristige Gültigkeit von Einsichten und Deutungen früherer Russland-Experten: „Welche politischen Traditionen im neuen, russländischen Staat die Oberhand behalten werden, lässt sich noch nicht abschätzen. Zunächst folgte man dem Vorbild des demokratischen Westens und des vorrevolutionären Konstitutionalismus: Gewaltenteilung, freie Wahlen, Zweikammer-Parlament (mit einer neuen Duma), national-demokratische Ideologie, Entfaltung einer politischen Öffentlichkeit, Dezentralisierung des politischen Lebens. Die mangelnden Erfolge dieser Politik führten jedoch zu einem Erlahmen der gesellschaftlichen Aktivitäten und zur Verstärkung restaurativer, autoritärer Tendenzen. Traditionelle Elemente der russischen und sowjetischen politischen Kultur, wie Autoritarismus, Zentralismus, schwaches Rechtsbewusstsein und Konfliktscheue wirken (...) auch heute noch nach, zumal die politischen Eliten kaum ausgewechselt wurden. Trotz einer vielfältigen politischen und sozialen Aktivierung der Bevölkerung und einer Stärkung der Regionen ist das von Herberstein vor 450 Jahren konstatierte Muster des mächtigen Staates und der passiven Gesellschaft noch nicht endgültig verschwunden.“[33]

Inzwischen hat die jüngste Zeitgeschichte die Frage beantwortet, in welche Richtung die von Kappeler erst angedeutete Entwicklung Russlands gegangen ist: in Richtung eines repressiven Staates bei gleichzeitiger Eliminierung erster gesellschaftlicher Emanzipationsansätze. Es darf be-

33 Andreas Kappeler, Russische Geschichte, München 1997 (3. Aufl. 2002). S. 53–54. Herberstein bezog sich vor dem Hintergrund der konziliaren Kultur im Deutschen Reich (Reichstage, Kommissionsbildung mit Kurfürsten und Stadtvertretern zur Kompromissfindung etc.) zu Beginn des 16. Jahrhunderts v. a. auf die uneingeschränkte Machtausübung des Zaren: „Er (der Czar) spricht, und Alles wird getan; das Leben und das Vermögen der Laien und der Geistlichen, der Großen und der Bürger, Alles hängt von seinem Willen ab. Er kennt keinen Widerspruch und an ihm ist alles gerecht wie an der Gottheit, denn die Russen sind überzeugt, dass der Großfürst der Vollstrecker der himmlischen Beschlüsse ist. Gott und der Fürst haben es so gewollt, Gott und der Fürst wissen es (...).“ Zit. nach Custine, ebd. S. 43.

zweifelt werden, ob die von Kappeler angeführten Merkmale einer Demokratisierung tatsächlich aus der Rückschau als solche einzuschätzen sind und ob die Beweggründe für das nationalistische Roll-back auf ein „Erlahmen der gesellschaftlichen Aktivitäten“ und infolgedessen zum „Wiedererstarken restaurativer, autoritärer Tendenzen“ zurückzuführen sind. In der Realität war es eher umgekehrt, denn die nationalistische Revanche, auf deren Welle sich die Putinsche Repressionspolitik vorwärtsbewegt, lag bereits vor seiner Ernennung zum Präsidenten in den Schubladen seiner Spindoktoren und konnte an einen erprobten Resonanzraum etatistischer, konservativer Strömungen in den Eliten anknüpfen.

Fragt man nach dem Movens, den soziopolitischen, kulturellen und ökonomischen Hintergründen, die eine Wiederkehr (oder besser: den Fortbestand) vergangener wie aktueller Machtkonstellationen bewirken, ist nicht ohne Interesse, dass eben dieser Frage auch manche Autoren in den erwähnten Russlandeinblicken nachgegangen sind. Ein beeindruckendes Beispiel hierfür ist die Studie des Schweizer Politologen Tim Guldimann, dessen Buch *Moral und Herrschaft in der Sowjetunion* Mitte der 1980er Jahre durch seinen Ansatz für Aufsehen sorgte, Funktionsweisen des späten Sowjetsystems durch eine abgestufte Moraltypologie zu erklären. Bevor hierauf mit Blick auf die spezifisch russische Modernisierungsvariante eingegangen wird, ist zu klären, warum überhaupt und mit welchen Einschränkungen auf einen Ansatz zurückgegriffen wird, um den es in der Forschung in den letzten Jahren eher ruhig geworden ist.

Modernisierungstheorie – kurzgefasst

Modernisierungstheorien stammen wesentlich aus den USA und wurden in der Zeit nach dem Zweiten Weltkrieg als westlicher intellektueller Gegenentwurf zu sowjet-marxistischen Evolutionstheorien entwickelt. Als vieldeutiges, vages und mit Merkmalen westlichen Ethnozentrismus’ durchtränktes Erklärungsangebot versuchten Modernisierungstheorien, sozialen, politischen und kulturellen Wandel als stadialen Weg von einer ‚traditionalen‘ (mittelalterlichen) zur einer ‚modernen‘ Gesellschaft zu beschreiben. Dabei blieb oftmals unscharf, *wie* sich dieser Wandel vollzog und was unter den Endpunkten, v. a. der ‚modernen‘ Gesellschaft konkret zu verstehen war. Ausgangspunkt der Analysen war meist ein allgemein gehaltenes Dichotomien-Alphabet, eine Art Checkliste, in der Systemzustände und -funktionsweisen ‚traditionaler‘ und ‚moderner‘ Gesellschaft gegenübergestellt wurden.[34] Modernisierungstheoretiker wie H. Spencer, M. Weber, E. Durkheim, F. Tönnies oder H. S. Maine griffen in ihren Modellbildungen sowohl auf zentrale Oppositionspaare, aber auch auf Sets von Merkmalsvariablen zurück. Die Willkürlichkeit der Variablenauswahl kritisierte bereits H.-U. Wehler, da man „den Eindruck [gewinnt], dass zuerst Modernität als das vermeintlich Vertraute definiert und dann erst der traditionale Gegensatz dazu gesucht oder konstruiert worden ist."[35] Neben der ausschließlich von westlicher Sozialentwicklung ausgehenden Perspektive verfolgten Modernisierungstheorien aber auch normative Zielsetzungen, d. h. sie definierten, wie sich beispielsweise afrikanische (als ‚traditional' begriffene) Gesellschaften zukünftig zu entwickeln hätten, um den Weg der USA und Westeuropas nachzuholen, von Wehler als „intellektueller Imperialismus" bezeichnet.[36] Das Problematische dieses Ansatzes sollte eigentlich Grund genug sein, auf diesen methodologischen Rahmen nicht weiter zurückzugreifen. Warum dies dennoch unter Verzicht auf Normativität und Allgemeingültigkeitsanspruch geschieht, liegt im zweiten Teil des Theorieangebots, den *Krisenszenarien* der Modernisierungsentwicklung sowie dem Spezifikum der russischen Geschichte begründet, die gesellschaftlichen Wandel durchgehend als außengeleitete Modernisierung des Landes verstand. Somit werden modernisierungstheoretische Überlegungen vielmehr als basales Instrumentarium für eine inhaltliche Füllung und funktionale Erklärung historischer Zyklizität verwendet. Fasst man die in den Modernisierungstheorien angelegten Prozesse zusammen, bewirkt Modernisierung eine strukturelle Differenzierung der vorfindlichen traditionalen Systeme, verfolgt die Durchsetzung von Gleichheitsimperativen und eine Erhöhung der Steuerungs- und Leitungskapazitäten einer Gesellschaft. In der Konfrontation dieser Prozesse mit dem als ‚traditionales Erbe' verstandenen Ausgangszustand, kommt

34 Vgl. im Folgenden: Hans-Ulrich Wehler, Modernisierungstheorie und Geschichte, Göttingen 1975. Einige Beispiele zu diesen Dichotomien: Alphabetismus: gering (traditional) vs. hoch (modern); Berufe: einfach vs. differenziert; Familie: Dominanz großer Primärgruppen vs. Kernfamilie, konkurrierende Gruppen; Herrschaft: lokal, personal vs. zentralistisch, anonym; Kommunikation: personal vs. Medien; Konflikte: offen, disruptiv vs. institutionalisiert, eingehegt; Normen: konsistent vs. inkonsistent; Partizipation: gering vs. hoch; Recht: personalistisch, religiös vs. abstrakt, formal; Werte: partikularistisch vs. universalistisch; Technik: gering vs. hoch; Verhalten: Innensteuerung vs. Außensteuerung etc. S. 14–15.

35 Wehler, ebd. S. 14.

36 Wehler, ebd. S. 19.

es zu unterschiedlichen Krisenszenarien, die sich während eines Modernisierungsschubs ergeben können, die aber auch bereits den Grund für Reform oder ihr Ergebnis darstellen können. Für Russland nicht untypisch ist beispielsweise, eine Modernisierungsfehlleistung mit einer weiteren Reformfehlleistung zu kompensieren. Außerdem können Krisenszenarien nicht nur im Zusammenstoß von Alt und Neu auftauchen, sondern auch systemimmanente Dauerphänomene darstellen, denen man mit Reform (bzw. Anti-Reform) Herr zu werden versucht. H.-U. Wehler nennt an dieser Stelle die folgenden Krisentypen: die Identitätskrise, die Legitimationskrise, die Partizipationskrise, die Integrationskrise, die Penetrationskrise und die Distributionskrise.[37] Alle diese Krisenszenarien sind in, vor und nach Reform- (und Antireform-)Vorhaben Russlands auffindbar, oft in Kombination und gegenseitiger Verstärkung, so dass an Knotenpunkten der russischen Geschichte auch von Globalkrisen gesprochen werden kann, in denen weder reformatorische Lösungswege noch der Fortbestand des Landes in der gegebenen Verfasstheit garantiert sind. Krisenszenarien können aber auch imaginiert oder propagandistisch behauptet werden. Ein aktuelles Beispiel ist die von Vladimir Putin gebetbuchartig wiederholte Behauptung, die Weiterexistenz Russlands als Staat sei in Gefahr, wenn man nicht den vermeintlichen ‚Nazismus' und die NATO in der Ukraine präventiv militärisch bekämpfen würde. Dass es sich angesichts des amerikanischen Truppen*abzugs* aus Europa von ca. 90.000 Soldaten seit 1990 um ein vorgeschobenes Argument handelt, mit dem die russische Propagandamaschinerie permanent ihre Bevölkerung befeuert, bedarf keiner weiteren Erklärung; einem solchen Verweis auf eine drohende Globalkrise wird aber durchaus Glaubwürdigkeit zugeschrieben, und nicht nur in Russland. Mit Blick auf Russland ist noch mit drei Postulaten der Modernisierungstheorie aufzuräumen, dass nämlich Modernisierung erstens eine Linearität aufweist. Historischer Wandel in Russland kennt gleichermaßen Rückentwicklungen, Desintegration und Entdifferenzierung. Zweitens, dass Modernisierung auf einer permanenten Dynamik beruht. In Russland ist eher der sprunghafte Wechsel von statischen Epochen [zastoj] und dynamischen (eruptiven, revolutionären) Phasen die Regel. Drittens, dass sich Modernisierung eurythmisch vollzieht. Für Russland ist hier vor allem die Disproportionalität der Modernisierungsprozesse, die zeitliche Parallelität von Veränderung und Beharrung, reformierter und nicht reformierte Zustände der Fall, was wiederum zu einer *Gleich-*

37 Wehler, ebd. S. 20.

zeitigkeit des Ungleichzeitigen führt.[38] Noch in den 1930er Jahren konnte man in Sowjetrussland gleichzeitig im 20., 19. und 18. Jahrhundert sein, je nachdem, in welchem Umfeld man sich befand. Für dieses Phänomen existieren in Russland unzählige Beispiele: nach den Petrinischen Reformen und intensiver Bautätigkeit der Zarinnen Elisabeth I. und Katharina II. standen nicht nur westlich gekleidete, rasierte Adelige einer verelenden Bauernschaft in traditioneller Kleidung und Bart, Adelspaläste im Barock- oder Rokoko-Stil verfallenden Bauernsiedlungen in augenfälligem Kontrast gegenüber. Das Gleiche gilt Ende des 19. Jahrhunderts für russische Fabrikanlagen mit modernster Technologie und eine mittelalterliche agrarische Subsistenzwirtschaft mit der entsprechenden bäuerlichen Mentalität. Auch das Putinsche Russland ist angesichts der Koexistenz von Hyperschall-Luft-Boden-Raketen vom Typ *Kinžal*, Teslas auf Moskauer Straßen und Luxuskaufhäusern und einem gleichzeitigen Anteil von 22,6 Prozent russischer Haushalte ohne Kanalisationsanschluss (Russisches Amt für Statistik ROSSTAT) nicht frei von eklatanten Disproportionalitäten.[39] Seit dem beginnenden 18. Jahrhundert gehören durch partielle Reformen und ihre Abbrüche verursachte strukturelle Disproportionalitäten, v. a. zwischen Stadt und Land, zur Normalität und sind permanenter Anlass zu zivilisationskritischer Bewertung von Reformergebnissen oder eben ihrem Ausbleiben.

38 Vgl. Wehler, ebd. S. 24 ff.

39 Dmitrij Drise, Složno sozdat' ustojčivuju političeskuju sistemu bez kanalizacii i teplych tualetov [Es ist schwierig, ein stabiles politisches System ohne Kanalisation und warme Toiletten aufzubauen], Radio Ъ FM, 02.04.2019. https://www.kommersant.ru/doc/3931634. Nicht berechnet wurden bei diesen Angaben die fehlende Kanalisation in Datschen-Siedlungen, die in der Regel nicht ganzjährig genutzt werden und auch nicht den Hauptwohnsitz von Familien darstellen. ROSSTAT befragte 60.000 Haushalte in allen Regionen Russlands: mehr als 20 Prozent aller russischen Familien haben keinen Zugang zur zentralen Kanalisation, 16,8 Prozent verwenden Sickergruben und fast 6 Prozent haben überhaupt keine Entsorgungsmöglichkeit für Fäkalien. Das Frischwasser wird weiterhin Brunnen entnommen. Zum Thema „Plumpsklo“ siehe auch : Sonja Margolina, Das ewige Plumpsklo – Warum steht es in Russland prekär um die sanitären Verhältnisse?, Neue Zürcher Zeitung 29.09.2021, https://www.nzz.ch/feuilleton/russland-zwischen-idealismus-und-plumpsklo-ld.1646552 und Vladimir Ruvinskij, I internet, i kanalizacija [Sowohl Internet als auch Kanalisation], Vedomosti 03.04.2019, https://www.vedomosti.ru/opinion/articles/2019/04/03/798128-internet-i-kanalizatsiya.

Allgemeine Merkmale der Reform- und Gegenreformen

Hinsichtlich der Modernisierung Russlands seit dem 16. Jahrhundert ist von den folgenden rekurrenten Bedingungen auszugehen, die in 14 Thesen zusammengefasst werden können:

1. Lange Reformzyklen und kurze Reform- und Gegenreformphasen

‚Modernisierung' als Gesamtbewegung kann als Abfolge von langen Reformzyklen gesehen werden, in denen sich einzelne Reform- und Gegenreform*phasen* abwechseln. Reformphasen können unter den Vorzeichen einer Liberalisierung, aber auch der Repression erfolgen, unter Gegenreform werden in erster Linie Perioden der Restauration und Stagnation begriffen.

2. Ambivalenz der Reformphasen

Reformphasen können sowohl einen liberalisierenden als auch repressiven Charakter besitzen, der in Einzelfällen gleichzeitig vorhanden ist. Die traditionell mit Peter I. in Verbindung gebrachte Reformphase („Europäisierung", Öffnung nach Westeuropa) bedeutete *gleichzeitig* eine Zunahme staatlicher Repression (Lage der Bauern), außenpolitischen Machtzuwachs (Sieg im Nordischen Krieg, Durchbruch zur Ostsee etc.) und eine neue Hierarchisierung der Macht (Rangtabelle). Die russische Geschichte kennt mehrere Beispiele, in denen Modernisierung durch Repression durchgesetzt wurde, aber auch Phasen, in denen Repression ausschließlich zu Restauration bzw. Stagnation führte. In der Perestrojka sollte durch *Liberalisierung* eine Modernisierung der Wirtschaft und Gesellschaft eingeleitet werden, während der Stalin-Herrschaft verfolgen Reformen durch *Repression* die Steigerung wirtschaftlich-technologischer Potentiale, die Absicherung innenpolitischer Stabilität und außenpolitischen Machtzuwachs. Modernisierungsschübe können sowohl durch liberale als auch repressive Maßnahmen erfolgen; Reformen und Gegenreformen müssen daher danach differenziert werden, welche Ziele sie verfolgen, welcher Instrumente sie sich bedienen und welche gesellschaftlichen Gruppen sie betreffen.

3. Liberalisierung, Konsolidierung und Restauration

Liberalisierungsphasen führen zur Modifikation stagnierender politischer und soziokultureller Zustände, im Extrem bis zu revolutionären Prozessen, Anarchie und staatlicher Auflösung. In restaurativen Gegenreformphasen werden gesellschaftliche Ordnungen, oft unter Rückgriff auf vorherige reale oder imaginierte Zustände (retrospektive Utopien) wiederhergestellt und dienen damit auch der Sicherung staatlicher Machtpotentiale in der Innen- und Außenpolitik.

4. Funktionale Bewertung der Phasen

Reform- und Gegenreformphasen können aus gesamtstaatlicher Perspektive nicht a priori ethischen Kriterien unterworfen werden. Die Restauration der gesellschaftlichen Ordnung unter dem ersten Romanov-Zar Michail Fedorovič kann nach der durch die Zeit der Wirren ausgelösten Katastrophe daher auch als Reformphase begriffen werden. Der Charakter der einzelnen Reform oder Gegenreform muss im historischen Kontext funktional gesehen werden.

5. Wechsel von Öffnung und Isolation

Reform- wie Gegenreformphasen sind in der Regel mit Öffnung bzw. Isolation Russlands gegenüber Westeuropa verbunden. Durch beide Prozesse werden Veränderungen in den Kommunikationsprozessen, den sozialen, politischen und wirtschaftlichen Systemen und Abläufen, Wertordnungen und Einstellungen der herrschenden Eliten ausgelöst. Bei Reformprozessen ist der Aktionsradius dieser Veränderungen weder plan- noch absehbar und führt mitunter zu Identitäts-, Legitimations- und Distributionskrisen. Gegenreformphasen hingegen begründen oder fördern Problemakkumulation, die letztendlich zum Verlust an Innovationsfähigkeit, Stillstand und somit Machtverlust führt.

6. Innere Widersprüche als Motor für Phasenwechsel

Reform- wie Gegenreformphasen enthalten durchgehend innere systembedingte Widersprüche, die sich im Laufe verstärken und zum Wechsel in die entgegengesetzte Phase umschlagen. Diese Widersprüche bilden in Teilen die Triebkräfte für den Wechsel beider Phasen, wobei die entgegengesetzte Phase die Defizite (oder ‚Missstände') der vorangehenden zu kompensieren versucht.

7. Reform und Gegenreform von oben

In Russland erfolgten Modernisierungsprozesse *durchgehend* als Reform (bzw. Gegenreform) ‚von oben', von Seiten *staatlicher Herrschaft.* Die für Westeuropa charakteristischen Modernisierungsprozesse ‚von oben' *und* ‚von unten' (bzw. ausschließlich von Seiten der Gesellschaft) existieren in Russland aufgrund einer machtlosen Gesellschaft (immobiles Bauerntum, repressive Rahmenbedingungen, fehlendes Bürgertum etc.)

nahezu nicht. Inwieweit es sich in Russland tatsächlich um eine ‚schwache Gesellschaft' (Gerhard Simon) handelt oder ob die Gesellschaft durch verdeckte Reformverweigerung (Immobilität), Zynismus bzw. ein innovationsfeindliches Mind-Set über enorme Beharrungskräfte verfügt, gegen die der Staat mit seinen Modernisierungsbemühungen permanent anzukämpfen versucht, wird im Weiteren noch zur Sprache kommen.

8. Absicherung durch Ideologien

Reformen wie Gegenreformen werden in Russland durch entsprechende, liberale oder konservative Ideologien begleitet, durch die sie abgesichert und plausibilisiert werden. Diese Ideologien enthalten in der Regel die Wertorientierungen und zivilisatorischen Zielsetzungen, die mit der Reform verfolgt werden sollen. Ohne Ideologie funktioniert in Russland daher kein Reformprozess. Selbst technologische Innovationen, in Westeuropa oftmals erst dann auf dem Radar, wenn sie eine kritische Größe eingenommen oder eine Gefahr darstellen können, sind in Russland schon in den Anfängen ideologisch (bzw. religiös) aufgeladen. Dies gilt auch für Gegenreformen.

9. Gegenreform und Zwangsanwendung

Modernisierung wird in Russland daher auch zum Kampf des Staates, zum Zwang und zur permanenten Herausforderung, ‚nach unten' durchgesetzt werden zu müssen. Angesichts einer defizienten Kommunikationsfähigkeit der staatlichen Herrschaft bleibt oft nur der Griff zur Repression (Modernisierungen Iwans IV., Peters I., Alexanders III., Stalins, Putins). Bei liberalisierenden Reformen ist dies in der Regel weniger ausgeprägt.

10. Reformen und Systemkrisen

Reform- und Gegenreformphasen werden durchgehend durch Krisenszenarien begleitet, haben diese als Auslöser oder zur Folge. Reformen und Krisen sind daher eng miteinander verbunden und folgen einem bestimmten Muster: Liberale Reformphasen führten in der Geschichte zu Partizipations- und Legitimationskrisen, die ihrerseits in Identitätskrisen münden können; repressive Phasen endeten oftmals in Stagnation, der Akkumulation soziostruktureller Probleme, Innovations- und Distributionskrisen. Der Wechsel des Modernisierungsmodus war daher nicht nur durch Machterhalt, sondern auch durch die Absicht motiviert, die jeweilige Krise in den Griff zu bekommen.

11. Reformkompatibilität und politische Kultur

Die Inhalte, Ziele, der Wirkungsradius sowie die Disproportionalitäten von Reformen werden essentiell von Inhalten, Struktur und Mechanismen der politischen Kultur Russlands bestimmt. Zwar können Reformen temporär durch staatliche Anordnung (Peter I.) durchgesetzt werden, sie halten aber nur dann an und entfalten eine langfristige Wirkung, wenn sie kompatibel zu den Kernbeständen der politischen Kultur sind (Herrschaftsverständnis, Interessen der Eliten, Loyalitätsstrukturen etc.). Modernisierung in Russland kann daher nur das sein, was *innerhalb* dieser politischen Kultur *möglich* ist.

12. Feind- und Freundbilder, Abgrenzungen des Eigenen und Fremden

Liberalisierende Reformen entschärfen die bestehenden Feind- und Gegnerbilder: vorherigen System*gegnern* wird der Status von System*konkurrenten* („friedliche Koexistenz") zugeschrieben, sogar frühere ‚Erzfeinde' (das *fundamental* feindliche Andere) können zu ‚Freunden' werden (z. B. das Verhältnis von Deutschland und Russland nach 1970, insbesondere nach 1987), indem man die positiven Aspekte der Geschichte (z. B. technische Kooperation, Kulturkontakte) stärker als die negativen akzentuiert. Repressive Gegenreformen hingegen reaktivieren erneut die latent fortexistierenden Feindbilder und minimieren die positiven Merkmale.[40] Beide Zuschreibungen enthalten stets auch Selbstbilder, die sich durch die Konzepte des Anderen definieren und generieren. Die Verschärfung des Feindbildes koinzidiert mit einer ethischen, ideologischen oder soziokulturellen *Aufwertung* des Eigenen (z. B. Russland als Garant des Ancien Régimes / „Heilige Allianz"; die revolutionäre UdSSR als Inkarnation politisch-ideologischen Fortschritts und Garant des Weltfriedens; der historische „Sonderweg" Russlands und Hort „traditioneller Werte" in der Putin-Ära etc.), verbunden mit einer massiven Abwertung des Fremden („verfaulender Westen" bei Chruschtschow; „revolutionäre Umtriebe" bei

40 Zur Feinbilderproblematik siehe: Klaus Waschik, Metamorphosen des Bösen, ebd. S. 297 ff.; ders.; Meta-morfozy zla: nemecko-russkie obrazy vraga v plakatnoj propagande 1930–1950-ch godov. [russische Ausgabe] In: L. Gudkov, N. Konradova (Hgg.), Obraz vraga [Feindbild], Moskau 2005. S. 191 ff.; Tat'jana Filippova, «Vrag s Vostoka». Obrazy i ritoriki vraždy v russkoj satiričeskoj žurnalistike načala XX veka [«Der Feind aus dem Osten». Bilder und Rhetoriken der Feindschaft in der russischen satirischen Journalistik Anfang des 20. Jahrhunderts]. Moskau 2012.

den Zaren Alexander I. und III., Nikolaus I.; westliche „Dekadenz", „Sittenlosigkeit", LGBTQ-Kultur bei Vladimir Putin). Die Verschiebungen in den Freund-Feindbildern instrumentalisieren dabei konkrete Zeiterscheinungen der jeweiligen Epoche, funktionieren aber immer in konzertierter Aktion mit Phasen der Öffnung und Isolation.

13. Militärische Siege und Niederlagen als Initialzündungen für Reformen/Gegenreformen

Niederlagen Russlands in militärischen Auseinandersetzungen ziehen historisch gesehen Reformphasen (bzw. Konsolidierungen) nach sich (Niederlage gegen Polen in der Zeit der Wirren › Restauration der zaristischen Ordnung; Anfangsniederlagen im Nordischen Krieg › Reformen Peters I.; verlorener Krim-Krieg › Bauernbefreiung und Reformen Alexanders II.; Russisch-Japanischer und Erster Weltkrieg › Februarrevolution; Afghanistan-Krieg › Perestrojka). Siege Russlands führen im Gegenteil zu weiterer Repression und Gegenreform (Siebenjähriger Krieg › Verschärfung der Leibeigenschaft unter Katharina II, Zweiter Weltkrieg › Festigung des Stalinismus, Sieg im zweiten Tschetschenienkrieg › Diktatur Putins).[41]

14. Nachgelagerte Reformen/Gegenreformen

Reformen sind in Russland durchgehend *nachgelagert* und reagieren auf Mangelzustände. Durch liberale Reformen soll eine Systemschwäche (z.B. militärische Niederlage) oder Stagnation (Problemakkumulation) behoben werden. Gegenreformen sind ebenfalls nachgelagert und reagieren auf nicht mehr staatlich kontrollierbare soziale Diversität, Anarchie, separatistische Tendenzen oder zivilgesellschaftliche Emanzipationsversuche. Beiden Reformtypen ist als auslösendes Moment eigen, dass sie nicht nur eine Bremswirkung im Hinblick auf die abzulösende Phase ausüben, sondern eine bereits versäumte Entwicklung in zeitlich und funktional komprimierter Form nachholen wollen. Gehörte beispielsweise nach den Misserfolgen des Leiharbeitertums zu den wirtschaftlichen Hintergründen der Bauernbefreiung im 19. Jahrhundert die Einsicht, dass unfreie Lohnarbeit gesamtgesellschaftlich betrachtet für die anstehende Industrialisierung kontraproduktiv war, wurde nach der Oktoberrevolution die durch Lenin erstmals verwendete Formel des Einholens und Überholens (des Westens) zur Chiffre für das Eingeständnis eigener Rück-

41 Aus dieser Perspektive würde ein potentieller Sieg Russlands im gegenwärtigen Krieg gegen die Ukraine zu einer Ausweitung der hegemonialen und repressiven Tendenzen führen.

ständigkeit, für die Plausibilisierung beschleunigter Reformen und des Anspruches auf Überbietung der anderen Seite.[42] Die diesen Forderungen folgenden Mobilisierungen konnten zu liberalisierenden, v.a. aber repressiven Reformphasen führen.

Nach diesen allgemeinen Systemkonstanten betrachten wir die einzelnen Reform- und Gegenreformphasen mit ihren Merkmalen und begleitenden Krisenphänomenen genauer.

Repressive Reformen

Der erste langfristige Modernisierungszyklus begann mit Iwan IV. Mitte des 16. Jahrhunderts; der neue Zar war gezwungen, zum Aufbau und zur Durchsetzung seiner zentralistischen Macht eine Verwaltungspyramide aufzubauen, die zur Etablierung einer neu entstandenen Schicht an Dienstleuten führen sollte. Diese Schicht wurde zur Keimzelle einer die Zarenherrschaft in den Folgejahrhunderten absichernden Bürokratie. Hinzu trat die Militärreform. Iwan IV. rekrutierte militärische Funktionsträger aus dem Adel für den „Dienst am Vaterland"; aus den unteren Schichten stammten „nach Auswahl" Bauern, aus denen sich die Schützenregimenter rekrutierten. Mit dieser „Revolution von oben" begann der *Zyklus Iwans IV.* (Mitte des 16. bis Ende des 17. Jahrhunderts), in dessen Verlauf Novgorod, die Wolga-Region, Sibirien, der Ferne Osten, Alaska erobert und die Ukraine angeschlossen wurden. Begleitet wurde dieser Zyklus durch eine wellenartig auftretende Legitimitätskrise, die sich aus der Konkurrenz zur alten Bojarenschicht speiste. Durch die Kirchenreform Nikons wurde diese Krise durch eine Glaubenskrise abgelöst, die auch Merkmale einer religiös motivierten Identitätskrise aufwies. Die polnische Invasion Russlands führte darüber hinaus zu einer Integrationskrise, weil in der Zeit der Wirren die anarchischen Zustände und das temporäre Machtvaku-

42 V. I. Lenin forderte bereits 1917: „(...) entweder untergehen oder die fortgeschrittenen Länder einholen und sie auch ökonomisch überholen." Vladimir I. Lenin, Polnoe sobranie sočinenij, 5. Ausgabe, Moskau 1969. S. 198. Stalin griff diese Formulierung in seiner Ansprache vor Wirtschaftsvertretern (04.02.1931) wieder auf mit der Warnung: „Wir sind hinter den fortgeschrittenen Ländern um 50–100 Jahre zurückgeblieben. Wir müssen diesen Abstand in 10 Jahren aufholen. Entweder schaffen wir dies oder wir werden zermalmt." I. V. Stalin, Sočinenija, Bd. 13, Moskau 1951. S. 29. Ähnliche Formulierungen verwendete auch Nikita Chruschtschow in Bezug auf Amerika und finden sich auch in dem Postulat Michail Gorbatschows „uskorenie" [Beschleunigung] wieder.

um den Fortbestand Russlands als Staat in Frage stellten. Russland setzte im ersten Zyklus auf Isolation und Repression (Opričnina), antiwestliche Feindbilder (Katholizismus, Polen-Litauen), in der Mitte des 17. Jahrhunderts aber auch auf eine vorsichtige Öffnung gegenüber der griechischen Orthodoxie und zum Ende konnten auch westliche Einflüsse (Theater, Kultur, erste Reformpläne) Fuß fassen.

Der zweite Zyklus begann mit den Staatsreformen Peters I., die in der Entstehung eines einheitlichen Adels und Straffung der Militär- und Beamtenhierarchie durch die neue Rangordnung mündete. Merkmale des *Petrinischen Zyklus* (18. bis Anfang des 20. Jahrhunderts) waren der Auf- und Ausbau des Militär- und Bildungswesens, der Wissenschaft, Neuorientierungen in Lebensweise und Mobilität, das Entstehen eines eigenständigen Geisteslebens und intellektuellen Kultur sowie die Ausweitung des imperialen Machtbereichs durch die Annexion der baltischen Staaten, Finnlands, der Krim, des Kaukasus, Polens, Zentralasiens und der Mandschurei.

Der lange zweite Zyklus umfasste stärker als der erste mehrere Reform- und Gegenreformphasen mit Öffnungen/Liberalisierungen und Isolation/Repressionen. Nach dem Tod Peters I. setzte eine Zeit der Verwässerung seiner proeuropäischen, im gleichen Maße repressiven Reformen ein, die Liberalisierungen gegenüber dem Adel wurden unter Katharina allerdings in der Bauernpolitik konterkariert. Ein vergleichbarer Wechsel von Liberalisierung und erneuter Verschärfung autokratischer Politik erfolgte nach dem Tod Pauls I., dem Krieg gegen Napoleon, dem Tod Nikolaus I. und Alexanders II. Unter Katharina II. zementierte sich die Herrschaft der Bürokratie, die als überzeitliches Phänomen auch in der dritten Phase wirkmächtig wird. Die Westler-Slawophilen-Debatte verlieh einer tiefen Identitätskrise Ausdruck, da es in den Auseinandersetzungen zentral um die Frage nach der ‚wahren' Identität und einer aus dieser abgeleiteten Vergangenheitsbewertung wie Zukunftsplanung ging. Der Überfall Napoleons verstärkte die durch die polnische Intervention im 17. Jahrhundert angelegte Penetrationswahrnehmung, die im Weiteren zum Kerntrauma in der russischen Krisenwahrnehmung wurde.

Den dritten Modernisierungszyklus leitete Stalins „abrupte Wende" zur vollständigen Verstaatlichung der Wirtschaft und anderer gesellschaftlicher Bereiche auf der Basis einer zentralisierten Massenpartei, untergeordneter Sowjet-, Gewerkschafts-, Komsomol- und anderer Strukturen ein. Die durch die zaristische Autokratie begründete Zentralisierung und Bürokratisierung Russlands wurde auf die Spitze getrieben. Der *stalinistische Zyklus* (1927–1985) umfasste die Zwangsmobilisierung von Ressourcen (Kollektivierung, Industrialisierung), den Sieg im Zweiten Weltkrieg, die Errichtung eines ideologischen und machtpolitischen Dominiums über Ostmittel- und Südosteuropa, das Engagement für prokommunistische Regime in der Dritten Welt. Die UdSSR entwickelte sich militärisch und industriell zur zweiten Weltmacht hinter den USA. Innenpolitisch erreichte die Repression (GULAG) und die Elimination jeglicher Formen zivilgesellschaftlicher Autonomie ihren (vorläufigen) Höhepunkt. Technologisch schloss die UdSSR in einigen Bereichen zur Weltspitze auf, v. a. in der Weltraumfahrt, in der sie die USA temporär überholte.

Liberalisierende Reformen

Zentrale Merkmale der Liberalisierungspolitik waren eine reale Zunahme politischer und wirtschaftlicher Freiheiten, ein verbesserter Schutz des Eigentums und die Einhegung staatlicher Willkürmaßnahmen durch Gesetze, größere Partizipationsmöglichkeiten an Machtentscheidungen von Bürgerseite, freiere Medien, ein intensiveres und diversifizierteres Geistesleben (Literatur, Kunst, Kultur) und zunehmende zivilgesellschaftliche Emanzipation. Liberalisierungsphasen hatten durch die Öffnung zum Ausland auch eine Ausweitung der internationalen Kommunikation zur Konsequenz. In den letzten 200 Jahren waren die wichtigsten Phasen der Liberalisierung: die frühen Reformen Alexanders I. (1801–1811), die Reformen Alexanders II. (1859–1874), das Oktobermanifest (1905), die Februarrevolution (1917), die Neue Ökonomische Politik (1922–1927), die Tauwetterperiode (1956–1968), die Perestrojka und Post-Perestrojka (1986–1998). Zu den wichtigsten Höhepunkten des Autoritarismus, der Repression und Stagnation gehören: die Gegenreformen Alexanders I. und das Regime Nikolaus' I. (1814–1854), die reaktionäre Politik Alexanders III. (1881–1894), der Militärkommunismus (1919–1922), die Herrschaft Stalins (1927–1953), die Rücknahme der Entstalinisierung unter Brezhnew und die Stagnation bis zur Perestrojka (1970er / 1980er Jahre).

Sackgassen der Modernisierung im historischen Kontext

Eine Überlagerung *aller* durch Stagnation oder Modernisierung ausgelösten Krisenszenarien kommt in der Geschichte von Staaten relativ selten vor. Häufiger ist ein Zusammentreffen von zwei bzw. drei interdependenten Krisentypen zu beobachten. In der Geschichte Russlands hat eine totale Krise den Staat, die Gesellschaft und partiell die Lebensformen der Bevölkerung dreimal erfasst: in der ‚Zeit der Wirren' Anfang des

17. Jahrhunderts, in den Jahren der Oktoberrevolution 1917 und mit gewissen Einschränkungen Ende des 20. Jahrhunderts (Perestrojka, Auflösung der UdSSR, Zusammenbruch der Sowjetunion und der kommunistischen Ideologie). Eine langfristige Reaktion auf die Krise des frühen 17. Jahrhunderts bestand in den Umgestaltungen Peters des Großen, der sich auf militärisch-politische und administrative Reformaspekte konzentrierte. Die Widersprüche dieser Modernisierung, die eine disproportionale Entwicklung staatlicher Strukturen und der sozialen Gruppen bewirkten, waren durch den Umstand geprägt, dass die Zunahme der wirtschaftlichen (und militärischen) Kapazitäten Russlands durch den Rückgriff auf archaische Herrschaftsmethoden (Leibeigene und erhöhte Steuerlast) erreicht wurde. Diese für Russland fatale ‚Sackgasse' der Modernisierung hat die petrinische Ära den späteren Machteliten im Russischen Reich vererbt. Eine zweite Sackgasse öffnete sich durch die zivilisatorische Spaltung des Landes: die Bauern verblieben mental und ökonomisch im Mittelalter, der Adel öffnete sich für das kulturelle Geistesleben, Politik und Wissenschaft Westeuropas. Sichtbarer Ausdruck für diesen sozialen Bruch waren der Wechsel ins Französische am Zarenhof, die neue Kleiderordnung und Mode.

Ende des 19. Jahrhunderts schlug Russland erneut den Weg einer beschleunigten industriellen Modernisierung ein. Am Gegenpol dieses wirtschaftlichen Kurswechsels bildete sich eine akute Krisensituation heraus: bildlich gesprochen löste die ‚Macht des Geldes' in der russischen Agrargesellschaft die ‚Macht des Bodens' ab. Die Pekunialisierung der Landwirtschaft zerstörte Schritt für Schritt die monolithischen Strukturen bäuerlicher Archaik, denn die Landwirtschaft wurde nicht zum *Objekt* der Modernisierung, sondern nur zu ihrer Arbeitskraft- und Finanz*ressource*. Sowohl die Erhebungen gegen das vorrevolutionäre Regime als auch der Widerstand gegen die neuen kommunistischen Machthaber während des Bürgerkriegs (Zwangsrequisitionen) stellten einen Versuch der Bauernschaft als der konservativsten sozialen Schicht dar, sich zwar nicht prinzipiell der Modernisierung, aber mit Nachdruck der ihr zugeschriebenen Rolle als ausbeutbare Wirtschaftsressource und somit Opfer des Fortschritts zu widersetzen. Diese Entscheidung des jungen Sowjetstaates gründete auf einer eigenen historischen Logik: die bolschewistische Revolution und die Schaffung der Sowjetgesellschaft stellten eine radikale Antwort auf die Unfähigkeit des Zarismus dar, das soziopolitische System rechtzeitig einer sich verändernden wirtschaftlichen Realität des Landes anzupassen und zu reformieren.

Die Starrheit der kommunistischen Reformen, bei denen gigantische Menschenverluste und Ressourcenverschwendung nicht ins Gewicht fielen, bestimmte den diskontinuierlichen, rein mobilisierenden Charakter des nächsten Modernisierungsschubs. Der Reformprozess zielte darauf ab, die Leistungskapazitäten des Landes um den Preis einer noch nie dagewesenen Unterdrückung der Bevölkerung und einer massiven Reduktion sozialer Komplexität unter großmachtspolitischen Vorzeichen zu steigern. Daher führte der radikale Austausch der herrschenden Elite nach der Oktoberrevolution nicht zu einer wirklichen Modernisierung des gesellschaftlichen Lebens (individuelle Freiheit, partizipative Kultur), obgleich man unter eben diesen Idealen 1917 angetreten war. Die repressive Reform leitete lediglich einen Wechsel der autoritären Regierungsformen und, durchaus mit Absicht, eine nachhaltige Zerstörung traditioneller kultureller Codes ein. Die politische Kultur Russlands verlor somit den Rest ihres im 19. Jahrhunderts entwickelten liberalen Denkens; übrig blieben in den Einstellungen, Wert- und Moralvorstellungen archaische Überlebensstrategien, was wiederum einen massiven Einfluss auf die Verfasstheit der gegenwärtigen politischen Kultur in Russland besitzen sollte. Andererseits wurde der Welt demonstriert, dass ein beeindruckender Durchbruch in Wissen, Bildung, Technologie und Produktionskapazität auch ohne bürgerliche Freiheiten möglich war. Die durch Peter I. begründete Sackgasse der Modernisierung einschließlich einer Entmündigung breiter sozialer Schichten wurde erneut beschritten.

Das gesamte 19. und beginnende 20. Jahrhundert waren für Russland eine Zeit unterschwelliger Suche geeigneter Formen und Methoden der Systemerneuerung, wobei die Entwicklungsziele im Hinblick auf Staat, Wirtschaft und soziokulturelle Ausrichtung des Landes diametral entgegengesetzt waren. Die Oktoberrevolution löste diese längst überfälligen Widersprüche der Zarenzeit nicht auf, sondern nahm sie gewissermaßen gewaltsam von der Tagesordnung; die Bolschewiki setzten ihr eigenes, als alternativlos deklariertes Projekt instrumenteller Modernisierung durch, in dem sie sich in Neuauflage zaristischer Autokratie auf die technischen Aspekte einer Industriegesellschaft konzentrierte.

Die Kommunikationswege der russischen Gesellschaft, die das Land mit der Außenwelt, in der Neuzeit vor allem Westeuropa, verbanden, waren während des Zarismus lange Zeit kontrolliert und eingeschränkt worden. Es ist symptomatisch, dass die Undurchlässigkeit der Grenzen, die Ideologie und Praxis des ‚Eisernen Vorhangs' in der UdSSR, gewissermaßen das augenfälligste Beispiel für die vor- und nachrevolutionäre Kontinuität einer solchen Kontrolle der Kommunikation war, die der staatlichen Politik über Jahrhunderte innegewohnt hatte. Die von oben verordnete Geschlossenheit der sowjetischen Gesellschaft in politisch-kultureller, informations- und kommunikationstechnischer Hinsicht führte ab den 1960er Jahren einerseits zu einem Spannungsanstieg in der Gesellschaft, die sich zunehmend für ausländische Trends (Mode, Musik, Lebensformen, Literatur, Ideen etc.) interessierte, andererseits verhinderte die Isolation eine organische Modernisierung, wodurch eine weitere Ära beschleunigter Reformen ‚von oben' (Perestrojka) vorprogrammiert war. Die Perestrojka und die postsowjetische Periode zielten zunächst darauf ab, den soziopolitischen Horizont der Gesellschaft nach liberal-demokratischen Modellen zu reformieren, wurden aber höchst inkonsequent, sozial unausgewogen und um den Preis einer temporären Schwächung der wirtschaftlichen, kulturellen und bildungspolitischen Potenziale des Landes sowie einer signifikanten Absenkung des Lebensstandards bei gleichzeitig entstehendem Reichtum einer Finanzoligarchie umgesetzt. Im Ergebnis war somit eine erneute autoritäre Reformphase im Zeichen sozialer Ordnungspolitik Anfang des 21. Jahrhunderts vorhersehbar.

Rekurrente Merkmale der Modernisierung

Welche wiederkehrenden Merkmale der Modernisierungszyklen und Reformphasen lassen sich seit Ende des 17. Jahrhunderts identifizieren?

- Jeder lange Modernisierungszyklus begann mit einer Gegenreform (Einschränkung oder Unterdrückung von Freiheiten, Verstaatlichung der Wirtschaft), die von einem wachsenden Kreis der Bürokratie getragen wurde. Modernisierung und Reformen als solche beruhten auf der Erkenntnis der eigenen Rückständigkeit und damit seit Ende des 17. Jahrhunderts auf einem Vergleich mit Westeuropa.
- Modernisierung und Reform sind im gesamten Verlauf der russischen Geschichte kein Selbstzweck bzw. erlangen eine linear wirkende Eigendynamik, sondern besitzen ausschließlich *instrumentellen* Charakter: Modernisierung und Reform sollten die *Voraussetzungen* für die Stärkung internationaler Konkurrenzfähigkeit, erhöhte militärische und/oder technologische Kapazitäten zur Durchsetzung imperialer Machtansprüche und insgesamt effizientere Staatsstrukturen legen. In *keinem* Fall ging es um die Herausbildung gesellschaftlicher Autonomie, bürgerlicher Freiheiten oder einer Zivilgesellschaft. Reformschritte in diese Richtung wurden, wenn sie überhaupt konzediert

wurden, stets nur als Mittel zum Zweck angesehen, dessen letztliches Ziel in der Stärkung des Staates bestand.

- Jedes durch Gegenreformen geschaffene Mobilisierungsregime durchlief mehrere kurze Zyklen von Reformen und Gegenreformen, in denen sichtbar wurde, dass dieser Herrschafts*modus* nicht in der Lage war, sich langfristig so zu modifizieren, dass er zu nachhaltig wirksamer, flexibler Anpassung an neue Herausforderungen in der Lage gewesen wäre. Partizipations-, Distributions- und Integritätskrisen waren jeweils die Folge.
- Keine der liberalisierenden Reformen war das Ergebnis breiter sozialer Bewegungen von unten, denn alle wurden *staatlich* initiiert, meist als Reaktion auf geopolitisches Scheitern, als Reaktion auf den Druck der Bürokratie, durch fehlende soziale Identifikation, Produktionsrückgang, den Verlust staatlicher Leistungskapazitäten oder massive Ermüdungserscheinungen in der Gesellschaft (wie z. B. Chruschtschows „Tauwetter"-Periode).
- Wiederum hat keine der liberalisierenden Reformen in Russland zu einem langfristigen Erfolg führen können, denn liberale Phasen wurden, meist nach nur wenigen Jahren, zum einen aufgrund von sozialen Konflikten, Loyalitätsverweigerung, zentrifugalen Tendenzen (Separationsbewegungen) und wirtschaftlichen Verwerfungen (dramatische Einkommensunterschiede, illegale Privatisierung, oligarchische Bereicherung etc.), zum anderen einer freieren Medienlandschaft (Offenlegung und Kritik der wahren Lage im Land) durch konservative Gegenreformen *willkürlich* beendet.
- Bevor liberale Reformen begannen, waren die wichtigsten Grundpfeiler, die die Integrität und Funktionsweise der russischen Gesellschaft ausmachten (territoriale Verwaltung, Ressourcenströme, Besteuerung, Aufgaben und Pflichten der Bevölkerung, Bildung etc.) auf staatlichem Zwang aufgebaut. Wurden die Zwangsverhältnisse und der damit verbundene staatliche Einfluss abgeschwächt, manifestierten sich Brüche in bestehenden Funktionsabläufen (z. B. ausbleibende Steuerzahlungen, nicht sanktionierte Entscheidungen der Regionen) und sozioökonomischer Differenzierung, was wiederum zur Unzufriedenheit benachteiligter Bevölkerungsgruppen und mittelfristig zur Diskreditierung der Reformen selbst führte. Die liberalen Reformpläne Alexanders I. und M. Speranskijs lösten Unzufriedenheit in der Bürokratie aus, die Bauernbefreiung (1861) erwies sich als Fehlschlag, denn Bauern wie Grundbesitzer waren mit den Reformergebnissen unzufrieden. Die Neue Ökonomische Politik (1922–1928) führte zu starkem Preisan-

stieg und Unterbrechungen der städtischen Lebensmittelversorgung; die Reformen Egor' Gaidars führten zu faktischer Massenverarmung, enormen Einkommensunterschieden und einer weit verbreiteten Sowjetnostalgie. Aus der imperialen Perspektive der Machteliten kam es mit der Rücknahme des Zwangs in den Randgebieten und geopolitischen Einflusszonen Russlands (bzw. der UdSSR) zu Aufständen und separatistischen Tendenzen (Kaukasuskriege, polnische Aufstände im 19. Jahrhundert, Aufstand in Ungarn (1956), Prager Frühling (1968), ‚samtenen' Revolutionen in Mitteleuropa und Auseinandersetzungen in Tiflis, Baku und Vilnius Ende der 1980er / Anfang der 1990er Jahre). Der sinkende geopolitische Einfluss diskreditierte in den Augen der Hardliner endgültig die ohnehin ungeliebten liberalen Reformen.

- Die Art und Weise der liberalen Reformen weckten in den gebildeten Trägerschichten dieser Reformen zunächst große Hoffnungen, die in der Regel ungerechtfertigt waren, was den Konflikt zwischen Macht und Gesellschaft verschärfte (Dekabristen, ‚Volkstümler', Dissidenten, demokratische Opposition). Zu den ersten Opfern repressiver Kursänderungen gehörten in *allen* Fällen die bis dahin entstandene Zivilgesellschaft und die mit ihr assoziierten Wertordnungen (Freiheits- und Wahrheitskonzepte, Konstitutionalismus, bürgerliche Demokratie etc.). Der jeweilige Tipping Point war immer dann erreicht (bzw. wurde von der Machtelite als solcher wahrgenommen), wenn die staatlich-ideologische Herrschaft oder breitere Kreise der Bürokratie ihr Machtmonopol, ihren Einfluss, ihre Privilegien und ihre Legitimität in Gefahr sah. Die Wende zur Repression basierte daher im Regelfall auf der Angst um den eigenen Machtverlust.
- Trotz anfänglicher systemstabilisierender ‚Erfolge' erwiesen sich viele Gegenreformen entweder als *Fehlstart* (z. B. die Versuche zur „Wiederherstellung der Ordnung" durch Peter III. und Paul I., die Politik Stolypins, der Kriegskommunismus, Andropows repressive Politik u. ä.) oder sie froren die angetroffene soziopolitische Situation für eine bestimmte Zeit ein, scheiterten im Endeffekt aber endgültig (z. B. die reaktionäre Wende unter Alexander III., der Neo-Stalinismus und Stagnation unter Breschnew).[43]
- Alle Reform- und Gegenreformphasen reagierten auf (und produzierten ihrerseits neue) Krisenszenarien, wobei keine dieser Krisen realiter gelöst oder zumindest langfristig beherrschbar gemacht worden wäre. Einzelkrisen überlagerten und verstärkten sich dadurch wesent-

43 Vgl. Rozov, Cikličnost', ebd. S. 16 ff.

lich. Der Zusammenbruch der UdSSR geht auf eine solche Krisenpotenzierung (Distribution, Integrität, Identität und Legitimität, innen- wie außenpolitischer Machtverlust) zurück.

Abfolge der Modernisierungsphasen

Sieht man die Wechselwirkungen beider Dimensionen (repressive Imperialität und liberale Diversifikation) in ihrem historischen Zusammenhang, kann folgende Taktung der Veränderungsdynamik in der russischen Gesellschaft beobachtet werden:

Schritt 1: In einem repressiven Staat entsteht bei niedrigen Freiheitswerten und imperialer Überdehnung eine Bewegung in Richtung Stagnation, Degeneration der Eliten, Korruption und verminderter Reaktionsfähigkeit auf externe wie interne Herausforderungen.

Schritt 2: Ein außenpolitisches Scheitern diskreditiert die repressive Herrschaft und stärkt westliche und/oder liberale Einstellungen. Es bilden sich Projekte für liberale Reformen heraus, die selektiv initiiert werden, in Abhängigkeit von den spezifischen Kräfteverhältnissen innerhalb der herrschenden Elite.

Schritt 3: Liberale Reformen (nach westeuropäischen Vorbildern) beginnen in einer Stresssituation, führen aber in der Regel, trotz anfänglicher Erfolge für die Zivilgesellschaft, nicht zu einer langfristig wirksamen Gesundung, sondern (aus der Sicht der Herrschaft) zu einer staatlicherseits nicht mehr kontrollierbaren Gesellschaft, darüber hinaus zu einer Verschlechterung der wirtschaftlichen Gesamtsituation (soziale Verelendung, Öffnung der Schere zwischen Arm und Reich, Frustration der Machteliten, Separatismus). Ein maßgeblicher Grund hierfür liegt in der politischen Kultur, konkret: dem realen Beziehungs- und Interaktionsmuster (sowie den tradierten, gegenseitigen Sichtweisen) zwischen Gesellschaft und Macht. Da die Gesellschaft in der Regel auf die neuen Freiheiten unvorbereitet ist und sich von den jahrhundertealten Erfahrungen im Umgang mit der (als ‚feindlich' eingeschätzten) Macht leiten lässt, manifestiert sich nach kurzer Zeit auch die negative Seite des neuen Freiheitsverständnisses, denn wird die autoritäre Kontrolle in der Liberalisierung zurückgefahren, zeigt sich, dass diese nicht nur eine rein repressive, sondern auch eine die Gesellschaft organisierende Rolle gespielt und sozialen Verwerfungen gewisse Beschränkungen auferlegt hat (z. B. durch minimale Lohndifferenzen in der UdSSR).

Schritt 4: Allgemeine Enttäuschung über die europäisch inspirierten Reformen und ihre Diskreditierung durch die Machteliten schaffen die Voraussetzungen für die Rückkehr ehemaliger Eliten an die Macht und provozieren den Rückgriff auf Gegenreformen (Ordnungspolitik, Wiederherstellung einer ‚Vertikalen der Macht'). Im Russischen wird hierfür die Bezeichnung „die Schrauben anziehen" verwendet.

Schritt 5: Dieser Schritt impliziert drei Variablen: können die Gegenreformen sowohl die breite Gesellschaft als auch die Eliten für sich gewinnen, folgt die Entwicklung einem von drei Szenarien: (a) es beginnt ein neuer Mobilisierungszyklus, der zu einem Zuwachs an geopolitischer Macht, real erhöhter oder propagandistisch behaupteter Legitimität und sozialer Nivellierung führt; (b) die vorfindliche Situation wird eingefroren oder (c) der Staat zerfällt.

Schritt 6: Auf die Szenarien (a) und (b) folgt immer ein Übergang zu Schritt 1 (verstärkte Repression, Stagnation, Verfall, Scheitern), während auf das das mit offener Gewalt, Opfern sowie der Auflösung von Institutionen verbundene Szenario (c) entweder ein Übergang zu Schritt 3 (liberale Reformen) oder Schritt 5 (autoritäre Gegenreformen) folgt.

Zu dieser stadialen Logik gehört, dass jede Phase schon bei Beginn den Kern ihres Scheiterns in sich trägt, der in ihren immanenten Widersprüchen begründet liegt. Die Essenz dieser Widersprüche besteht nicht (bzw. nicht allein) aus gleichbleibenden, von ‚außen' oder ‚innen' herangetragenen Bedingungen (z. B. konkrete außen- oder innenpolitische Erwartungen oder Ziele), sondern (a) in den *konstanten* Verhaltensmustern, mit denen auf bestimmte Krisenarten reagiert wird und (b) in den basalen Funktionsmechanismen der politischen Kultur, durch die diese Verhaltensmuster (und -einstellungen) (re)produziert werden. Der angelegte Keim des Scheiterns generiert sich somit aus einem persistenten Bereich der Kultur, der für bewusste Veränderungen aus der Tagesaktualität unzugänglich ist. Die politische Kultur in Russland ist seit Jahrhunderten nahezu unverändert geblieben. Der Mitstreiter Gorbatschows Alexander Jakovlev hat 1988 bei einer Moskauer Podiumsdiskussion das Bonmot formuliert: „Ein Westeuropäer versteht, dass alles anders werden muss, damit alles gleichbleiben kann. Ein Russe möchte, dass alles anders wird, wobei alles gleichbleiben soll." Eine geistreiche Bemerkung, über die es sich nachzudenken lohnt.

Mit Ablauf der Zeit gewinnen die immanenten Widersprüche immer mehr an Sprengkraft, so dass durch sie der eigentliche Sinn der Reform ad absurdum geführt wird. Man kann daher von einer *defizitären Dialektik* der Modernisierung Russlands sprechen, bei der *durchgehend* die dritte Phase, die Synthese und mit ihr eine ,höhere' Entwicklungsstufe, fehlt.[44] Die Höher- bzw. Weiterentwicklung erfolgt nicht im Zusammenspiel von Reform und Gegenreform, sondern in isolierter Form in einer der beiden Phasen, wodurch permanent eine enorme Vernichtung von Ressourcen (Industrie- und Technologieentwicklung, Humankapital, zivilgesellschaftliche Werte, funktionale Differenzierung der Gesellschaft) stattfindet.

Zwischenfazit

Russland hat in seiner Geschichte zahlreiche Modernisierungsstrategien verfolgt und insbesondere autoritär-repressive Reformen ausprobiert. Keine Strategie gründete auf akzeptablen Kosten-Nutzen-Überlegungen und hat im Ergebnis die geplanten Erfolge erzielen können, die autoritären Strategien litten unter Ineffizienz, Gewaltanwendung, Stagnation und Ermüdung, die liberalen unter langfristigem Loyalitätsverlust, sozialer Spaltung, sozialer Verelendung und vorzeitigem Abbruch. Ein Anschluss an eine mit Westeuropa vergleichbare *lineare* Wandlungsdynamik hat sich nicht eingestellt. Nun könnte man behaupten, dass sich eine Eigendynamik nicht nur nicht einstellen konnte, sondern aus der Sicht staatlicher Herrschaft auch nicht einstellen sollte, denn dies hätte Modernisierung als staatliches Projekt in einen unkontrollierbaren, fluiden Zustand überführt, in dem der Zugriff des Staates auf Modernisierung nicht mehr sichergestellt gewesen wäre. Spätestens an dieser Stelle versagen die traditionellen Modernisierungsdichotomien, die davon ausgehen, dass

44 Vgl. hierzu Klaus Waschik, Literatur und Zeitgeschichte. Zum Wandel alternativer Geschichtsentwürfe in der sowjetischen Prosa und Literaturkritik der 1960er bis 1980er Jahre, Bochum 2000. Das Ausbleiben einer dritten dialektischen Stufe begründet den Unterschied zwischen doxographischem und biographischem Modell der Geschichtsbeschreibung; siehe auch: Andrej Archangel'skij, Die Gesellschaft bewegt sich im Kreis zurück in die Vergangenheit. Wie das Verhältnis zwischen Staat und Gesellschaft in den Städten zementiert wird, in: Russland-Analysen Nr. 357 (22.06.2018), S. 17–19.

Modernisierung einen eigendynamischen Prozess und nicht eine staatsgelenkte Aktion darstellt.

Die Kehrseite der Medaille allerdings liegt für Russland in dem Zwang, Reform und Modernisierungsdynamik immer wieder neu generieren, kommunizieren, plausibilisieren und in der Gesellschaft durchsetzen zu müssen. Dies ließ sich in der russischen Geschichte in Bezug auf ökonomische und technologische Innovation einfacher realisieren, als soziale Institutionen oder zivilgesellschaftliche Strukturen aufzubauen. Aber auch hier wiederholt sich russische Geschichte. Der Rückgriff auf repressive Methoden sollte in der Vergangenheit immer nicht nur innenpolitisch soziale Differenzierung, Medien- und Meinungsvielfalt und Partizipation unterbinden; *prioritäres* Ziel war die Mobilisierung der Gesellschaft und ökonomischer Ressourcen für eine aggressive, militärisch begründete Außenpolitik, die Zunahme imperialer Ambitionen und Fähigkeiten. Nur durch repressive Gegenreformen, so scheint es heute, kann man über eklatante innenpolitische Schwächen sich selbst und das Ausland hinwegtäuschen. Die Heroisierung des militärischen Kampfes, des Opfers für die Heimat, die Glorifizierung des Sieges, Anachronismen mit schäbigem Glanz angesichts *realer* militärischer Verbrechen, bilden den kompensatorischen Diskurs für das Versagen auf sozialem Gebiet, den zynischen Ersatz für – um im Bild zu bleiben – fehlende Kanalisation, ein angemessenes Rentenniveau und bezahlbares Gesundheitssystem, gerechte Bildungschancen und Armutsbekämpfung. Prioritär ist der imperiale Auftritt und nicht die Lage der Bevölkerung oder sogar die Überwindung der seit 500 Jahren perpetuierten Alternation von Reform und Gegenreform in Richtung einer linear-stabilen sozialen Entwicklung. Dabei wäre die einzige Option, die Russland auf dem Weg in eine realiter ‚moderne' Gesellschaft weitergebracht hätte (und auf die der Westen mit der Perestrojka gesetzt hatte), eine nicht kriminalisierte, voreilig abgebrochene Liberalisierungsstrategie gewesen; nur so hätte Russland partizipativere Gesellschaftsformen schaffen können, in denen ein anderes Mind-Set mit veränderter Moral und Loyalität in der Bevölkerung hätte Fuß fassen können. Die archaische Angst, die bereits IwanIV. und KatharinaII. gequält hatte, trieb auch Vladimir Putin um, die Angst vor eigenem Machtverlust innenpolitisch und Einbußen im imperialen Status Russlands außenpolitisch.[45] „Aufgrund der Schwäche der Zivilgesellschaft und der exklusiven

45 Alexander Solženicyn, Kak nam obustroit' Rossiju [Russlands Weg aus der Krise], Leningrad 1990; ders., Rossija na obvale [Russland im Absturz], Moskau 1998. Plädierte Solženicyn in den 1970er Jahren noch für einen kritischen Blick

Rolle des Staates wird die Modernisierung der *Gesellschaft* ständig durch die Modernisierung des Staates ersetzt, seiner militärisch-industriellen Macht, seines bürokratischen Apparats, seiner Repressionsorgane, des staatlichen Wirtschaftssektors usw. Infolgedessen werden Aufgaben einer forcierten militärisch-industriellen Modernisierung des *Staates* und seiner Stärkung als Weltmacht oft auf Kosten der Anti-Modernisierung, der teilweisen Archaisierung und Degradierung der Gesellschaft gelöst".[46]

Für Russland wurde oftmals konstatiert, dass es in Reformphasen eine ‚nachholende Modernisierung' zu bewerkstelligen versuchte, d. h. in kürzerer Zeit und konzentrierterer Form Reformen umsetzte, die in Westeuropa bereits als evolutionäre Veränderung vollzogen wurden. „Dies ist jedoch nur ein Teil der Wahrheit; das Aufholmodell funktioniert nur in einigen Segmenten des russischen soziokulturellen Systems, nicht aber im System als Ganzes. Während der gesamten Modernisierungsperiode [Russlands] holten wir gegenüber der westlichen Zivilisation der Moderne (zunächst Westeuropa) vor allem im Bereich der Militär- und Industrietechnologien auf, also bei allem, was einer Entwicklung des militärisch-technischen Potenzials des Landes diente. Eine substanzielle Veränderung der *Gesellschaftsstruktur*, die nicht nur die Übernahme einiger institutioneller Modelle der Zivilisation der Moderne, sondern auch deren Geist, die Einführung und Einhaltung bürgerlicher Rechte und Freiheiten, die Herausbildung einer Zivilgesellschaft beinhaltet hätte – all dies war während des größten Teils des betrachteten Zeitraums einfach nicht vorhanden. Es schien für den Staat wesentlich einfacher und zuverlässiger, sich nicht auf die Privatinitiative des «kleinen Mannes» zu verlassen, sondern [...] alle möglichen Kräfte für einen weiteren Durchbruch zu mobilisieren. Wenn der Durchbruch gelang [...], oft nur partiell und um den Preis einer erheblichen Überforderung aller Lebenskräfte des Volkes, stellte sich plötzlich heraus, dass der umgebende soziokulturelle Raum hoffnungslos rückständig und einfach nicht in der Lage war, diesen lokalen

---

auf die „imperiale Überdehnung" Russlands und forderte eine moralische und ökologische Selbstbeschränkung, polemisierte er Ende der 1990er Jahre unter dem Eindruck einer „zerstörerischen Übernahme" westlicher Vorbilder und eines mafiotischen Kapitalismus für einen aufgeklärten Patriotismus und ein Bekenntnis zu russischen Traditionen. Nach seiner Rückkehr nach Russland rückte er mehr und mehr in die politische Nähe Putins.

46 Vladimir I. Pantin, Cikly i volny modernizacii kak fenomen social'nogo razvitija [Zyklen und Wellen der Modernisierung als Phänomen der sozialen Entwicklung]. Moskau 1997. S. 47.

Erfolg zu reproduzieren bzw. sogar zu erhalten. Der Staat ignorierte, dass die Existenz einer Zivilgesellschaft, das Niveau der gesellschaftlichen Entwicklung als Ganzes, den größten und höchsten Wert darstellte und zeigte hierfür auch nicht das geringste Verständnis.[47]

Die Gründe für dieses Beharren in Schemata, die sich in toto bislang als ausweglos für Russland erwiesen haben, liegen somit nicht sui generis in Modernisierung als solcher, die Russland trotz seines starren Phasenwechsels in bestimmten Bereichen erzielt hat, sondern im Wechselverhältnis der Reformauslösung und -steuerung (‚von oben') und den Reaktionen auf diese Reformen seitens der sozialen und staatlichen Strukturen.[48] Es ist daher davon auszugehen, dass der wirkliche Grund, durch den Reformen in Russland regelmäßig scheitern, in den Strukturen seiner politischen Kultur und den Beziehungen zwischen Herrschaft und Beherrschten zu suchen ist. Allein hier lassen sich Antworten auch auf die Frage nach den Hintergründen der Zyklizität russischer Geschichte finden.

47 Sergej Gavrov, Modernizacija vo imja imperii. Sociokul'turnye aspekty modernizacionnych processov v Rossii, [Modernisierung im Namen des Imperiums. Soziokulturelle Aspekte der Modernisierungsprozesse in Russland], Moskau 2004. S. 5.

48 Sergej N. Gavrov, Modernizacija vo imja imperii. ebd. S. 5–6 ff.

Kapitel 18

Zwischen Autokratie, Zynismus, Paranoia und Gewalt. Merkmale und Instrumente der politischen Kultur.

Wer sich mit politischer Kultur befasst, blickt selten *nur* in die Gegenwart und nahezu nie in die Zukunft. Inhalte und Mechanismen politischer Kultur gehören zu den langlebigen Phänomenen einer Gesellschaft, die ihre Wirksamkeit gerade aus ihrem zeitlichen Beharrungsvermögen beziehen. Politische *Kultur* ist dabei nicht mit politischer *Praxis*, erst recht nicht aktueller Politik zu verwechseln. Politische Kultur ist in jenen Tiefenschichten eines Staates verankert, in denen sich die Mechanismen zur Selbstproduktion politischen Denkens und Handelns befinden, wodurch sie zu dem generativen Raum wird, in dem Politik *möglich* gemacht wird. Dieser Bereich gibt mit seinen Elementen, Mechanismen, Handlungs- und Einstellungsmustern, Werten und Normen, diskursiven Regeln und Kommunikationsstrukturen auch die *Grenzen* des politisch Denk- und vor allem Machbaren vor. Eine Beschäftigung mit diesem soziopolitischen ‚Unterbewussten' hat zwangsläufig Verallgemeinerung, die Suche nach dem Regelhaften zur Folge, dem die politische ‚Oberfläche' (konkrete politische Ereignisse) durchaus zuwiderlaufen kann. Dies gilt erst recht für Konzepte, Handlungen und Erfahrungen von Einzelpersonen. Politische Kultur stellt auch keinen Determinismus dar, sondern vielmehr eine soziokulturell und in diesem Sinn politisch definierte Wahrscheinlichkeit, deren Analyse den Vorteil hat, große Bewegungsmuster eines Landes oder Soziums in den Blick nehmen zu können. Die politische Kultur entscheidet letztendlich darüber mit, was in einem Land *Politik wurde*, *sein* und *werden kann* und welche Wege *unbeschritten* bleiben. Natürlich existieren dennoch Umbrüche, Zufälle, Parallelentwicklungen, Grenzüberschreitungen und Verkettungen, die zu unerwarteten politischen Kehrtwenden, Revolutionen oder Neuanfängen führen, aber diese gehören als solche auch zum impliziten Repertoire politischen Wandels. Politische Kultur enthält somit ihre eigene Diachronie, explizit als bewusst gepflegte Tradition, oder implizit als tabuisierte bzw. unreflektierte Routine. Im Regelfall lässt politische Kultur als Phänomen einer longue durée keine schnellen Transformationen zu und kann durchaus Regimewechsel, Revolutionen und Globalkrisen überdauern. Andererseits bedeutet dieser entwicklungsfeindliche Charakter der politischen Kultur nicht ihre vollständige Transformationsunfähigkeit: zu unterscheiden sind daher Schichten, die seit Jahrhunderten nahezu unverändert fortexistieren von Bereichen, die sich durch Modernisierungsprozesse weiterentwickeln, auflösen oder neu entstehen. Verschärft wird das Problem unterschiedlicher Transformationsgeschwindigkeiten in der politischen Kultur durch die zuvor dargestellten Phänomene zyklischer Wiederholungen, die per se eine lineare Entwicklung, auch der politischen Kultur, extrem erschweren.

Woraus ‚besteht' politische Kultur? Unter politischer Kultur ist weniger ein Verteilungsmuster von Orientierungen (Meinungen, Einstellungen und Werten), sondern vielmehr ein System von *Grundannahmen* (Wahrnehmungsmustern und Beurteilungsmaßstäben) zu verstehen, das die elementaren „Vorstellungen über die Welt der Politik und damit verknüpfte operative Normen" enthält und sich insgesamt als das mit spezifischem Sinn gefüllte „ideelle Design eines Kollektivs für sein politisches Leben begreifen" lässt.[49] Dieses Design ist der „Rahmen, innerhalb dessen sich die Lebenspraxis handelnder, fühlender und denkender Menschen bewegt."[50] Politische Kultur beschreibt somit „verfestigte politische Selbstverständlichkeiten eines gesellschaftlichen Kollektivs, die den einzelnen Gesellschaftsangehörigen zumeist nicht voll bewusst sind, eben weil sie als natürlich und selbstverständlich empfunden werden."[51] Diese als gegeben wahrgenommenen politischen Praktiken definieren auch die Grenzen zwischen Eigenem und Fremdem (dem wesenhaft Anderen) und begründen einen spezifischen Habitus, „mit dem politische Realität interaktiv und kommunikativ konstruiert wird."[52] Politische Kultur lässt sich somit nicht auf Funktionen von Herrschaft, das Verhältnis von Staat

49 Karl Rohe, Politische Kultur und der kulturelle Aspekt von politischer Wirklichkeit. Konzeptionelle und typologische Überlegungen zu Gegenstand und Fragestellung politischer Kultur-Forschung, in: Berg-Schlosser, Dirk/ Schissler, Jakob (Hrsg.), Politische Kultur in Deutschland. Bilanz und Perspektiven der Forschung (Sonderheft 18), Opladen 1987, S. 39.

50 Karl Rohe, Vom Revier zum Ruhrgebiet. Wahlen, Parteien, Politische Kultur, Essen 1986, S. 61.

51 Karl Rohe, Zur Typologie politischer Kulturen in westlichen Demokratien. Überlegungen am Beispiel Großbritanniens und Deutschlands, in: Dollinger, Heinz/ Gründer, Horst/ Hanschmidt, Alwin (Hrsg.), Weltpolitik, Europagedanke, Regionalismus. Festschrift für Heinz Gollwitzer, Münster 1982, S. 584.

52 Andreas Dörner, Karl Rohe, Politische Sprache und Politische Kultur. Diachronkulturvergleichende Sprachanalysen am Beispiel von Großbritannien und Deutschland, in: Opp de Hipt, Manfred/ Latniak, Erich (Hrsg.), Sprache statt Politik. Politikwissenschaftliche Semantik- und Rhetorikforschung, Opladen 1991, S. 40.

und Gesellschaft oder Einstellungen von Kollektiven gegenüber dem politischen System reduzieren. Der cultural turn in der politischen Kulturforschung erweiterte den Analysebereich und Deutungshorizont, der sich auch durch das „Zusammenwirken von kulturellen Praktiken, Diskursen, Symbolen, Bildern und Inszenierungen [ergibt], mit denen Politik vorgestellt und gelebt wird."[53] Eine Analyse der politischen Kultur kann daher nicht auf eine integrative Betrachtung kultureller Konzepte, Praktiken und Artefakte verzichten, die grundlegend sind, „um die Machbarkeit, Sagbarkeit und Vorstellbarkeit des Politischen zu verstehen, ohne die politische Handlungen, Diskurse und Normen nicht nachvollziehbar sind."[54] Im Rahmen unserer Überlegungen zur politischen Kultur Russlands als einer der zentralen Grundbedingungen für die Zyklizität der Geschichte Russlands kann ein angemessener Einbezug kultureller Praxis (Literatur, Film und Medien) natürlich nur ansatzweise geleistet werden. Auch müsste hierzu nach verschiedenen Epochen differenziert werden, da in der Vergangenheit wechselnde Kulturbereiche und ihre Konzepte auf die politische Kultur Einfluss genommen haben.[55]

Kaum ein Thema hat in der Beschäftigung mit dem gegenwärtigen Russland so viel Aufmerksamkeit erfahren, wie die Frage nach der russischen politischen Kultur. Seit Beginn der 1970er Jahre und verstärkt seit der Perestrojka ging man insbesondere der Frage nach, worin sich die politische Kultur Russlands (bzw. zuvor der UdSSR) von der Westeuropas unterscheidet.[56] Für den deutschsprachigen Raum ist auf den vielbeachteten Aufsatz von Gerhard Simon (1995) zu verweisen, in dem Bausteine als auch Wirkungsweisen der politischen Kultur in Russland näher skizziert wurden.[57] Politische Kultur wurde dabei in erster Linie als Reproduktionsraum herr-

---

53 Paula Diehl, Interdisziplinarität, politische Repräsentation und das Imaginäre. Plädoyer für eine neue Perspektive der politischen Kulturforschung, in: Wolfgang Bergem, Paula Diehl, Hans J. Lietzmann (Hgg.), Politische Kulturforschung reloaded. Neue Theorien, Methoden und Ergebnisse. Edition Politik, Band 76. Bielefeld 2019. S. 45.

54 Paula Diehl, ebd. S. 44.

55 Zu den unmittelbar politischen Implikationen der russischen Gegenwartskultur in ihrem Wechselverhältnis zu Herrschaftsstrukturen und Medienentwicklung siehe die ausgezeichnete Studie von Ulrich Schmid, Technologien der Seele. Vom Verfertigen der Wahrheit in der russischen Gegenwartskultur, Berlin 2015.

56 Vgl. exemplarisch Stephen White, Political culture and Soviet Politics, London 1979, S. 191 ff.

57 Vgl. Simon, G. (1995). Zukunft aus der Vergangenheit: Elemente der politischen Kultur in Russland. (Berichte / BIOst, 10-1995). Köln: Bundesinstitut für

schaftspolitischer und wirtschaftlicher Steuerungsprozesse angesehen. Der Einfluss genuin *kulturell* bestimmter Einstellungen und Normen fand anfangs nur sehr begrenzt Eingang in Betrachtungen zur politischen Kultur. Literarische, filmische oder andere kulturelle Artefakte wurden in Westeuropa traditionell im Kontext der jeweiligen Fachdisziplin untersucht, aber nicht als Manifestationen des Politischen verstanden. Nach Jahren einer gewissen Latenz hat das Interesse an politischer Kulturforschung unter Einbezug kultureller Analysedaten seit wenigen Jahren im internationalen Kontext neu zugenommen.[58] Für Russland bzw. die Sowjetunion stellt sich die Situation indes etwas anders dar. Da die genuin *politischen* Diskursbereiche im 19. wie 20. Jahrhundert extremer ideologischer Restriktion unterlagen, verlagerte sich seit Ende des 18. Jahrhunderts das öffentliche Nachdenken über die politischen Verhältnisse und auch die kritische Auseinandersetzung mit Macht, Herrschaft und Gesellschaft in den Bereich der künstlerischen Literatur, im 20. Jahrhundert auch in Film, Malerei und Theater. Musste sich die im zaristischen und sowjetischen Russland offiziell publizierte Literatur zwar ideologischer Zensur und staatlicher Drangsalierung unterwerfen und oftmals auf allegorische Formen und Andeutungen ausweichen, konnte in der Exilliteratur und vor allem in der im Untergrund verbreiteten Literatur der politische Diskurs stellvertretend für das in der Politik herrschende Schweigen durchaus recht offen geführt werden. *Kulturelle* Artefakte wurden daher seit langem als Manifestationen des *Politischen* verstanden, wobei auch ihre politikbildende Rolle, d.h. die Rückwirkung von Kultur auf Politik, stets im Blick blieb.[59] Kulturelle Diskurse bildeten in der Forschung einen festen Analysebaustein für die Frage nach dem Zustand der Gesellschaft und den Inhalten und Grenzen des Politischen. Aus diesem Grund werfen auch wir als anschauliches Beispiel für ihre visionäre Kraft einen Seitenblick in die zeitgenössische russische Literatur, die seit dem 18. Jahrhundert Austragungsort für Gesellschaftskritik und politische Auseinandersetzung par excellence war. Dass Russland hier auf das Stellvertreter-Medium der Literatur als pädagogisch-ethisches Vehikel angewiesen war, charakterisiert bereits

---

ostwissenschaftliche und internationale Studien. https://nbn-resolving.org/urn:nbn:de:0168-ssoar-41734.

58 Vgl. Wolfgang Bergem, Paula Diehl, Hans J. Lietzmann (Hgg.), ebd. S. 35 ff.

59 Vgl. den unter Umgehung der Zensur 1980 von einer Gruppe Moskauer Schriftsteller veröffentlichte Literaturalmanach Metropol, dessen Publikation einen politischen Skandal im sowjetischen Schriftstellerverband auslöste und das Ende der Zensurpraxis in der Sowjetunion einläutete.

die politische Kultur Russlands und ihre Tabuzonen als solche; in keinem anderen Medium fand eine derart radikale, klarsichtige Abrechnung mit der russischen wie sowjetischen Gegenwart statt. Dies betraf nicht nur die moralische Neubewertung der totalitären Vergangenheit, sondern erlaubte auch einen oft prophetischen Blick in die Zukunft.[60] Der hellsichtige Roman „Der Tag des Opritschniks" des zeitgenössischen Schriftstellers Vladimir Sorokin ist hierfür ein Beispiel, mit dem wir eine Annäherung an die politische Kultur Russlands beginnen.[61]

Zur Einstimmung: Russland im Jahr 2027. Das Land ist dank seiner erstarkten Handelsbeziehungen zu China technologisch auf dem neuesten Stand, gesellschaftlich und moralisch aber buchstäblich in die Zeit Iwans des Schrecklichen zurückgefallen. Öl- und Gasreserven garantieren Russlands Reichtum und sichern die Macht des Alleinherrschers, des sogenannten Gossudar. Geschützt wird die Diktatur und der Gossudar von einer verschworenen Gemeinschaft an Gefolgsleuten, die sich wie vor 500 Jahren Opritschniki nennen und als brutaler, korrupter Schlägertrupp jede Form des Widerstands brechen, vermeintliche Feinde oder potentielle Konkurrenten der Macht gewaltsam aus dem Weg räumen. Die lustvoll inszenierten Gewaltexzesse geschehen im Namen eines wiedergeborenen ‚Heiligen Russlands', in dem es keine Regeln mehr außer den Willkürentscheidungen des Gossudar gibt. Die Gewaltorgien, Mord, Vergewaltigungen, Auspeitschungen, Verstümmelung passieren direkt, persönlich, ungebremst. Auf der anderen Seite werden die Opritschniki durch das Recht auf dekadenten Lebensstil, Drogenkonsum, sexuelle Perversion und Reichtum belohnt. Zynisch pflegen sie eine bigotte Einstellung zur orthodoxen Religion, sie beten und verneigen sich vor Ikonen, aus denen sie angeblich ihre Kraft für die bestialischen Taten schöpfen.

Vladimir Sorokin hat diesen bereits 2006 (!) erschienenen Roman als dystopische Extrapolation einer sich bereits damals abzeichnenden, politisch-kulturellen Degeneration Russlands angelegt. Die Verlagerung der Zukunft in eine lang zurückliegende Vergangenheit, die Anreicherung einer scheinbar modernen Gegenwart mit mittelalterlichen Objekten und Verhaltensweisen sowie die soziokulturelle und politische Regression,

---

60 Vgl. Jewgeni Samjatin, Wir (1920), Köln 1958 (weitere dt. Übersetzungen: 2015, 2017); Wassili Grossman, Leben und Schicksal (1961), Berlin 2007; Jurij Trifonov, Das Haus an der Moskwa (1976), München 1977; ders.; Der Alte (1978) Berlin 1980 sowie die großen historischen Werke Alexander Solženicyns (Die Krebsstation, Archipel GULAG, Das Rote Rad, August 1914 u. v. a.).

61 Vladimir Sorokin, Der Tag des Opritschniks, Köln 2008.

der Triumph von Gewalt und Willkür über Recht und Moral konnte zunächst als literarische Phantasmagorie aufgefasst werden, von der niemand erwartete, dass sie jemals Realität werden könnte. Und dennoch, die dystopische Vision erwies sich als Prognose, die in ihrem Kern inzwischen politische Wirklichkeit geworden ist, angefangen mit der Brutalität der Sicherheitsapparate Polizei, Nationalgarde und FSB gegenüber minimalen Äußerungen von Protest und Kritik, der bigotten Frömmigkeit, die der ehemalige KGB-Offizier Putin in der Erlöser-Kathedrale alljährlich an orthodoxen Feiertagen mit Kerzen in der Hand zur Schau stellt, dem ‚Heiligen Russland', das den Begriff staatlicher Souveränität durch die Politik machtpolitischer Willkür ersetzt hat, dem imperialen Anspruch eines ‚Russkij Mir', der imaginierten, grenzüberschreitenden Sprach-, Glaubens- und Zivilisationsgemeinschaft russischer Menschen, bis zum antiwestlichen Ideologiekonzept des ‚Russischen Sonderwegs', mit dem Russlands historischer Eigentümlichkeit die Aura des Unikalen und Unhinterfragbaren verliehen wird.[62] Ersetzt man die für die Zeit Iwans des Schrecklichen typischen Gegebenheiten durch ihre gegenwärtigen Analoga, erhält man einen plastischen Entwurf der politischen Kultur, dessen plausibler Realismus nur an wenigen Stellen durch literarische Phantasiegebilde durchbrochen wird. Versetzen wir uns daher in das Jahr 2027 und wagen aus der Perspektive des Opričniks Andrej Komjaga einen kurzen Rückblick auf die seit 2011 vergangene Zeit.

„Wir schlagen das Kreuz und verneigen uns. Ich bete zu meiner Lieblingsikone: Spas Jaroe Oko, dem Erlöser mit dem Grimmigen Auge[63]. Mein Blick hält dem seinen, dem unverwandten, nicht stand. Furchtgebietend ist unser Erlöser, unerbittlich sein Gericht. Aus der rüden Strenge seiner Augen gewinne ich Kraft für den Kampf, befestige meine Gesinnung, erziehe meinen Charakter. Schüre den Hass auf die Feinde. Schärfe meinen Verstand. (...)

«Und gewähre uns den Sieg über die Feinde ... ». Feinde gibt es sonder Zahl, das ist wohl wahr. Kaum dass Russland aus der grauen Asche erstanden und zu sich gekommen war, kaum dass vor sechzehn Jahren

62 Zur personellen, institutionellen und ideengeschichtlichen Formierung der antiwestlichen, imperialen Ideologie und Zivilisationskritik vgl. Roland Götz, Die andere Welt. Russlands antiwestliche Intelligenzija, Osteuropa 3/2015, S. 1–34 (Preprint).

63 Ikonentyp mit der Kopf- und Schulter-Darstellung Christi. Das „Grimmige Auge" kennzeichnet den allessehenden, strengen Blick, dem nichts in der Welt verborgen bleibt.

Nikolai Platonowitsch, unseres Gossudaren lieber Vater, den ersten Stein zum Fundament der Westmauer gelegt und wir begonnen hatten, uns das äußere Fremde vom Halse zu halten und den inneren Schweinehund – schon kamen die Feinde aus allen Ritzen gekrochen als ein giftiges tausendfüßiges Geschmeiß. Fürwahr: Eine große Idee gebiert einen gewaltigen Widerstand. Feinde, äußere wie innere, hatte unser Staat zu allen Zeiten, doch nie zuvor hat sich der Kampf mit ihnen so zugespitzt wie in der Periode der Auferstehung des Heiligen Russland. Nicht wenige Köpfe sind in diesen sechzehn Jahren auf der Schädelstätte[64] beim Kreml gerollt, nicht wenige Züge, voll mit Staatsfeinden und ihrer Sippschaft hinter den Ural gedampft, nicht wenig rote Hähne haben auf den Dächern ach so hoher Herren im Abendlicht gekräht[65], nicht wenige Wojewoden[66] auf der Streckbank in der Geheimen Kanzlei gefurzt, nicht wenige anonyme Briefe sind im Postkasten der Abteilung Schuld und Sühne auf der Lubjanka[67] gelandet, nicht wenigen Geldschneidern ward das Maul mit ihren schändlich gehorteten Scheinen gestopft, nicht wenige Sekretäre hat man gar heiß gebadet, nicht wenige fremdländische Gesandte mit den drei gelben Merins[68], den «Schandwagen», aus der Stadt hinaus befördert, nicht wenige Zeitungsschreiber mit Entenfedern im Arsch[69] vom Fernsehturm Ostankino gestürzt, nicht wenige aufwieglerische Federfuchser in der Moskwa ertränkt, nicht wenige Bojarenwitwen nackt und ohnmächtig im räudigen Schafspelz ihrem Erzeuger vor die Tür geworfen ....“[70]

Der gewählte Textausschnitt ist in dreifacher Hinsicht zeichenhaft: erstens verlagert der Autor seine Zukunftsvision Russlands, die er bereits 2006 in nuce angelegt sieht, in eine 500 Jahre entfernte Vergangenheit, die die Merkmale einer mit brutalen Mitteln aufrecht erhaltenen Autokratie, die Entrechtung einer gewachsenen Elite (Bojaren), die Ausübung

64 Die Schädelstätte auf dem Roten Platz (russ. Lobnoe mesto) war traditionell der Ort öffentlicher Hinrichtungen.

65 Die Redewendung „zapustit' krasnyj petuch“ [einen roten Hahn entfesseln] bedeutet, einen Brand zu legen.

66 Heerführer, hier im Sinne von regionalen Fürsten.

67 Sitz des russischen Geheimdienstes FSB (vormals KGB).

68 Wörtlich: Wallach; umgsspr. Bezeichnung für Mercedes-Benz. In dem Roman in einer Doppelbedeutung: in Anlehnung an die Opričniki des 16. Jahrhunderts als Bezeichnung des Pferdes, gleichzeitig als Jargon-Ausdruck der Automarke. Die Farbe Gelb steht in den slawischen Volkskulturen für Verrat.

69 Sarkastisch-verhöhnende Redewendung, um jdm. die Nichtigkeit oder das Scheitern einer Sache zu signalisieren.

70 Vladimir Sorokin, Der Tag des Opritschniks, Köln 2008. S. 39–40.

direkter, persönlicher Gewalt gegenüber allen Formen des Andersdenkens, die Selbstisolationen gegenüber dem als feindlich angesehenen Westen, eine paranoide Angst vor Feinden und ein zur Farce degenerierter Nationalismus aufweist. In dieser ersten Perspektive wird eine neue Welt aus Gewalt und Unterdrückung entworfen, die den Gegenstandsbereich der Dystopie konstituiert. Dieses dystopische Russland stellt eine Kontamination aus Vergangenheit und Zukunft dar, was an Beschreibungen neuester Technologien sichtbar wird. Daher findet die Welterfahrung der Vergangenheit in der Hülle der Zukunft statt, was zweitens den Schluss nahelegt, dass beide Zeitstufen ihrem Wesen nach austauschbare, ineinander verschränkte, wie Metamorphosen mutierende Variationen ein und desselben Ausgangszustands darstellen. Der „Tag des Opritschniks" gerät somit nicht nur zu einer Horrorvision der Putinschen Gegenwart, sondern drittens zur Beschreibung einer absurden Hybridisierung historischer Zeit, die gleichzeitig technologisch in die Zukunft und gesellschaftlich in die Vergangenheit führt. Das Thema der neuen Opritschniki blieb in den kulturellen Medien nicht lang allein: dem dystopischen Entwurf Sorokins über Iwan IV. folgte bereits 2009 der Film „Der Zar" des Regisseurs Pavel Lungin, in dem, in den historischen Fakten weitgehend authentisch, der Schwerpunkt auf die exzessive Darstellung ungezügelter Gewaltherrschaft, paranoider Anwandlungen des selbsternannten Zaren, seiner bigotten Gläubigkeit und eine hilflose Bevölkerung gelegt wurde, die sich Terror und Ungerechtigkeit nur durch Flucht oder den eigenen Untergang entziehen kann.[71]

71 Pavel Lungin räumte in seinem Interview „Poutine n'est pas Ivan le terrible, mais ...' mit Eric Libiot (L'Express 13.01.2010) ein: „Russland ist nicht geneigt, die Geschichte zu verstehen. Es stützt sich auf Mythen, die es braucht, um vorwärtszukommen: Mythen über Macht, über den Westen, der uns hasst .... Wenn man diese halb imperiale, halb sowjetische Mythologie nicht analysiert, um zu verstehen, wie sie funktioniert, wird sich nichts ändern. Ich habe diesen Film gemacht, um die Gesellschaft ein wenig aufzurütteln. (...) Es ist bequem für die Menschen, alle Verantwortung auf die Macht abzuwälzen. Das russische Volk ist wie ein Kind, das von einem strengen Vater träumt. Iwan der Schreckliche schuf dieses Bild eines Retters, der Angst einflößt. Über Macht wird in Russland nicht Gericht gehalten, dies gilt als Zeichen von Schwäche. (...) Putin ist zwar nicht gerade Iwan der Schreckliche, aber er entscheidet heute wie Iwan zu seiner Zeit, was richtig und was falsch ist." https://www.inopressa.ru/pwa/article/13Jan2010/lexpress/lungin.html; Frz. Original: https://www.lexpress.fr/culture/cinema/lounguine-poutine-n-est-pas-ivan-le-terrible-mais_840392.html.

Fügt man die in Sorokins Roman und Lungins Film entwickelten Gesellschaftsportraits zu einem Grundmodell der politischen Kultur zusammen, entsteht ein alles dominierender Mechanismus gewaltsamer Willkürherrschaft, dessen unberechenbare, auf Grausamkeit gegründete Praxis durch Merkmale ideologischer bzw. religiöser Überhöhung ins Absurde gezogen wird. Der Merkmalskatalog des politischen Handlungsrahmens ist denkbar einseitig: brutale Gewalt gegen das Individuum, Grausamkeit als Normalität, die paranoide Suche nach Feinden, religiös bzw. weltanschaulich-moralisch motivierte Feindbilder, eine manichäische Weltsicht und maßlose Selbstüberhöhung.[72] Einschränkend muss angemerkt werden, dass es sich bei den Werken Sorokins und Lungins in erster Linie um allegorisch zugespitzte Bewertungen der jüngsten Gegenwart handelt. Dass indes die meisten, in historischer Analogie präsentierten Herrschaftsspezifika reale Formen annehmen konnten, zeigt, wie präzise und plausibel die literarisch-filmischen Prognosen die Mechanismen der Herrschaft Putins paraphrasieren konnten.

Als Ausdruck einer nunmehr positiven offiziellen Bewertung der historischen Rolle Iwans IV. wurde in der Stadt Orjol erstmals in Russland ein Denkmal für den ersten Zaren errichtet. Sponsor für das stark umstrittene Denkmal war die Internationale Stiftung für slawische Schriftlichkeit und Kultur, Ehrengäste bei der Einweihung waren der reaktionäre Publizist Alexander Prochanov, der Politikberater (u. a. V. Putins) Sergej Kurginjan und der Präsident der Motoradfahrervereinigung (!) Alexander Zaldostanov. Diese Liste spiegelt in bestimmter Weise, bei welchen Personenkreisen Gewalt, Willkür und zentralistische Herrschaft besondere Sympathien hervorruft.

72 Vgl. Nikolaj Berdjaev, Istoki I smysl russkogo kommunizma (1955) [Ursprünge und Sinn des russischen Kommunismus], Moskau 1990. Berdjaev diagnostiziert das in der UdSSR herrschende gespaltene Bewusstsein am Beispiel des Kommunisten: „Dies ist fast ein manichäischer Dualismus, (...). Das Reich des Proletariats ist das Lichtreich von Ormuzd, während das Reich der Bourgeoisie das dunkle Reich von Ahriman ist. Den Vertretern des Reichs des Lichts ist alles erlaubt, um das dunkle Reich zu vernichten. Fanatismus, Intoleranz, Grausamkeit und Gewalttätigkeit des Kommunisten (...) sind dadurch bestimmt, dass er sich dem Reich Satans gegenübergestellt fühlt und dieses Reich nicht ertragen kann. Gleichzeitig befindet er sich aber auch in negativer Abhängigkeit vom Reich Satans, vom Bösen, vom Kapitalismus und der Bourgeoisie. Er kann nicht ohne Feind leben, ohne negative Gefühle gegenüber diesem Feind, er verliert sein Pathos, wenn es keinen Feind gibt. Und wenn es keinen Feind gibt, muss ein Feind erfunden werden." S. 149–150.

Betrachten wir die Grundelemente der politischen Kultur in Russland und ihr Zusammenwirken nun im Detail.[73] Dabei sind grundsätzlich zwei Großordnungen des politischen „Designs" (Karl Rohe) zu unterscheiden, die sich im Verlauf der Geschichte in durchgehender Interdependenz befinden: zum einen handelt es sich um das spezifische Verständnis von Herrschaft, verbunden mit der Praxis ihrer Reproduktion und Absicherung, die grundlegenden Strukturmerkmale der russischen Gesellschaft und ihr Verhältnis zum Staat, das Rechts- und Eigentumsverständnis sowie der Umgang mit vom Mainstream abweichenden Denken und Handeln, zum anderen die Einstellungen und Lebenspraktiken, die das Verhalten der Bevölkerung gegenüber Staat und Gesellschaft bis heute prägen. Die politische Kultur Russlands ist damit nicht allein aus der Herrschaftspraxis, den ideologischen Systemen oder der komplementären Rolle der Gesellschaft zu erfassen, sondern bedarf einer Ergänzung durch die Verhaltens- und Einstellungscodizes, die einerseits ein *Objekt* staatlicher Machtausübung darstellen, andererseits aber auch diese mitbedingen bzw. ermöglichen.

Die von G. Simon herausgearbeiteten Kernpunkte der politischen Kultur sind relativ überschaubar: die Existenz eines „starken politischen Zentrums" zur Absicherung staatlicher Funktionsfähigkeit, ein dominanter Machtstaat, dem eine „schwache Gesellschaft" ausgeliefert ist, die Priorität personalistischer vor institutioneller Herrschaft, die Tendenz permanenter Konsensbildung mit der Folge von Abspaltungen und Marginalisierung Andersdenkender, hieraus resultierend ein manichäisches Bewusstsein mit schematischen Polarisierungen von Gut/Böse, Freund/Feind sowie ein imperiales Syndrom mit der Tendenz zu ideologischer Überhöhung.[74] Inwieweit diese Konfiguration politischer Kultur allein für die zyklische Repetition der strukturellen Entwicklung Russlands verantwortlich gemacht werden kann, muss mit Fragezeichen versehen werden: zwar sind die von Simon angeführten Elemente als Strukturmerkmale

73 Vgl. Simon, G. (1995). Zukunft aus der Vergangenheit: Elemente der politischen Kultur in Russland. (Berichte / BIOst, 10-1995). Köln: Bundesinstitut für ostwissenschaftliche und internationale Studien. https://nbn-resolving.org/urn:nbn:de:0168-ssoar-41734.

74 Das religiöse Sendungsbewusstsein (Russland als „Drittes Rom", letzter Hort des wahren Christentums) des ausgehenden Mittelalters fand in panslawistischen, später marxistisch-leninistischen Vereinnahmungskonzepten und der transnationalen Imagination des „Russkij mir" („Russische Welt") seine relativ ungebrochene Fortsetzung.

der politischen Kultur zweifelsohne vorhanden, andererseits wird die destruktiv-bremsende Wirkung einer „gusseisen-schweigsamen" Mehrheit der Gesellschaft (Jurij Afanas'ev) – als „schwache Gesellschaft" in ihren sporadischen Emanzipationsbemühungen ständig sabotiert – unterschätzt, da sie sich gleichzeitig auch dem Machtstaat durch Passivität verweigert.

Autokratie und personalistische Herrschaft

Strukturell wichtigstes Merkmal der politischen Kultur ist in Russland die Autokratie im Sinne eines als unantastbar geltenden, über dem politischen Tagesgeschäft stehenden Machtzentrums. Dieses Herrschaftssystem entstand am Ende des Mittelalters und existiert mit unwesentlichen Modifikationen während der Sowjetperiode bis heute fort. Ein Zusammenbruch des politischen Machtzentrums hatte jedes Mal Auflösungserscheinungen in der Gesellschaft – und in der Folge im Staat – zur Konsequenz. Die Zeit der Wirren Ende des 16. Jahrhunderts, der Zusammenbruch des Zarenreichs (1917) und der UdSSR (1991) sind hierfür signifikante Beispiele. Die Erfahrung, dass *ausschließlich* ein autokratisches, von der Figur des Herrschers bzw. Herrscherkollektivs (in der Sowjetzeit) ausgehendes Modell zentraler Macht die Regierbarkeit garantieren kann, gehört zum politischen Wesenskern; ging diese zentrale Macht zurück, bildeten sich in Russland separatistische, zentrifugale Tendenzen bzw. eine durch den Herrschaftsapparat nicht mehr zu steuernde, politische oder intellektuelle *Alternativität* heraus, die die Wirkmächtigkeit der Herrschaft weiter einschränkte, so dass die Machthierarchie und ihre Kontrollmechanismen nach und nach funktionsunfähig wurden. Dabei musste es sich nicht zwingend um einen realen Machtverlust handeln, für die Krisenwahrnehmung war es ausreichend, dass Kritik am herrschenden Machtsystem artikuliert oder alternative politische Konzepte in Umlauf kamen. Beispiele hierfür finden sich immer wieder in der russischen Geschichte, von den Briefen des Zarenvertrauten Kurbskij im 16. Jahrhundert über die in die Verbannung oder ins Ausland gedrängten Intellektuellen im 19. Jahrhundert bis zu den sowjetischen Dissidenten (1960/70er Jahre) und den Regimekritikern unter Vladimir Putin. Die fehlende Legitimität der Herrschaft provozierte daher paradoxerweise den Zwang zu ihrer Aufrechterhaltung, wenn es nicht zu ihrem Totalverlust und zur Auflösung des Staates kommen sollte, die – aus der Herrschaftsperspektive – stets auf Machtverlust folgte. Diese tiefsitzende Phobie kennzeichnet auch Vladimir Putin, der Kritik an der Macht und staatlichem Handeln mit „Terrorismus" und der

Zerstörung des Staates gleichsetzt. Nach dieser pathologischen Logik ist es plausibel, den Machtverlust der sowjetischen Institutionen (Partei, Sicherheitsdienste, Militär) und der ideologischen Klammer als *unmittelbaren* Grund für das Verschwinden der UdSSR zu sehen. Für diese „größte Katastrophe des 20. Jahrhunderts" (Putin) waren demnach nicht wirtschaftliche, militärische oder soziale Gründe verantwortlich, sondern allein das Lockern der Daumenschrauben der Autokratie.

Das autokratische Prinzip wurde bereits im 14. und 15. Jahrhundert durch die Einführung der Primogenitur gefestigt, die sicherstellte, dass eine stabile Nachfolgeregelung die Kontinuität der fürstlichen, später zarischen Herrschaft nicht gefährdete. Die Bolschewiki knüpften mit der Rolle des Generalsekretärs (bzw. Ersten Sekretärs) an diese autokratische Tradition an, ohne sie besonders hervorzuheben. Versuche, die Führung Russlands einer Gruppe zu übertragen („kollektive Führung"), scheiterten.

Ein weiteres Merkmal der russischen Variante autokratischer Macht ist ihre, bereits von Katharina II. erwähnte, *prinzipielle* Unbegrenztheit durch staatliche oder gesellschaftliche Institutionen: eine Gewaltenteilung konnte sich Ende des 19. Jahrhunderts nur ansatzweise, danach für über 80 Jahre nicht mehr entwickeln. Erneute Versuche, nach 1991 eine unabhängige Gerichtsbarkeit zu schaffen, waren ebenfalls zum Scheitern verurteilt. Die jüngsten Schauprozesse gegen Regimegegner Putins können stellvertretend genannt werden. Symptomatisch für das Scheitern minimaler Checks and Balances ist die Degeneration des Verfassungsgerichts Russlands, das als Instrument des russischen Präsidenten aktiv die Erosion demokratischer Ansätze gefördert und legitimiert hat.[75] Die Unfähigkeit Russlands zur Begrenzung autokratischer Herrschaft gründet auf einer weiteren Besonderheit des Machtverständnisses: die Macht kann ausschließlich *an einer Stelle* und nicht auf verschiedene Institutionen oder Personen verteilt sein. Damit übernimmt das Machtzentrum aller-

75 Olga Podoplelowa, Legitimierung autoritärer Transformation. Russlands Verfassungsgericht und der Preis des Kompromisses. In: Russland-Analysen Nr. 450, (14.05.2024) S. 10–13. „Das Verfassungsgericht ist nie eine wirklich unabhängige Institution gewesen. Es hat kein einziges Gesetz verworfen, das die Demokratie untergräbt und die politische Partizipation der breiten Öffentlichkeit beschneidet. Angefangen bei der Aushöhlung der Gouverneurswahlen schränkte das Gericht schrittweise Wahlrechte ein, unterwarf die Kommunen dem föderalen Zentrum, brachte unabhängige Stimmen in der Zivilgesellschaft zum Schweigen, wies internationale Verpflichtungen zurück und förderte letztendlich die Usurpation der Macht und die Verletzung der UN-Charta." S. 12.

dings auch eine Garantiefunktion für Sicherheit und Gerechtigkeit, die seitens der Bevölkerung an das Zentrum herangetragen wird.
Mit dem autokratischen Prinzip verbindet sich in Russland die Praxis *personalistischer* Herrschaft: *Institutionen* waren in der Sowjetzeit pro forma die Entscheidungsinstanz in politischen, sozialen oder privaten Angelegenheiten, wichtiger als Institutionen und die mit ihnen verbundenen Leistungen war jedoch die konkrete *Person*, die ein Amt innehatte, und – oft auch konträr zu geltenden Vorgaben – Entscheidung nach dem Opportunitätsprinzip treffen konnte. Wollte man z.B. von einer Behörde eine bestimmte, nicht routinemäßig erteilte Genehmigung erhalten, war elementar wichtig, wer in den übergeordneten Diensträngen hierzu die Erlaubnis erteilte. Wandte man sich anschließend an einen Untergebenen, der das Anliegen konkret erledigte, war es zwingend notwendig, auf die höhergestellte *Person* zu verweisen, die die Entscheidung verantwortete. „Ich komme von N.N. und brauche ...“ lautete die sprachliche Seite eines solchen Backings. Allein die Nennung des bestimmten „N.N.“ war Garantie genug, dass die Angelegenheit schnell und erfolgreich abgewickelt werden würde. Diese Besonderheit machte Russland während der Sowjetzeit zu einem Land der unbegrenzten Möglichkeiten: kam man mit dem Backing der ‚richtigen‘ Person, glückte alles, kam man ohne eine solche „Rückendeckung“, funktionierte (fast) nichts. Die mit Institutionen (und ihren Funktionen) verbundene Macht zählte deutlich weniger als die persönliche Autorität eines Amtsinhabers.

Zentralismus, fehlende intermediäre Strukturen und Willkür

Seit den ersten Versuchen unter Iwan IV., in Russland ein hierarchisches Herrschaftssystem zu installieren, gehört die *Ausrichtung* auf das Machtzentrum Moskau (bzw. Sankt Petersburg) zu den weiteren Grundprinzipien der politischen Kultur, wenngleich dies kein spezifisch russisches Merkmal darstellt. Seit dem Mittelalter waren aber die intermediären Strukturen der Herrschaft, die die Machtfunktionen des Staates ‚nach unten‘ übertragen und ausüben sollten, stets nur schwach ausgeprägt. Vor allem zeigte sich dies an der prekären Übernahme von Verantwortlichkeit, deren Verweigerung meist mit Verweis auf übergeordnete Instanzen erfolgte. Hinzu kam, dass Russland keine Tradition des römischen Rechts kannte, was vor allem in Bezug auf das Eigentumsrecht eine eminent wichtige Rolle spielte. Das bis weit ins 19. Jahrhundert ständisch geprägte Rechtssystem konnte ein bürgerliches Rechtsverständnis nur ansatzweise ausprägen. Nach der Oktoberrevolution blieb das Recht den ideologischen Vorgaben der kommunistischen Partei untergeordnet, eine Verwaltungs- oder Verfassungsgerichtsbarkeit existierte nicht. Die Exekutive (Ministerien, regionale und kommunale Verwaltungen) wie auch die Regierung selbst fungierten weitgehend ohne eigene autonome Entscheidungsbereiche, als Transmissionsriemen der zarischen, später parteilichen, heute präsidentialen Herrschaftsvorgaben. Die staatliche Macht verblieb damit in einem für den Bürger nicht fassbaren, anonymen Raum; bei Widerspruch gegen Entscheidungen untergeordneter Institutionen musste oftmals der mühsame Weg bis in die Zentrale der Macht beschritten werden. Die Schwäche der intermediären Strukturen zog zum einen nach sich, dass die Intensität zentralistischer Herrschaft seitens des Individuums als durchaus begrenzt wahrgenommen wurde („Russland ist groß und der Zar ist fern"), wodurch sich Freiräume boten, sich der Herrschaft zu entziehen; zum anderen erforderte die Schwäche der Institutionen und die Bindung der realen intermediären Macht an Personen eine permanente Vergewisserung von *Loyalität* durch die zaristische Bürokratie, in der Sowjetzeit seitens der den Generalsekretär stützenden Seilschaften. Persönliche Loyalität gegenüber der Zentralmacht war die entscheidende Bedingung, die angesichts eines Defizits institutioneller Rechtsstabilität die Durchsetzungsfähigkeit der Herrschaft ‚nach unten' garantierte. Die Verfahren zur Schaffung von Loyalitätsverhältnissen waren dabei durchaus unterschiedlich: neben persönlicher Dankbarkeit gegenüber der höherrangigen Person (oder dem Herrscher selbst), dem man beispielweise den sozialen Aufstieg verdankte oder durch den man in der Sowjetzeit Zugang zu dem differenzierten Privilegiensystem erhalten hatte, wurde die Verlässlichkeit der Untergebenen vor allem durch das Recht auf Ausbeutung abgesichert, d. h. die Konzession, im Rahmen der eigenen beruflichen Stellung den Staat (bzw. dessen Eigentum oder Leistungen) zur *persönlichen* Bereicherung auszunutzen. Was hier auf den verschiedenen Rangebenen erlaubt war, regelten ungeschriebene, aber streng beachtete Gesetze. Bereits Astolphe de Custine hatte auf diesen Umstand hingewiesen, der bis heute in der Ära Putins zu den wirksamsten Methoden der Machtsicherung gehörte. „Die Kaiser von Russland, die in ihrem Misstrauen wie in ihrem Vertrauen gleich übel berathen waren, sahen in den Adeligen nur Nebenbuhler und wollten in den Männern, die sie zum Minister wählten, nur Sclaven finden; so haben sie, doppelt verblendet, den Leitern der Verwaltung und deren Beamten, gegen die sie kein Misstrauen hatten, die Freiheit gelassen, ihre Netze über das schutzlose Land auszuwerfen. So ist eine Schar untergeordneter Agenten entstanden, welche das Land nach Ideen regieren, die nicht aus ihm selbst hervorgegangen sind und die also seine wirklichen Bedürfnisse nicht befriedigen können. (...) Sie sehen ein, dass solche Beamte die Geißel Russlands sein müssen."[76]

Im Gegensatz zu Zentraleuropa, in dem der Feudalismus Basis und Antrieb für die Entstehung der Ständegesellschaft war, bestanden Treue- und Schutzverhältnisse in Russland nur unvollständig: zwar forderte der Adelige bzw. Zar unbedingte Loyalität von seinen Untergebenen, die zweite Seite des Klientelverhältnisses indes fehlte. Zar, Adelige wie Parteifunktionäre im 20. Jahrhundert waren nicht zum Schutz ihrer Klientel verpflichtet, wenngleich der Schutz von Untergebenen in der Praxis durchaus vorkam. Das für die Schwerindustrie zuständige Politbüromitglied Sergo Ordžonikidze versuchte in den Jahren des „Großen Terrors" (1936–1939) bis zu seinem eigenen Tod, die Mitarbeiter seines Ministeriums vor den Verhaftungen durch das NKVD zu schützen. Aufgrund des unvollständigen Patron-Klientel-Verhältnisses konnte sich der Feudalismus in Russland nicht wirklich zu einer Ständegesellschaft weiterentwickeln und sich danach auch nicht zu einer bürgerlichen Gesellschaft ausdifferenzieren. Herrschaft wurde in Russland, von wenigen Jahrzehnten mehr oder weniger ‚stabiler' Rechtsverhältnisse (Ende des 19. und in der zweiten Hälfte des 20. Jahrhunderts) abgesehen, als Willkürpraxis verstanden, als unkalkulierbares Risiko, dem man sich nur durch Flucht, Unsichtbarkeit oder lückenlose Anpassung entziehen konnte. Gingen die Bauern unter der Last von Leibeigenschaft oder Verfolgung noch ins ‚wilde Feld' (nord-östliche Gegenden Russlands), passten sich Adelige an die Usancen der Zaren und Politbüromitglieder an den mäandrierenden Kurs der Partei und sogar an die Arbeitszeiten Stalins an. Die Bevölkerung suchte verzweifelt die Unsichtbarkeit („ne vysovyvat'sja", „sich nicht hinauslehnen") oder den Schutz durch Hypersichtbarkeit in Gestalt von Bestarbeitern oder neuen Heldenfiguren in Wissenschaft und Forschung. Herrschaft als Willkür ist bis zur Gegenwart die bestimmende Wahrnehmung, vor deren Hintergrund sich die eigene Ohnmacht gegenüber dem Staat um so klarer abzeichnet. Aktuelles Zeichen dieser Ohnmacht boten die Fluchtbewegungen junger Menschen ins Ausland nach dem Beginn des russischen Ukrainekriegs. Manche von ihnen setzten hiermit zweifelsohne auch ein Signal gegen den Krieg, die absolute Mehrheit tat indes das, was seit Jahrhunderten wohlerprobte Praxis ist: unsichtbar zu werden.

Die in Russland erst 1862 abgeschaffte Leibeigenschaft, das Fehlen sozialer Absicherung durch den Staat, die Substitution des überlebten

---

76 Custine, ebd. S. 336–337.

Adels durch eine neue Sowjetnomenklatur und aus ihr wiederum die Entstehung einer kapitalistischen Oligarchie unter der Patronage eines erneut zentralisierten Staates und diktatorisch agierenden Präsidenten mit nahezu unbegrenzten Vollmachten, alle diese Faktoren haben das seit Jahrhunderten bestehende, tief verankerte *Misstrauen* in den Staat als Institution perpetuiert und konserviert. In bestimmter Weise ausgenommen hiervon ist nur die *Person* des Präsidenten, von dem man in archaischer Weise Gerechtigkeit und Schutz vor der potentiellen Willkür des Staates erwartet. Um die Zuschreibung der Schutz- und Rettungsfunktion an den Herrscher psychologisch aufrecht erhalten zu können, unterstellt man ihm, dass er von der Willkür des Staates nichts weiß. Da die Machtausübung des Präsidenten *realiter* weder demokratischer Legitimierung bedarf, noch institutioneller Kontrolle unterliegt, ist in Russland – so die Wahrnehmung der Bevölkerung – *jede* Form von Politik *denkbar*, die der Logik des historischen Augenblicks entspricht oder diese erst schafft. Gesetze können von heute auf morgen in ihr Gegenteil verändert und sogar rückwirkend in Kraft gesetzt, drastische Strafen für Belanglosigkeiten eingeführt und mit Gewalt durchgesetzt werden. Auch die mediale Darstellung der tatsächlichen politischen Lage kann mühelos propagandistisch in ihr Gegenteil verkehrt werden. Russinnen und Russen sind immer auf alles vorbereitet und passen sich letztlich zwangsläufig auch an jede Form der Willkür an.[77]

Dieses Verhalten bedeutet natürlich nicht, dass Russland keinen Protest, keine weltanschaulichen Gegenpositionen, keinen Widerstand oder Anpassungsverweigerungen kennt. Die Bauernaufstände Stepan Razins und Emel'jan Pugačevs, die Dekabristenbewegung, die Narodniki und die Terrorgruppierungen im 19. Jahrhundert, die Februar- und Oktoberrevolution, schlussendlich auch die Mobilisierung gegen die Putschisten im August 1991 sind Beispiele für Widerspruch in seiner radikalen Form, der in Russland mangels geeigneter intermediärer Konfliktlösungsstrukturen stets durch offene Gewalt geschieht. Der staatlichen Willkür und Gewalt (struktureller wie offener) wird im Extremfall mit der ‚Gewalt der Straße' begegnet; paradoxerweise ist diese Gewalt der Straße heutzutage für die staatliche Herrschaft einfacher zu bekämpfen als diffuser Widerstand in kapillaren sozialen und medialen Strukturen.

77 Vgl. Boris Makarenko, Repressionsindolenz. Politische Kultur und autoritäre Herrschaft in Russland, in: Osteuropa, 64. Jg., 8/2014, S. 113–120.

Methoden der Loyalitätsherstellung

Über welche Verfahren der Loyalitätsabsicherung verfügt standardmäßig die russische politische Kultur? Das erste Verfahren greift auf Methoden persuasiver Einbindung zurück, die durch eine umfassende Propaganda religiöser oder ideologischer Inhalte gewährleistet wird. Dafür instrumentalisierte man jahrhundertelang die Orthodoxe Kirche, die Gehorsam gegenüber dem gottbestimmten Zaren einforderte. Im 20. Jahrhundert wurde die Funktion durch einen staatlichen Propagandaapparat übernommen, der wesentlich auf zwei argumentativen Strategien aufbaut: dem *Einzigartigkeitstopos* (Topos des Auserwähltseins) und dem *Überbietungstopos* (Allmachtstopos). Der erste Topos funktionierte vor allem mit ideologischen Bausteinen, z. B. in Form der kommunistischen Idee im Marxismus-Leninismus, die sich als einzig denkbare Vollendung der Zeitläufte verstand. Sich gegenüber dieser als ‚wissenschaftlich' bezeichneten Ideologie nicht loyal zu verhalten (z. B. durch ‚Abweichungen von der Parteilinie), bedeutete, gegen die im marxistischen Verständnis grundlegenden Gesetze der Geschichte zu verstoßen, was entsprechende Sanktionen nach sich zog. Eine aktuelle Variante des Einzigartigkeitstopos ist im Übrigen der Mythos des russischen historisch-zivilisatorischen Sonderwegs, den nicht anzuerkennen als Illoyalität gebrandmarkt wird.[78] Der

78 Das seit Mitte des 19. Jahrhunderts v. a. unter Slawophilen verbreitete Ideologem eines „russischen Sonderwegs" in der Geschichte unterstellt eine religiös grundierte, wesenshafte Andersartigkeit Russlands im Gegensatz zur westeuropäischen, auf Renaissance und Aufklärung zurückgehenden, säkularen Modernisierung. Slawophile wie Aleksej Chomjakov (1804–1860) und Iwan Kirejevskij (1806–1856) leiteten aus der Gegenüberstellung von russischer Orthodoxie und römischem Katholizismus einen Gegensatz zwischen Russland und dem Westen ab und erfanden eine utopische, auf Harmonie gegründete, altrussische Welt als Vorbild eines religiös erneuerten Staats. Konstantin Leont'ev (1831–1891) kritisierte die Gesellschaft Westeuropas für ihren Liberalismus, ihr Gleichheitsideal und ihren Fortschrittsglauben. Der Panslawist Nikolaj Danilevskij (1822–1885) konstruierte einen ***eigenen*** slawischen Zivilisationstyp, der sich durch die Ablehnung von Individualismus und Rationalismus gegenüber dem europäischen Zivilisationstyp auszeichne. Dabei stilisierte sich Russland nicht nur zum letzten Rückzugsort des „wahren Glaubens" (Orthodoxie, „Drittes Rom"), sondern erhob auch seine ruralen, auf Konsens ausgerichteten Sozialstrukturen zur nationalen Alternative gegenüber einer kapitalistischen, materialistischen Zivilisation des Westens. Im 20. Jahrhundert weitgehend zurückgedrängt, erlangte das Konzept nach 1991 wieder unter konservativ-nationalistischen Kräften große Bedeutung. Im Rahmen der nationalistischen

Überbietungstopos bedient sich im Kern einer Leistungsmetapher. In der UdSSR der 1930er Jahre galt die Losung, es gäbe „keine Festungen, die die Bolschewiki nicht erobern könnten". Lenin, Stalin wie Chruschtschow verfolgten gegenüber dem Westen das Ziel „Einholen und Überholen" und Vladimir Putin hält es trotz des verlorenen Afghanistan-Kriegs der UdSSR für gesichert, die Kriegsziele in der Ukraine zu erreichen. Ein Verstoß gegen den Überbietungstopos bedeutete, Schwäche zu zeigen und kam Defätismus gleich. Die russische politische Propaganda basiert damit auf einem arroganten Dreiklang aus Lüge, Selbststilisierung und imperialer Hybris, die nur in dem Resonanzraum eines manichäischen Bewusstseins funktionstüchtig sein kann. Die Spaltung in den Köpfen vieler Russen in eine positive Welt A (das *Eigene*, Russische, Gute, Richtige, Moralische, Traditionsbewusste etc.) und eine negative Welt B (das *Fremde*, Westliche, Falsche, Schlechte, Verlogene, Amoralische etc.) ist zum einen *Produkt* dieser auf Spaltung angelegten Propaganda, die allerdings in der Sowjetzeit (und auch in der religiös wie zivilisatorisch motivierten Europakritik im 19. Jahrhundert) ihre direkten Vorläufer hat; zum anderen ist die mentale Spaltung der Welt *Voraussetzung* für die Wirksamkeit der Medienpolitik Putins, was an den hohen Zustimmungswerten abzulesen ist.

Eine zweite Loyalitätstechnologie in Russland besteht in vielfältigen Formen, sich seine Funktionsträger und, wenn nötig, auch ganze Bevölkerungsgruppen durch finanzielle Zuwendungen oder Privilegien genehm zu machen.

In den 1990er Jahren kursierte in Moskau die Bemerkung, dass man, um als Abgeordneter in die russische Duma zu kommen, eine Million Rubel investieren müsse, man dafür aber danach um 10 Millionen reicher werden könne. Die Investition der Million ging an diejenigen Entscheidungsträger, die Einfluss auf die Besetzung der Wahllisten und Beschaffung der Wählerstimmen hatten sowie an Staatsfunktionäre, die diese Machinationen absicherten. Der 10-Millionen-Verdienst generierte sich wiederum aus Bestechungen, dem Zugang zu Fördermitteln, Aktien und Finanzspekulationen, letztendlich durch legale wie illegale Geschäftspraktiken. In diesem Zusammenhang ist bezeichnend, dass vor der Schaffung erster

---

Diktatur Putins dient die Formel vom „russischen Sonderweg" zur Legitimierung antimoderner und antiwestlicher Gegnerschaft und des politischen Bruchs mit Westeuropa. Durch die Abgrenzung von einem westlichen Weg in die Moderne verbleibt Russland jedoch stets auf Europa, wenn auch negativ, bezogen. Vgl. Roland Götz, Die andere Welt. Russlands antiwestliche Intelligenzija, in: Osteuropa 3/2015, S. 9 ff.

zentralistischer Strukturen in Russland (15. Jahrhundert) das System der ‚Kormlenie' (‚Fütterung', ‚Ernährung') existierte, in dem die regionalen Funktionsträger direkt von der Bevölkerung für ihre Dienstleistungen in Naturalien entlohnt (‚ernährt') wurden. Dieses System, wenngleich durch Iwan IV. zurückgedrängt, verkörperte die Grundidee der *Käuflichkeit* staatlicher Leistungen und bildete den Ursprung dessen, was im weitesten Sinn als Korruption bezeichnet werden kann. Im Verlauf der russischen Geschichte bildeten sich unterschiedliche Formen der Korruption durch den Staat heraus: waren dies im ausgehenden Mittelalter willkürlich erteilte Steuererleichterungen, Handels- und Schürfrechte bzw. die Erlaubnis, besonders werthaltige Produkte zu produzieren (z.B. in der Metall- oder Fellverarbeitung), verschenkten die Zaren vor allem nach 1730 große Latifundien und die dazugehörigen Leibeigenen. Auch die Erlaubnis zu Auslandsreisen gehörte in diese Kategorie. Eine Sonderrolle nahm die Gewährung des Zugangs zur Machtspitze ein, der als Privileg behandelt und seinerseits wiederum den Zugang zu Macht, Einfluss und Bereicherung bot. In der kurzen Phase einer entstehenden bürgerlichen Gesellschaft gingen diese Formen der Loyalitätsgewinnung zwar zurück, wurden allerdings in der Sowjetperiode erneut ausgeweitet. Mit den 1920er Jahren entstand für die Parteinomenklatura ein differenziert abgestuftes Privilegien- und Sonderversorgungssystem (mit eigener Coupon-Währung), das die Zuweisung von Lebensmitteln, Wohnraum, Datschen, Dienstwagen etc. genauso umfasste wie den Zugang zu Informationskanälen, Auslandsreisen, Studienmöglichkeiten und Aufstiegschancen. Angesichts eines totalen Waren- und Informationsdefizits bedeutete die Teilhabe an diesem System die Möglichkeit sozialen und beruflichen Aufstiegs, aber auch das Bewusstsein, Teil einer staatlich alimentierten Funktionselite zu sein; der Staat bzw. die kommunistische Partei erwarteten dafür als Gegenleistung unbedingte Loyalität, die auf der anderen Seite durch die Präsenz repressiver Machtapparate (NKVD, KGB, Parteikontrolle) abgesichert wurde. Das alte Prinzip „Zuckerbrot und Peitsche" setzte sich somit weitgehend lückenlos aus der vorrevolutionären Zeit fort.

Beiden Loyalitätssystemen war inhärent, dass das Privateigentum bis Ende des 18. Jahrhunderts eine außerordentlich prekäre Kategorie darstellte, denn Eigentum konnte relativ leicht staatlicherseits bzw. durch den Zaren genommen oder gewährt werden. Nach 1917 handelte es sich nicht mehr um Eigentum im direkten Sinn, sondern um Privilegien und Nutzungsrechte, mit denen der Zugriff auf nunmehr staatliches Eigentum gestattet wurde. Nach 1991 verwandelte eine besonders geschäftstüchtige Gruppe jüngerer Parteifunktionäre (v.a. aus dem Komsomol) und windiger Geschäftemacher in nur vier Jahren das Staatseigentum (Rohstoffe, Industriewerte, Produktionsanlagen, Transportmittel, Medien etc.) in Privatbesitz, jetzt in Form von Aktienpaketen, Bankbeteiligungen und privat geführten Finanzholdings. Die besonders abstoßenden Auswüchse dieses kurzzeitigen „Raubtierkapitalismus" wurden durch Putin nach 2000 zwar durch erneute Verstaatlichungen in der Rohstoff- und verarbeitenden Industrie beschnitten, dafür wurden die frisch verstaatlichten Unternehmen dafür genutzt, eine neue, nur Putin ergebene Elite zu formieren, indem man den Zugriff auf wirtschaftliche Macht und einer aus dieser generierten Option zur persönlichen Bereicherung erneut als Schmiermittel der Loyalität einsetzte. Der von Werner von Siemens Mitte des 19. Jahrhunderts geprägte Satz, Russland sei „ein Land, in dem viel Geld zu verdienen ist", erweist sich – zwar in einem anderen als dem ursprünglichen Sinn – als richtig, allerdings unter der Bedingung, dass gegenüber Staat und Herrschaft in der Währung Loyalität entsprechend zurückgezahlt wird. Strukturell hat sich somit nur wenig seit dem Mittelalter verändert: zwar kann Reichtum temporär und oft mit illegalen Mitteln angehäuft werden, er kann aber auch genauso schnell, wie man am Beispiel der entmachteten Oligarchen der Jelzin-Ära M. Chodorkovksij, V. Potanin, V. Gusinskij, M. Berezovskij u. a. sieht, durch den Präsidenten wieder genommen oder eingeschränkt werden.[79]

Eine Besonderheit der Loyalitätsverhältnisse in Russland besteht darin, dass sich diese nicht ohne weiteres von einem Herrscher auf den anderen übertragen lassen, d. h. jeder neue Herrscher ist gezwungen, die Loyalität der ihn stützenden Funktionsträger (Adelsgruppen, ‚Seilschaften') neu herzustellen und ständig zu reproduzieren. Bei einem Herrscherwechsel kam es daher stets zu einem partiellen Austausch der Eliten, da die neue Machtspitze nicht davon ausgehen konnte, dass sie der Loyalität der vorherigen Funktionselite gewiss sein konnte.

Die „Ernährung" der Eliten ist jedoch nicht die alleinige Form, in der sich Korruption in Russland manifestiert. Seit dem Ende der UdSSR hat sich die Richtung top-down durch eine weitere Form des bottom-up im Sinn eines *do ut des* erweitert, die sowohl im Wirtschaftsleben als auch in Wissenschaft, Forschung und Kultur eine besondere Rolle spielt. Staatliche Instanzen fördern beispielsweise Projekte, Maßnahmen oder wissenschaftliche Vorhaben und erwarten, dass finanzielle Anteile an den

79 Vgl. Hans-Henning Schröder, Russland unter Putin, in: Der Bürger im Staat, Heft 2/3, 2001. https://www.buergerundstaat.de/23_01/russland10.htm (18.06.2024).

Fördersummen an die bewilligenden Personen verdeckt zurückgeleitet werden. Förderbeträge werden, so der einschlägige Terminus, „zersägt", wobei jede Ebene der Förderinstanzen (Personen) einen bestimmten Anteil zurückerhält (russ. Bezeichnung: otkat, Rücklauf, Rückgabe), so dass von den unten verbleibenden Restbeträgen oftmals das Förderziel nur unzureichend umgesetzt werden kann. Staatliche Funktionsträger benutzen so den Staat zur persönlichen Bereicherung, wozu auch das erwähnte Beispiel des „Kaufes" eines Abgeordnetenplatzes gehört. Das Prinzip *do ut des* ist selbstverständlich auch im Bereich großer Staatsaufträge an Privatfirmen verbreitet und hat mit den verstärkten Rüstungsinvestitionen Russlands in der letzten Zeit erheblichen Auftrieb bekommen. Vor kurzem wurden in diesem Zusammenhang hohe, für Beschaffung zuständige Funktionsträger des Verteidigungsministeriums wegen Korruption entlassen. *Do ut des* funktioniert natürlich nicht nur im Privatsektor, sondern auch bei genuin staatlichen Betrieben, die ebenfalls nach mafiotischer Manier ‚Zahlungen' an die Entscheidungsträger zu leisten haben. Das Besondere im Vergleich zum Westen daran ist, dass nicht Schmiergeld *vor* Erhalt eines Auftrags gezahlt wird, sondern diese ‚Rückerstattungen' nachgelagert und Teil einer normalen, wenngleich illegalen Geschäftspraxis ist.

Einen dritten, eng an das personalistische Herrschaftsprinzip gebundenen Typ der Korruption stellte in der spätsowjetischen Periode die kapillare Korruption dar, mit der die gute Qualität einer staatlichen Dienstleistung erkauft wurde. Es gehörte in der UdSSR beispielsweise zur üblichen Praxis, vor einer Zahnbehandlung dem Arzt eine Flasche Cognac zu schenken, um sicherzugehen, dass die Behandlung auch lege artis durchgeführt wird. Vergleichbares wurde stets dann praktiziert, wenn es sich um sensible Dienstleistungen oder wichtige Entscheidungen handelte. Bis heute machen immer wieder Korruptionsskandale bei der illegalen Vergabe von Studienplätzen, Zertifikaten oder Genehmigungen von sich reden. Unlängst wurde die Leiterin des Puschkin-Instituts wegen Korruptionsverdachts verhaftet, da sie gegen eine entsprechende Bestechung illegal Zeugnisse über russische Sprachkenntnisse ausgegeben hatte, die für Arbeitsmigranten aus Mittelasien die Voraussetzung für eine Arbeitsaufnahme in Russland darstellen.

Betrachtet man die ausgeführten Elemente und Mechanismen der politischen Kultur aus Sicht der breiten Bevölkerung, lässt sich Folgendes als Zwischenbilanz festhalten: Staat und Herrschaft werden hochgradig ambivalent und unberechenbar angesehen, so dass grundlegende Skepsis und Misstrauen gegenüber den alltäglichen Unwägbarkeiten als selbstverständlich betrachtet werden. In der Überzeugung, dass Institutionen und ihre Regelwerke weniger gelten als Entscheidungen von Personen und dass man als Individuum dem Staat weitgehend hilflos ausgeliefert ist, zählt die Wahrnehmung des persönlichen Vorteils bei Vermeidung sozialer Devianz zu den elementaren Überlebenstechniken. Konnte man in liberalen Entwicklungsphasen durchaus auch Formen des Andersdenkens aufbauen, gehört in Zeiten repressiver Phasen die (zumindest formelle) Anpassung an den politischen Mainstream zur ersten Bürgerpflicht. Entscheidend ist, die jeweils geltenden „Spielregeln" zu verstehen und sie nach Möglichkeit zum eigenen Vorteil zu wenden. Das Resultat einer solchen Haltung äußert sich in einem frappierenden Mangel an sozialer Empathie und in einem offenen Zynismus, was sich beispielsweise gegenwärtig in Bezug auf den Ukrainekrieg zeigt.[80] Es versteht sich von selbst, dass dies für den Mainstream gilt, nicht die gesamte Gesellschaft, in der sich einzelne Gruppen sehr wohl durch moralischen Dissenz oder Verweigerung diesem Einstellungsmuster entziehen. Die Ambivalenz in den Einstellungen gegenüber Macht und Herrschaft ist auch nach der sozialen Rolle und Funktion des Individuums zu differenzieren: in Abhängigkeit davon, ob sich dieses Individuum außerhalb staatlicher Strukturen befindet (Kaufleute, Händler, Kleingewerbe etc.), dem Staat als Funktionsträger angehört bzw. von diesem abhängig ist (Bürokratie, Rentner etc.) oder selbst zur Elite zählt (politische Leitungsebene, Wirtschaftsführer, hohe Staatsbeamte etc.), sind auch die Einstellungen gegenüber dem Staat diametral gegensätzlich. Für die erste Gruppe steht der Staat vor allem für „Abzocke", Zwang und überflüssige Reglementierung, in der zweiten Gruppe für Gerechtigkeit und Ordnung in der Personifikation des alleinigen, strengen Herrschers und in der dritten Gruppe bildet der Staat den höchsten Wert an sich, da nur er sicherstellt, „wer an den Tisch herangelassen wird und wer nicht" (Fazil' Iskander), d. h. wer Zugang zu politischer Macht, Einfluss und Bereicherung erhält. Die Existenz aller drei

80 Nach Umfragen des Moskauer Levada-Instituts unterstützen insgesamt 79 Prozent der Bevölkerung die russische Kriegsführung in der Ukraine, dagegen sprachen sich nur 15 Prozent aus. Über 80 Prozent gaben ebenfalls an, in einer positiven bzw. normalen Stimmung zu sein, zu den am stärksten verbreiteten Gefühlen zählt der „Stolz auf das eigene Volk" (36 %), „Hoffnung und Zuversicht" (35 %). „Schamgefühle" für den Krieg in der Ukraine oder Angst kannten im Frühjahr 2024 nur 6–7 Prozent. Diese Daten sind natürlich vor dem Hintergrund flächendeckender Staatspropaganda zu sehen, die die militärische Realität in der Ukraine vollkommen entgegengesetzt zeigt. https://www.levada.ru/cp/wp-content/uploads/2024/06/4-podderzhka-maj.png.

Basiseinstellungen *gleichzeitig* in einer politischen Kultur und durchaus auch in ein und derselben Person, kann mit Rozov als „etatistisch-eskapistische Schizophrenie" bezeichnet werden.[81]

Werte und Einstellungen I: geokulturelle und -politische Identifikationen, Europa als Katalysator

Wie erwähnt lässt sich die Zyklizität der russischen Geschichte nicht *allein* aus dem Gegensatz zwischen „starkem Staat" und „schwacher Gesellschaft" erklären und auch nicht nur durch degenerative Phänomene am Ende einer liberalen bzw. repressiven Phase. Essentielle Bedeutung kommt im soziopolitischen Design den Wertmustern und Einstellungen der Bevölkerung in seiner Objekt- wie Subjektfunktion zu. Der den zyklischen Wechsel auslösende Mechanismus ist an Bewusstseinsmerkmale und Handlungsmuster gebunden, für die P. Bourdieu den Begriff des Habitus geprägt hat. Auf welchen Wertmerkmalen basiert dieser Habitus? N. Rozov erwähnt in diesem Zusammenhang zwei Wertkonfigurationen („Symbolkerne") in der politischen Kultur Russlands: zum einen ist dies die konservativ-etatistische Wertkonfiguration „Ordnung – Russland als Großmacht – Starker Staat – „Starke Hand" – Sicherung sozialer Gerechtigkeit – Fortschritt durch Zwang – russische Tradition – Orthodoxie – Spiritualität – Dienst an der Heimat – alltägliche Mühsal – Duldsamkeit", zum anderen die libertär-anarchische Konfiguration „Freiheit – Kampf gegen die Macht – europäische Kultur – Fortschritt durch Befreiung – religiöse Toleranz bzw. Atheismus – Individualismus – vollkommene Unabhängigkeit vom Staat – persönlicher Nutzen – geistloser Reichtum – Raffsucht". [82] Offensichtlich sind beide Wertkonfigurationen, insbesondere in ihrem Wechsel, ambivalent und weisen auf instabile Identitäten der Gesellschaft und Eliten hin. Entscheidend ist, dass diese Symbolkerne über lange Zeiträume nahezu keinen Veränderungen unterlagen, so dass „Enttäuschungen in der Ideologie der ‚Ordnung' den Hang zur Freiheit verstärken, und die Frustration über das Scheitern liberaler Reformen wiederum zur Präferenz der ‚Ordnung' (Re-

---

81 Rozov, ebd. S. 23

82 Rozov, ebd. S. 19. L. Gudkov sieht hier die Identitätszuschreibung nicht als Setzung von Positivwerten, sondern ex negativo, in Abgrenzung von dem, was man nicht sein will oder zu sein glaubt. Vgl. Lev Gudkov, Struktura i charakter nacional'noj identičnosti v Rossii (1999), in Lev Gudkov, Negativnaja identičnost'. Stat'i 1997–2002, Moskau 2004, S. 121–168.

pression) führt."[83] Neben Werten und Einstellungen sind in Bezug auf den Habitus ihre Kristallisation in sozialen Strukturen und Institutionen hinzuzunehmen, in denen Einstellungen und Werte sozial relevant zum Tragen kommen. Eine Überwindung der zyklischen Wechsel und ihrer reziproken Bezogenheit müsste daher nicht nur auf einem Wandel von Einstellungen und Werten als solchen basieren, sondern auch eine Veränderung ihrer soziostrukturellen Manifestationen (Institutionen) zur Folge haben oder diese voraussetzen.

In diesem Kontext ist die modellbildende Funktion des Westens nicht zu übersehen. Der Einfluss Europas „lässt sich nicht nur bei den Westlern, in dem Streben nach Freiheit und Demokratie wiederfinden, sondern zeigt sich in gleicher Weise in den slawophilen, eurasischen patriotisch-nationalistischen und ähnlichen Konzepten".[84] Europa als Orientierungsgröße ist somit permanent sowohl in den pro- wie antieuropäischen Anschauungen präsent, so dass N. Rozov schlussfolgert, dass „das Thema Europa (...) das *zentrale*, nahezu das einzige in Fragen der kulturellen Selbstidentifikation unseres Landes [ist]."[85] Die positiv-negative Fixierung auf Europa ist allerdings weitaus komplexer: aus russischer Perspektive wird das Verhältnis zu Europa, je nach Anschauung Vor- und Feindbild, nicht als *paritätisch* angesehen. Europa übte und übt weiterhin – aus russischer Sicht – über Russland eine starke *kulturelle* Dominanz aus, aus der eine identifikatorische *Instabilität* der Russen gegenüber Europa resultiert. „Entweder fühlen wir uns fast als Europäer und bemühen uns, an Europa Anschluss zu finden (westliche Wahl von Freiheit und Demokratie), oder wir stellen mit Verdruss fest, dass Europa uns in seine Familie niemals aufnimmt, so dass wir dies dann auch nicht brauchen (!), denn Russland ist eine eigenständige Zivilisation (historisch-kultureller Typ, Eurasien etc.) mit seinem eigenen historischen Weg (antiwestliche Wahl der Ordnung und „starke Hand").[86] Genau in dieser, seit über 300 Jahre nicht überwundenen Dichotomie sieht Rozov alle Eigenschaften einer „chronischen, geokulturellen *Pubertät*" Russlands im Verhältnis zu Europa.[87]

83 Rozov, ebd. S. 19. A. Achiezer spricht in Bezug auf die Stabilität der Symbolkerne von Phänomenen der „Gravitation". Achiezer 1997 bei Rozov, ebd. S. 19.

84 Rozov, ebd. S. 20.

85 Rozov, ebd. S. 20.

86 Rozov, ebd. S. 21.

87 Rozov, ebd. S. 21.

Mit diesem *geokulturellen* Syndrom engstens verbunden ist eine höchst widersprüchliche geo*politische* Identifikation, in der sich eine stereotype, auf politischen Mythen basierende Opposition der Wertmuster spiegelt: „Wir haben immer dank eines starken Staates, unserer Spiritualität, unserer Bereitschaft zum unbedingten Dienst an der Heimat gesiegt, aber jedoch verloren, wenn wir uns ausländischem Einfluss unterwarfen. Russland hat niemals jemanden erobert, sondern nur befreit und zu Russland hat man stets freiwillig Zuflucht gesucht". Im Gegensatz dazu: „Unsere Größe haben wir nicht auf dem Schlachtfeld erlangt, sondern in der Kultur, Wissenschaft, Kunst und Technologie, die wir dank Europa entwickeln konnten, verloren haben wir immer nur wegen unseres despotisch-asiatischen Charakters".[88] Die geopolitische Identifikation hat in der ersten Variante eine deutlich ausgeprägte religiöse, ideologische und ethisch-moralische Dimension. Russland sieht sich als Leitnation der Slawen, als Heimat der wahren Orthodoxie, Land des Kommunismus und antiwestliche Front, als „helle Insel im Reich der Dunkelheit" (Rozov) und außerzeitlicher Kämpfer gegen das Böse, im konträren Konzept figuriert Russland als „Gefängnis der Völker", „Gendarm Europas", kommunistischer Okkupant. „Niemand mag uns und wir haben dies verdient. Die Rolle Russlands besteht darin, anderen Völkern und Ländern eine tragische Lektion darüber zu erteilen, wie man es nicht machen sollte."[89]

Es ist leicht nachzuvollziehen, dass sich die zweite Variante ausgesprochen schlecht für eine *positive*, soziale Mobilisation stimulierende Identifikation eignet, so dass in der Regel die erste Variante verwendet wird, wobei umstritten bleibt, ob für die „Größe Russlands" westliche oder antiwestliche Methoden eingesetzt werden. Sieht man die geokulturell und geopolitisch *gespaltene* Identifikation in ihrem Zusammenwirken, zeigt sich ein Wechselspiel zwischen maßloser Selbstüberhöhung der eigenen Macht, Rolle, Mission und Wirkung und einem Komplex grenzenloser Minderwertigkeit, Selbsterniedrigung und Hilflosigkeit. Würde man eine solche Konstellation auf die Psyche eines Menschen übertragen, wäre der Begriff einer schweren *„geopolitischen Neurose"* angemessen.[90]

88 Rozov, ebd. S. 21.

89 Rozov, ebd. S. 21.

90 Vgl. Nikolaj Petrov, Vom Homo Sovieticus zum ... Homo Sovieticus, in: Manfred Sapper, Volker Weichsel (Hgg.), Lev Gudkov – Wahres Denken. Analysen, Diagnosen, Interventionen, Berlin 2017, S. 316 ff.

Unbeachtet blieb bis jetzt ein Phänomen, das sich im Gegensatz zu den Inhalten von Identifikation und Wertmustern stärker auf den Einstellungs-*modus* bezieht, in dem sich Individuen mit Staat, Gesellschaft, Macht und Alltag in Beziehung setzen, für diese Beziehung eine spezifische Optik entwickeln und damit die Brücke zu den erwähnten Wertkonfigurationen schlagen. Können die letztgenannten unter sich verändernden historischen Bedingungen durchaus Schwankungen und Trendwenden unterliegen, so bleibt die Art und Weise, sich anderen sozialen Gruppen, dem Staat und seinen Machtapparaten gegenüber zu verhalten, über extrem lange Zeiträume relativ gleich, denn hier haben wir es mit dem basalen modus operandi der politischen Kultur zu tun.

Werte und Einstellungen II: Zynismus und Moral

In der russischen Literatur des 19. Jahrhunderts, slawophilen Ideenlehren, religionsphilosophischen Traktaten und zeitgenössischen Selbstbeschreibungen, sogar in Erfahrungsberichten westlicher Reisender figuriert ein besonderes Charakteristikum der Fremd- und Selbstzuschreibung von Russen, das in außerordentlicher ‚Leidensfähigkeit' und ‚Geduld' einerseits sowie in einem ausgeprägten Gemeinsinn, der Hilfsbereitschaft und einem Hang zu „konsensualen Entscheidungen" (G. Simon) zum Ausdruck kommt. Wie passt dies mit Begriffen wie Zynismus zusammen und welcher Art scheint die für die politische Kultur relevante Moral in der Gesellschaft zu sein?

Der bedeutende russische Satiriker, Humorist und telegene Bühnenstar Michail Zadornov, der mit seinen zugespitzten Anekdoten die geniale Bauernschläue und Gerissenheit „der Unsrigen" (d. h. der Russen), vor allem im Vergleich zu anderen Völkern, z. B. zu den als stur und unflexibel dargestellten Deutschen oder tölpelhaften Amerikanern kritisch wie bewundernd karikiert und damit ein Massenpublikum zum Lachen gebracht hat, verdeutlichte das spezifisch Russische in folgender Anekdote: das goldene Fischlein, das in der Volksmythologie Wünsche erfüllt, kommt zu einem Deutschen und fragt ihn, was er sich wünsche. Der Deutsche wählt ein schönes Haus, das er auch bekommt. Die nächste Frage gilt dem Amerikaner, der sich ein großes Auto wünscht und bekommt. Dann fragt das goldene Fischlein den Russen: Willst du auch ein großes schönes Haus? Der Russe lehnt ab. Willst du viel Geld? Der Russe lehnt wieder ab. Willst du eine ebenso schöne große Kuh, wie dein Nachbar eine hat? Der Russe lehnt erneut ab. Was willst du denn, fragt das goldene Fischlein? Ich will, dass sie ihm verreckt, antwortet der Russe. Großes Gelächter im Publikum. Die Reaktion verblüfft, denn ein Westeuropäer würde die Pointe dieser Anekdote eher befremdlich finden, basiert es doch auf der Kombination von Selbstverweigerung und Sozialneid, aber augenscheinlich ist es genau die Absurdität dieser Kombination, die den vorgehaltenen Spiegel fokussiert, das Sich-Wiedererkennen auslöst und die Lachmuskeln bewegt. Die Reaktion des in der Anekdote angeführten „Russen" erschöpft sich indes nicht in Neid und Missgunst. Sie basiert letztlich auf einer *zynischen* Weltsicht, die die Ausweglosigkeit der eigenen Situation in der Welt antizipiert und bestenfalls versucht, in einer für das Individuum möglichst günstigen Lage zu verbleiben. In seinem wegweisenden empirischen Werk über die soziologischen und sozialpsychologischen Dimensionen des Sowjetmenschen charakterisiert Jurij Levada das Phänomen zynischen Bewusstseins bzw. Verhaltens als Resultat einer Arbitrarisierung normativer Moralsysteme: „In der sowjetischen Ära wurde ein neues, in seiner Bedeutung universelles und in seinen Quellen absolutes („im Namen und Auftrag des historischen Fortschritts") normatives Wertesystem postuliert, das alle vormals bestehenden ersetzen oder ablösen sollte. In Wirklichkeit wurden lediglich die Zeichen und Begriffe in einigen normativen Bereichen verändert und weitere hinzugefügt. Die Formel, «moralisch ist das, was nützlich ist» (in den Varianten: «für das arbeitende Volk», «für die Sache des Kommunismus» etc., in wirklicher Bedeutung: «was den Plänen und Anweisungen von oben entspricht») erhob ein rein *utilitaristisches* normatives System zum Absoluten. (...) Eines ihrer wichtigsten Merkmale war von Anfang an die grundsätzliche Unmöglichkeit, die an das Individuum gestellten Anforderungen zu erfüllen. Es war unmöglich, die jeweiligen Kehrtwenden der politischen Konstellation als «Diktat der Geschichte» zu akzeptieren. Niemand konnte «seine ganze Kraft der Erfüllung des Fünfjahrplans widmen». Es war unmöglich, «grandiose Pläne» zu verwirklichen, ohne dass man etwas hinzudichtete, Privilegien nutzte oder knappe Ressourcen «herausschlug». So bildete sich der «gerissene (zynische) Mensch» sowjetischen Typs heraus. Die absolute Gewalt von oben führte zu einer absoluten Anpassungsbereitschaft an die Verhältnisse. In Ermangelung von Widerstandsmöglichkeiten stimmte der Mensch feierlich oder stillschweigend den repressiven Vorschriften zu und suchte beharrlich nach Schlupflöchern, sie zu umgehen. In dem am weitesten verbreiteten Fall geschah dies, um zu überleben, seltener, um die Möglichkeiten des zynischen Systems im Interesse von Karriere und Status zu nutzen. (...) Der Erfolg dieses Systems wäre (zumindest für viele Jahrzehnte) unmöglich gewesen, wenn es sich nur auf Massenzwang und Massentäuschung gestützt hätte. Heute ist klar, wie naiv die in den 1960er und sogar noch in den 1980er Jahren weit verbreitete Vorstellung war, dass das Volk von einer allwissenden und äußerst zynischen parteipolitischen Führungsspitze getäuscht worden sei (im Sinne des von George Orwell beschriebenen „doublethink"). Ein betrügerischer Mensch, auf allen Ebenen, in all seinen Seinsarten, duldet nicht nur Täuschung, sondern ist *bereit*, sich täuschen zu lassen, ja, er braucht die Selbsttäuschung ständig zur (auch psychologischen) Selbsterhaltung, zur Überwindung der eigenen Spaltung, zur Bestätigung der eigenen Täuschung. (...) Unter den Bedingungen universellen Betrugs wird die Erfüllung der normativen Imperative zu einer mehr oder weniger betrügerischen Transaktion (z. B. «die einen tun so, als ob sie arbeiten, die anderen tun so, als ob sie dafür Lohn zahlen») (...). Die Koexistenz und Interaktion verschiedener normativer Bereiche mit ihren eigenen Kriterien des Erlaubten und Verbotenen, des Akzeptierten und Sanktionierten sind verschiedenen sozialen Systemen inhärent, in denen eine Unterscheidung zwischen Alltäglichem und Festlichem, Eigenem und Fremdem, Privatem und Offiziellem besteht. Die (auch heute noch erhaltene) «sowjetische» Besonderheit besteht darin, dass diese Unterscheidungen der normativen Bereiche verwaschen und unklar sind. Das zynische Bewusstsein überschreitet leicht die konven tionellen Schranken, findet zahlreiche Schlupflöcher in den Vorschriften – kurzum, es spielt ein Spiel «ohne Regeln» (oder «ein Spiel mit den Regeln selbst»). (...) In der postsowjetischen Zeit hat die Zerstörung der *autoritären* (normativen) Strukturen eine Korrumpierung aller Werte und normativen Systeme der Gesellschaft auf verschiedenen Ebenen (einschließlich der persönlichen Ebene) bewirkt, nicht weniger ernst und gefährlich als die weithin diskutierte Korruption ihrer wirtschaftlichen und politischen Systeme. Gleichzeitig hat die Situation eines scheinbaren normativen Pluralismus und der «Gesetzlosigkeit» wie jede Konfliktstruktur ihre eigene Logik, d. h. ihre ungeschriebenen «Spielregeln». Das praktische Fehlen allgemein verbindlicher Autoritäten schafft eine multipolare Struktur des normativen Feldes, in dem verschiedene Einflusszentren nebeneinander existieren, miteinander konkurrieren und sich in gewissem Maße gegenseitig ausgleichen."[91] Zweifelsohne hat die sowjetische Periode mit ihrem rein utilitaristischen Moralbegriff maßgeblich zur exzessiven Ausweitung zynischer Moralvorstellungen beigetragen; es stellt sich allerdings die Frage, ob ein anderes, nicht zynisches Bewusstsein in der vorrevolutionären Zeit überhaupt vorhanden war oder jenes nicht aus älteren histori-

91 T.V. Levada (Hg.), Jurij A. Levada. Sočinenija: problema čeloveka [Werke: Probleme des Menschen], Moskau 2011, S. 199–202.

schen Schichten, insbesondere aus der Bauernschaft, stammt. Lüge und Hinterlist als Begleitumstände des Zynismus konstatierte bereits vor fast 200 Jahren Custine: „Die Russen sind noch von der Wirksamkeit der Lüge überzeugt und diese Illusion wundert mich nicht bei Leuten, welche sie so häufig benutzt haben. Es fehlt ihnen keineswegs an Klugheit und Fassungskraft; aber in einem Lande, wo die *Regierenden* die Vorzüge der Freiheit noch nicht begriffen haben, selbst die nicht, welche ihnen selbst zu Gute kommen, müssen die Regierten vor den unmittelbaren Unannehmlichkeiten der Aufrichtigkeit zurückweichen.“[92] So schlussfolgert Custine weiter: „Das russische Volk ist durch seine Regierung schweigsam und hinterlistig geworden, während es sonst sanft, heiter, gehorsam, friedlich und schön war. Das sind gewiss große Gaben, aber wo die Redlichkeit fehlt, fehlt alles. Die mongolische Habgier dieses Volkes und das nicht zu beseitigende Misstrauen äußert sich in den geringsten Lebensumständen wie bei den wichtigsten Angelegenheiten.“[93] Jurij Levada wie Custine sehen den moralischen Verfall als Produkt staatlicher Unterdrückung, auf die es zynisch reagiert, weil es nur durch eine solche Einstellung überleben *kann*. „Im Grunde der russischen Seele (entdeckt man) die unvermeidlichen Verwüstungen der willkürlichen Staatsmacht in ihrer letzten Konsequenz; erstens ist es eine ungehobelte Gleichgültigkeit gegenüber der Heiligkeit des Wortes, gegenüber der Wahrheit der Gefühle, der Gerechtigkeit des Handelns, zweitens ist es der Sieg der Lüge in allen Lebenslagen, die fehlende Redlichkeit, die unlautere Absicht, der Betrug in allen Formen; kurz: die Moral ist abgestumpft.“[94] Täuschung und Selbsttäuschung haben für das zynische Bewusstsein indes Grenzen. Das zynische Bewusstsein weiß, dass es zynisch ist, was es wiederum akzeptiert, da es sich oft als alleinige Überwindung einer ansonsten ausweglosen Lage anbietet. Eine Selbsttäuschung hat daher vor allem eine therapeutische Funktion. Aber nochmals zur Präzisierung: „Zynismus ist das aufgeklärte, falsche Bewusstsein. Es ist das modernisierte unglückliche Bewusstsein, an dem Aufklärung zugleich erfolgreich und vergeblich gearbeitet hat. Es hat seine Aufklärung gelernt, aber nicht vollzogen und wohl nicht vollziehen können. Gutsituiert und miserabel zugleich fühlt sich dieses Bewusstsein von keiner Ideologiekritik mehr betroffen, da seine Falschheit bereits reflexiv gefedert ist.“[95] Die immanente Selbsttäu-

---

92 Custine, ebd. S. 189.

93 Custine, ebd. S. 290.

94 Custine (1843), zit. nach Tim Guldimann, Moral und Herrschaft, ebd. S. 50.

95 Peter Sloterdijk, Kritik der zynischen Vernunft, Bd. 1, Frankfurt/M. 1983, S. 2.

schung des zynischen Bewusstseins dient somit zur Abmilderung des Widerspruchs zwischen Sollzustand und Realität, als „Immunschutz des Bewusstseins, das nur auf diese Weise seine Ideale hochhalten und sich gleichzeitig die Hände schmutzig machen muss."[96]

Weniger Degradation als eine *nicht vollzogene* Ausdifferenzierung der Moral konstatierte Tim Guldimann in seiner Studie zu Moral und Herrschaft in der Sowjetunion. „Der Unterschied der historischen Entwicklung Russlands gegenüber dem Westen konkretisiert sich im unterschiedlichen Moraltyp der staatlichen Herrschaft. Während im Westen durch die Aufklärung und die bürgerliche Revolution die Rechtfertigung staatlicher Herrschaft den Schritt vom konventionellen zum postkonventionellen Niveau vollzogen hatte, stabilisierte die Oktoberrevolution das staatliche Herrschaftsverhältnis auf dem *konventionellen* Niveau der vierten Stufe und eliminierte gleichzeitig die politischen Kräfte der ‚société civil', die den demokratischen Übergang zur fünften Stufe zu vollenden suchten (...)."[97] Die Institutionen des demokratischen Rechtsstaates lassen sich der fünften Stufe zuordnen (Gesellschaftsvertrag), da seine Rahmenbedingungen nicht konventioneller (Stufe 4), sondern postkonventioneller Natur (Stufe 5) sind. Für Guldimann ist daher die aus der geschichtlichen

---

96 Holger von Dobeneck, Das Sloterdijk-Alphabet: eine lexikalische Einführung in Sloterdijk, Würzburg 2006, S. 140.

97 Tim Guldimann, Moral und Herrschaft in der Sowjetunion. Erlebnis und Theorie, Frankfurt/M. 1884, S. 216. Guldimann geht dabei in Analogie zur Persönlichkeitsentwicklung von einem Modell historischer Moralgenese auf fünf Stufen aus, die von Straf- und Gehorsamsorientierung (Berücksichtigung äußerer Normen und Strafvermeidung) (Stufe 1), über eine instrumentell-hedonistische Tauschorientierung (Konkurrenz Gleichgestellter, Konfliktlösung durch Kompromiss) (Stufe 2), in ein Feudalverhältnis (feudale Abhängigkeit und Loyalität gegenüber Bezugspersonen) (Stufe 3) münden. Stufe 4 ist durch einen Moraltyp bestimmt, bei dem eine zentralistische und absolute Befehlsgewalt (wie z. B. im europäischen Absolutismus, Faschismus) die moralische Normsetzung vollzieht. Für diesen Typ sind Law-and-Order, Freund-Feind-Denken, ein Manichäismus der Ideologie, die Polarisierung des Wahrheitskonzepts und Beurteilung der Außenbeziehungen danach, was dem eigenen Land nützt, bestimmend. Das Individuum in eine hierarchische Befehlsstruktur eingebettet. Stufe 5 erfordert rechtsstaatliche Strukturen und Grundlagen: Die Beziehung zwischen Individuen sowie zwischen Individuum und Staat (im Sinne eines Gesellschaftsvertrags) sind reflektiert, die Normenbegründung kann hinterfragt werden. Ebenso kann die Vereinbarkeit von Normen mit allgemeinen Prinzipien und Grundrechten reflektiert, geprüft und eingeklagt werden. Das Individuum ist zur Zustimmung zum Vertrag verpflichtet.

Entwicklung Russlands zu erklärende Ausgangslage der Moral eine grundsätzlich andere: Das Fehlen eines Rechtsstaats, der sich historisch gesehen nie ausprägen konnte und immer wieder auf feudale (Stufe 3) oder autokratisch-absolutistische Machtmodelle (Stufe 4) zurückgeworfen wurde, verhinderte, dass sich parallel ein Moralbewusstsein herausbilden konnte, das im Stande gewesen wäre, die manichäische Polarisierung mit seiner Fixierung auf den dichotomischen Phasen-Switch zu überwinden. Russland hat somit die in Westeuropa erreichte Moralstufe nicht ausgebildet und unterscheidet sich hierdurch *prinzipiell* vom Westen. Für das Problem des zynischen Bewusstseins bedeutet dies, dass „dadurch, dass der Herrscher die Normen kraft seiner Souveränität festsetzt und die Normen nicht zu rechtfertigen braucht, dieses Herrschaftsverhältnis des Impulses ‚von unten' für die Normenerneuerung entbehrt, denn jene, die die Normen in den sich verändernden gesellschaftlichen Bedingungen erfüllen müssen, haben nicht die Möglichkeit, obsolete Normen in Frage zu stellen."[98] Sieht man die Reichweite und den Wirkungsgrad der sich nach 1991 schrittweise emanzipierenden Zivilgesellschaft, bevor sie nach 2004 wieder unterdrückt wurde, sind jedoch Fragen angebracht, wie hoch der Anteil derjenigen Bevölkerung ist, für den gilt: „Jede Kritik am staatlichen Herrschaftsanspruch wird repressiv abgeblockt, jede Kritik, die Bezug nimmt auf die durch die Normen verletzten Prinzipien, seien es Wahrheit, Menschenrechte oder (...) Ideale und damit versucht, die Rechtfertigung der Normen einzuklagen. Kritik an der Ideologie ist ein Attentat gegen das System. Ein öffentliches Ausbrechen kritischer Staatsbürger (...) in die fünfte Stufe [der Moralhierarchie] wird im Keimen erstickt."[99] Nach zahlreichen Umfragen des Levada-Instituts scheint dies aktuell für ca. 15–20 Prozent der (vor allem jüngeren) Bevölkerung zuzutreffen. Die verbleibenden 80 Prozent haben sich entweder mit der dargestellten zynischen Haltung arrangiert oder unterstützen den auf nationalistischer Ideologie, militärischer Gewaltanwendung und imperialen Ansprüchen aufgebauten gegenwärtigen Kurs Russlands. Bekanntermaßen können nationalistische Ideologien nicht über längere Zeiträume ihre Mobilisationspotentiale angemessen erhalten, wenn sie nicht durch eine sich permanent steigernde Perhorreszierung äußerer Gegner oder identifikatorisch wirksamer Erfolgsmeldungen dazu in die Lage versetzt werden. Ist dies nicht der Fall, breitet sich der Zynismus flächendeckend aus, eine Regression auf die dritte oder zweite Moralstufe beginnt.

98 Guldimann, ebd. S. 210.
99 Guldimann, ebd. S. 227.

„Staatliche Normen werden nicht mehr verinnerlicht, sondern nur noch als äußere Befehle wahrgenommen, denen man sich opportunistisch anpasst, wobei man ausschließlich eigenen Nützlichkeitserwägungen folgte. Moralische, über dem eigenen Nutzen stehende Werte behalten ihre Gültigkeit nur noch für die *persönlichen* Beziehungen, weil sie dort in der gegenseitigen Rollenverpflichtung stabilisiert werden. (...) Die soziale Schizophrenie und der daraus resultierende Rückzug in eine präkonventionelle Moral (führt) in eine fatale Ausweglosigkeit: erstens entzieht die Auflösung konventioneller Moralstrukturen dem System die Grundlage für dezentralisierende Reformstrategien, die die Bevölkerung vermehrt an der politischen und wirtschaftlichen Verantwortung teilnehmen ließen, zweitens verunmöglicht nicht nur die Unterdrückung jeglicher Öffentlichkeit, sondern vor allem die Bewusstseinsspaltung des Bürgers, dass aus der Bevölkerung Opposition und damit ein korrektiver Druck auf das System entstehen könnte. (...) (Dies) hat zur Folge, dass die innere Stabilität des Systems allein auf der repressiven Herrschaft des Staates beruhen kann, dem *ausschließlich* der Rückgriff auf staatliche Gewalt bleibt, um die Beachtung seiner Normen durchzusetzen."[100] Der Rückfall auf die Stufen 3 und 2 der Moralentwicklung erklärt spiegelbildlich auch, warum man gegenüber Freunden, Nachbarn oder anderen Bezugspersonen durchaus große Hilfsbereitschaft und Empathie zeigen kann, bei gleichzeitiger totaler Empathielosigkeit und Gleichgültigkeit gegenüber Personen oder Gruppen, die nicht diesen Gruppen angehören bzw. denen Konkurrenz oder Gegnerschaft (wie z. B. der ukrainischen Bevölkerung) zugeschrieben wird.[101]

---

100 Guldimann, ebd. S. 229–231.

101 Als aktuelles Beispiel kann die durch das Levada-Institut (Moskau) regelmäßig analysierte gesellschaftliche Stimmung dienen: so gaben in einer repräsentativen Befragung im Mai 2024, ungeachtet der Kriegsereignisse in der Ukraine, 67 Prozent der Bevölkerung an, dass ihre Stimmung ausgeglichen normal sei, 16 Prozent, der höchste überhaupt seit Jahrzehnten gemessene Wert, gaben haben, bester Stimmung zu sein und nur 4 Prozent betrachteten die aktuelle Situation mit Sorge. Der Krieg und die durch die Sanktionen bedingten Einschränkungen (bei Reisen nach Westeuropa bzw. Finanzdienstleistungen) der Bevölkerung besaßen nur eine untergeordnete Bedeutung. Für 78 Prozent der Bevölkerung spielten diese keine Rolle. https://www.levada.ru/cp/wp-content/uploads/2024/06/2-4.png (27.06.2024).

Die instabile geopolitische und geokulturelle Identifikation Russlands, die sowohl Anziehung an und Abstoßung von Europa erlaubt, steht in Bezug auf die Einstellung zur Wirklichkeit in einer Double-Bind-Beziehung: Zynismus wie Selbsttäuschung erlauben einen reibungslosen Wechsel der Einstellungen, ohne dass hierdurch langfristige Wertbindungen aufgegeben werden müssten. Jüngstes Beispiel hierfür ist die sich in ihr Gegenteil verkehrte Einstellung gegenüber Deutschland; figurierte Deutschland noch bis 2010, nach Weißrussland und Kasachstan, auf Platz 3 der Beliebtheitsskala („enger Freund bzw. Verbündeter"), fiel es nach 2014 und insbesondere nach 2022 auf die letzten Plätze zurück, negativ nur noch übertroffen durch die Ukraine und die USA. Man kann bezweifeln, ob dies auf einen tatsächlichen Meinungs- und Einstellungsumschwung zurückgeht oder hier eher ein zynisches Einschwenken auf die neue Linie der staatlichen massenmedialen Propaganda vorliegt, die Respondenten sich daher so verhalten, wie es der veränderte soziopolitische Trend vorgibt.[102] Konnte man noch vor der Perestrojka und dem dann beginnenden Emanzipationsprozess kleinerer sozialer Gruppen (westlich orientierte Intellektuelle, Geschäftsleute, jüngeres städtisches Publikum) autoadaptives Verhalten für ein aussterbendes Phänomen halten, zeigt sich heute ungebrochen seine Invarianz. Der Grund hierfür liegt in erster Linie in den ideologisch grundierten Manipulations- und Sanktionierungsmechanismen, die staatlicherseits die nahezu totale Unmündigkeit der Bevölkerung bewirken.[103] „Der Herrschaftsanspruch des Staates [bezieht sich] nicht nur auf die Normen, die das gesellschaftliche Verhalten der Individuen regeln und damit den Soll-Zustand der gesellschaftlichen Realität definieren, sondern er erstreckt sich auch darauf, *wie* die Menschen die gesellschaftliche Realität im Ist-Zustand wahrnehmen und verstehen sollen. In der staatlichen Ideologie vermengt sich nämlich der Anspruch über den Soll-Zustand des gesellschaftlichen Lebens mit demjenigen über die Deutung des Ist-Zustandes und entfernt sich zunehmend von der gesell-

---

102 https://www.levada.ru/2019/06/14/soyuzniki-i-vragi-sredi-stran/ (29.06.2024). In jedem Fall kann vermutet werden, dass ein solcher rapider Wechsel von einer zuvor positiven zu einer nunmehr negativen Wertzuschreibung in gleicher Weise zynisch war und v. a. auf Nützlichkeitserwägungen oder Anpassungszwängen basierte.

103 Vgl. Theodore P. Gerber, Jane Zavisca, Does Russian Propaganda Work?, in: The Washington Quarterly 39:2 (Summer 2016), S. 79–98.

schaftlichen Wirklichkeit."[104] Das zynische Bewusstsein in den Machtapparaten korrespondiert hier direkt mit der zynischen Perzeption der Bevölkerung, die der Manipulation nur allzu bereitwillig folgt. Seit den 1980er Jahren hat sich jedoch ein wichtiger Bestandteil der Manipulation verändert: galt seinerzeit noch die äußerlich verbindliche, praktisch jedoch vollends desavouierte Leitlinie einer Sowjetideologie (Brezhnewscher Prägung), die nur noch als reine *politische* Machtlegitimation verstanden wurde, rekurriert der Putinismus auf ein konservativ-nationalistisches Gesellschaftsmodell, dessen Ziel in der Re-Etablierung eines vormodernen, patriarchalischen Idealzustands, einer Harmonie zwischen Volk und Herrschaft besteht. War es somit Mitte der 1980er Jahre fast unmöglich, ernsthaft „gläubige" Marxisten zu finden, so fällt heute die Suche nach Vertretern reaktionärer nationalistischer Einstellungen nicht schwer, mit der gegen den „liberalen Globalismus" des Westens Front gemacht wird. „Putins gemäßigter, vernünftiger Konservatismus stützt sich auf moralische Normen und Traditionen als Mittel zur Weitergabe von Erfahrungen von einer Generation zur anderen – kulturell, national, religiös und sozial. Und das ist kein liberaler, sondern ein sozialer Konservatismus, der sich auf das Volk stützt und einen Vektor zur Stärkung eines sozial orientierten Staates darstellt. (...) Für Putin steht der liberale Dogmatismus an der Grenze zur Absurdität. Und viele Menschen im Westen erkennen, dass die Abweichung von den seit Jahrtausenden allgemein akzeptierten Normen der Moral und des gesellschaftlichen Lebens zur Zerstörung der Familie und der Nation als Ganzes führt. Generell ist der Liberalismus dogmatisch, fundamentalistisch, zerstörerisch und gefährlich für die Menschheit geworden."[105] Die *prospektive* Utopie des Sowjetmarxismus wurde durch eine *retrospektive* Utopie einer national und religiös dominierten Antimoderne ersetzt, die allerdings im Gegensatz zur Sowjetideologie an bestehende antiwestliche, antimoderne und reaktionäre Einstellungen in der russischen Bevölkerung anschließbar ist.[106]

Der propagandistische Rückgriff auf nationale Mythen, Verschwörungstheorien in Bezug auf den Westen, die Schaffung eines irrationalen militä-

104 Guldimann, ebd. S. 224.

105 A.V. Ščipkov, Konservatizm Putina orientirovan na narod i nravstvennuju normu [Der Konservatismus Putins ist auf das Volk und die moralische Norm ausgerichtet], 22.10.2021 patriarchija.ru (27.06.2024).

106 Vgl. Katharina Bluhm, Sozialer Konservatismus und autoritäre Staatsvision in Russland, in: RGOW 10/2021, S. 13–15; Ulrich Schmid, Der neue Wertkonservatismus in der russischen Führung, in: RGOW 10/2021, S. 16–17.

rischen Bedrohungsszenarios, die manichäische Spaltung der Welt in Gut und Böse haben die isolationistischen Tendenzen in Russland nachhaltig verstärkt und dienen nunmehr als Basis für eine langfristig angelegte Umerziehung der Jugend im patriotischen Geist.[107] Genuiner Bestandteil dieser ideologischen Re-Unifizierung Russlands ist auch der Umgang mit der eigenen Geschichte, der in den letzten Jahren auch im Westen umfassend untersucht und dokumentiert wurde.[108] „Sowohl das Verschweigen eines Teils der Wahrheit, zusammen mit der systematischen Zerstörung der historischen Erinnerung, als auch die Unterdrückung jeglicher Kritik oder konträren Meinung machen jede offizielle Aussage zum Teil eines verlogenen Weltbildes und damit faktisch zur Lüge. Die Lüge in dieser erweiterten Bedeutung wird zur allgegenwärtigen Universallüge der Ideologie, auf der die staatliche Herrschaft beruht. Die Ideologie hat die Wahrheit als objektive Referenz, an der sich der staatliche Anspruch zu messen hätte, aufgehoben. Der Herrschaftsanspruch des Staates (...) lässt sich deshalb nicht mehr zur Realität zurückführen, denn die Ideologie müsste sich selbst auf diesem Weg zurück zur Wirklichkeit aufgeben."[109] Forderte Alexander Solženicyn, vormals dissidentischer Schriftsteller, Exilant und nach seiner Rückkehr nach Russland einer der Apologeten der Renaissance nationalen Denkens, von den Intellektuellen der 1970er Jahre, die Verlogenheit des Sowjetsystems offenzulegen, gilt heute wieder: Russland lebt nicht *mit* der Lüge (Solženicyn), sondern *in* der Lüge (Guldimann), für die ein

107 Vgl. die interne Anweisung des Hochschul- und Wissenschaftsministeriums vom 29.04.2021, Metodičeskie rekomendacii po sozdaniju studenčeskogo patriotičeskogo kluba v obrazovatel'noj organizacii [Methodische Empfehlungen für die Gründung eines studentischen patriotischen Klubs in einer Bildungseinrichtung], Moskau 2021; Allyson Edwards, Wie „gute russische Patrioten" geformt werden: Erziehung, Indoktrinierung und die Jugend in Russland, Russland-Analysen Nr. 445 (22.01.2024) S. 8–13.

108 Vgl. beispielshaft: Susan Stewart, Geschichte als Instrument der Innen- und Außenpolitik am Beispiel Russlands. Wie die Gegenwart die Vergangenheit beeinflusst, SWP-Studie 22, November 2020, Berlin. Andreas Kappeler, Revisionismus und Drohungen. Vladimir Putins Text zur Einheit von Russen und Ukrainern, in: Osteuropa, 71. Jg., 7/2021, S. 67–76. Für weitere aktuelle bibliographische Angaben wird auf die zahlreichen Analysen zu diesem Thema auf Russland-Analysen (laender-analysen.de) unter dem Stichwort „Geschichtsbewusstsein und Vergangenheitspolitik" verwiesen.

109 Guldimann, S. 224–225.

gewaltiger Medienapparat mit der Funktion einer „medialen Herstellung von Wahrheit" sorgt.[110]

Ein typischer Effekt eines Lebens in der propagandistischen Lüge ist die Herausbildung eines paranoiden Bewusstseins in der Bevölkerung, das sich einerseits aus den weit verbreiteten Verschwörungstheorien speist, andererseits aber auch eine fundamental andersartige Erkenntnis*methode* darstellt. Die Erfahrung staatlicher Willkür und Terrors im 20. Jahrhundert verursachte tiefes Misstrauen gegenüber Staat und Gesellschaft, das sich fest in das kollektive Bewusstsein eingraviert hat. Parallel wurden seit den 1920er Jahren alle medial vermittelten Informationen über Politik, Gesellschaft, Wirtschaft usw., die nicht dem ideologischen Sollwert entsprachen, manipuliert, filtriert oder gänzlich unterdrückt. Sowjetbürger hatten, außer ihrer persönlichen Erfahrungswelt, praktisch keine Möglichkeit, sich realistisch über die sie umgebende Welt zu informieren. Auf dieser Basis bildete sich ein *pathologischer Platonismus* heraus, der *hinter* einer jeden Nachricht immer eine zweite, möglicherweise dritte, vierte Realität vermutete. Real war daher selten das, was evident, logisch und nachvollziehbar in den manipulierten Medien verkündet wurde, sondern immer eine verborgene, eigentliche Realität, in der die wahren Triebkräfte und Interessen wirkten. Die fehlende Transparenz provozierte so ein alternatives, funktional paranoides *Verständnismodell*. „Paranoia in such a context becomes *way of knowing* and a *mode of perception*, noting the connections between things declared by official authorities as unconnected. Such cultural paranoia, more than just an indicator of madness, can also be a *method*, providing a way of seeing multiple, interconnected – though officially denied – stratifications of reality."[111] Um in die tieferen Verständnisschichten zu gelangen, bediente man sich der Interpretation kleinster Veränderungen an der Oberfläche, z. B. eine veränderte Positionierung der Politbüromitglieder bei Feiertagen auf dem Lenin-Mausoleum wurde dahingehend gedeutet, dass sich ihr politisches Gewicht verändert haben *musste*. Zufälle gab es in diesem Weltverständ-

110 Ulrich Schmid, Technologien der Seele, ebd. S. 15 ff.; ders., Bewegte Geschichtsbilder. Filmische Modellierung von Historizität in Russland, der Ukraine und Polen, hrsg. von Christine Gölz, GWZO – Leibniz-Institut für Geschichte und Kultur des östlichen Europas, Oskar-Halecki-Vorlesung 2017, Köln 2019, S. 13–40.

111 Ray Pratt: Projecting Paranoia. Conspiratorial Visions in American Film University Press of Kansas, Lawrence 2001, S. 9.

nis nicht mehr, alles erlangte im Sinne einer Hypersemiose Bedeutung.[112] Die ‚eigentliche', zweite Realität konnte dabei im kompletten Widerspruch zur ‚ersten', sichtbaren, stehen, was das paranoide Bewusstsein sogar als Richtigkeitsnachweis der Erkenntnisleistung ansah. Auf einer dieser ‚Realitäts-ebenen' stellte sich auch stets die Frage nach Gründen und Motiven, d.h. nach den bei einem Ereignis wirkenden Interessen. Geschichte ereignete sich damit nicht einfach, sie entsprach strukturell immer bestimmten Interessenlagen als den eigentlichen Triebkräften der Geschichte.[113] Erneut sichtbar wurde dieses Phänomen der politischen Kultur am politischen Diskurs über den Krieg in der Ukraine.[114]

Zum paranoiden Verhältnis zur Wahrheit gehört eine weitere Neurose, die bereits Herberstein und Custine beschrieben hatten: der Kult um Geheimnisse und Geheimhaltung. Die Unterdrückung von Informationen, ihre Filtrierung oder Manipulation zählte seit dem Mittelalter zu den gängigen Techniken, Herrschaft auch durch Unwissenheit der Beherrschten sicherzustellen. Wem welche Informationen zugänglich waren, gehörte in der Zeit der Sowjetunion zum Privilegiensystem. Je höher eine Person in der Machthierarchie aufstieg, umso mehr Informationen konnte sie über die Interna des Landes erhalten. Die Abstufungen des Informationszugangs bestanden aber nicht nur in der Partei, den bürokratischen Apparaten oder im Militär, sondern waren auch im zivilen Bereich weit verbreitet. So stellte beispielsweise eine Rangordnung unterschiedlicher Lesesäle in der Lenin-Bibliothek sicher, dass die Benutzer nur zu denjenigen Büchern Zugang bekamen, die für ihren Lesesaal freigegeben waren. ‚Giftschränke' („Spezchran") mit Werken verbotener (bzw. nur einem sehr kleinen Kreis zugänglicher) Literatur gab es in allen größeren Bibliotheken.[115] Die tatsächliche Lage im Land, die realen Sterberaten, die

112 Westliche Sowjetforscher, sog. „Kreml-Astrologen", machten sich bezeichnenderweise die gleiche Methode für Rückschlüsse über politische Veränderung in der Sowjetunion zu eigen.

113 Die Annahme einer solchen ‚Interessensebene' geht auf ein Theorem der langjährig verbreiteten Sowjetideologie zurück, die Politik grundsätzlich mit der Klassenfrage und in dieser mit den in ihr wirkenden Klasseninteressen in Verbindung brachte. Wir haben es daher mit einem auch in der öffentlichen Kultur praktizierten Mechanismus zu tun.

114 Riccardo Nicolosi, Paranoia, Resentment and Reenactment: The Russian Political Discourse on the War in Ukraine, in: Ab imperio 3/2022, S. 247–261.

115 Interessanterweise standen auf dem Index der sowjetischen Zensoren auch die Asterix-Bücher in verschiedenen Sprachen; zu gefährlich schien den Hütern der Ideologie der aufrührerische Widerstand des gallischen Dorfes gegen die rö-

privilegierte Versorgung der Eliten, Autostraßenkarten, ganze Städte, in denen sich Rüstungs- oder Forschungseinrichtungen befanden, um nur einige Beispiele zu nennen, mit dem Schleier des Geheimnisses zu umgeben, gründete einerseits in der Angst vor einem potentiellen Missbrauch, andererseits war Intransparenz ein wirkungsvolles Mittel zur Manipulation der Gesellschaft und damit zur Unterdrückung von Protest. Die staatliche Propagandamaschinerie, in der Regel mit den Schokoladenseiten des Landes beschäftigt, konnte sich selbstverständlich keine weniger attraktive, echte Realität leisten, die sie selbst ad absurdum geführt hätte. „In Russland herrscht überall das Geheimnis: Verwaltungs-, politisches und Gesellschafts-Geheimnis; nützliche und nutzlose Verschwiegenheit, überflüssiges Schweigen zur Sicherung des Notwendigen, – das sind die unvermeidlichen Folgen des eigentlichen Charakters dieser Menschen, der durch den Einfluss ihrer Regierung bestärkt wird. Jeder Reisende ist ein Ausplauderer, es muss deshalb jeder so artig als möglich, aber auch so genau als möglich beobachtet werden, damit er die Dinge nicht sehe, wie sie sind, denn das wäre ein großer Übelstand", bemerkte Custine bereits *nach* jenen angeblich von Fürst Potjomkin gebauten Dörfern (für die es realiter keinen Nachweis gibt), aber lange *vor* den sowjetischen Reisebetreuern und Dolmetschern, die dafür sorgten, dass Ausländer in den 1930er Jahren nur genau das zu sehen bekamen, was die Partei sie sehen lassen wollte.[116] Die in den paranoiden Einstellungen zur Wahrheit und den Ängsten vor Unterwanderung zum Ausdruck kommende Instabilität der russischen Herrschaft fand auch ihren Niederschlag in einer jahrhundertealten Spionomanie, die in den 1930er Jahren und auch heute wieder einen neuen Höhepunkt erreicht hat. Angeblich mit Verweis auf ein analoges amerikanisches Gesetz werden seit 2012 Personen oder Organisationen, die für ihre Tätigkeit finanzielle Mittel aus dem Ausland erhalten, als „ausländische Agenten" stigmatisiert und schikaniert.[117] Prozesse gegen

---

mische Besatzungsmacht zu sein, als dass man den sowjetischen Lesern eine Lektüre hätte erlauben können. Die Asterix-Comics befanden sich bis in die Perestrojka in den ‚Giftschränken' der Lenin-Bibliothek.

116 Vgl. Anne Hartmann, Hermann Haarmann: „Auf nach Moskau!" Reiseberichte aus dem Exil. Ein internationales Symposium. Baden-Baden 2018.

117 Vgl. Gesetz Nr. 121 F3 (20.07.2012) über „Ausländische Agenten". Das russische Wort „agent" bezeichnet dabei ausschließlich einen westlichen Spion, da für einen russischen Spion das Wort „razvedčik" (Aufklärer) verwendet wird. Eine in dieser Weise stigmatisierte Organisation oder Person steht somit immer in Verdacht, eine „Fünfte Kolonne" des feindlichen Auslands zu sein

vermeintliche ausländische Spione sind in Russland mittlerweile an der Tagesordnung.

Werte und Einstellungen IV: Gerechtigkeitswahrnehmung und -projektionen

Westliche Beobachter irritieren seit Jahren die außerordentlich hohen Zustimmungswerte (von ca. 85 Prozent) zur Politik Putins und auch der Zuspruch, den die Person des Präsidenten erfährt.[118] Wie lässt sich dieses Phänomen angesichts des Kriegs und der Menschenverluste, eines offensichtlichen Reformstaus im Land und einer außenpolitischen Konfrontation erklären? Über Jahrhunderte hatte die russische Bauernschaft in ihrer Mehrheit unter ärmlichsten Verhältnissen gelebt. Die Überlebensfähigkeit des Dorfes wurde durch das Solidar- und Umverteilungssystem des Mir gewährleistet. Die Bauern waren mehrheitlich gleich arm, begüterte Bauern stellten eine oft stigmatisierte Minderheit dar. Aus dieser Gleichheit in Armut entwickelte sich eine besondere Sensibilität gegenüber Besitz und Reichtum. Während der kommunistischen Herrschaft wurde die Gleichheit durch eine Politik der sozialen Nivellierung in Bezug auf Entlohnung und Besitz fortgesetzt.[119] Für Russen war einerseits ein ‚normaler' Lebensstandard wichtig, d.h. ein Einkommen wie die Mehrheit der Bevölkerung zu beziehen, andererseits existierte auch ein Sozialneid gegenüber denen, die ‚ungerechtfertigt' (d.h. nicht als Bestarbeiter oder hoher Funktionsträger) über bessere Lebensverhältnisse verfügten. Aus dem agrarischen und später sowjetischen Solidargedanken speisten sich Merkmale des russischen Nationalbewusstseins, das sich Eigenschaften wie Spiritualität, Gerechtigkeit, Loyalität, Freundlichkeit, Friedfertigkeit

---

118 Nach einer repräsentativen Umfrage (07/2024) des Levada-Instituts bewerten aktuell 87 Prozent der Respondenten die Tätigkeit Putins positiv oder sehr positiv. 08/2021 waren das nur 61 Prozent. Nur 11 Prozent bewerten den Präsidenten negativ oder sehr negativ (05/2024). Im August 2021 betrug dieser Wert noch 37 Prozent. Die Entwicklung dieser Verteilung (Positiv-Negativ-Werte) stellt sich folgendermaßen dar: 06/2013: 31 % vs. 23 %; 04/2016: 64 % vs. 12 %; 08/2017: 68 % vs. 10 %; 07/2020: 45 % vs. 18 %; 04/2021: 42 % vs. 21 %; 06/2022: 60 % vs.13 %; 06/2024: 66 % vs. 9 %. Siehe: https://www.levada.ru, insbesondere https://www.levada.ru/2024/07/11/moskvichi-o-rabote-politicheskih-institutov-i-svoih-politicheskih-predpochteniyah/.

119 Die Maximallöhne während der Sowjetzeit betrugen das Fünf- bis Sechsfache der Minimallöhne (ca. 90 Rubel zu 500–600 Rubel). Heutzutage kann diese Differenz bis zum 30-fachen betragen, wobei hier wesentlich höher dotierte Managergehälter unberücksichtigt bleiben.

und Hilfsbereitschaft zuschreibt und daher seit den frühkapitalistischen Umbrüchen (Entstehung einer Schicht von Superreichen) und finanziellen Einbußen in den 1990er Jahren einen Mangel an Gerechtigkeit in verschiedenen Lebensbereichen beklagt. Die besondere Spiritualität, menschliche Wärme sowie der Gerechtigkeitssinn der Russen gewinnen vor allem vor dem Hintergrund eines „seelenlosen Westens" Gestalt und stellen Elemente einer antiwestlichen kollektiven Identität dar. Dieser Selbstzuschreibung entspricht jedoch in keiner Weise die *reale* Wahrnehmung von Gerechtigkeit der russischen Gesellschaft: in soziologischen Studien zur öffentlichen Meinung (1989–2023) fällt auf, dass die russische Gesellschaft mit dem Bewusstsein einer chronischen Ungerechtigkeit der sozialen Ordnung lebt. „Der Staat selbst ist ungerecht. Vor einem russischen Gericht kann man keine Gerechtigkeit erwarten. Die Verteilung des materiellen Reichtums im Lande ist ungerecht. Das System der Arbeitsvergütung ist in den meisten Fällen ungerecht. Es ist ungerecht, dass besser gestellte Menschen Zugang zu besserer Medizin und ihre Kinder zu besserer Bildung haben. Die westlichen Länder behandeln uns, Russland, ungerecht (wir behandeln sie freundlich, aber sie mögen und respektieren uns nicht, sie verachten uns sogar). Kriege, an denen die Bevölkerung beteiligt ist (Finnland-, Afghanistan-, beide Tschetschenienkriege), sind ungerecht."[120] Gleichzeitig wird eine Reflexion der Gründe für den Mangel an Gerechtigkeit politisch tabuisiert. Für den sowjetischen totalen Staat und die heutige russische Gesellschaft „wird die Frage nach der Gerechtigkeit zu einer Frage der Macht und der Legitimität der Gesellschaftsordnung, denn sowohl im Sozialismus als auch heute strebt der zentralisierte Staat danach, alle sozialen Bereiche des gesellschaftlichen Lebens zu kontrollieren. Natürlich kann er diese Ziele nicht verwirklichen, aber er weigert sich, seine Verantwortung für die unbefriedigenden Zustände einzuräumen. Mit anderen Worten: Gerechtigkeitsansprüche können somit nur in ihrer *negativen* Form als Sozialneid, Kritik an Unternehmern, Regierung, staatlichen Funktionsträgern und Einrichtungen ausgedrückt werden."[121] Die Verdrängung des Gerechtigkeitsproblems im Massenbewusstsein führt zur Traumatisierung; einerseits ist das Bewusstsein auf dieses Problem fixiert, andererseits werden die Ursachen des Problems

120 Lev Gudkov, Prizračnaja spravedlivost' [Geisterhafte Gerechtigkeit], Levada-Centr 03.07.2024. https://www.levada.ru/2024/07/03/prizrachnaya-spravedlivost/.

121 Lev Gudkov, Prizračnaja spravedlivost' [Geisterhafte Gerechtigkeit]. Levada-Centr 03.07.2024. ebd.

verdrängt und eine rationale Analyse unterdrückt. „Die Wurzeln dieses kollektiven Traumas liegen in der Dunkelheit einer blinden, nicht aufgearbeiteten Vergangenheit und der damit verbundenen Ethik und Kultur der Gewalt, die uns die Revolution hinterlassen hat. Das gleichzeitige Streben nach Erneuerung, Modernisierung und sozialer Gerechtigkeit wurde zur Ideologie (und Entschuldigung) des sowjetischen Systems, einer Kultur der staatlichen Bevormundung, deren Kehrseite unweigerlich die gewohnheitsmäßige Hilflosigkeit einer unzufriedenen, von den Behörden abhängigen Bevölkerung ist. (...) Die Kehrseite der Bevormundung ist das Ressentiment, der Sozialneid, der sich in Form von Empörung über die «Korruption» des Beamtentums, den Reichtum der Oligarchen, die Umwandlung der Macht in eine Mafia und die Rechtfertigung des Rechts, den «Staat zu betrügen», äußert.“[122]

Die Unzufriedenheit mit einer aus Sicht der Bevölkerung ungerechten Situation sowie Gefühle der Unsicherheit und Verletzlichkeit lösen einen Projektionsmechanismus aus, bei dem die eigene Angst und Inferiorität kompensatorisch auf die oberste Machtinstanz übertragen wird. Nur der oberste Herrscher verfügt im Massenbewusstsein über die Allmacht, Schutz vor Benachteiligung und Ungerechtigkeit zu gewähren, dementsprechend positiv gerät die Haltung gegenüber dem Herrscher. Eine solche Figur wird in autoritären, repressiven Staaten zum Führer der Nation, zur „starken Hand“, die in der Lage ist, Ordnung zu schaffen und die Willkür von Beamten, Oligarchen, Kriminellen zu begrenzen.[123] Putins exorbitante, augenscheinlich nicht manipulierten Sympathiewerte sind großteilig darauf zurückzuführen, dass man von ihm erwartet, „Ordnung herzustellen, die Disziplin zu stärken, Unordnung und Anarchie zu beseitigen“, „die Korruption zu bekämpfen“, „Beamte, Abgeordnete, Duma, Oligarchen und Milliardäre im Zaum zu halten“, „die Strafen zu verschärfen, Erschießungskommandos für Korruption einzuführen, damit korrupte Beamte Angst haben zu stehlen“, „das Volk mit starker Hand zu führen, damit es arbeitet und nicht nachlässt“, „das Land zusammenzuhalten, damit es nicht zusammenbricht“ und natürlich „die Wirtschaft wachsen

122 Lev Gudkov, Prizračnaja spravedlivost' [Geisterhafte Gerechtigkeit], Levada-Centr 03.07.2024. ebd.

123 48 Prozent der Bevölkerung sind der Meinung, Russland brauche beständig eine „starke Hand“; 25 Prozent glauben, dass es Situationen gibt, in denen die gesamte Machtfülle in einer Hand vereint sein solle. Nur 24 Prozent sind gegen eine derartige Machtkonzentration. Lev Gudkov, Prizračnaja spravedlivost' [Geisterhafte Gerechtigkeit], Levada-Centr 03.07.2024. ebd. (20.07.2024).

zu lassen, das Land zu neuer Größe, das Leben der Menschen zum Besseren zu verändern", „den Lebensstandard zu erhöhen, Gerechtigkeit und Gleichheit herzustellen". Die Antworten stammen aus repräsentativen Untersuchungen des Levada-Zentrums 2020 zu Erwartungshaltungen gegenüber Staatsmacht und Präsident (mit offenen Antworten). Der Ruf nach Ordnung und starker Führung ist kein Spezifikum der Ära Putin: vergleichbare Erwartungen an eine strenge, aber gerechte Vaterfigur wurden auch gegenüber Iosif Stalin und in den Jahrhunderten zuvor an die Figur des Zaren gerichtet, für den galt, dass Grausamkeit (und Schweigsamkeit) nicht zwingend ein Manko des Herrschers darstellte, Ungerechtigkeit (und Redseligkeit) jedoch schon, was unter anderem die negative Haltung gegenüber M. Gorbatschow erklärt.

Die Russen als ‚unmündige Kinder', die einer machtvollen Vaterfigur bedürfen, um ihre permanente Frustration über die sie umgebende ungerechte Welt mit dem Glauben an den guten Herrscher symbolisch zu kompensieren, empfinden mehrheitlich keine Zweifel, dass diese Macht auch missbraucht werden könnte. Zar, Generalsekretär und Präsident stehen außerhalb einer solchen Kritik und genießen die Aura des Sakralen, das die Herrscher vor Missbrauchsanschuldigungen in Schutz nimmt.[124] Bedeutend schlechter sieht die Situation für intermediäre Instanzen, regionale oder kommunale Politiker aus. In der Regel sind diese den Bürgern unbekannt oder ihre Zustimmungswerte stagnieren im Bereich von maximal 12–13 Prozent. Die Stabilität autokratischer Herrschaft (bzw. das Ansehen des autokratischen Herrschers) hängt daher engstens mit dem Grad der Entmündigung und Schutzlosigkeit der Gesellschaft in einem umgekehrt reziproken Verhältnis zusammen. Das Streben nach sozialer Gerechtigkeit ohne eine starke Zivilgesellschaft, die in der Lage ist, der Willkür der Staatsmacht Einhalt zu gebieten, birgt das Potenzial für Gewalt und unbewältigte Massenaggression.

Fasst man Einstellungen und Wertzuschreibungen zusammen, ergibt sich ein ernüchterndes Bild: Auf eine hochgradig ambivalente, sich stän-

124 Einer Umfrage (März 2017) des Levada-Zentrums zufolge sind sich 17 Prozent sicher, dass weder der Präsident noch der Premierminister in Korruption verwickelt sind, 30 Prozent sind bereit zuzugeben, dass Anschuldigungen gegen den Premierminister gerechtfertigt sind, sind sich aber sicher, dass der Präsident nicht in Korruption verwickelt ist. Und nur 38 Prozent glauben, dass alle Staatsoberhäupter des Landes in Korruption verwickelt sind. Lev Gudkov, Prizračnaja spravedlivost' [Geisterhafte Gerechtigkeit], Levada-Centr 03.07.2024. ebd.

dig verschiebende Identifikationsstruktur Russlands legt sich – mit Ausnahme der Herrscherfigur selbst – zu Staat, Moral und Herrschaft eine zynische Haltung, die sich außer gegenüber persönlichen Referenzgruppen (Freunde, Kollegen, Nachbarn) durch ein hohes Maß an Gleichgültigkeit, Desillusioniertheit und Empathielosigkeit auszeichnet, wobei Frustrationsgefühle wie Sozialneid, Enttäuschung oder die Empfindung mangelnder Verteilungsgerechtigkeit eine gewichtige Antriebsrolle spielen. Für den kognitiven Bereich tritt eine tendenziell paranoide Weltwahrnehmung hinzu, die stets von multiplen Realitäten ausgeht. Da nie eindeutig zu identifizieren ist, welche der Realitätsebenen die richtige ist, greift Verschwörungsdenken, in dem wiederum Vorurteile, Stereotypen und Ressentiments bei der Zuordnung von Gut und Böse scheinbare Klarheit schaffen und für eine Komplexitätsreduktion sorgen. Die aktuelle staatliche Propaganda unterstützt diese Einstellungen und Reaktionen der Bevölkerung nach Kräften.

Gewalt als Herrschaftsinstrument und kultureller Faktor

Die Gnadenlosigkeit, mit der Russland zivile Ziele in ukrainischen Städten bombardiert und für den Tod Tausender Ukrainer verantwortlich zeichnet, hat den Konkretheitsgrad dieses Merkmals politischer Kultur verändert, denn mit dem Angriffskrieg gegen die Ukraine bekamen die repressiven Elemente in der russischen politischen Kultur neue Plastizität. Nur ein halbes Jahr vor Kriegsbeginn hatte Vladimir Putin in seinem pseudowissenschaftlichen Elaborat „Über die historische Einheit der Ukrainer und Russen“ 2021 die Beziehung beider Völker als „von großer Liebe“ gekennzeichnet beschrieben, die, könnte man polemisch anfügen, augenscheinlich nicht ausgereicht hat, Russland von einem Zermürbungskrieg auch gegen zivile Einrichtungen und Menschen abzuhalten.[125] Zynismus und Lüge haben eine neue performative Stufe erreicht; im Folgenden geht es daher um die Rolle der Gewalt, des in der politischen Kultur zentralen In-

125 Vgl. Vladimir Putin, Ob istoričeskom edinstve russkich I ukraincev [Über die historische Einheit von Russen und Ukrainern] (12.07.2021), http://kremlin.ru/events/president/news/66181 „Die Gefühle von Millionen von Menschen, die Russland nicht nur gut, *sondern mit großer Liebe behandeln, so wie wir die Ukraine* [kursiv K. W.], bleiben dieselben.“; siehe hierzu auch: Andreas Kappeler, Revisionismus und Drohungen. Vladimir Putins Text zur Einheit von Russen und Ukrainern, in: Osteuropa 7/2021, S. 67–76.

struments für Bestrafung, Verhaltenssanktionierung und Durchsetzungsmethode autokratischer Herrschaft.[126]

Wie dargelegt entstanden Modernisierungsimpulse und -phasen nicht aus der Gesellschaft heraus, sondern wurden aus militärischen, ideologischen oder wirtschaftlichen Gründen top-down initiiert und durchgesetzt. Modernisierungsschübe zogen allerdings in der Regel massive Veränderungen in der Wirtschafts- und Produktionspraxis, im sozialen Bereich, in Ausbildung, Alltagsleben und Weltanschauung nach sich, so dass sich mit gleicher Regelmäßigkeit Kräfte formierten, die sich der Modernisierung widersetzten oder sie hemmten. Die staatliche Macht war daher *a priori* dazu gezwungen, Gewalt zur Realisierung der Modernisierung einzusetzen und mit Gewalt aufkommende Hemmnisse, Verzögerungen oder Gegenbewegungen zu beseitigen.[127] Dies galt sowohl für die ersten Reformschritte Iwans IV. und umso mehr für die Reformen Peters I. und Stalins. Ohne den Einsatz größerer Gewalt kam allein die Bauernbefreiung und die sich anschließenden juristischen, institutionellen und wirtschaftlichen Reformen Alexanders II. aus. Gewalt war und blieb in der politischen Kultur prominent verankert und, im Vergleich zu konsensualen oder persuasiven Formen, aus russischer Sicht das prädestinierte Mittel zur Durchsetzung von Veränderungen.

Im Mittelalter unterschieden sich Westeuropa und Russland nicht wesentlich in der Anwendung von Gewalt und Folter als Mittel der Bestrafung. Auch waren die weitgehend bäuerlichen Gesellschaften im halböffentlichen wie privaten Bereich gleichermaßen durch rohe Gewaltanwendung gekennzeichnet. Man kann nicht behaupten, Russland sei historisch gesehen ‚grausamer' als Westeuropa gewesen. Die Folterarten waren ähnlich, wobei während der Tataren- und Mongolenherrschaft neue Folterverfahren wie das Pfählen oder Häuten von Menschen bei lebendi-

126 Siehe auch: Jörg Baberowski, Räume der Gewalt, Frankfurt/M. 2015; ders., Verbrannte Erde. Stalin Herrschaft der Gewalt, München 2012.

127 Siehe Nikolaj S. Rozov, Mechanizmy političeskoj ėvoljucii, zakonomernaja turbulentnost' v ėpochu modernizacii i rol' organizovannogo nasilija [Mechanismen der politischen Evolution, gesetzmäßige Turbulenzen in der Epoche der Modernisierung und die Rolle organisierter Gewalt], in: Polis. Političeskie issledovanija. Nr. 6 (2023), DOI: 10.17976/jpps/2023.06.03. S. 21–36. „Herrscher wie Eliten waren schon immer bestrebt, die Stimmungen und Geisteshaltungen der ihnen untergebenen Bevölkerung zu kontrollieren. Sie haben die Institutionen der Kirche, der Bildung, der politischen Information, des Zwangs und der Gewalt mit unterschiedlicher Effektivität dafür eingesetzt.". S. 31.

gem Leib hinzukamen.[128] Angewendet wurde Folter als Strafe insbesondere gegenüber dienst- bzw. abgabepflichtigen Bauern, aber auch im Fall von Verstößen gegen soziale oder moralische Normen. Durchlief die Folter in Westeuropa mit dem Aufkommen städtischer Gesellschaftsstrukturen und mit der Aufklärung eine gewisse Institutionalisierung und rechtliche Kontrolle, blieb Russland hiervon weitgehend unberührt. Zwar hatte Zar Peter I. versucht, den Einsatz von Folter mit wirtschaftlichen Aufbauzielen (z.B. beim Bau von Sankt Petersburg) zu verbinden und hierzu ein mit dem späteren sowjetischen GULAG vergleichbares System der Zwangsarbeit installiert, im bäuerlichen Alltag, in dem 97 Prozent der Bevölkerung verblieben, änderte sich indes wenig. Noch zu Beginn des 20. Jahrhunderts, im Bürgerkrieg (1918–1920) und während der Stalinschen Terrorjahre, war der Rückgriff auf unvorstellbare Grausamkeiten zur Erpressung von Geständnissen an der Tagesordnung.[129] Das Verbot von Folter ist daher ein Phänomen, das an die jüngste Geschichte und den Aufbau moderner Rechtsstaaten gebunden ist.

In Russland gehörten Folter und blutige Strafaktionen auch zum Inventar staatlicher Modernisierungsphasen, z.B. unter Iwan IV. (durch die Opričnina und gegen Novgorod) und Peter I., der außer der Bildung eines Zwangsarbeitersystems seinen eigenen Sohn Zarevič Aleksej wegen angeblichen Verrats grausam foltern und töten ließ. Auch die ‚aufgeklärten' Zarinnen Elisabeth I. und Katharina II. hatten keine Hemmungen, den rechtmäßigen Thronerben Iwan VI. lebenslang in der Festung Schlüsselburg in Ketten zu halten, um ihn anschließend durch Offiziere töten zu lassen. Zwar kannte Russland keine Inquisition, aber verfolgt und unterdrückt wurden aus religiösen Gründen Altgläubige und Häretiker. Verleumdung des Zaren wurde im 18. Jahrhundert durch das Herausreißen der Zunge bestraft. Unter der Zarin Elisabeth I. betraf dies über 11.000 Personen (!), Bauern wie Adelige, Leibeigene wie Kaufleute. Zwar hatte Elisabeth angeordnet, dass die Zunge *abzuschneiden* (und nicht

---

128 Vgl. Aleksandr Akopjan, Kak pytali i kaznili s pojavlenija Rusi I do Oktjabr'skoj revoljucii. Konskaja moča, kol, uksus. [Wie man von der Entstehung der Rus bis zur Oktoberrevolution folterte und hinrichtete. Pferde-Urin, Pfählen, Essig], https://paperpaper.ru/pytki/?ysclid=lxysyqst16719443341. A. Akopjan ist wissenschaftlicher Mitarbeiter des Museums für Folterinstrumente in Sankt Petersburg.

129 Im Russländischen Staatsarchiv für moderne politische Geschichte (RGASPI, vormals Zentrales Parteiarchiv der KPdSU) befinden sich zahlreiche Skizzen von Folterszenen, die von Mitgliedern des Politbüros und hohen Funktionsträgern der Sicherheitsapparate während Vernehmungen selbst angefertigt wurden.

herauszureißen) war, in der Praxis wurde dies jedoch wenig befolgt. Allerdings konnten im 18. Jahrhundert die Folterer bestochen werden, so dass manchmal Teile der Zunge erhalten blieben. Ein wesentlicher Faktor permanenter Gewalt bestand in der formal bis zum Februar 1861 bestehenden Leibeigenschaft, die Bauern nach dem Sachenrecht (!) behandelte und daher Humanitätserwägungen nur sehr eingeschränkt eine Rolle spielten. Nach der Doktrin der Orthodoxen Kirche bestand zwar zwischen Adeligen und Leibeigenen vor Gott kein Unterschied, in der Praxis hatte sich die Kirche jedoch nahtlos an die Politik des Staates angepasst, zumal sie bis Mitte des 19. Jahrhunderts direkt von der Unterdrückung profitierte, denn viele Klöster besaßen die Bewohner ganzer Dörfer als Leibeigene, die für Versorgung und Einkommen der Klöster sorgten.

Gewaltanwendung war nicht nur zur direkten und indirekten Unterdrückung top-down, sondern auch zwischen Bauern, in Familien und vor allem gegenüber Frauen und Kindern verbreitet. In diesem Zusammenhang sind die Beobachtungen des Schriftstellers Maxim Gor'kij über das russische Bauerntum von Interesse, dem aufgrund persönlicher, während seiner Wanderjahre durch russische Dörfer (ab 1891) gewonnenen Erfahrungen eine gewisse Expertise in diesen Fragen konzediert werden muss. Für Gor'kij ist die *Mentalität* des russischen Bauern der Ursprung allen Übels auf dem Weg in die Moderne; in Gor'kijs antiruraler Einstellung erscheint der Bauer staats- und innovationsfeindlich, ignorant, wesenshaft konservativ, aber auch anarchisch, gerissen, habgierig, schlau, zynisch, antiintellektuell, faul und grausam. Diese wenig schmeichelhaften Zuschreibungen sind nicht das Ergebnis ethnischer oder genetischer Prädisposition, sondern ergeben sich sozialpsychologisch aus permanenter Unterdrückung und Verlorenheit in einem geographisch strukturlosen Raum.

„Die endlose Ebene, in der sich aus Holz gebaute, mit Stroh gedeckte Dörfer zusammenkauern, hat die vergiftende Eigenschaft, den Menschen leer werden zu lassen, aus ihm alle Wünsche herauszusaugen. Der russischen Bauer tritt aus dem Dorf heraus, schaut auf die Leere um sich und nach einiger Zeit fühlt er, dass die Leere sich in seine Seele ergießt. Nirgendwo sind die geringsten Spuren von Arbeit und Schöpfertum zu sehen. Die Landhäuser der Gutsbesitzer? Davon gibt es nicht viele und in ihnen wohnen die Feinde. Die Städte? Sie sind weit entfernt und kulturell nicht viel bedeutsamer als die Dörfer. Um ihn herum ist die endlose Ebene, und in ihrem Zentrum ein nichtiger, kleiner Mensch, der auf diese karge Erde zur Zwangsarbeit geworfen ist. Und dieser Mensch empfindet nur noch das Gefühl von Gleichgültigkeit, das die Fähigkeit abtötet zu denken, das

Erlebte zu erinnern und aus seiner Erfahrung neue Ideen zu entwickeln".[130] Damit nicht genug. Gor'kij zieht in seinem wenig beachteten, in der Emigration verfassten Essay auch die auf die Romantik und klassische russische Literatur des 19. Jahrhunderts zurückgehende Mystifikation des russischen Bauern in Zweifel: die besondere Spiritualität, Religiösität und Wahrheitssuche der Bauern existiert für Gor'kij schlechthin nicht. An ihre Stelle tritt Trägheit, Camouflage, Zynismus und ein „Skeptizismus aus Ungebildetheit". Mit dem Fehlen echter Religiösität und latentem Hass auf die Geistlichkeit erklärt Gor'kij auch die Leichtigkeit, mit der die Bolschewiki den antireligiösen Kampf, die Zerstörung zahlloser Kirchen und Klöster und die Ermordung unzähliger Priester durchführen konnten. „Aber wo endlich ist dieser gutmütige, nachdenkliche russische Bauer, der unermüdliche Sucher nach der Wahrheit und Gerechtigkeit, vom dem so überzeugend und wunderbar die russische Literatur des 19. Jahrhunderts der Welt erzählt hat? In meiner Jugend habe ich diesen Menschen nach Kräften in den Dörfern Russlands gesucht und – nicht gefunden. Getroffen habe ich dort einen rauen und durchtriebenen Realisten, der, wenn es für ihn nützlich ist, sich auch für einen Einfältigen ausgibt. Seiner Natur nach ist er nicht dumm, und er weiß das selbst nur zu genau. (...) Er hat Sprichwörter geschaffen wie «Die Welt ist stark wie das Wasser und dumm wie ein Schwein.» «Schlag die Eigenen, dann werden die Fremden dich fürchten.» Über die Wahrheit meint er: «Von der Wahrheit wird man nicht satt.» «Und wenn es auch Lüge ist, so lebt man doch satt»".[131] Besondere Aufmerksamkeit schenkte Gor'kij dem Thema der Gewalt: „Ich denke, dass dem russischen Volk ausschließlich, so ausschließlich wie für einen Engländer das Gefühl für Humor, das Gefühl besonderer Grausamkeit zu eigen ist (...). Dieses Gefühl kann man mitnichten mit Worten wie Psychose, Sadismus oder Worten fassen, die im Endeffekt nichts erklären. (...) Wenn die Fakten der Grausamkeit nur Ausdruck einer perversen Psychologie von Einzeltätern wären, müsste man über sie nicht weiter sprechen, sie wären dann ein Fall für den Psychiater und nicht einer Person, die Lebensformen beschreibt. Ich habe hier nur den kollektiven Spaß an den Qualen des Menschen im Blick."[132]

In der sowjetischen Periode existierte die totale Verfügungsgewalt über das Individuum verschärft fort. Aus diesem Grund konnten auch ganze

130 Maxim Gor'kij, O russkom krestjanstve [Über die russische Bauernschaft], Berlin 1922, S. 8–9.
131 Gor'kij, ebd. S 28.
132 Gor'kij, ebd. S. 19.

Völker, wie die Wolga-Deutschen oder Krimtataren, über Nacht umgesiedelt werden; im sowjetischen GULAG verschwanden ca. 25 Mio. Menschen zwischen 1918 und 1991.[133] Selbst in den Jahren einer eher ‚liberalen' Perestrojka und in den 1990er Jahren schreckte die politische Führung zu keinem Zeitpunkt vor dem Einsatz blutiger Gewalt zurück.[134] Wenn sich sozialer Protest nicht durch finanzielle Beschwichtigung einhegen lässt (wie z. B. nach der übereilten Rentenreform) und das staatliche Machtmonopol bedroht erscheint, greift der russische Staat (Herrscher) weiterhin zur Gewalt, da andere Konfliktlösungsformen unterentwickelt blieben, wobei die Schwellenwerte, ab derer Gewalt eingesetzt wird, in den letzten Jahrzehnten dramatisch gesunken sind. Gerade seit Beginn der Ära Putin ist die offene Gewaltanwendung wieder alltägliche Praxis: Demonstranten, die gegen Wahlfälschungen oder Korruption auf der Straße demonstrieren (2012), werden durch Einheiten der Nationalgarde, das FSB und der Polizei niedergeknüppelt, Grabmäler mit Blumen (wie im Fall Naval'nyj) geschändet (2023/24), Strafurteile gegen Regimekritiker, denen aufgrund absurder Rechtsverordnungen „Diskreditierung" der Armee oder „Falschinformationen" im Ukrainekrieg angelastet werden, zu langen Haftstrafen verurteilt.[135] Ein weiteres Gewaltphänomen, das während der Perestrojka und in den eher ‚liberalen' Jahren danach auch öffentlich kritisiert wurde, besteht in der sogenannten „dedovščina". Dabei handelt es sich um ein illegales hierarchisches Beziehungssystem zwischen frisch Rekrutierten

133 Vgl. Mark Junge, Gennadij Bordjugov, Rolf Binner, Vertikal' bol'šogo terrora [Vertikale des Großen Terrors], Moskau 2008, S. 128 ff.

134 Während des sog. „Blutsonntag in Vilnius" (13.01.1991) wurden durch Gewehrkolbenschläge und Schusswaffengebrauch 17 Menschen getötet und über 700 z. T. schwer verletzt. Im Ersten (1994–1996) und Zweiten (1999–2009) Tschetschenienkrieg starben schätzungsweise bis zu 200.000 Menschen durch russische Truppen. Allein in der Hauptstadt Groznyj lag die Zahl der Getöteten bei über 25.000 Personen. Diese Kriege wurden damit „die schlimmsten Gewaltereignisse im postsowjetischen Raum" (Uwe Halbach).

135 Vladimir Kara-Mursa: 25 Jahre; Oleg Orlov: zweieinhalb Jahre; Aleksandra Skoličenko: 7 Jahre; Il'ja Jašin: achteinhalb Jahre; Marina Ponomarenko: 6 Jahre. Im Vergleich hierzu wurden zu langen Gefängnisstrafen verurteile Schwerstkriminelle, denen Vladimir Putin die Erlassung ihrer Reststrafen zugesagt hatte, wenn sie sich für den Dienst an der Front gegen die Ukraine beteiligten, bei erneuten Straftaten nach Beendigung des Militäreinsatzes, wenn überhaupt, zu symbolischen Strafmaßen verurteilt. Somit ergibt sich in Putins Russland von heute ein *gleichlanges* Strafmaß für einen Post gegen den Krieg und eine schwerste Vergewaltigung mit Todesfolge.

und bereits ihren Wehrdienst weitgehend absolvierten und auf die Entlassung wartenden Soldaten (Mannschaftsdienstgrade und Offiziere). Die Neuankömmlinge werden gleichsam wie Dienstsklaven behandelt, schikaniert, sadistisch körperlich, auch sexuell gequält und als Persönlichkeiten psychisch stark beeinträchtigt. Jedes Jahr provoziert dieses, bereits Mitte des 19. Jahrhundert in der russischen Armee und Flotte verbreitete Diskriminierungssystem zahlreiche Selbstmorde unter jugendlichen Rekruten, so dass viele nach Möglichkeit versuchen, den Wehrdienst zu umgehen. Dass sich bis heute dieses System nicht wirkungsvoll bekämpfen ließ, lässt den Schluss zu, dass die widerspruchslose Unterordnung unter die militärische Autorität und das hierfür notwendige Zerbrechen einer eigenständigen Persönlichkeit während der Armeezeit durchaus im Interesse der Staatsführung zu liegen scheint. In militärischer Hinsicht ist dieses System sogar kontraproduktiv, aber augenscheinlich gehört zur politischen Kultur Russlands, Gewalt nicht nur anzudrohen, sondern sie auch anzuwenden und fest im Alltag der Menschen zu verankern. Der Staat tritt auch direkt als Täter oder Mandant politischer Morde auf: allein seit Beginn der Regierungszeit Putins im Jahr 2000 wurden über 40 Journalisten und eine nicht exakt zu beziffernde Anzahl einflussreicher Industrieller und Wirtschaftsbosse ermordet; seit 2014 hat sich die Zahl politischer Häftlinge bis heute verfünfzehnfacht (von 40 auf über 600). Insgesamt ist die Zahl politisch Verfolgter (mit ca. 6.700) unter Putin höher als in den Regierungszeiten Nikita Chruschtschows und Leonid Brezhnews zusammen.[136]

In seiner jahrhundertelangen Geschichte hat Russland gelernt, dass der Einsatz offener Gewalt ein ideales Instrument darstellt, Willfährigkeit und Anpassung zu generieren, das die eher friedlichen Formen der Loyalitätsbeschaffung (Persuasion, Partizipation, Korruption) ergänzt. Die bis in die 1920er Jahre andauernde rurale Prägung Russlands, das sich anschließende sowjetische Unterdrückungsmodell und ein trotz formaler Gleichstellung von Männern und Frauen bis heute weit verbreitetes, patriarchalisches Gesellschaftsbild haben in der gegenwärtigen politischen Kultur Spuren hinterlassen: der Einsatz offener Gewalt und Unterdrückung gegenüber politischer Abweichung und Kritik gehört wieder verstärkt zur russischen Normalität. Ergänzend muss erwähnt werden, dass Gewalt

136 Vgl. https://holod.media/2023/10/06/chislo-politzaklyuchennyh/ (29.06.2024). Außerdem wurden zur Unterdrückung gesellschaftlichen Protests neue Institutionen, z.B. die aus den Truppen des Innenministeriums gebildete, 340.000 Mann starke Nationalgarde Russlands geschaffen.

auch *strukturell* in stark hierarchischen, autoritär funktionierenden Institutionen beheimatet ist. In der Ära Putin haben außerdem mediale Gewaltdarstellungen (z. B. in Filmen und Fernsehserien) zugenommen.[137]

Kehren wir noch einmal zur gesellschaftlichen Akzeptanz von Gewalt am Beispiel der Gewalt gegenüber Frauen zurück, was einen direkten Vergleich mit Westeuropa gestattet. Nach seiner drastischen Schilderung von Tötungs- und Folterarten kommt auch Gor'kij zu diesem Thema zurück, das er in der Lebenspraxis wiederfindet. „Ich bin der Überzeugung, dass man nirgendwo so erbarmungslos und schrecklich Frauen schlägt, wie im russischen Dorf, und wahrscheinlich gibt es in keinem Land solche Redewendungen und Sprichwörter wie diese: „«Schlag die Frau mit dem Beilrücken, beuge dich zu ihr und erspüre – sie atmet und täuscht dich, dann will sie mehr.» «Die Frau ist zweimal lieb: wenn man sie ins Haus führt [nach der Heirat, K. W.] und wenn man sie ins Grab trägt.» «Frauen und Vieh haben keinen Richter». «Je mehr du eine Frau schlägst, um so leckerer wird die Kohlsuppe».[138] Schläge gegen Frauen und Kinder waren die Norm des Familienlebens. 1880 schrieb der Ethnograf Nikolaj Ivanickij, dass eine Frau unter den Bauern „als seelenloses Wesen betrachtet wird. [...] Ein Bauer behandelt eine Frau schlechter als ein Pferd oder eine Kuh“. Eine Frau zu schlagen, wurde als eine Notwendigkeit angesehen («Er schlägt nicht, also liebt er nicht»). Geringfügige Vergehen von Frauen wurden mit Schlägen bestraft, während schwerere Vergehen, die beispielsweise die eheliche Treue in Frage stellten, mit „Treiben“‘ und „,Beschämen“ – öffentlichem Spott, Entkleiden und Auspeitschen – geahndet werden konnten. Die Gemeindegerichte teilten in den meisten Fällen die traditionelle Haltung, Frauen als Arbeitskräfte zu behandeln. Das Gesetz war, selbst wenn eine Frau es kannte und ihre Angst überwinden und es anwenden wollte, auf der Seite der Ehemänner. „Wenn die Rippen nicht gebrochen waren, war alles in Ordnung, und die Beschwerde wurde abgewiesen. (...) V. Bezgin gibt die Schilderung eines Zeugen bei einem Familienmassaker an einer Frau im Dorf Alexandrowka im Jahr 1920 wieder: «Das ganze Dorf kam zum Massaker und bewunderte die Schläge als kostenloses Spektakel. Jemand schickte nach einem Polizisten, aber der hatte es nicht eilig und sagte: Schon gut, Frauen sind widerstandsfähig!“.[139]

137 Schmid, ebd. S. 158 ff., S. 238 ff.

138 Gor'kij, ebd. S. 19–20.

139 Konstantin Kotel'nikov, «Ėto ne b'jut, a uma dajut». Mobilizovat' krest'jan na nasilie v 1917 godu bylo legko – oni s detstva privykli k žestokosti [«Man schlägt nicht, sondern macht (den Menschen) schlauer.» Die Bauern 1917 zur Gewalt

Durch diese Beobachtungen werden zwei Fragenkomplexe aufgeworfen: zum einen, auf welchen soziokulturellen Voraussetzungen beruhte und wodurch reproduzierte sich diese Gewalt, zum anderen, wie stellt sich die Gewaltanwendung gegenüber Frauen heute dar? Erfordert die Beantwortung des ersten Fragenkomplexes umfangreiche soziologische und kriminologische Untersuchungen, kann auf die zweite Frage einfacher geantwortet werden: laut einer Untersuchung von Nicht-Regierungsfrauenvereinigungen auf der Datenbasis von 11.175 Strafverfahren wurden im Zeitraum 2020–2021 3.775 Frauen Opfer eines Femizids, 2.680 (71 Prozent) wurden durch den Ehepartner oder ein Familienmitglied getötet. Durchschnittlich bedeutet dies 1.887 Femizide pro Jahr. Unter Berücksichtigung der unterschiedlichen Bevölkerungszahlen in Russland und Deutschland bedeutet dies: in Russland ist aktuell die Anzahl der Femizide *mehr als acht Mal höher* (!) als in Deutschland oder Westeuropa.[140] Hinzu kommt, dass seit 2017 die Anwendung körperlicher Gewalt (mit Ausnahme von Mord oder Totschlag) nach einer Gesetzesreform zuungunsten der Frauen keinen Straftatbestand mehr, sondern lediglich ein Vergehen darstellt, das mit einer Ordnungsstrafe geahndet werden kann.

Zweifelsohne existieren weltweit zahlreiche Gesellschaften, in denen der Schutz der Frau nicht den Kategorien der allgemeinen Menschenrechte unterliegt; im Russland des 20. Jahrhunderts, das sich selbst als moderner, prinzipiell aufgeklärter Staat versteht, gehörte die formelle Gleichberechtigung der Frau indes zum rechtlichen Kernbestand, wenngleich sie weder im Alltagsleben (z.B. in der Doppelbelastung durch Familie und Beruf), noch strukturell eine Emanzipation der Frau zur Folge hatte. Frauen kamen in den oberen Etagen der politischen und wirtschaftlichen Sowjetelite nahezu nicht vor und dies hat sich auch in der Ära Putins nicht signifikant verändert. Eine mit Westeuropa vergleichbare Emanzipation der Frau, die mit einer Reflexion ihrer realen Situation beginnt, ist offensichtlich nur einem kleinen Teil der russischen Jugend vorbehalten. In dem epideiktischen Genre des vorzugsweise am 8. März (Internationaler Frauentag) praktizierten Frauenlob kommt Gewalt gegen Frauen selbstverständlich nicht vor, in gleicher Weise fehlte sie in den Medien und im öffentlichen Bewusstsein; die von Gor'kij beschriebene, reaktionäre Einstellung gegenüber Frauen und ihren elementaren Rechten existiert bis in die Gegenwart latent fort.

zu mobilisieren, war leicht – sie sind von klein auf an Grausamkeiten gewöhnt]. (07.06.2024) https://diletant.media/articles/34810935/.

140 Čisto semejnoe ubijstvo. https://www.kommersant.ru/doc/5514924 (06.05.2024).

In der Dystopie Sorokins beginnt der Tag des Opritschniks Komjaga mit einer brutalen Strafaktion gegen einen Adeligen und dessen Familie. Die direkt am Anfang des Romans verortete Schlüsselszene, erzähltechnisch an gleicher Stelle positioniert wie die analoge Szene in Pavel Lungins Film „Der Zar", setzt paukenschlagartig den Leitakzent in der Gewalt- und Perversionsästhetik, die das Werk aus der pathologischen Perspektive des Ich-Erzählers stilistisch wie ideologisch durchzieht.

„Pojarok entfernt die Klappe. Meine Leute greifen nach Ofengabel und Feuerhaken, zerren damit den Adelsmann und seine Gemahlin ans Licht. Die *zween*, rußbeschmiert, sträuben sich. Dem Manne werden sogleich die Hände gefesselt und das Maul gestopft. Er wird bei den Armen gepackt, und ab mit ihm auf den Hof. Die Frau ... Die Frau soll uns zum Spaß gereichen. Das *ziemt sich* so. Die Männer binden sie auf die Anrichte, wo sonst das Fleisch aufgeschnitten wird. Ein hübsches Weib hat dieser Iwan Iwanowitsch: gut gebaut, mit einem Honigkuchengesicht, drall am Arsch und an den Titten, von hitzigem Blut ... Aber zuerst den Edelmann. Wir traben alle miteinander hinaus auf den Hof. (...) Einen Augenblick später baumelt Iwan Iwanowitsch in der Schlinge, zuckt, röchelt, schnauft, furzt seinen letzten Furz. Wir nehmen die Mützen ab und bekreuzigen uns. Warten, bis der hohe Herr den Geist aufgegeben hat. (...) Wir kehren zurück ins Haus. «Lasst sie am Leben!», mahnt uns, wie üblich, die Stimme des Alten. «Aber ja doch, Ältester!»! Es zu tun, erquickt und befeuert uns. Daraus schöpfen wir Saft und Kraft, die Feinde des russländischen Staates zu bezwingen. Gründlichkeit ist mithin geboten. Dem Ranghöchsten steht es zu, als erster beizugehen und zu *kommen*. Wie es aussieht, bin ich das. Die frischgebackene Witwe windet sich und strampelt auf ihrem Tisch, schreit und stöhnt. Ich reiße ihr die Klamotten vom Leib: erst das Kleid, dann das vertrackt gefältete Spitzenunterkleid. Pojarok und Siwolai knicken ihre weißen, glatten, wohlgepflegten Beine zur Seite, halten sie in der Schwebe. Für die Beine der Weiber hab ich was übrig, die Schenkelchen im Besonderen – und erst die Zehen! Die hier hat blasse, kühle Schenkel, aber Zehen, die zart und wohlgeformt sind, mit geputzten, rosa lackierten Nägeln. Ohnmächtig zucken die Beine unter den kräftigen Händen der Opritschniki, und die Zehlein, die kleinen, beben ganz sachte vor Angst und Anspannung, sträuben sich. Pojarok und Siwolai wissen um meine Schwäche: schon schwebt die zarte Weibersohle nah vor meinem Mund, ich nehme die bebenden Zehlein zwischen die Lippen, während ich meinen nackten *Schwan* in ihren Schoß versenke. Welche Wonne! Wie ein quicklebendiges Ferkelchen, so zuckt und greint die Witwe am glühenden

Spieß. Ich verbeiße mich in ihre Sohle. Sie kreischt auf, schlägt um sich auf ihrem Tisch. Während ich den *Vogel zwitschern* lasse, gründlich und unbeirrt. «Dran und drauf! Dran und drauf», brummen die Opritschniki. Es zu tun ist wichtig. Es zu tun ist richtig. Es zu tun ist gut. Ohne das wäre so ein *Zugriff* nur eine halbe Sache ...».[141]

Maxim Gor'kij kommt am Ende seines Essays zu keiner stichhaltigen Erklärung für das außerordentliche Gewaltpotential, außer dem Hinweis auf eine jahrhundertelange Unterdrückung und die Isolation der Bauern in Zeit und Raum. Er hofft, dass nach Ausmisten des „Augiasstall des russischen Bauerntums" durch die Bolschewiki ein zivilisiertes, zynisch denkendes Volk übrig bleiben wird: „Meiner Meinung nach wird dies kein «sehr liebes und sympathisches russisches Volk» sein, aber endlich ein Volk der Tat, das misstrauisch und gleichgültig all demgegenüber ist, was nicht seinen Bedürfnissen entspricht".[142] Gor'kij sollte Recht behalten, wenngleich er die wahren Dimensionen des GULAG und die millionenfache Vernichtung von Menschen nicht mehr erlebt hat.

Die seit den 1990er Jahren zu beobachtende Reaktivierung von Gewaltpotentialen reflektiert auch den Zerfall von Rechtsnormen, der moralischen Hemmschwellen und eine tiefe Identitätskrise nach dem Ende der UdSSR. „Der «kleine Mann» war traditionell nicht nur gegen den Staat, sondern auch gegen seinesgleichen eingestellt. Die Grausamkeit wurde zum offiziellen Lebensstil deklariert. Du willst Erfolg haben? Dann schlage die Köpfe ein und weide die Bäuche aus. Der Unterschied zwischen gut und schlecht wurde verworfen und verwischt. Der moderne Bewohner Russlands hat einen infernalischen Brei im Kopf: auf der einen Seite – Daumenschrauben, auf der anderen – alles erlaubt. Der Mensch weiß nicht mehr, woran er glauben und wie er leben soll, eine Ära außerhalb der Zeit. Eine Gesellschaft ohne Identität ist dem Untergang geweiht. Und wir haben beschlossen, keine Ideologie mehr zu haben, und im Ergebnis haben wir genau so eine Gesellschaft bekommen, ohne Vergangenheit, Gegenwart und Zukunft. Infolgedessen existiert der Mensch in einer Ersatzrealität, in der es keine Bezugspunkte, keine Werte und somit auch keine Grenzen gibt. Der Schwache wird in diesem Fall zum Material für den Aufbau persönlichen Glücks und zur Unterhaltung Anderer. Strafe hierfür gibt es nicht, denn Polizei und Gerichte funktionieren ineffektiv, es gibt auch keine «höhere Strafe», an die unsere Vorfahren noch geglaubt

141 Sorokin, ebd. S. 30–32.
142 Gor'kij, ebd. S. 44.

haben, weil Moral und Sittlichkeit über Bord geworfen wurden und die Religiosität, die uns heute angeboten wird, eher kabarettistischen Charakter hat."[143]

143 Platon Besedin, Rossija ne dlja slabych: pochemu žestokost' stala stilem žizni [Russland nicht für Schwache: warum die Grausamkeit zum Lebensstil geworden ist] (2018) https://ruposters.ru/news/23-05-2018/rossiya-slabih-pochemu-zhestokost-stilem (28.06.2024).

Kapitel 19

Unerreichte Moderne trotz Modernisierung

Wie ‚modern' ist Russland am Anfang des 21. Jahrhunderts durch seine drei großen Modernisierungszyklen geworden? Zunächst ist ‚Moderne' von ‚Modernisierung' zu unterscheiden. Bereits eine Bestimmung dessen, was mit Modernisierung gemeint ist, ein linearer oder reversibler Weg, eine Eurhythmie gesellschaftlicher Prozesse oder ihre zeitliche Verschiebung, ein Vergleich mit anderen Ländern oder die Isolierung von Veränderungen in nur einem Land, macht deutlich, dass man es hier weder mit gesicherten Parametern, noch mit objektivierbaren Bewertungsgrößen zu tun hat. Wenn im Folgenden dennoch auf Paradigmen der Modernisierungsdichotomien zurückgegriffen wird, geschieht dies im Sinne eines Koordinatensystems zur Orientierung hinsichtlich einer Entwicklungs*richtung*, nicht einer exakten Standortbestimmung oder qualitativen Bewertung.[144] Wenn also der Begriff der Modernisierung bereits problematisch ist, der Begriff der Moderne ist es um so mehr.[145]

Vergleicht man die Entwicklungszustände Russlands 1560, 1670, 1725, 1800 und 1880, kann für 85 Prozent der Bevölkerung Russlands (Bauern) nahezu keine Veränderung in Richtung einer Moderne festgestellt werden. Bauern lebten bis in die Zeit der ersten Industrialisierung (ab 1880) quasi unter mittelalterlichen Bedingungen, die sich mit den Reformen Peters I. und der verschärften Leibeigenschaft verschlechterten. Der Alphabetismus war gleichbleibend niedrig, die soziale Differenzierung gering. In der Familie dominierten große Primärgruppen, Herrschaft wurde lokal und personal ausgeübt, durch den Zentralismus der Zarenherrschaft je-

144 Zu den Kategorien der Modernisierungsdichotomien: Alphabetismus: siehe auch Fußnote 34 auf Seite 234.

145 Christof Dipper, Moderne, in: Docupedia-Zeitgeschichte, 17.01.2018. http://docupedia.de/zg/Dipper_moderne_v2_de_2018. DOI: http://dx.doi.org/10.14765/zzf.dok.2.1114.v2. „So war es gerade das Unbehagen an der zunehmend als schematisch und blutleer empfundenen, aber auch die Selbstwahrnehmung der Menschen ignorierenden historischen Modernisierungstheorie, das (...) in den 1980er Jahren den cultural turn als Gegenentwurf hervorbrachte und damit die Geschichtswissenschaft schließlich doch noch für das Thema „Moderne" empfänglich machte." S. 9. Vgl. auch: Dipper, Christof; Schneider, Ute; Raphael, Lutz et al. (Hrsg.), Dimensionen der Moderne: Festschrift für Christof Dipper, Frankfurt/M. 2008.

doch auch gleichzeitig anonym. Eine geringe Lebenserwartung, primitive Technik in agrarischer Subsistenzwirtschaft und, sieht man vom Konsensprinzip in den Landgemeinden ab, das Fehlen politischer Partizipation kennzeichneten den Status Russlands als Entwicklungsland. Ein anderes Bild ergibt sich für den durch Peter I. europäisierten Adel, der sich im 18. Jahrhundert im Lebensstil nur unwesentlich von seinen westeuropäischen Standesgenossen unterschied, jedoch nach 1860 gegenüber der beginnenden Industrialisierung desinteressiert blieb.

Russland weist daher seit Ende des 17. Jahrhunderts eklatante Disproportionalitäten in seiner insgesamt traditionalen Verfasstheit auf: Peter I. hatte Russland ausgehend von Idealen der Aufklärung in einen rational organisierten, bürokratischen Staat mit europäischem Machtanspruch verwandelt, so dass eine *traditionale* Gesellschaft mit einer *partiell modernisierten* koexistierte, wobei die erste die zweite finanzierte. Die Einführung der Rangtabelle bedeutete, Verdienste idealiter auf Leistung und nicht ständischer Position aufzubauen, auch erfolgte die soziale Kontrolle in den Städten stärker bürokratisch. Der durch den Zaren angeordnete Modernisierungsschub beendete die zivilisatorische Homogenität der traditionalen Gesellschaft, was Peter durch seine slawophilen Gegner im 19. Jahrhundert zum Vorwurf gemacht wurde.

Ein vergleichbarer Vorgang vollzog sich unter dem Reformzar Alexander II.: auch hier wurden einzelne Modernisierungsparameter, Modifikationen in der Rechtsprechung, eine neue, wenn auch geringe politische Partizipation auf dem Land, Ausweitung der persönlichen Freiheit (Bauernbefreiung, Ansiedlungsrechte) in Richtung einer Moderne verändert. Nicht zu vergessen ist allerdings, dass es sich bei allen Neuerungen um das *Nachholen* westeuropäischer Entwicklungen handelte. Ein *Aufholen* des Westens kam aus einer Vielzahl von Gründen, auch wegen eines fehlenden Bürgertums nicht in Frage.

Erst nach der Oktoberrevolution wurde durch Urbanisierung, Technisierung und Produktionssteigerung der Übergang zu einer modernen Industriegesellschaft vollzogen, aber auch hier blieben erhebliche Disproportionalitäten bestehen. Über das Konstrukt ‚wissenschaftlicher Kommunismus' hatte sich die UdSSR einem „okzidentalen Rationalismus" (Max Weber) verschrieben, wobei der Staat nicht nur die Ideale der Wissenschaft, Technik und des Fortschritts verabsolutierte, sondern sich auch eine *geplante*, auf Kriterien von Vernunft (in sowjetischer Interpretation), Leistung und Wissen aufgebaute Wirtschaft und Gesellschaft zum Ziel gesetzt hatte. Diese nur sehr begrenzt realisierte Vision einer Zukunftsgesellschaft sah sich selbst als Gipfelpunkt der Modernität im

Vergleich zur anarchisch-kapitalistischen Konkurrenz aus dem Westen. Die aus Sicht des Staates bisher nie *benötigte*, bürgerlich-liberale Freiheit des Individuums galt als *veraltet* und spielte, entgegen aller Warnsignale westlicher Kommunisten, keine Rolle, obgleich Lenin und seinen Mitstreitern klar war, dass Sozialismus und Kommunismus eines adäquaten gesellschaftlichen Bewusstseins bedurfte. So wurde auch ignoriert, dass eine auf der Aufklärung basierende Gesellschaft ein eigenverantwortliches und zur Reflexion fähiges Individuum hervorzubringen hatte. Eigenverantwortung stand jedoch in direktem Gegensatz zum sowjetischen Machtverständnis („führende Rolle der Partei"). Das Gegenteil war in der UdSSR daher der Fall. Das inzwischen gebildete, zur Reflexion fähige Bewusstsein wurde gläubig und anschließend zynisch, da es „seine Aufklärung gelernt, aber nicht vollzogen hatte und wohl nicht vollziehen konnte" (Peter Sloterdijk), denn die Herrschaftsverfahren erstarrten, politische Partizipation blieb stark reglementiert, an die Stelle früherer religiöser Bindung trat die sowjetmarxistische Ideologie, Werte- und Normenstrukturen wurden willkürlich, Empathie verschwand. Der Staat verharrte trotz aller technischer Modernisierungsanstrengungen im Herrschaftsverständnis der Vormoderne, das er zu einer Befehl-Gehorsam-Kette verkommen ließ. Terror und Verfolgung unter Stalin führten zur Atomisierung der sowjetischen Gesellschaft, in der Solidarität, soziale Differenzierung und Organisierung *von unten* verfolgt wurde und bis heute sanktioniert wird. Damit kann auch nach dem kurzen Intermezzo der Perestrojka die gegenwärtige Gesellschaft Russlands nicht als modernisiert gelten, ungeachtet einzelner Angebote (z. B. Lebensstile, Mobilität, Medien) und Leistungen (z. B. Technologien, Sozialstaat).

Wie steht es nun um den Begriff der Moderne? Für ‚Moderne' existieren noch weniger Vergleichskriterien, durch die eine inhaltliche Füllung, zeitliche Fixierung oder historisch präzise Einordnung vorgenommen werden könnte. Dieses Manko wird jedoch durch einen Rückbezug auf das historische Subjekt abgeschwächt: „Die Moderne ist eine Epoche, die sich von allen vorangehenden dadurch unterscheidet, dass sie von den Mitlebenden sogleich als solche erkannt und benannt worden ist (...) Sie respektiert die Selbstwahrnehmung der Erlebenden als „Moderne".[146] Die Basisprozesse der Modernisierung, wie institutionelle Formenbildung (Staatsbildung und Bürokratie), industrielles Wachstum, Verwis-

146 Christof Dipper, Moderne, in: Docupedia-Zeitgeschichte, 17.01.2018. http://docupedia.de/zg/Dipper_moderne_v2_de_2018. DOI: http://dx.doi.org/10.14765/zzf.dok.2.1114.v2. S. 12.

senschaftlichung und Technisierung, demographischer Wandel, Urbanisierung, Bildungsexpansion und Medialisierung) sind dabei nicht von der Zeitwahrnehmung zu trennen. Eine kulturwissenschaftlich geprägte Theorie der Moderne geht davon aus, „dass sich im Zeitverlauf auch Selbstwahrnehmung und -beschreibung der Gesellschaften ändern und dass genau dieser Prozess einen sehr aussagekräftigen Indikator dafür abgibt, wann eine Gesellschaft modern wird. Wahrnehmungsmuster, Erfahrungen, Diskurse und Sprache sind nämlich nicht nachgeordnete Phänomene strukturellen Wandels, sondern stehen mit den Basisprozessen in Wechselwirkung. In ihrer Gesamtheit als Ordnungsmuster bezeichnet, beobachten sich die Gesellschaften mit ihrer Hilfe und steuern ihre Entwicklung.[147]

Als Beginn der Moderne gilt die Aufklärung, ohne dabei mit dem Begriff der ‚Neuzeit' identisch zu sein. In der Tat ist es gerade auch in Russland die Epoche der Petrinischen Reformen, die sowohl im Adel als auch in der Bauernschaft als Kulturschwelle wahrgenommen wird. Ambivalent vom Adel bewertet, von der Gesamtheit der Bauern als Teufelswerk, Erscheinung des Antichristen und fataler Traditionsbruch wahrgenommen, beschleunigte sich die Zeiterfahrung in Russland; jahrhundertealte Versäumnisse wurden scheinbar in wenigen Jahren aufgeholt. Das rurale Russland machte die Erfahrung, wie rückständig es bei allem Respekt gegenüber traditionellen Werten und Lebensformen war. Dies empfand auch der sich erstmals nach Westeuropa orientierende Adel. Bis zum Ende des 18. Jahrhunderts lebte man quasi in der Moderne, durch den Kontakt zu den französischen Aufklärern wurde suggeriert, in gewisser Weise intellektuell an der Aufklärung zu partizipieren. Ein langsames Herausfallen aus der Moderne manifestierte sich in den ersten Jahrzehnten des 19. Jahrhunderts, da Reformen erneut als überfällig angesehen wurden. Voraussetzung hierfür war das Ausbleiben von Freiheitsrechten und Konstitutionalismus. Puschkin, Lermontov, Gogol', Granovskij, Herzen, sie alle hatten in der Zeit Nikolaus I. das erdrückende Gefühl, vom weltgeschichtlichen Gang vergessen worden zu sein und in kultureller Isolation zu ersticken. Gogol' konnte einige Zeit in Rom am zweiten Teil seiner „Toten Seelen" arbeiten, Puschkin durfte Russland zeitlebens nicht verlassen. Die durch die bürgerliche Welt Westeuropas präsente Moderne verschwand am Horizont.

Eine besonders intensive Wahrnehmung der Moderne findet sich bei Lev Tolstoj, Fedor Dostoevskij und Anton Čechov, die unmittelbare Zeit-

147 Dipper, ebd. S. 11.

zeugen des zerbrechenden bäuerlichen Russlands, der Urbanisierung und Industrialisierung des Landes werden. Keiner dieser Intellektuellen begrüßte die Moderne oder sah in ihr positive Potentiale für Russland, im Gegenteil. Der parallele Blick geht in Richtung sozialer Verelendung, Werteverfall, Desintegration und politischer Radikalisierung. Die Moderne versprach Unheil und Revolution. Ganz anders wird die Zeit der Jahrhundertwende durch die geistige und ästhetische Strömung des Symbolismus wahrgenommen, der sich als genuiner Ausdruck des Zeitgeistes versteht. Das russische Substantiv „Modern" bezeichnete nicht von ungefähr den Jugendstil in Russland.

Mit der russischen Avantgarde, dem Konstruktivismus, den revolutionären Experimenten und avantgardistischen Tendenzen der 1920er Jahre wurde die Wahrnehmung, an vorderster Front der Moderne, sogar der innovative Motor der Geschichte zu sein, zum politischen wie ästhetischen Credo.

„Der Kern der modernen, bis in die Gegenwart wirksamen Semantik besteht in der Selbstermächtigung des (okzidentalen) Menschen, dem Weltenlauf eine neue Richtung zu geben. Denn massiver Erfahrungswandel brachte eine Theorie der Neuzeit hervor, die die Menschen in die Lage versetzte, anders als bisher in den Geschehnisablauf steuernd einzugreifen, und zwar, das ist das „Neuzeitliche", im Lichte einer antizipierten Zukunft. Revolution ist die spektakulärste der neuen Möglichkeiten, die man planen, bekämpfen oder der man reformierend zuvorkommen konnte."[148]

Die Avantgarde und ihre Protagonisten verstanden sich als Demiurgen der neuen sozialistischen Welt, als Designer, die eine noch nicht existente Welt im Sinne eines „Future-Making" interventionistisch kreierten.[149] In diesem Sinn lebte die revolutionäre Avantgarde nicht *in* der Moderne, sie stand *über* oder sogar *vor* der Moderne.

Die revolutionäre Kreatur hatte indes nur kurzen Bestand. Mit der Sowjetbürokratie zog ein zutiefst kleinbürgerliches Denken ein, obwohl die UdSSR gerade ab den 1930er Jahren einen neuen Modernisierungsschub auslöste. Technisch-industrieller Fortschritt und rückschreitende intellektuelle Moderne liefen auseinander und konnten letztlich bis zum Ende des Jahrhunderts nicht wieder zusammengefügt werden.

Vor dem Hintergrund von Gewalt, politischer Verfolgung und Terror, die diesen Modernisierungsschub Stalins flankierten, veränderten sich auch

148 Dipper, ebd. S. 12.

149 Vgl. Susan Yelavich, Barbara Adams (eds.), Design as Future-Making, London/N.Y. 2015, S. 12–13.

die Wahrnehmungsmuster der breiten Bevölkerung, die sich als Opfer der modernen Massengesellschaft, als ihre „Rädchen im Getriebe" sahen, ohne den geringsten Einfluss auf die noch wenige Jahre zuvor proklamierte, neue sozialistische Welt. Der „Selbstermächtigung" der Revolutionäre stand die Unterwerfung der Massen gegenüber, deren Horizont sich auf pures Überleben reduzierte. Die jeweilige mentale und emotionale Disposition war nicht nur vom liberalen oder repressiven Zeitgeist geprägt, sondern unterschied sich erheblich auch in Bezug auf eine Wahrnehmung der Moderne. Die durch die Avantgarde eingebrachte Moderne wurde von der erdrückenden Mehrheit der zuvor bäuerlichen Bevölkerung nicht verstanden und abgelehnt. Dies betraf das Lebensgefühl und die Lebensstile, aber auch Kunst, Architektur, Literatur und Kultur.

Nimmt man die sich verändernde Wahrnehmung der Zeit in Verbindung zu den Basisprozessen der Modernisierung als Kriterium für Modernität, entsteht ein komplexes Bild asynchroner Zustände, von Vor- und Rückschritten, katastrophischen Endzeitphobien und strahlenden Heilserwartungen, Brüchen und Kontinuitäten, Routine und Innovation.

Ein Attribut der Moderne ist seit ihrem Beginn in der Aufklärung die „selbstreflexive Vernunft", die die „Offenbarung" als Ordnungsmuster des Mittelalters (Christof Dipper) abgelöst hatte. Diese Vernunft umfasst auch die Fähigkeit zur Reflexion über das eigene politische Verhalten, über Effektivität und Stagnation, über die Grundlagen der eigenen Moral und Herrschaft. Genau diese Vernunft bekam im 20. Jahrhundert in Russland nur in kurzen Perioden einen zudem eng bemessenen Wirkungsraum, der selten in eine mediale Vermittlung hineinreichte. Eine ‚aufgeklärte' Vergangenheitsbewältigung der Gewaltgeschichte fand in Russland nie statt, selbst ein kritischer Blick von der Seite auf das eigene innen- wie außenpolitische Versagen wurde als Nestbeschmutzung abgetan. Die dahinter liegende zynische Moral wurde, wenn überhaupt, ausschließlich in engen Dissidentenkreisen Diskussionsthema. Russland ist daher bis heute noch weit von einer seriösen Selbstreflexion auch seiner moralischen Grundlagen entfernt. Die als Differenzkriterium beschriebene, fünfte Entwicklungsstufe von Moral (Guldimann) kann ohne einen fundamentalen Wandel im Verständnis von Macht und Herrschaft auch niemals erreicht werden, denn beide schließen einander aus.[150] Russland wird somit trotz technologischer Innovationen im Zustand der Vormoderne ohne Rechts-

150 Zur Erinnerung, Guldimann beschreibt diese Stufe wie folgt: Die Beziehung zwischen Individuen sowie zwischen Individuum und Staat (im Sinne eines Gesellschaftsvertrags) sind reflektiert, die Normenbegründung kann hinterfragt

staat, ernstzunehmende öffentliche Meinung, kritisches Selbstbewusstsein, reflektierte Moralstruktur, in ambivalenten Identifikationsmustern und bei einer ausschließlich auf imperiale Macht ausgerichteten Staatsstrategie verbleiben. Alle großen Umbruchs- und Modernisierungsphasen (Petrinische Reformen, Bolschewismus, stalinistische Industrialisierung, Perestrojka) haben gezeigt, dass die dargestellten „Syndrome" (N. Rozov) in der politischen Kultur weder unter Zwang aufgelöst noch von innen überwunden werden konnten. Die mehrfache identifikatorische Gespaltenheit Russlands, sein manichäisches Weltbild, seine pathologische Europa-Fixierung und die Immobilität der politischen Strukturen, deren Modernisierung ausschließlich in der Perfektionierung der Machtsicherung besteht, bieten keinen Anhaltspunkt für einen Ausweg aus den jahrhundertealten Pendelbewegungen. Und fraglich bleibt, ob die Staatsmacht in Russland eine Überwindung der Wiederholungen überhaupt beabsichtigt oder eher verhindern will, denn hierdurch würden sich die Grundlagen für Macht und Herrschaft in der Konsequenz verändern. Dem Zynismus der Macht entspricht, das zyklische Modell nicht zu verlassen.

werden. Ebenso kann die Vereinbarkeit von Normen mit allgemeinen Prinzipien und Grundrechten reflektiert, geprüft und eingeklagt werden.

Kapitel 20

Europa verdrängen. Eine Schlussbetrachtung

Die nunmehr 20 Jahre andauernde repressive Politik Putins besitzt für Russland verheerende Konsequenzen: den Verlust Hunderttausender junger Menschen, die das Land verlassen haben, eine hohe Anzahl gefallener Soldaten und Kriegsinvaliden, den Verlust sozialer, wissenschaftlicher, industrieller und kultureller Beziehungen zur westlichen Welt, aber auch den Verlust an eigener Kreativität, Diversität, Toleranz, Transparenz und öffentlichem kritischen Denken. Ob es dafür ein Mehr an sozialer Mobilisierung, nationaler Überzeugung oder die von Putin vielbeschworene „Souveränität" erhalten hat, darf bezweifelt werden. Die Abwendung vom Westen stellt indes einen Bruch besonderer Tragweite dar, denn erstmals seit 500 Jahren versucht Russland, sich vollständig vom Westen, seinen Einflüssen, Kontakten, Vorbildern, Anreizen und Ideen abzuwenden. Russland verzichtet damit auf einen Teil seiner eigenen, europäischen Identität, die sich historisch im Mit- und Gegeneinander herausgebildet hat. Je nach Standpunkt fehlt zukünftig das Vor- oder Feindbild, wenn der neue Eiserne Vorhang, diesmal in der Version einer „Großen westlichen Mauer" (Sorokin), neu errichtet worden sein wird. Die mit Gewalt in Russland dann hergestellte soziale Ruhe gleicht eher der eines Friedhofs, auf dem die Blicke in die Vergangenheit und nicht in die Zukunft gehen. Russland ist jedoch nicht Nord-Korea, das man auf Dauer von seinem kulturell wichtigsten Bezugsraum abtrennen kann, denn dafür ist das Europäische in der russischen Kultur – bei allen zivilisatorischen Unterschieden – zu stark ausgeprägt. Es ist daher nur ein Abschied auf Zeit. Aber was passiert, wenn der Westen Russland nicht mehr braucht und die einzigen Kontakte nur noch der Verhinderung eines atomaren Dritten Weltkriegs dienen?

Das Zukunftsdesign Russlands stammt seit Peter I. aus Westeuropa. Zwar hat Russland die Realisierung dieses Designs aus Gründen der Machterhaltung stets behindert, aber die nachholenden Modernisierungsschübe und auch das sowjetische Modell zeigen, dass das, was „Zukunft" werden kann, im Westen vorgedacht oder -formuliert wurde. Der gegenwärtige Abschied Russlands von Europa ist daher auch ein Verzicht auf das eigene Zukunftsdesign, für das ein noch so konsequenter Blick in die Vergangenheit, von Putin als Errungenschaft betrachtet, kaum Ersatz bieten kann.

Mit Iwan dem Schrecklichen begann dieses Buch, mit ihm geht es auch zu Ende. Man könnte die in den letzten Jahren neu entfachte Begeisterung für diesen Zaren, der ganz Russland in Blut ertränkte, für einen schlechten Witz von Polittechnologen oder für eine sarkastische Marotte national bewegter Historiker halten, wären da nicht die Äußerungen des Präsidenten, die er bei seiner Ansprache an die Föderale Versammlung Ende Februar 2024 fallen ließ. Russland könne man in Zukunft solchen Menschen, wie den heutigen Soldaten Russlands in der Ukraine überantworten, wörtlich: „In entscheidenden Momenten der Geschichte sind es gerade solche Menschen, die in den Vordergrund treten und Verantwortung übernehmen. Solchen Menschen, die an ihr Land glauben, die sein Schicksal im Herzen tragen, kann man Russland in Zukunft in die Hände geben und anvertrauen."[151] Putin zeigte damit, dass man stolz auf die „Teilnehmer an der Militäroperation" sein könne, die „nicht zurückweichen und nicht verraten". Sie sollten nach Meinung des Präsidenten „führende Positionen in der Bildung, der Staatsführung und der Wirtschaft sowie in den Regionen und Unternehmen einnehmen."[152] Dass es sich bei diesen „Teilnehmern" teilweise um ehemalige Strafgefangene handelt, die wegen Kapitalverbrechen zu langjährigen Haftstrafen verurteilt worden waren und nur wegen ihrer ‚freiwilligen' Meldung an die Front das Strafmaß erlassen bekommen hatten, schien dem russischen Präsidenten kein moralisches Kopfzerbrechen zu bereiten. Wichtig war ihm ihre Loyalität und Kampfbereitschaft. Die irrlichternde Idee, gerade diese Gruppe zu einer neuen Opričnina zu befördern, hat allerdings eine längere Vorgeschichte: bereits 2011 hatte Aleksandr Dugin, exzellent vernetzter, faschistoider Publizist und Okkultist mit guten Beziehungen in die Administration Putins, die Bildung einer neuen eurasischen Opričnina als Schutztruppe Russlands gefordert.[153] Die durch Hass auf die bestehende Ordnung, den Neid auf Bojaren und die Freude am Töten angetriebene Bande verglich Dugin nicht nur mit dem

151 https://www.rbc.ru/rbcfreenews/65e06dbb9a7947d7d9b2a4b9 (15.07.2024).

152 https://www.rbc.ru/rbcfreenews/65e06dbb9a7947d7d9b2a4b9 ebd.

153 Vgl. Maria Engström, Novaja opričnina i ideja «sakral'nogo terrora» v sovremennoj Rossii, in: Per Ambrosiani, Per-Arne Bodin, Nadezjda Zorikhina Nilson (Hgg.), Da veselitsja Nov-grad-. Må Novgorod fröjda sig [Möge Novgorod sich freuen], Stockholm 2016, S. 49–64. Maria Engström unterscheidet zwischen der Forderung nach einer religiös motivierten und einer politischen Opričnina, um die bereits seit den 1990er Jahren im rechtsradikalen Untergrund eine Diskussion geführt wird. Die Befürworter einer neuen politischen Opričnina bekennen sich insbesondere zum Terror als Mittel einer im ethnischen Sinne „russischen" Modernisierung und sehen sich in der Nachfolge Iwans IV., Peters I. und Stalins.

Orden der Dominikaner, er sah in ihnen den *Wesenskern* einer Erneuerung Russlands, vergleichbar mit der positiven Erwartungshaltung Putins im Hinblick auf seine Ukraine-Soldaten.[154] Zwischen Zar und Opričnina habe, so Dugin, eine „geistige Nähe und Verwandtschaft" bestanden; Russland als ‚Drittes Rom' habe einen sakralen Status erhalten und die „Hunde des Reiches dienen dieser imperialen Sakralität, die sich im rechtgläubigen Zaren verkörpert."[155] Der praktische Sinn einer solchen Truppe soll augenscheinlich darin bestehen, dass der Herrscher durch ein paralleles, keinen formalen Rechtsstrukturen unterworfenes Terrorkommando seine „souveräne Herrschaft" nach persönlichem Gusto ausleben kann. Aufgegriffen wurde diese wahnwitzige Idee von nationalistischen Geistlichen der Orthodoxen Kirche bereits in den 1990er Jahren, an erster Stelle durch den Metropoliten Sankt Petersburgs Ioann (Snyčev), der die Grausamkeit des historischen Vorbilds religiös und rassistisch verklärte: „Die Opričnina wurde in den Händen des Zaren zu einem Instrument, mit dem er das ganze russische Leben, seine ganze Ordnung und Lebensweise durchwirkte, die gute Saat russisch-orthodoxer Konziliarität (sobornost') und Souveränität von der Spreu ketzerischer Klugtuerei, moralischer Idolatrie und Vernachlässigung der religiösen Pflichten trennte. Der Dienst in der Opričnina wurde zu einer Form des Gehorsams gegenüber der Kirche, ein Kampf um die Klerikalisierung des gesamten russischen Lebens, ohne Wenn und Aber und bis zum Schluss. Von den Opričniki verlange der Zar weder adelige Abstammung noch Reichtum, er forderte nur Loyalität."[156]

Die Forderung nach einer neuen Opričnina steht im Kontext einer historischen Rehabilitierung Iwans IV. und seiner Söldnertruppe, deren angebliche Loyalität sich im entscheidenden historischen Moment als brüchig erwies: nur 1.000 Opričniki fanden sich bereit, im Mai 1571 gegen den auf Moskau vorrückenden Chan Devlet Girej anzutreten, worauf Iwan IV. nach der Einnahme und Zerstörung Moskaus umgehend die Organisation auflöste. Trotz dieses historischen Makels bemüht sich die nationalistische Kamarilla um Putin um mythische Überhöhung und Fälschung der

154 Dugin bezieht sich damit auf das seit der Inquisition verbreitete Wortspiel, Dominikaner als „domini canes" zu bezeichnen. Augenscheinlich hat der am Sattel der Opričniki befestigte Hundekopf Dugin zu diesem absurden Vergleich verleitet.

155 Aleksandr Dugin, Metafizika opričniny [Metaphysik der Opričnina] (07.04.2011), http://rossia3.ru/ideolog/nashi/russ_orden

156 Tat'jana Brickaja, Gojda!, in: Ta samaja Novaja gazeta Nr. 60 (28.06.–04.07.2024) S. 6.

Geschichte mit dem Ziel, Putins imperiale Politik zu rechtfertigen, indem man ihn in die Nachfolge desjenigen Zaren stellt, dem Russland seine geographische Größe und zentralistische Ausrichtung verdankt.[157] Die potentielle Schaffung eines staatsterroristischen Verbandes sowie die Beschränkung auf Loyalität als einziger Bedingung für politischen Aufstieg entlarvt, wie weit der Degenerationsprozess in Russland fortgeschritten ist. Ideen und Vorhaben dieser Art „speisen sich aus der Angst, dass die politische und soziale Ordnung aus der eigenen Gesellschaft heraus in Frage gestellt werden und die Putinsche Führung die Akzeptanz verlieren könnte. (...) Die Angst vor dem Umsturz hat die russische Machtelite in eine Paranoia getrieben, die dazu führte, dass sie sich für die zahlreichen inneren und äußeren Probleme nur noch gewaltsame Lösungen vorstellen konnte."[158] Ob es zukünftig tatsächlich zu einer Funktionalisierung der Ukraine-Kämpfer im Staatsdienst Russlands kommt, bleibt abzuwarten, denn eine Machtbeteiligung kampferprobter Soldaten könnte für die Macht riskant, die Integration einer gänzlich inkompetenten Reservistentruppe für die Gesellschaft und Verwaltung verheerend sein. Indes breitet sich eine russlandweit agierende, von den Machtinstanzen zunächst kritisch beäugte nationalistische Graswurzelbewegung aus, die mit über 10.000 Mitgliedern in über 140 Städten präsent ist und sich neben traditionellen russischen Volksbelustigungen vor allem der tätigen Nachbarschaftshilfe („vom Einkaufen für alte Menschen bis zur Reparatur eines Automotors") erfolgreich verschrieben hat. Die ‚Russkaja Obščina' [Russische Gemeinschaft] versteht sich als Fortsetzung der Solidargemeinschaft früherer Jahrhunderte und ihrer Werte und kommt dem offensichtlichen Bedürfnis nach sozialer Nähe, Hilfe und Solidarität nach. Dass dies im Zeichen eines ‚wiedererstarkenden', antieuropäischen Russlands geschieht, macht das Vorhaben um so glaubwürdiger. Das Schicksalsproblem ‚Europa' wird sich für Russland auf diese Weise nicht lösen, aber zu-

157 Zu den illustren Apologeten einer Rehabilitierung Iwans IV. und der Opričnina gehören besonders: Andrej Fursov (Direktor des Zentrums für russische Forschungen des Instituts für Grundlagen- und angewandte Forschungen der Moskauer geisteswissenschaftlichen Universität, Nikolaj Patrušev (ehemaliger Geheimdienstchef und Sekretär des Sicherheitsrates Russlands), Sergej Novikov (Leiter der Abteilung für soziale Projekte in der Administration des Präsidenten), Geistliche der Orthodoxen Kirche wie Iwan Snyčev und Oleg Trofimov, die Zeitungen Zavtra [Morgen] und Voennoe obozrenie [Militärische Umschau], Aleksandr Dugin u. a.

158 Hans-Henning Schröder, Macht und Angst. Die politische Entwicklung in Russland 2009–2023, in: Russland-Analysen Nr. 442 (15.11.2023), S. 5–6.

mindest bis zum nächsten Zykluswechsel von der Tagesordnung nehmen lassen: die Überwindung Europas durch (temporäres) Verdrängen.

In der letzten Szene des Films „Der Zar“ von Pavel Lungin tritt Iwan IV. unter einem bleiernen Himmel aus seinem Palast heraus vor sein Volk, das ihm zuvor stets zugejubelt hatte. Die Kamera richtet sich von der Figur des Zaren auf den Platz. Er ist leer, Zar Iwans Volk existiert nicht mehr. Eine prophetische Szene, die man auch als Omen verstehen kann.

Namensverzeichnis

L

M

R

S